当代齐鲁文库·20世纪“乡村建设运动”文库
The Library of Contemporary Shandong
Selected Works of Rural Construction Campaign of the 20th Century
山东社会科学院 编纂

/27

青岛市李村、沧口乡区建设纪实（上卷）

李村乡区建设办事处
沧口乡区建设办事处
编著

中国社会科学出版社

图书在版编目（CIP）数据

青岛市李村、沧口乡区建设纪实 ： 全 2 册 / 李村乡区建设办事处沧口乡区建设办事处编著. -- 北京 ：中国社会科学出版社， 2024. 5. -- （当代齐鲁文库）.
ISBN 978-7-5227-3721-8

Ⅰ. F327.523

中国国家版本馆 CIP 数据核字第 20249D65V2 号

出 版 人　赵剑英
责任编辑　刘亚楠
责任校对　张爱华
责任印制　张雪娇

出　　版　中国社会科学出版社
社　　址　北京鼓楼西大街甲 158 号
邮　　编　100720
网　　址　http://www.csspw.cn
发 行 部　010－84083685
门 市 部　010－84029450
经　　销　新华书店及其他书店

印　　刷　北京君升印刷有限公司
装　　订　廊坊市广阳区广增装订厂
版　　次　2024 年 5 月第 1 版
印　　次　2024 年 5 月第 1 次印刷

开　　本　710×1000　1/16
印　　张　38
插　　页　4
字　　数　623 千字
定　　价　228.00 元（全 2 册）

《当代齐鲁文库》编纂说明

不忘初心、打造学术精品，是推进中国特色社会科学研究和新型智库建设的基础性工程。近年来，山东社会科学院以实施哲学社会科学创新工程为抓手，努力探索智库创新发展之路，不断凝练特色、铸就学术品牌、推出重大精品成果，大型丛书《当代齐鲁文库》就是其中之一。

《当代齐鲁文库》是山东社会科学院立足山东、面向全国、放眼世界倾力打造的齐鲁特色学术品牌。《当代齐鲁文库》由《山东社会科学院文库》《20世纪“乡村建设运动”文库》《中美学者邹平联合调查文库》《山东海外文库》《海外山东文库》等特色文库组成。其中，作为《当代齐鲁文库》之一的《山东社会科学院文库》，历时2年的编纂，已于2016年12月由中国社会科学出版社正式出版发行。《山东社会科学院文库》由34部44本著作组成，约2000万字，收录的内容为山东省社会科学优秀成果奖评选工作开展以来，山东社会科学院获得一等奖及以上奖项的精品成果，涉猎经济学、政治学、法学、哲学、社会学、文学、历史学等领域。该文库的成功出版，是山东社会科学院历代方家的才思凝结，是山东社会科学院智库建设水平、整体科研实力和学术成就的集中展示，一经推出，引起强烈的社会反响，并成为山东社会科学院推进学术创新的重要阵地、引导学风建设的重要航标和参与学术交流的重要桥梁。

以此为契机，作为《当代齐鲁文库》之二的山东社会科学院“创新工程”重大项目《20世纪“乡村建设运动”文库》首批10卷12本著作约400万字，由中国社会科学出版社出版发行，并计划陆续完成约100本著作的编纂出版。

党的十九大报告提出：“实施乡村振兴战略，农业农村农民问题是关系国计民生的根本性问题，必须始终把解决好‘三农’问题作为全党工作重中之重。”以史为鉴，置身于中国现代化的百年发展史，通过深入挖掘和研究历史上的乡村建设理论及社会实验，从中汲取仍具时代价值的经验教训，才能更好地理解和把握乡村振兴战略的战略意义、总体布局和实现路径。

20 世纪前期，由知识分子主导的乡村建设实验曾影响到山东省的 70 余县和全国的不少地区。《20 世纪“乡村建设运动”文库》旨在通过对从山东到全国的乡村建设珍贵历史文献资料大规模、系统化地挖掘、收集、整理和出版，为乡村振兴战略的实施提供历史借鉴，为“乡村建设运动”的学术研究提供资料支撑。当年一大批知识分子深入民间，投身于乡村建设实践，并通过长期的社会调查，对“百年大变局”中的乡村社会进行全面和系统地研究，留下的宝贵学术遗产，是我们认识传统中国社会的重要基础。虽然那个时代有许多的历史局限性，但是这种注重理论与实践相结合、俯下身子埋头苦干的精神，仍然值得今天的每一位哲学社会科学工作者传承和弘扬。

《20 世纪“乡村建设运动”文库》在出版过程中，得到了社会各界尤其是乡村建设运动实践者后人的大力支持。中国社会科学院和中国社会科学出版社的领导对《20 世纪“乡村建设运动”文库》给予了高度重视、热情帮助和大力支持，责任编辑冯春凤主任、刘亚楠主任付出了辛勤努力，在此一并表示感谢。

在出版《20 世纪“乡村建设运动”文库》的同时，山东社会科学院已经启动《当代齐鲁文库》之三《中美学者邹平联合调查文库》、之四《山东海外文库》、之五《海外山东文库》等特色文库的编纂工作。《当代齐鲁文库》的日臻完善，是山东社会科学院坚持问题导向、成果导向、精品导向，实施创新工程、激发科研活力结出的丰硕成果，是山东社会科学院国内一流新型智库建设不断实现突破的重要标志，也是党的领导下经济社会全面发展、哲学社会科学欣欣向荣繁荣昌盛的体现。由于规模宏大，《当代齐鲁文库》的完成需要一个过程，山东社会科学院会笃定恒心，继续大力推动文库的编纂出版，为进一步繁荣发展哲学社会科学贡献力量。

山东社会科学院

2018 年 11 月 17 日

编纂委员会

总　序

从传统乡村社会向现代社会的转型，是世界各国现代化必然经历的历史发展过程。现代化的完成，通常是以实现工业化、城镇化为标志。英国是世界上第一个实现工业化的国家，这个过程从17世纪资产阶级革命算起经历了200多年时间，若从18世纪60年代工业革命算起则经历了100多年的时间。中国自近代以来肇始的工业化、城镇化转型和社会变革，屡遭挫折，步履维艰。乡村建设问题在过去一百多年中，也成为中国最为重要的、反复出现的发展议题。各种思想潮流、各种社会力量、各种政党社团群体，都围绕这个议题展开争论、碰撞、交锋，并在实践中形成不同取向的路径。

把农业、农村和农民问题置于近代以来的“大历史”中审视不难发现，今天的乡村振兴战略，是对一个多世纪以来中国最本质、最重要的发展议题的当代回应，是对解决“三农”问题历史经验的总结和升华，也是对农村发展历史困境的全面超越。它既是一个现实问题，也是一个历史问题。

2017年12月，习近平总书记在中央农村工作会议上的讲话指出，“新中国成立前，一些有识之士开展了乡村建设运动，比较有代表性的是梁漱溟先生搞的山东邹平试验，晏阳初先生搞的河北定县试验”。

“乡村建设运动”是20世纪上半期（1901到1949年间）在中国农村许多地方开展的一场声势浩大的、由知识精英倡导的乡村改良实践探索活动。它希望在维护现存社会制度和秩序的前提下，通过兴办教育、改良农业、流通金融、提倡合作、办理地方自治与自卫、建立公共卫生保健制度和移风易俗等措施，复兴日趋衰弱的农村经济，刷新中国政治，复兴中国文化，实现所谓的“民族再造”或“民族自救”。在政治倾向上，参与“乡村建设运动”的学者，多数是处于共产党与国民党之间的“中间派”，代表着一部分爱国知识分子对中国现代化建设道路的选择与探索。关于“乡村建设运动”

的意义，梁漱溟、晏阳初等乡建派学者曾提的很高，认为这是近代以来，继太平天国运动、戊戌变法运动、辛亥革命运动、五四运动、北伐运动之后的第六次民族自救运动，甚至是“中国民族自救运动之最后觉悟”。[①] 实践证明，这个运动最终以失败告终，但也留下很多弥足珍贵的经验和教训。其留存的大量史料文献，也成为学术研究的宝库。

“乡村建设运动”最早可追溯到米迪刚等人在河北省定县翟城村进行“村治”实验示范，通过开展识字运动、公民教育和地方自治，实施一系列改造地方的举措，直接孕育了随后受到海内外广泛关注、由晏阳初及中华平民教育促进会所主持的“定县试验”。如果说这个起于传统良绅的地方自治与乡村“自救”实践是在村一级展开的，那么清末状元实业家张謇在其家乡南通则进行了引人注目的县一级的探索。

20 世纪 20 年代，余庆棠、陶行知、黄炎培等提倡办学，南北各地闻风而动，纷纷从事“乡村教育”“乡村改造”“乡村建设”，以图实现改造中国的目的。20 年代末 30 年代初，“乡村建设运动”蔚为社会思潮并聚合为社会运动，建构了多种理论与实践的乡村建设实验模式。据南京国民政府实业部的调查，当时全国从事乡村建设工作的团体和机构有 600 多个，先后设立的各种实验区达 1000 多处。其中比较著名的有梁漱溟的邹平实验区、陶行知的晓庄实验区、晏阳初的定县实验区、鼓禹廷的宛平实验区、黄炎培的昆山实验区、卢作孚的北碚实验区、江苏省立教育学院的无锡实验区、齐鲁大学的龙山实验区、燕京大学的清河实验区等。梁漱溟、晏阳初、卢作孚、陶行知、黄炎培等一批名家及各自领导的社会团体，使“乡村建设运动”产生了广泛的国内外影响。费正清主编的《剑桥中华民国史》，曾专辟“乡村建设运动”一节，讨论民国时期这一波澜壮阔的社会运动，把当时的乡村建设实践分为西方影响型、本土型、平民型和军事型等六个类型。

1937 年 7 月抗日战争全面爆发后，全国的“乡村建设运动”被迫中止，只有中华平民教育促进会的晏阳初坚持不懈，撤退到抗战的大后方，以重庆璧山为中心，建立了华西实验区，开展了长达 10 年的平民教育和乡村建设实验，直接影响了后来台湾地区的土地改革，以及菲律宾、加纳、哥伦比亚等国家的乡村改造运动。

---

① 《梁漱溟全集》第五卷，山东人民出版社 2005 年版，第 44 页。

“乡村建设运动”不仅在当事者看来“无疑地已经形成了今日社会运动的主潮”，[1] 在今天的研究者眼中，它也是中国农村社会发展史上一次十分重要的社会改造活动。尽管“乡村建设运动”的团体和机构，性质不一，情况复杂，诚如梁漱溟所言，“南北各地乡村运动者，各有各的来历，各有各的背景。有的是社会团体，有的是政府机关，有的是教育机关；其思想有的左倾，有的右倾，其主张有的如此，有的如彼”[2]。他们或注重农业技术传播，或致力于地方自治和政权建设，或着力于农民文化教育，或强调经济、政治、道德三者并举。但殊途同归，这些团体和机构都关心乡村，立志救济乡村，以转化传统乡村为现代乡村为目标进行社会“改造”，旨在为破败的中国农村寻一条出路。在实践层面，“乡村建设运动”的思想和理论通常与国家建设的战略、政策、措施密切相关。

在知识分子领导的“乡村建设运动”中，影响最大的当属梁漱溟主持的邹平乡村建设实验区和晏阳初主持的定县乡村建设实验区。梁漱溟和晏阳初在从事实际的乡村建设实验前，以及实验过程中，对当时中国社会所存在的问题及其出路都进行了理论探索，形成了比较系统的看法，成为乡村建设实验的理论根据。

梁漱溟曾是民国时期宪政运动的积极参加者和实践者。由于中国宪政运动的失败等原因，致使他对从前的政治主张逐渐产生怀疑，抱着“能替中华民族在政治上经济上开出一条路来”的志向，他开始研究和从事乡村建设的救国运动。在梁漱溟看来，中国原为乡村国家，以乡村为根基与主体，而发育成高度的乡村文明。中国这种乡村文明近代以来受到来自西洋都市文明的挑战。西洋文明逼迫中国往资本主义工商业路上走，然而除了乡村破坏外并未见都市的兴起，只见固有农业衰残而未见新工商业的发达。他的乡村建设运动思想和主张，源于他的哲学思想和对中国的特殊认识。在他看来，与西方“科学技术、团体组织”的社会结构不同，中国的社会结构是“伦理本位、职业分立”，不同于“从对方下手，改造客观境地以解决问题而得满足于外者”的西洋文化，也不同于“取消问题为问题之解决，以根本不生要求

---

① 许莹涟、李竟西、段继李编述：《全国乡村建设运动概况》第一辑上册，山东乡村建设研究院 1935 年出版，编者“自叙”。

② 《梁漱溟全集》第二卷，山东人民出版社 2005 年版，第 582 页。

为最上之满足”的印度文化，中国文化是“反求诸己，调和融洽于我与对方之间，自适于这种境地为问题之解决而满足于内者”的“中庸”文化。中国问题的根源不在他处，而在“文化失调”，解决之道不是向西方学习，而是“认取自家精神，寻求自家的路走”。乡村建设的最高理想是社会和政治的伦理化，基本工作是建立和维持社会秩序，主要途径是乡村合作化和工业化，推进的手段是“软功夫”的教育工作。在梁漱溟看来，中国建设既不能走发展工商业之路，也不能走苏联的路，只能走乡村建设之路，即在中国传统文化基础上，吸收西方文化的长处，使中西文化得以融通，开创民族复兴的道路。他特别强调，“乡村建设，实非建设乡村，而意在整个中国社会之建设。”① 他将乡村建设提到建国的高度来认识，旨在为中国“重建一新社会组织构造”。他认为，救济乡村只是乡村建设的“第一层意义”，乡村建设的“真意义”在于创造一个新的社会结构，“今日中国问题在其千年相沿袭之社会组织构造既已崩溃，而新者未立；乡村建设运动，实为吾民族社会重建一新组织构造之运动。”② 只有理解和把握了这一点，才能理解和把握“乡村建设运动”的精神和意义。

晏阳初是中国著名的平民教育和乡村建设专家，1926 年在河北定县开始乡村平民教育实验，1940—1949 年在重庆歇马镇创办中国乡村建设育才院，后改名中国乡村建设学院并任院长，组织开展华西乡村建设实验，传播乡村建设理念。他认为，中国的乡村建设之所以重要，是因为乡村既是中国的经济基础，也是中国的政治基础，同时还是中国人的基础。“我们不愿安居太师椅上，空做误民的计划，才到农民生活里去找问题，去解决问题，抛下东洋眼镜、西洋眼镜、都市眼镜，换上一副农夫眼镜。”③ 乡村建设就是要通过长期的努力，去培养新的生命，振拔新的人格，促成新的团结，从根本上再造一个新的民族。为了实现民族再造和固本宁邦的长远目的，他在做了认真系统的调查研究后，认定中国农村最普遍的问题是农民中存在的“愚贫弱私”四大疾病；根治这四大疾病的良方，就是在乡村普遍进行“四大教育”，即文艺教育以治愚、生计教育以治贫、卫生教育以治弱、公民教育以

---

① 《梁漱溟全集》第二卷，山东人民出版社 2005 年版，第 161 页。
② 《梁漱溟全集》第二卷，山东人民出版社 2005 年版，第 161 页。
③ 《晏阳初全集》第一卷，天津教育出版社 2013 年版，第 221 页。

治私，最终实现政治、教育、经济、自卫、卫生、礼俗“六大建设”。为了实现既定的目标，他坚持四大教育连锁并进，学校教育、社会教育、家庭教育统筹协调。他把定县当作一个“社会实验室”，通过开办平民学校、创建实验农场、建立各种合作组织、推行医疗卫生保健、传授农业基本知识、改良动植物品种、倡办手工业和其他副业、建立和开展农民戏剧、演唱诗歌民谣等积极的活动，从整体上改变乡村面貌，从根本上重建民族精神。

可以说，“乡村建设运动”的出现，不仅是农村落后破败的现实促成的，也是知识界对农村重要性自觉体认的产物，两者的结合，导致了领域广阔、面貌多样、时间持久、影响深远的“乡村建设运动”。而在“乡村建设运动”的高峰时期，各地所开展的乡村建设事业历史有长有短，范围有大有小，工作有繁有易，动机不尽相同，都或多或少地受到了邹平实验区、定县实验区的影响。

20 世纪前期中国的乡村建设，除了知识分子领导的“乡村建设运动”，还有 1927—1945 年南京国民政府推行的农村复兴运动，以及 1927—1949 年中国共产党领导的革命根据地的乡村建设。

“农村复兴”思潮源起于 20 世纪二三十年代，大体上与国民政府推动的国民经济建设运动和由社会力量推动的“乡村建设运动”同时并起。南京国民政府为巩固政权，复兴农村，采取了一系列措施：一是先后颁行保甲制度、新县制等一系列地方行政制度，力图将国家政权延伸至乡村社会；二是在经济方面，先后颁布了多部涉农法律，新设多处涉农机构，以拯救处于崩溃边缘的农村经济；三是修建多项大型水利工程等，以改善农业生产环境。1933 年 5 月，国民政府建立隶属于行政院的农村复兴委员会，发动“农村复兴运动”。随着“乡村建设运动”的开展，赞扬、支持、鼓励铺天而来，到几个中心实验区参观学习的人群应接不暇，平教会甚至需要刊登广告限定接待参观的时间，南京国民政府对乡建实验也给予了相当程度的肯定。1932 年第二次全国内政工作会议后，建立县政实验县取得了合法性，官方还直接出面建立了江宁、兰溪两个实验县，并把邹平实验区、定县实验区纳入县政实验县。

1925 年，成立已经四年的中国共产党，认识到农村对于中国革命的重要性，努力把农民动员成一股新的革命力量，遂发布《告农民书》，开始组织农会，发起农民运动。中国共产党认为中国农村问题的核心是土地问题，乡村的衰败是旧的反动统治剥削和压迫的结果，只有打碎旧的反动统治，农民才能获得真正的解放；必须发动农民进行土地革命，实现“耕者有其田”，才能解放农村生产力。在地方乡绅和知识分子开展“乡村建设运动”的同时，中国共产党在中央苏区的江西、福建等农村革命根据地，开展了一系列政治、经济、文化等方面的乡村改造和建设运动。它以土地革命为核心，依靠占农村人口绝大多数的贫雇农，以组织合作社、恢复农业生产和发展经济为重要任务，以开办农民学校扫盲识字、开展群众性卫生运动、强健民众身体、改善公共卫生状况、提高妇女地位、改革陋俗文化和社会建设为保障。期间的尝试和举措满足了农民的根本需求，无论是在政治、经济上，还是社会地位上，贫苦农民都获得了翻身解放，因而得到了他们最坚决的支持、拥护和参与，为推进新中国农村建设积累了宝贵经验。与乡建派的乡村建设实践不同的是，中国共产党通过领导广大农民围绕土地所有制的革命性探索，走出了一条彻底改变乡村社会结构的乡村建设之路。中国共产党在农村进行的土地革命，也促使知识分子从不同方面反思中国乡村改良的不同道路。

“乡村建设运动”的理论和实践，说明在当时的现实条件下，改良主义在中国是根本行不通的。在当时国内外学界围绕乡村建设运动的理论和实践，既有高歌赞赏，也有尖锐批评。著名社会学家孙本文的评价，一般认为还算中肯：尽管有诸多不足，至少有两点“值得称述”，“第一，他们认定农村为我国社会的基本，欲从改进农村下手，以改进整个社会。此种立场，虽未必完全正确；但就我国目前状况言，农村人民占全国人口百分之七十五以上，农业为国民的主要职业；而农产不振，农村生活困苦，潜在表现足为整个社会进步的障碍。故改进农村，至少可为整个社会进步的张本。第二，他们确实在农村中不畏艰苦为农民谋福利。各地农村工作计划虽有优有劣，有完有缺，其效果虽有大有小；而工作人员确脚踏实地在改进农村的总目标下努力工作，其艰苦耐劳的精神，殊足令人起敬。”① 乡村建设学派的工作曾引起国际社会的重视，不少国家于二次世界大战后的乡村建设与社区重建中，注重借鉴中国乡村建设学派的一些具体做法。晏阳初 1950 年代以后应邀赴菲律宾、非洲及拉美国家介绍中国的乡村建设工作经验，并从事具体的指导工作。

① 孙本文：《现代中国社会问题》第三册，商务印书馆 1944 年版，第 93—94 页。

总起来看，“乡村建设运动”在中国百年的乡村建设历史上具有承上启下、融汇中西的作用，它不仅继承自清末地方自治的政治逻辑，同时通过村治、乡治、乡村建设等诸多实践，为乡村振兴发展做了可贵的探索。同时，“乡村建设运动”是与当时的社会调查运动紧密联系在一起的，大批学贯中西的知识分子走出书斋、走出象牙塔，投身于对中国社会的认识和改造，对乡村建设进行认真而艰苦地研究，并从丰富的调查资料中提出了属于中国的“中国问题”，而不仅是解释由西方学者提出的“中国问题”或把西方的“问题”中国化，一些研究成果达到了那个时期所能达到的巅峰，甚至迄今难以超越。“乡村建设运动”有其独特的学术内涵与时代特征，是我们认识传统中国社会的一个窗口，也是我们今天在新的现实基础上发展中国社会科学不能忽视的学术遗产。

历史文献资料的收集、整理和利用是学术研究的基础，资料的突破往往能带来研究的创新和突破。20 世纪前期的图书、期刊和报纸都有大量关于“乡村建设运动”的著作、介绍和研究，但目前还没有“乡村建设运动”的系统史料整理，目前已经出版的文献多为乡建人物、乡村教育、乡村合作等方面的“专题”，大量文献仍然散见于各种民国“老期刊”，尘封在各大图书馆的“特藏部”。本项目通过对“乡村建设运动”历史资料和研究资料的系统收集、整理和出版，力图再现那段久远的、但仍没有中断学术生命的历史。一方面为我国民国史、乡村建设史的研究提供第一手资料，推进对“乡村建设运动”的理论和实践的整体认识，催生出高水平的学术成果；另一方面，为当前我国各级政府在城乡一体化、新型城镇化、乡村教育的发展等提供参考和借鉴，为乡村振兴战略的实施做出应有的贡献。

由于大规模收集、挖掘、整理大型文献的经验不足，同时又受某些实际条件的限制，《20 世纪“乡村建设运动”文库》会存在着各种问题和不足，我们期待着各界朋友们的批评指正。

是为序。

李培林

2018 年 11 月 30 日于北京

编辑体例

一、《20 世纪“乡村建设运动”文库》收录 20 世纪前期“乡村建设运动”的著作、论文、实验方案、研究报告等，以及迄今为止的相关研究成果。

二、收录文献以原刊或作者修订、校阅本为底本，参照其他刊本，以正其讹误。

三、收录文献有其不同的文字风格、语言习惯和时代特色，不按现行用法、写法和表现手法改动原文；原文专名如人名、地名、译名、术语等，尽量保持原貌，个别地方按通行的现代汉语和习惯稍作改动；作者笔误、排版错误等，则尽量予以订正。

四、收录文献，原文多为竖排繁体，均改为横排简体，以便阅读；原文无标点或断句处，视情况改为新式标点符号；原文因年代久远而字迹模糊或纸页残缺者，所缺文字用“□”表示，字数难以确定者，用（下缺）表示。

五、收录文献作为历史资料，基本保留了作品的原貌，个别文字做了技术处理。

编者说明

1930年代，由知识分子倡导的“乡村建设运动”影响到各级政府。1932年4月，在市长沈鸿烈的支持下，青岛市政府成立李村、沧口、九水、阴岛、薛家岛五个乡区建设办事处，作为青岛市行政编制中一种特设之机构，从事乡村建设活动，其各项建设事业有相对的自主性。1933年7月，李村乡区建设办事处编印《李村乡区建设纪要》，1936年2月编印《李村乡区建设概况》；1935年1月，沧口乡区建设办事处编印《沧口乡区建设纪要》，均作为非卖品出版。本次编辑，将以上各书合为一卷，以《青岛市李村、沧口乡区建设纪实》为名，分上、下两卷，收入《20世纪“乡村建设运动”文库》。

总 目 录

上 卷

下 卷

上　　卷

李村乡区建设纪要

青岛市李村乡区建设办事处

目 录

插　图	(7)
序　一	(27)
序　二	(28)
第一　关于社会事项	(29)
第二　关于教育事项	(73)
第三　关于公安事项	(139)
第四　关于工务事项	(185)
第五　关于农林事项	(238)

李村夏季卫生运动大会合影

李村醫院

此院每日上午九點至十二點施診不收藥費每日平均來院診病者已達百餘人

本處爲提倡新生活運動起見特舉行衛生運動大會是日到會者達一千餘人並舉行講演滅蠅掃除施藥四項工作

李村医院

湛山小学校新建校舍

沟涯小学校新建校舍

山东头小学校新建校舍

浮山所小学校新建校舍

河西小学校新建校舍

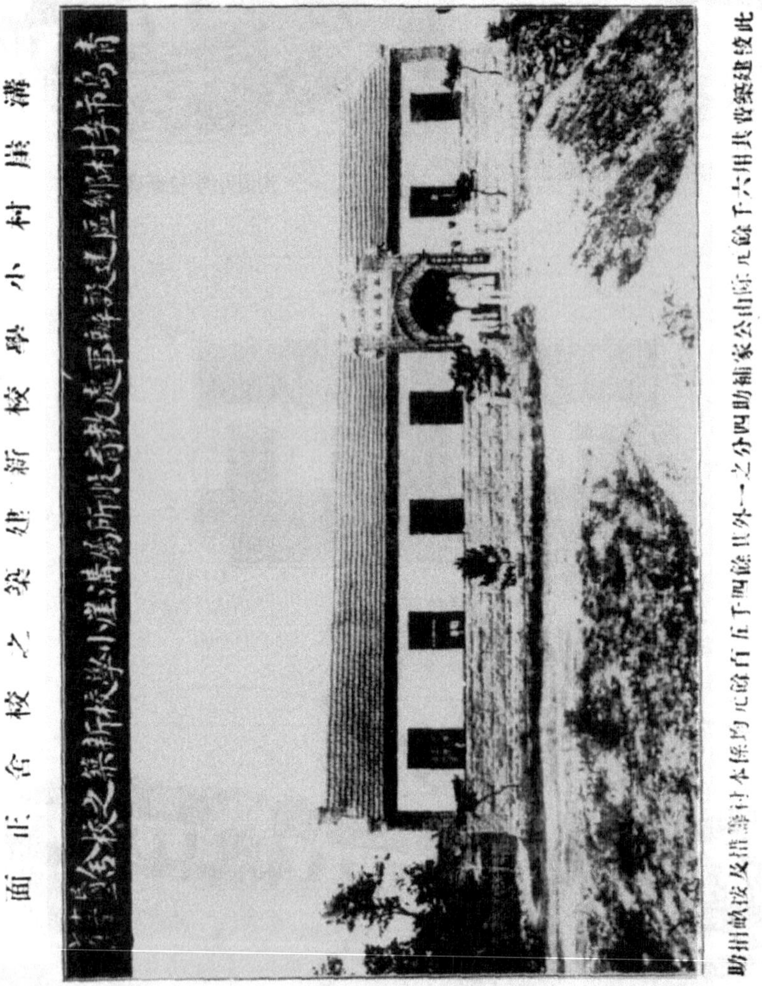
溝涯村小學校新建築之校舍正面

沟涯村小学校新建校舍

是日參加軍訓檢閱之小學共計二十八校一千一百四十八人淡閱事項爲制式
教連排練散練戰鬥教練刺槍劈刀術

李村区小学军训检阅阅兵式合影

浮山所小學校表演劈刀術情形

浮山所小学校表演劈刀术合影

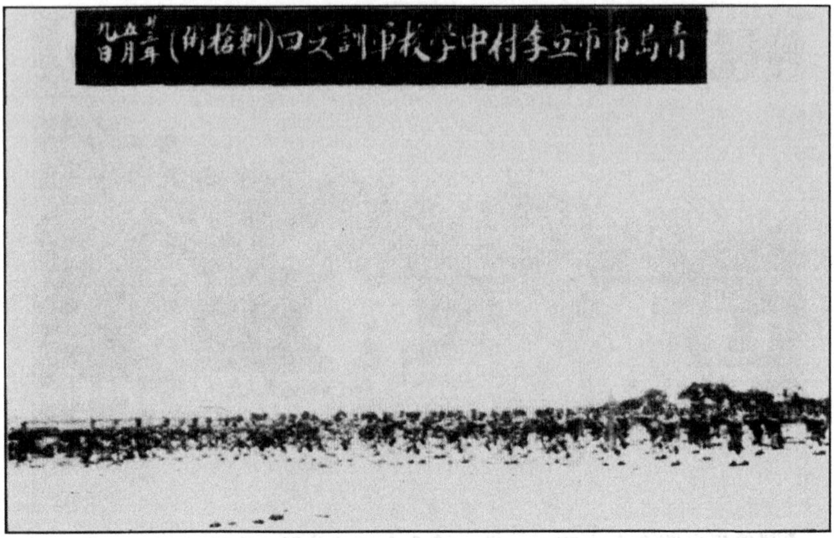

李村中学军事训练队早操合影

李村中学新建校舍之一部

本處為提倡小學勞作起見該校農場道路合由年齡較大之學生担任修築是日出工者計師生共二百餘人

李村实验小学校学生开辟农场路合影

本處新建之民衆憩游所為本區唯一之民衆教育机關

李村民众憩游所

李村乡区警备汽车与车巡队及讯鸽队

李村乡区之马巡队

李村乡区沿海巡船

李村乡区消防分组

李村讯鸽分所鸽舍

毕埠路王家上流村新筑之四空涵洞桥

凡馬路於修完之後必須重軋此係民夫軋路工作情形
李村鄉區建設事務所督率民夫修築張南路工作情形

张南路民夫轧路情形

毕埠路上臧村修筑铁梁涵洞桥工作情形

毕埠路毕家上流村新筑之大旋桥

李沙路新筑之张村河底桥

梨树赤星病防除队第一次喷撒药水工作情形

第二次噴撒藥水已屆農忙時期沈市長恐妨礙農時特諭令甲
種保衛團担任噴撒藥水工作由防除隊指導員調製藥水民夫
負責運送十日之間共噴四萬餘株

梨树赤星病防除队第二次喷撒药水工作情形

民國廿三年梨樹發芽後第二次噴撒藥水驅除赤星病情形

梨树发芽后第二次喷洒药水驱除赤星病情形

民國廿三年梨樹發芽後本區赤星病防除隊攜帶器具藥品出發王埠莊噴撒藥水時集合情形

梨树发芽后本区赤星病防除队携带器具药品出发王埠庄喷洒药水时集合情形

民國二十三年梨樹赤星病防除隊在梨園附近配合藥水情形

梨树赤星病防除队在梨园附近配合药水情形

本区河东村养鸡中心区在农林分所领鸡情形

民國廿二年十月農產展覽會出品成績最優農民舉行頒發獎狀獎金典禮合影

农产展览会出品成绩最优等农民举行颁发奖金典礼合影

农产展览会园艺部陈列室之一部

农产展览会普通作物陈列室之一部

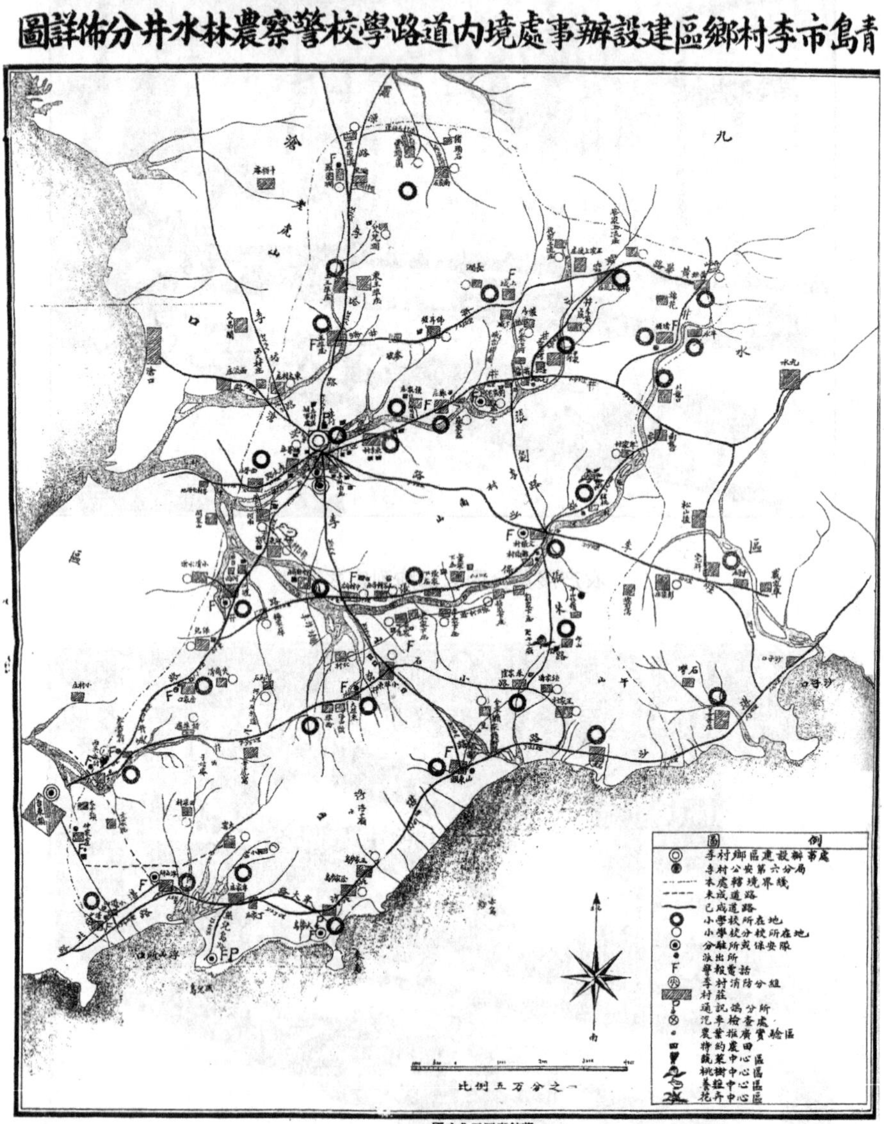

本处境内道路学校警察农林水井分布详图

序　一

青岛自德日管租以来，对于市内之工程港湾之修筑虽已次第设施，规模渐具，然于市外之乡区则毫无建设。我国接收之后，历任长官亦多以港湾市街为建设工程之中心，至于乡区之民生、教育、治安、交通、农林则未遑顾及，以致市乡演成畸形之发展，苦乐不均，阶级悬殊。去岁市长沈公成章出长市政，励精图治，首先规定实施市政方针，乡区建设计划一面注重市街之繁荣，一面创办乡区之建设，所有发展民生、筹办自治、普及教育、维持治安、便利交通、提倡农林诸政，凡所以化民、养民、利民、保民者，皆须次第施行，踵事建设。遂于民国二十一年四月，先后成立李村、沧口、九水、阴岛、薛家岛等各乡区建设办事处，深入民间从事工作。

葆琳奉令主任李村乡区建设，上感市长之热心毅力，暨各局所长之指导下，受人民之协力赞助，谨率在事同仁昕夕策励，努力迈进，举凡社会之改良民生之提倡校舍之建筑、学额之扩充、保卫团之训练、道路桥梁之建筑、农林之提倡、病虫害之防除均获相当之成绩，用将工作实录芟繁择要，区为五编，付梓成帙公之于世，愿全国父老进而教之，则幸甚焉。

是为序。

中华民国二十二年仲夏隃城郭葆琳

序　　二

青岛自实施乡区建设以来，所有关于社会、教育、公安、工务、农林各项工作，上蒙市长暨各局所长之指导，下受地方人民之协赞，虽为期不及三载，然以政教之合一，官民打成一片，故乡区一切之建设，俱得有相当之成绩，揆其进展之速，殊出意料之外。例如社会之改善，农村之救济，教育之推进，校舍之建筑，乡区之防务，警备之组织，道路之开辟，桥梁之修筑，农业之改良推广，病虫害之驱除预防，或事经创办，或赓续进行，凡属既定之建设计划，逐渐次第完成。值兹年度告终，用将本年之工作实录，仿照往岁成例，芟繁择要，编为报告，付梓成帙，公之于世，愿全国父老进而教之，使青岛乡区建设之计划，次第见诸实行，是固青岛之幸，抑亦国家之福也。

是为序。

中华民国二十三年仲秋隃城郭葆琳

第一 关于社会事项

甲 整理村治

一 添设闾邻长

查青岛乡区共有二百八十三村，属于本处者共九十三村。夫积村而为区，积区而为市，故欲建设新青岛市，必自各区能自治始，欲各区能自治，必自各村能自治始，故村与人民最接近，关系最重要，而整理村治为目下之急务也。现在各村自治事务日繁，所有关于社会、教育、公安、工务、农林各事均须负责办理。原有村长一人，势难兼顾本处审察情形，非整理村治，不足以资维持。经处务会议议决，饬令各村按照地方自治规程，选举闾长、邻长，呈报本处，以便遇事帮助村长办理村事，以立地方自治之基础。现据各村报告多已选举完竣。

二 设立村公所

查各村向无办公处所，亦无会议地点，遇有公务，临时由村长、地保逐户通知，不特手续繁杂，且易发生滞碍。经令饬各村均觅相当房屋，设立村公所一处，勿论公事私事，召集闾邻长等开会讨论，则遇事公开，自然不生隔膜，地方自治亦易进行。

三 改选村长

各村原有村长，办事热心者，固不乏人，而遇事推诿者，亦复不少。本处办理各项公务，端赖村长协助，如查有不负责任或不孚众望之村长，一律予以撤换，另行改选，并派员赴该村监选，以昭郑重。

四　筹建模范新村

查改良村治为兴复农村之急务，而建设模范新村尤为试行村治之先导。本处奉令筹设模范新村，遵即召开处务会议，讨论结果佥以李村、张村、中韩哥庄三村改设模范村最为相宜。嗣复派员亲至各该村查勘，当查明李村为四通之区，户口繁盛，商业亦粗具规模，自来水、电灯路线早已装置，均可临时扩充。张村商业缺乏，然交通、户口与李村相似。中韩哥庄交通不甚便利，然街道整齐，户口繁盛，人民略称富庶。以上三村改设模范村实属轻而易举。再查海泊桥以东，西吴家村西，北靠近台柳路两旁，现经村民在该处陆续筑房，渐成村落，已呈请工务局划定街道，规定将来建筑式样，不数年间，定可成一模范新村。以上情形，并经呈报社会局备案，着手进行。兹将李村改设模范村分别进行事项列下：

（一）翻修李村河南街东西马路

（二）翻修李村河北街南北马路

（三）修筑李村医院前东西马路

（四）修理路傍排水沟

（五）扩充李村医院设备

（六）规定各街分组每日扫除办法

（七）规定饲犬识别办法

（八）捕捉野犬病犬

（九）设立李村调解委员会

（十）筹设李村公园

（十一）督催学龄儿童入学实行义务教育

（十二）筹设公共运动场

（十三）补植各街行道树

（十四）修理公众厕所

（十五）修筑李村河南河北各街垃圾箱并规定担任扫除办法

（十六）成立李村村公路

（十七）整理李村集场设置市牌

（十八）设备指路牌

（十九）标写村名

（二十）彻底肃清村内毒品及犯人

（廿一）取缔妇女缠足并组织劝禁妇女缠足委员会

（廿二）筹设李村邮务支局

（廿三）设立李村民众阅报室

（廿四）建筑村民会堂

（廿五）取缔不良建筑整理村容

（廿六）添设李村饮用水井

（廿七）举行通俗讲演

（廿八）添设李村河北十字街警察岗位

（廿九）设立李村商办织布工厂

五　实行村禁约

村约为全村人民议定之规约，全村人民均应遵守。村禁约者即全村人民禁止发生之规约也，而村中之施行禁约，实以乡村之中常有不良分子扰乱村中治安、引诱良家子女或聚赌吃烟或窝藏匪类，若不明示禁止，严加取缔，则村治无由改进，而乡村建设自难实行，故各村实行村禁约为安置良善之急务。现由本处指导各区公所召集村民，规定村禁约，定期召集本村户主宣誓遵守，并悬示全村。俾家喻户晓，倘有故违，即由村民报告村长，转报各该管公安分驻所或各该区分所，依法处罚，如此各家无坏人存在，村中无坏事发生，村自太平，各安生业，则村治解决。村治既能解决，则积村而为区，而区治可以解决；区治既能解决，则积区而为市县，而市治县治可以解决；市治县治既能解决，则积市县而为省为国，而省治国治可以解决，如此而国家自能富强。是以实行村禁约，亦目下之急务也。兹将村禁约十条列举如下：

村禁约

（一）不准家庭残忍忤逆不孝

（二）不准持械行凶打架斗殴

（三）不准吸食及贩卖鸦片海洛英、吗啡

（四）不准窝娼聚赌扰乱治安

（五）不准学龄儿童无故失学

（六）不准挑唆词讼破坏和睦

（七）不准女子缠足摧残身体

（八）不准男子拖留发辫

（九）不准不务正业，游手好闲

（十）不准偷窃田禾，毁坏行道树木

乙　发展农村经济

一　调查农村经济概况

农村经济调查为复兴农村之要项，本处成立以后，即着手调查，现已竣事。查本处辖境共有耕地三万七千三百一十一亩，共有人口七万二千六百八十八口，按照平均计算，每人只摊地半亩。除去有地五十亩以上者，占千分之一；三十亩以上者，占千分之五；二十亩以上者，占千分之十；十亩以上者，占千分之百外，其余每人平均不及半亩。农作物每年每亩之收入约在三十元之谱，除去肥料、工资等，纯收益不过十元上下。农民副业仅有小规模之蔬菜园、旧式织布、粉坊，杂货商、石工、木工、瓦工等，其收入以工匠为最高，年可得工资百余元。农民每年之生活费平均约在三十元，所以村民不能专恃农作维持生活，多赴纱厂作工，此农村之大概情形。其余佃农情形、雇农工资等项另行列表（见表1）。

二　设立农工银行

时值全国经济恐慌、农村破产之际，乡村既无金融机关，不但利息过高，筹借尤为困难。本处前为活动农村经济起见，曾经陈述民间疾苦请求市长设法救济，旋经联合银行及本市商会合资成立农工银行，总行设于青岛，各乡区办事处内则附设银行办事处，由人民以土地作抵押，自由贷款，利息定为一分期，限定为六个月，于廿二年五月开办，利息低廉，手续简单，人民均称便利。计廿二年度放出户数四百四十九户，放出金额一万五千五百六十三元；二十三年度放出户数七百零八户，放出金额一万八千八百六十六元，总计二年以来，贷款总数三万三千四百余元。现在除极贫者五户未能如期偿还外，其余均能依限归还（见表2、表3、表4、表5）。

李村乡区建设办事处农民经济调查表

(1)	耕地畝數	三萬七千三百一十二畝
(2)	戶口數目	一萬二千九百一十八戶七萬二千六百八十八口
(3)	農地分配狀況	五十畝以上者佔千分之一　三十畝以上者佔千分之五　二十畝以上者佔千分之十　十畝以上者佔千分之百　五畝以上者佔千分之三百　五畝以下者佔千分之五百八十四
(4)	農作物副產物每畝每年之收益	約三十元
(5)	耕種一畝所需費用	工資十元　肥料八元　種子五角　雜費一元
(6)	農民副業種類	糊火柴盒　種蔬菜　織布　捕魚　作工　粉坊　石工　木工　瓦工　賣麵食　做豆腐
(7)	副業之收入	最高　以工匠爲最高年得工資百數十元 最低　以糊火柴盒爲最低年得工資約二十餘元
(8)	每人每年之生活費	最高五十元　最低二十元
(9)	自耕農與佃農	自耕農佔百分之八十五　佃農佔百分之十五
(10)	佃農納租種類及數量	
	(1) 納金	最高十八元　最低七元
	(2) 納穀	最高七升　最低四升
	(3) 分種	收穫時佃農與田主平分
(11)	僱農工資與工作時間	
	(1) 長工每年工資	最高八十元　最低三十元
	(2) 短工農忙時每日工資約一元	平常每日工資自三角至五角
	(3) 農忙時每日工作十時	平常每日工作八時
(12)	田主與佃農有無何種糾紛	豐年時無糾紛荒年常因欠租發生爭議
(13)	借貸方法及利率	由友人介紹親立契約交於放款人約內載明抵押品普通利息月息二分亦間有超至三分者

定期抵押借款人证据

第　　號

定期抵押借款證據

金額：

按月息　　分　　厘計算

抵押品：

抵押品寄存證另紙列載

用途：

一　右之借款以民國　　年　　月　　日爲限至期務將本利還清不得短少如約明利錢按期先還者當遵約辦理

一　抵押品因天災兵燹蟲蛀黴爛及別項事故致價格低落時須由借款人提出增加抵押品或交納現金至少以補足低落價格爲度

一　如到期不還由借款人並保證人連帶負責償還本息

一　如到期不還或期限中抵押品價格低落而不提出增加抵押品及交納現金時卽爲違約貴行亦不必發通知書認還貴行將抵押品變賣以充本利及因違約而生之一切損失費用倘數目不足仍向借款人追取

一　本紙未載事項均遵照貴行放款規則辦理

一　右之規契彼此均須嚴行遵守

中華民國　　年　　月　　日

借款人

保證人

青島市農工銀行　台照

乡闾邻长具结单

具甘結担保人　　今有本村

以田地　頭　畝　分　厘　毫抵押向

貴銀行借用現大洋　元整純係正當用途抵押品亦無典當出賣情

事如有他種糾葛或到期不能清償均歸鄉閭鄰長担負完全責任

此結

青島市農工銀行台鑒　具保結人

中華民國　年　月　日

借款信用调查表

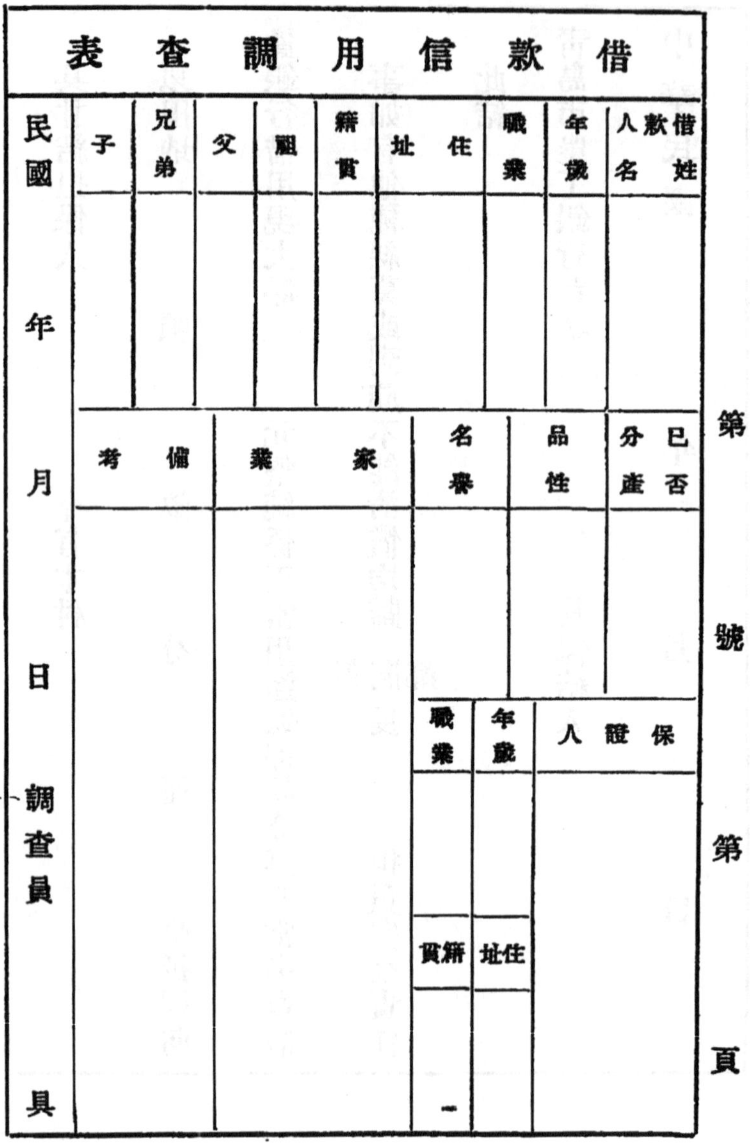
借款信用調查表

借款人姓名
年歲
職業
住址
籍貫
祖
父
兄弟
子

已否分產
品性
名譽
家業
備考

保證人
年歲
職業
住址
籍貫

民國　年　月　日　調查員　具

第　號　第　頁

借款申请书

借款申請書 第 號 附表 頁	申請人	借款	抵押品	保證人	備考
	姓名	約數	品名	姓名	
	職業	用途	數量	職業	
	住址	償還方法	附屬契據	住址	

民國 年 月 日申請人 具

三 举行提倡国货及农村合作宣传大会

我国工业落后，教育未能普及，不但工业出品甚少，而且人民不能尽量采用。本处为提倡国货，宣传农村合作起见，联合自治区公所及学校方面组织讲演团，由本处出讲演员一人，李村实验小学三人，第七区公所一人，第六区公所一人，李村中学一人，利用村民闲暇时期，假小学体育场，举行露天讲演，并邀请本地俱乐团体表演各种游戏娱乐，以助余兴。讲演目标：（一）中国国货现在发展情形；（二）外国经济侵略之危机；（三）中国每年流出金钱之数目；（四）农村贫穷之原因；（五）农村合作之利益。听讲者前后达万余人，或表示悲愤，或相与感慨，足征中国人民非不关心国事，是有赖于鼓励之、诱掖之耳。

四 成立乡区消费合作社

提倡乡村合作，完成经济建设，以图兴复农村，既定为本处建设之方针，自应及早筹设，以应付乡村需要。当经迭次召集本地绅商、农学各界发起，先行组织消费合作社，由各界推出筹备委员组织筹备会，拟订合作社社章，定名为“青岛市李村乡区消费合作社”，以采办村民应用货品及教育用品为宗旨，认股办法每股一元，除村民任意认股不加限制外，各校校长最少六股，职教员最少四股。于廿三年一月开始征集社员，各界均踊跃参加，旬日之间征得社员三百六十余人，社股一千四百余元。爰于本年三月二十一日觅定社址，正式开幕，所有物品较之市价低廉，人民均称便利，现在营业已获相当之成绩，将来各重要村庄拟即次第举办，俾得普及。

青岛市李村乡区消费合作社简章

第一章 总则

第一条 本社定名为青岛市李村乡区消费合作社。

第二条 本社以提倡农村合作，采办农民及教育用品供给社员需要为宗旨。

第三条 本社地点设于李村，遇必要时得于各村设立分社。

第四条 本社征求社员区域以李村乡区建设办事处辖境为限。

第五条 本社社员对本社股份负有限责任。

第二章　社股

第六条　本社每股定为国币壹元，社员最少须认一股，最多不得超过五十股。

第七条　社员如愿将股份转让他人，须先得理事会认可，不得私相授受。

第八条　社员认股在五股以上，可分二次缴纳，入社时最少须缴足半数。

第九条　社员如有拖欠本社款项者，得由该员股息、股款或余利项下扣抵。

第三章　社员

第十条　凡居住本区管界以内、品行端正、赞成本社章程、认购股票经理事会审查认可者，得为本社社员。

第十一条　凡受破产宣告未撤销及禁治产者均不得为本社社员。

第十二条　新社员对于入社前之社内债务应与旧社员负同样责任。

第十三条　社员之退社规定如下：

（一）社员自愿退社，须于结算前三月提出理由，经理事会认可者。

（二）社员不履行社章或有损本社之名誉行为，经理事会议决，取消其社员资格者。

（三）社员离开本社区域者。

（四）社员死亡者。

第十四条　社员中途退社，除返还股本外，其余利益概不得享受，但至结算期者，得享受应得之利益。

第十五条　社员退社，自接到通知之日起，即丧失其社员资格。

第四章　组织及职权

第十六条　本社由全体社员组织社员大会或社员代表大会，其职权如下：

（一）修订章程；（二）选举理监事；（三）检察账目；（四）处理一切重要事项。

第十七条　本社理事定为七人，候补理事三人，监事三人，候补监事二人。理监事如因事他往或不克任职时，其理监事资格即行消失，遗缺由候补理监事递补，其任期以补足前任未满之期为限。

第十八条　理事会之职权如下：

(一) 通过社员之入社出社；(二) 规定营业计划；(三) 监督营业；(四) 签定契约；(五) 执行社员大会议决案；(六) 核定预算决算；(七) 处理本社其他重要事项；(八) 选聘经理。

第十九条　监事会之职权如下：

(一) 审查本社一切账目及单据；(二) 检察本社货物存底；(三) 估计财产价值；(四) 审核理事会各种报告表册，并将审核结果报告社员大会及关系机关；(五) 监察理事会对大会议决案之执行。

第二十条　理事会设理事长一人，由理事互推任之。监事会设监事长一人，由监事互推任之，执行日常事务。

第二十一条　理事任期三年，监事任期一年，得连选连任。

第二十二条　本社业务发达，得设经理一人，由理事会聘任之，商承理事会总理一切事务。在初办时期，为撙节经费起见，由理事长兼任。

第二十三条　本社必要时经社员大会之通过，得设查账委员会、公益委员会、其他特种委员会。

第二十四条　本社社员无论认股多少，选举表决各只一权。

第二十五条　本社需用职员，由经理商议理事会认可后，雇用之。

第二十六条　本社除经理及雇用职员外，概为无给职，遇必要时，得酌支活动费。

第二十七条　本社社员大会每年七月开例会一次，由理事会召集之，但遇社员五分之一以上请求或理监事认为必要时，得由理事会召集临时会议，如理事会不召集时，得由监事会召集之。

第二十八条　理事会召集开会，以理事长为主席；监事会召集开会，以监事长为主席。

第二十九条　理监事每月各开例会一次，遇必要时，得开临时会及联席会。

第三十条　各项会议均须有过半数之出席方得开会，并须出席人过半数之议决方为有效，遇流会三次，合作社得以书面征求全体之意见，限内无异议即认为同意，但此限不得少于十五日。

第三十一条　召集社员大会，须于七日前通告社员。

第五章　营业

第三十二条　本社进货应从生产地或廉价地购运前来，售价与市同或略低。

第三十三条　本社交易概须现款，但遇特殊情形，须担保。

第三十四条　本社每年结算一次，以六月底为结算期，结算后由理事会制成下列各表报告社员大会及关系机关。（一）财产目录；（二）贷借对照表；（三）营业报告书；（四）损益计算表；（五）盈余处分分配单。

第六章　盈余

第三十五条　本社盈余除各项开支外，分配如下：

（一）公积金百分之二十五。

（二）公益金百分之十。

（三）理监事职员奖励金百分之十五。

（四）其余百分之五十按社员交易金额之多寡，分配返还。

第三十六条　本社股息定为周息五厘。

第三十七条　社员股款未缴齐全部者，概不起息，不得支取盈余，由合作社扣作应缴股金之一部。

第三十八条　公积金应经社员大会之议决，存储于殷实银行。

第七章　附则

第三十九条　本社各种细则另定之。

第四十条　本章程如有未尽事宜，得由社员大会修改或理事会修改，经社员大会通过。

第四十一条　本简章经社员大会通过后，呈准主管机关备案施行。

五　查禁高利借贷

查各村以前缺乏活动金融机关，贫寒之家遇有婚丧大故及购买农作物用品急于需款，往往东贷西借，但以缺乏保证，资本家任意勒索利息，所以各村贫民贷款多有超过二分利息以上，高至五六分者。本处为救济一般贫民起见，于视察各村时，切实调查借贷情形，并召集村长等谕以利害，俾其转谕村民，严禁高利借贷，如有违犯，查明罚办，以资取缔。

六　提倡农民储蓄

查现在农村破产，人民经济恐慌，亟宜开源节流，以资补救。惟开源虽非一时所能奏功，现已拟定生产建设计划，着手实施，而节流则举办易于收效。本处为普救农村经济起见，提倡人民节俭浪费，从事储蓄，曾经拟订农民储蓄会章程二十三条，呈准立案，并召集各村村长讲演储蓄之利益，俾其回村宣传，使家谕户晓，均知从事储蓄，以期积少成多而备不虞。

青岛市李村区农民储蓄会章程

第一条　本会以提倡农民节俭从事储蓄为宗旨。

第二条　本会定名为某村储蓄会。

第三条　凡居住某村之人民，不拘男女，均得为本会会员。

第四条　会员有选举、被选举权及一切应享之权利。

第五条　本会设管理委员五人至七人，候补管理委员五人，监察委员五人至七人，候补监察委员五人，由会员大会选举之。

第六条　管理委员任期三年，监察委员任期一年，连选得连任。如因故中途出缺，由各该候补人依次递补之，以补足原任之任期为限。

第七条　管理委员、监察委员均为义务职。

第八条　管理委员应互选常务委员三人至五人，执行日常事务。

第九条　监察委员各得单独行使职务。

第十条　管理委员之职权如下：

（一）关于储金之处理方法

（二）关于储金利息之规定事项

（三）关于村民储蓄之劝导

（四）关于审查会员请领储金用途

（五）关于支付储金之证明事项

（六）关于储金收支报告并公告事项

第十一条　监察委员之职权如下：

（一）关于审核管理委员之会计事项

（二）关于监察管理委员之管理事项

（三）关于纠正管理不合法之事项

第十二条　本会会员大会每年举行一次，如有三分之一以上之连署请求，或全体管理委员，或全体监察委员认为必要时，均得召集临时大会。

第十三条　管理委员每月至少开会一次。

第十四条　会员大会及管理委员会议均须有过半数会员出席方得开会，出席过半数之同意方得议决。

第十五条　储蓄年限暂定为八年，期满后本利一并发还，俾另作其他营业。

第十六条　储金数目由会员自由储存，但每月最低以二角为起码。

第十七条　储金须每月缴纳一次，不得间断，若继续三次不缴者，得开除其会员资格，没收其本年度内之利息。

第十八条　会员须具有下列各项，觅得相当证明，方准退会支取储金。

（一）本人婚嫁或子女婚嫁

（二）直系亲属之丧葬

（三）家遭重大灾变

（四）本人或家属患染重病一时难以痊愈

（五）年老不能工作

第十九条　储金处所由全体管理委员议决，指定银行或殷实商号或在各村出放生息。

第二十条　存储储金除银行不计外，其余商号欲存放此项储金，须指定确实之担保品。若遇该商号倒闭时，应将储金本利先行发还，不受破产之拘束。

第二十一条　本会应备储金名册，将会员姓名、储金额数分别登记。

第二十二条　本会所需经费须经全体管理委员及监察委员开会决定之，但用途以购办笔墨、账簿及不可避免之费用为限。

第二十三条　本章程如有未尽事宜，经会员大会之决议，呈准乡区建设办事处转呈社会局修正之。

第二十四条　本章程自呈准主管署备案之日施行。

七　成立牛乳推销合作社

查本区太平镇吴家村等处多有饲养乳牛之小商，近年以来，因饲养方法不良及制造器具消毒手续均不合宜，以致销路停滞，营业不振。本处为急图挽救起见，迭次召集各商，劝令集中资本，组织合作社，以便彻底改良。各商亦甚惧前途之失败，均愿全体合作，爰于二十二年秋间开始筹备，至二十三年一月正式成立，计入社者达三十余家，预定资本二万四千元，分年缴纳。所有应用机器应有尽有，计低温消毒机一架，打盖机一架，自动温度表一架，牛乳搅拌炼压机一架，管状滤乳器二具，乳皮分离机一架，乳油分水机一架，冷乳器一架，蒸汽锅一座，封口压圈器一套。开业后，营业状况已渐见发达，销路亦较前扩充矣。

丙　改革地方不良习惯

一　查禁妇女缠足、男子蓄发

查妇女缠足为我国最不良习俗，不但有碍身体健康，且影响妇女职业之发展。本处成立伊始，视察各村妇女大半囿于旧习，不肯自行解放。当拟定彻底取缔办法，一面指导各村组织劝禁妇女缠足委员会，由各委员随时纠察，一面派员分赴各村抽查，遇有缠足妇女，均召其家长责令转饬解放，并予以严厉警告。至发辫一项，除查明带辫村民谕令即时剪除外，并于各分驻所、各派出所、各汽车检查处，各发给剪刀一柄，遇有出入本境过往行旅拖带发辫者，一律劝令剪去。

乡区各村庄劝禁妇女缠足委员会简则

（一）关于禁止妇女缠足事务，除按本市禁止妇女缠足规则办理外，乡区各村庄均应组设某村庄劝禁妇女缠足委员会，但小村庄得联合五里以内之数村庄设立之。

（二）本委员会设于各该村之公共办事地点或假学校、寺庙，亦可呈由乡区建设办事处转报社会局备案。

（三）本会委员名额以五人至九人为率，如有特殊情形亦可酌加。

（四）本会委员由乡区建设办事处就各村庄村长、首事及附近学校职教员或其他热心公益人员中选定之，开单呈报社会局核准后，由该乡区建设办事处函聘充任。

（五）本会委员均为名誉职，惟遇特殊情形必需费用时，得由该会自行筹措，呈准办理。

（六）本会主席于开成立会时公同推定，呈报社会局备案，并得由主席指定委员数人，担任会内庶务、文书事宜，如委员有缺额，应按第四条规定随时选补。

（七）本会每星期开会一次，如有紧要事务，由主席委员临时召集。

（八）本会成立后，应召集各村庄住户切实演讲缠足之害及政府对于缠足妇女应有之处罚，并分别限令解放，随时查察劝禁，以期村中妇女尽为天足而后止。

（九）本会办理事项应每旬缮表，报由该乡区建设办事处呈报社会局备查。

（十）本会遇上级机关派员抽查缠足时，应将劝禁缠足实状随时说明，商同抽查人员执行抽查。

（十一）本简则如有未尽事宜，得随时呈请修正之。

（十二）本简则自呈奉核准之日施行。

二　取缔旧式婚丧仪仗

查以前各村遇有婚丧，仍沿用帝制时代之旗锣牌伞，不特有碍观瞻，亦与制度不合。本处为彻底改革起见，当经召集管界内赁铺经理人廿三家到处训话，剀切劝谕，俾其即日取销旧式仪仗，嗣后不得出租，各该铺经理人深明大义，已一律销毁。

三　改用新制度量衡

查本市度量衡划一日期早经届满，惟乡区沿于旧习，仍多使用旧器，参差不齐，商民所受经济损失甚大。本处屡经择定，户口繁多村庄张贴布告，重申禁令，俾令家谕户晓，复于李村市期派员劝导，乡民速行改用新制尺称，以资划一，而利商民。

四　取缔巫婆

查巫婆借神治病，事属迷信，固应取缔，借端敛钱，尤应严禁。现管内后台村有巫婆一人，家中供奉神像，凭神施药蛊惑乡民，而附近各村趋之若鹜。经本处查悉，当转令该管分驻所即日驱逐，并函第四、第六两公安分局，饬属随时查禁，铲除迷信。

五　查禁烟赌吗啡海洛因毒品

查烟赌为盗匪之来源地，农村破产之致命伤，非严加查禁，农村无由与复。本处成立以来，即注意于此，所至各村均经详细查访，有无贩卖及吸食毒品情事，并令村长查有上项情事，即行报告本处，现经村长报告者已有十六人，业经呈请社会局在市立李村医院设立戒烟所，迫令戒除，并即着手办理筹备进行。

六　查禁村民演唱不良戏剧

查乡村旧习，每于废历年后，演唱本地不良戏剧，以取娱乐，不法之徒利用时机，聚众赌博。本处为防止流弊起见，所有各村请求演戏者一律禁止，并函知第四、第六两公安分局，转饬各村长知照。

七　推广新制度量衡

查本处自取缔各村旧制度量衡以来，所有商店市场使用之旧器一概予以没收，劝令购置新器。惟村民狃于旧习，对于新制度量衡心存观望，不肯自行购用。本处为彻底推广起见，按照各村户口多寡，逐一分派，拟定三百户以上村庄发给大小称十支，二百户以上八支，一百户以上五支，五十户以上三支，十余户则一二支不等，并派人送至各分驻所，转发各村，以为先导。

丁　促进地方公益

一　设立各村息讼会

查乡区人民知识浅薄，每因细故，酿起争端，缠讼不已，倾家荡产。本处为息事宁人起见，拟订简章，就户口繁多村庄各设息讼会一处，以资调解。旋据报告成立者有李村、河南、河北、曲哥庄、侯家庄、东李村、毕家上流、西韩哥庄、中韩哥庄、东韩哥庄等村。嗣奉市府令，饬将息讼会改为调解委员会，以为自治基础，复经本处另拟简章，呈准市府，即日施行。现在各村除旧有息讼会均已改为调解委员会外，其新成立之委员会，已有二十余处，本处拟于最近期内督饬各村一律设立。

青岛市乡村调解委员会规则

第一条　调解委员会以调解村民争议，免滋讼累为宗旨。

第二条　凡在百户以上之村庄，得组设一调解委员会，其不及百户之村庄，得由附近数村联合组织之。

第三条　调解委员名额以五人至七人为限，由全村公民投票共选之。

第四条　凡素孚乡望、热心公益者，得被选为调解委员。

第五条　调解委员会之权限，遵照司法行政部、内政部公布调解委员会权限规程第三、第四两条之规定，以民事及轻微刑事为限。

第六条　调解委员为名誉职，不支薪金，并不得收受报酬。

第七条　调解委员会组织成立后，应呈报各主管乡区建设办事处及公安分局备案。

第八条　调查事项当事人如有不服时，调解委员会不得有阻止告诉或强迫调解之行为。

第九条　调解事项有涉及调解委员本身或亲属时应即回避。

第十条　本规则如有未尽事宜，得随时呈请修正之。

第十一条　本规则自呈准之日施行。

二　提倡戒赌会

赌博之为害倾家荡产，甚至流为窃盗。历查各村花会牌九等赌局虽少，而纸牌麻雀之游戏亦足以流毒社会，贻害子弟。本处为正本清源起见，呈请社会局拟定乡村戒赌会，章程印刷多份，分发各村，俾其仿照办理。现据亢家庄、下藏、长涧等十余村村长呈报，设立戒赌联合会，经本处查核，各该会会员或已有二十余人，或已达三四十人不等，当准其即日成立，并令其多征会员，以资推广，而绝赌风。

某某村共议戒赌联合会简章

第一条　本会以保护个人财产，维持全村风俗，厉行戒赌，提倡积蓄为宗旨。

第二条　凡本村居民志愿入会者，均得为本会会员。

第三条　本会选举正副会长各一人，监事二人，理事四人，庶务二人，会计二人。

第四条　本会会员入会须纳入会费二元。

第五条　本会会员如有违犯第一条之规定者，得提交理事会讨论通过，处以五角以上、五元以下之罚捐会费存储会中，以作办理村中慈善公益事业基金，并开除其会员。

第六条　如有倔强之会员，不服第五条之处置者，本会即呈报官厅处理。

第七条　正副会长处理全会一切事务，监事监察会员平日行为，理事执行第五条之权力，会计员专司会中一切款项账目，庶务办理会中杂务。

第八条　凡会中职员如有违犯第一条之规定者，除按第五条加倍处罚之外，并取消其职员会员资格，其会股与利息归为会有。

第九条　本会所得之积款，由正副会长召集全体会员讨论处理之。

第十条　本会每年开全体大会二次，正副会长应将会中经过情形、工作状况宣布，理事应于开会前二日通知全体会员。

第十一条　本会开会时须得有过半数之会员方能表决会议案。

第十二条　凡本会表决之案，其不出席之会员日后不得有异议。

第十三条　本会职员俱系义务性质。

第十四条　本会十年为一期。

第十五条　本会会员不得自动退会。

第十六条　本简章自全体大会通过，呈报乡区建设办事处核准施行。

三　设立民众阅报室

查乡村人民知识浅陋，不但对于国内大事毫不知悉，即关于本市紧要情形亦多属茫然，推原其故，虽由于文盲过多，实由于见闻不广。现在李村虽经党部设有图书分馆，供人阅览，但因馆址离街市较远，村民前往者实居少数。本处为开发人民知识便利、群众阅览起见，特在李村、河南茶肆内附设民众阅报室，定购外埠及本市报纸四份，以备民众阅览。

四　整理李村市场

李村五日一集市场设在河滩，每逢市期各商任意陈列货物，道路为之壅塞。经本处呈请社会局发给木牌，费十四元，制定木牌二十个，书明肉市、鱼市、菜市等，由本处指定地点，派工依次排植，以作各市标准，并会同公安分局每逢集期莅场指导，俾成行列，则交易既使秩序亦整。

五　救济鳏寡孤独疾病残废

查近来农村疲敝，生计艰难，各村鳏寡孤独疾病残废之人颠沛流离，贫而无养，殊堪悯怜。本处为普遍救济起见，于每年冬季分别调查，开列名单，呈准社会局施赈一次。计二十二年受救济者九十九名，每名发给大洋三元；二十三年受救济者二百七十七名，每名发给大洋一元五角，并商得本市慈善机关，施以棉衣、棉裤等项。

戊　改善地方风化

一　提倡新生活实施公民训练

查乡区农民知识闭塞，既无自治能力，又无爱国思想，求其症结所在，半由于见闻狭隘，半由于缺乏教育，欲图暂时挽救，端赖勤加训练。本处现经召集李村中学、李村实验小学校长开会讨论实施公民训练办法，经议决六项如下：（一）讲演地点：在本处大会堂；（二）讲演时间：暂定自五月十八日起，继续讲演四星期，每星期二、五两次，利用村民休工时间，于下午七点开讲；（三）讲演人员：由办事处及中小学职教员轮流担任；（四）讲演事项：清洁、规矩、勤俭、礼义、廉耻；（五）讲演程序：（1）时事报告；（2）讲演；（3）由各学校表演新剧及军乐雅乐等，以助余兴；（六）听众分配：李村、河南、河北男女民众轮流听讲，此项办法除先日布告民众知照外，届时并由地保鸣锣召集。幸民众均具热心，每次听讲者不下三百余人，考察此次讲演结果颇著成效，将来对于此项训练拟扩大举行，以期普遍。现经拟定办法两项：（1）在李村、河南建筑民众憩游所，每日由区公所派员在该处轮流讲演，并装设无线电收音机，以助余兴。（2）将本处所辖各学校划分为若干学区，每一学区组织一讲演队，轮流在各村讲演。

二　采访孝廉方正节义贞烈编辑事实节略

查晚近人心不古，世风日趋浇薄，旧有道德沦亡殆尽，苟不设法鼓励，殊不足以挽颓风而正人心。现经派员搜辑各村孝廉方正节义贞烈事实及匾坊碑碣文字，编成事实节略，呈报社会局以备印刷成帙，广为宣传，既以表彰旧有道德，又可以维持各村风化，是亦新生活运动之一端也。

己　办理调查事项

一　调查各村水井果产

本处为明了各村饮料供给情形及各村果业生产数量，当派员分别详细调查，经数月之久，始行调查完竣。计管境内九十三村，共有公井一百八十三口，私井二百九十六口，内有猪头石等三村因地势过高，无法开井，均由河底挖穴取水，尚不发生恐慌。至果树一项，惟梨树为大宗，共有四万二千九百五十八株，若遇丰收，平均每株可产梨一百五十斤，每斤售洋三分，共应收入洋十九万三千三百余元，其余苹果约有五千株，桃树五百余株，每年收入亦有一万四五千元之谱。

二　调查风俗

本处奉发风俗调查纲要，饬令查填，计大纲有四：（一）生活状况；（二）社会习尚；（三）婚嫁情形；（四）丧葬情形。其余细目共计五十六条，均经分别逐一查明，专案呈报。今详述于下。

（A）生活状况

职业概要　人民大半务农，沿海一带多以渔捞为业，近山之处则于农隙打石，亦有长年作石工者，距沧口附近村庄，男女多赴工厂作工或在家糊火柴盒。

主要物价　本区食粮以地瓜、小米、苹果、梨为主要物产，其价格地瓜每百斤约一元五角，小米每百斤约七元，梨每百斤约二元，苹果每百斤约五元。

服饰习尚　民风朴素，衣服多用蓝布，务农之人四季均着短衣，家计充裕者于交际时服长袍马褂，妇女较男子稍尚华丽，十之八九均备有化装品，衣服多用杂色洋布及麻制品，然终身不得着丝制品者实甚多也。

饮食嗜好　乡民肉食、面食甚少，非有喜丧大故不能购买鱼肉。富裕之家亦以米饼及蔬菜为主要食品，贫寒之家以地瓜、小米、地瓜干为主要，均系冬季每日两餐，春夏秋每日三餐，惟对于本地黄酒及高粱酒等勿拘，贫富大半嗜饮。

居室情形　乡间居室简陋，稍裕之家间筑旧式瓦房，分住室、客室、仓房、下房等；贫寒者均住草房，高不满六尺，惟均于住室正间两侧垒灶室之，内部砌砖为坑或以土坯为之，坑内留洞通于灶，以取暖。

交通状况　已成道路曰台柳路、湛沙路、李村市路、李山路、李沧路、李坊路、李塔路、李沙路、张朱路、张刘路、毕埠路、毕公路、吴小路、石小路、张南路、李塔路、保张路、五大路，宽度约五米达，均可通行汽车，但营业汽车只通台柳路、五大路、李沙路等，其余尚未通行。

家族制度　本区家族系父子同居，父死子继，若有数子，则以长子奉祀，而家产则均分之。有父死兄弟分居者，亦有数世同居者。若死后无子，就其近支侄辈，嗣子承继，概不以女子承继，但于嫁时，备置嫁妆富裕之家，亦有以田地、财产陪嫁者。

钱币及度量衡现状　钱币以中交中央三行钞票在市面流通，以铜元辅之，价值与青岛相同。本地并无其他纸币，至度量衡沿用旧制者仍居多数，现已取缔。

气候及雨量情形　气候温和，冬无严寒，夏无酷暑，雨量以六、七、八三个月为最多。

农产品　粮属有小麦、大麦、地瓜、高粮、玉蜀黍、谷子、豆子、黍子、落花生、荞麦、芋头；果属以梨、苹果、葡萄、桃为大宗，其余枣、杏、柿子、花红、山查、西瓜产量亦甚巨。

制造品　工厂出品有冻粉一项，其余小手工业仅有编制柳条、筐、竹篮等物。

保卫情形　本区公安第六分局有警察二百七十余名，内有汽车队一队，车巡队一队，马巡队一队，沿海有巡船二艘，以维持海上治安。兵力之分配除分局驻有六十名随时调遣外，其余分驻七处分驻所，十二处派出所内，并于冲要村庄装警备电话四十余处，沿马路电杆设军用电话五十余处。遇有警报，各项巡队及分驻所齐行出发，四面截堵，本处水路治安可告无虞。

(B) 社会习尚

起居　乡区农民习惯大抵日出而作，日入而息。在农忙时，不及日出约在四点即起床工作，日落晚餐饭后即息。

交际惯例　乡村礼数简略，除婚丧大故外，平日无多交际。遇有丧事，即日讣告，亲友陆续来吊，并携带冥钞。安丧之日，至亲谊友均来执绋并致赙奠灵，与出发时，邻里相助抬埋，安葬毕，回家飨以酒馔，以致谢意。遇有婚事，先日告知亲朋，届时亲朋咸集，并各具贺礼，次日主人另具柬帖，备酒馔宴亲朋。凡生子若系初生，亲族邻里馈以布匹、首饰及鸡子、米糖等，谓之送汤米，迨小儿百日，主人备酒馔宴请亲族邻里，然此富裕之家；则有之贫家，则仅备面条送致邻里。以上各项交际，妇女仅得与女辈交接，不能与男宾混杂，盖乡间风俗闭塞，女子犹守古风也。

宗教情形　据最近调查，李村全区庙宇二十三处，计道徒四十九名，僧徒十五名，考其实际，并无信仰宗教之可言。惟李村有耶稣教堂一处，系德人设立，计有教友三人，每星期必集合诵祷。

迷信状况　乡民知识闭塞，仍在信神时期，如因病许愿死后，诵经超度及用冥钞、纸人、纸马之类，再修筑房屋避岁神、婚丧嫁娶选择日期。以上种种迷信，积重难返，非一时所能铲除。

盗贼　本区地面安谧，数年来并无盗贼出没，亦无抢劫情事。

娼妓　本区并无娼妓。

奴婢制度　蓄奴之制久已不闻，惟富裕之家偶有养婢女者，盖系契买贫家幼女，以为洒扫之用，迨至扶养成人，于二十岁上下即为择配，并索取身价数百元，以偿扶养之费。亦有视同养女，备妆陪嫁者，然非通例也。

农佃制度　制度有三：（一）平分制。人民承种地亩收获之物，与田主平分，所有种子、肥料、人工由佃农自理。（二）租田制。承揽地亩与田主商定价格，言明期限，先交租价，年之丰歉与田主无干，每亩最高价十八元，最低价八元。（三）包租制。承揽地亩按地肥瘠评定，每年应纳租额最多者八升，最低者五升，豆、麦、谷、高粮四色平纳，豆、麦每升二十二斤，谷每升十八斤，高粮每升二十斤。

娱乐　乡民终岁勤劳，平日无暇娱乐，惟于废历年节、端阳、仲秋之时，邀聚朋辈，设酒言欢，或敲鼓锣或调管弦，以取乐。若遇丰年，则于秋收后，各家摊钱，演唱皮簧、戏剧。然以地方治安关系，须经当地公安局许可，方得开演。

讼争　本区人民性情和平，不好讼争。第六公安分局所辖七区，共二万余户，十二万丁口，据接收各分驻所报告及人民控诉事项，统计每日不过四五案件，其不能当时解决者，方到法院起诉。

械斗　人民因事口角徒手殴打者时或有之，聚众械斗之事，实属绝无。

（C）婚嫁情形

订婚办法　乡间习惯男女不必相识，亦不先行晤面，仍以父母之命、媒妁之言为据。订婚之先，由男家聘友作媒，赴女家请求允婚，俟得同意后，由男家备具婚柬并附带礼品及衣服、首饰，送至女家，遂以定婚。

婚约形式

求婚書
謹爲幾子請求
大德望　翁　老先生幾令愛爲配合
肅書恭候
金諾諸維
亮照不莊

允婚書
遵以幾女　許與
大德望　翁　老親家幾令郎爲室合
肅書敬聰
玉成諸維
愛照不備

世愚弟　鞠躬
忝眷弟　鞠躬

聘礼种类　衣料首饰及各种礼品，其最主要者为大馒头，每个约二三斤，虽贫寒之家亦为必备之品。

选期手续　按照嫁娶通书，择定六合不将吉日（按照女命计算）为迎娶期。

迎娶仪式　先一日：由男家置备服饰送女家，迎娶日：男子乘花轿赴女家，另备花轿一顶，鼓乐前导至女家，摈相出迎入门，送茶点，率婿告庙后，两女相送女至轿。

结婚仪式　迎娶回门，院内设香案，拜天地，由女相送女上床，食宽心面，进合欢酒，男女交饮。

成婚后各种礼节　成婚后，三日下床拜翁姑及诸姑、伯、叔，礼毕祭祖拜墓，四日于归，偕婿同往谒见岳父母，岳家备酒馔宴请新婿。

结婚年龄　自十五岁至二十四五岁为结婚时期。

续娶习惯　男子在五十岁以前妻死，多再续娶；五十以后子女长成，即多不续娶。

改嫁习惯　有因离婚改嫁者；有因夫死年幼未生子女，由翁姑劝令改嫁者；有因夫死家贫，生计难窘改嫁者；有夫死不安于室改嫁者。

多夫或多妻习惯　本区无多夫习惯，惟一夫有两妻者，大约因缺乏子嗣，得嫡妻同意，再行续娶两妻，同居以姊妹相称。

童养媳习惯　因家贫或眷属远徙，将女送至男家抚养，俟成人后，择吉成婚，成婚之日或送至亲朋家另行迎娶，或不迎娶只告知亲友，行结婚礼，然此等习惯为数甚少。

（D）丧葬情形

始丧情形　亲死，子女易孝服、披发带孝布、讣告亲友，二日入殓，孝子朝夕举哀，每食奠荐，寝苫枕块，不就床席，但现在亦多有不遵此旧礼者。

遗嘱形式　父母病重，知将不起，所有未了家务及遗留物，恒唤子女至床前，面命之或招请亲友代立字据，以免发生纠纷。

继承关系　父死子继，若有数子，则以长子奉祀，遗留财产，数子均分，但女子尚无继承之事，只于嫁时备置嫁妆，稍裕之家或稍给以田地财产。

入殓手续　二日入殓，棺内铺棉花及灯心、木炭等类，子女各剪发一束，并各置小被褥一套放于棺内，殓后盖棺，设祭奠荐。

成服礼节　成服日，灵前及院内陈祭，用相礼八人，于开吊时奏鼓乐至灵前，行三献礼，读祝文，孝子加冠，着麻衣。

丧服等差　父母斩衰孝服三年，祖父母齐衰一年，曾祖父母齐衰五月，高祖父母齐衰三月，叔伯父母期年，姑母期年，兄弟期年，姊妹期年，出嫁大功。

讣告形式

訃告式

不孝　等罪孽深重不自殞滅禍延

顯考/顯妣　痛於　年月日時壽終正寢/內寢距生於　年月日時享壽　歲不孝　侍奉在側親視含殮遵禮成服茲稷卜於

月日扶柩合葬於祖塋之次伏乞

台鑒垂恻屈時俯賜遠勞光送墓所及陪返虞曷勝哀感叨在

誼誼此孝

聞

某月日發引

吊奠礼节　吊客均至灵前行三跪九叩礼，或鞠躬礼，吊毕，主人宴以酒馔奠仪，或送祭品祝帐，或送纸烛冥钞。

发引仪式　发引以前，由相礼人至灵前行辞灵礼止吊，午后，灵兴起行，前导有引灵幡、彩幡，依次排列祝帐神主楼、香亭楼、冥器楼、影像楼、旌楼、饼楼及其他纸札等项。

安葬仪式　灵舆至茔陈祭，由相礼人行辞土礼，灵入墓，再行安葬礼，礼毕，返虞，行虞祭礼。

丧服期间　斩衰三年，齐衰一年，大功九月，小功五月，缌麻三月。

居丧制度　孝子居丧，不饮酒，不茹荤，斩衰三年二十七月为小吉，始易黑服，此本地古礼也，晚近人心不古，交际日繁，业已多不遵守。

祭祝礼节　祭品多用五碗四盘五茶食，或用三牲（即鸡、肉、鱼），奠酒三杯上香三柱，行三拜四叩首礼。

女子之地位　本地女子只操家政及缝纫琐事，一切家计及交际均属男子之责任，所以女子之地位与男子不能平等。

三　调查家庭工业

李村一区人民大半务农，对于家庭工业毫不讲求，除木工、石工、窑场及少数织本地粗布者外，别无其他工业。至制造品有冻粉一项，系贯华冻粉公司出品。又有编制柳条筐、竹篮等物，亦粗俗不堪。现已设立民生工厂，招生学习织布、织毛巾、染色、织袜，俾得学成后回村提倡。

四　调查渔业

本处管境沿海一带村庄多以捕鱼为业，惟渔船、渔具及渔捞方法仍守成规，故每年得利甚微，亟宜设法改良，以期发展。本处为明了现状起见，已派员前往调查，略悉梗概。兹将村名、渔户、渔夫、渔船、渔具种类数目，列表如下：

李村鄉區建設辦事處漁業調查表

村名	漁戶數目	漁夫數目	漁船種類隻數	漁具種類及件數
山東頭	三四	一八四	舢板三十四隻	網三十四件 釣勾四萬六千五百件
石老人	四九	二五九	舢板四十二隻 木筏八隻	網四百五十件 釣勾四萬件
鍾家溝	一	五	舢板一隻	網一件
浮山所	一四	一四	舢板二隻	筒子網三件 拉網一件
大湛山	六	一二	舢板六隻	海螺網二十件
辛家莊	一八	一八	舢板九隻	海螺網九件
丁家莊	六	六	舢板二隻	海螺網二件
大麥島	一一三	一一三	舢板五隻 筏子四隻	刀魚網九件 蝦網四百件
王家麥島	二六	二六	舢板二隻 筏子二隻	刀魚網四件
徐家麥島	七	七	舢板一隻	刀魚網一件

五 调查庙宇

案奉市政府发交方案，有调查庙宇一项，经由本处制定表式，分别调查。计本处辖境共有庙宇二十三处，所有庙产及古迹、古物均经详细列表，以备查考。

廟宇調查表

名稱	地址	僧道人數 住持姓名	僧道人數 同道姓名	房舍	田地山場	田地山場	古蹟	古物
玉皇廟	李村			九間	五分			
三官廟	李村			六間	三畝五分			
關帝廟	李村			三間	四畝半			
清涼院	李村南莊	戒和	方貴	六間	十八畝			
關帝廟	曲哥莊			六間	二畝六分			
關帝廟	東李村			三間	六畝三分			
菩薩廟	東李村			三間	三畝八分			
菩薩廟	上臧			三間				
玄陽觀	戴家上流	張嘉林	韓孝 韓字宸	十二間	四畝五分			
臥雲菴	蘇家莊	仲思融		二十九間	十一畝一分			
娘娘廟	東李村	隆戒	能張	三間	三畝六分			
龍王廟	于家下河			六間	四畝九分			
關帝廟	下王埠			一間				
關帝廟	滯崖			一間				
關帝廟	郭頭園			一間				
關帝廟	爐房			一間	三畝			
現化菴	水牛陳家	李心學		九間	四畝			
大士菴	午山	王維敏		十二間	三畝	三畝		
鎮水菴	仓家撤	王興忠		六間	一畝			
常在菴	鄭張村	葛友生	任太林	二十一間	六十畝			
紫峯菴	東家下莊	張承喜		五間	五分			
震水菴	西韓哥莊			六間	五畝四分			
祺峯菴	中韓哥莊	王和祺		六間	三畝四分			

六 调查佃农及田租情形

佃农及田租调查为兴复农村必要事项，兹奉社会局令，发田租调查表，饬令查填。经派员调查，自耕农约八五六四户，佃农约一九一五户，佃农占百分之一八有余。佃农共分三种：（一）分种；（二）纳金；（三）纳谷。纳金约占百分之八五，纳谷约占百分之十二，分种约占百分之三。佃农每年每亩农产物平均收获量约值二十八元，除去肥料、畜工、租金外，约可净得洋五六元。

七　调查耕牛

耕牛关系于农作是否敷用或有盈余，均有调查之必要，以为改良之参考。当经派员分别调查，旋经查悉，本处管界九十五村，蓄牛者六十九村，共有牛八百四十三头，除去乳牛四百四十三头专供取乳外，其余四百头尽属耕牛，系本地种及荷兰种，并无水牛、菜牛等名称。推其原因，本处所辖各村大半附近山岭，地瘠民贫，并无广博平原，所以中农及贫农使用骡驴及人力耕种足可敷用，并无盈余及不敷之处。

八　调查乡老

查十二月十日为青岛接收纪念日，定于是日邀请乡区耆老参加纪念典礼，借以询问民间疾苦及乡区建设情形。奉令调查各村八十岁以上之乡老，于十二月十日护送赴青，以便参加。当即着手分别调查，结果本处管内共有八十岁以上之乡老一百二十三名，内有五十七名均染痼疾或残疾，身体健康者计有六十六名，届时赴青者只有四十三名。

庚　厉行乡村清洁

一　实行乡区清洁办法

查乡区人民素不讲求清洁，经本处迭加指导，俾其分组按日扫除，并派员抽查各村，而言者谆谆，听者藐藐。本处为警戒村民养成清洁习惯起见，经拟订乡区清洁简则呈奉。

市府核准后，通令各村每日分排，轮流扫除。该简则最重要者，如私人里院违犯本简则之规定者，处以一元以上、三元以下之罚金，各村街巷违犯本简则之规定者，处以五角以上、二元以下之罚金，并规定此项罚金由办事处及公安局指定殷实可靠之村长或首事保存，以充该村清洁设备之需，不得移作他用。

青岛市办理乡区街巷清洁简则

第一条　乡区各村街巷之清洁，悉按各该村幅员户口及需要形势，按十户或二十户出夫一名，轮流扫除，并由村长首事督饬进行，仍将花名班次列表呈送该管乡区建设办事处及公安分局查考。

第二条　凡老幼孱弱及鳏寡孤独废疾者免除其役。

第三条　各村街巷至少每日须扫除一次。

第四条　私人里院之清洁，应由各院主自行清理，所有垃圾、粪便及污水等不洁之物须各指定偏僻处所分别倾倒，不得随地抛弃。

第五条　各村街巷不得倾倒污水、存留垃圾粪便及牛马粪等物，并不得随意便溺或散置砖石。

第六条　各村清洁由乡区建设办事处及公安分局每星期派人会同抽查，随时纠正。

第七条　村民如有违反本简则所列各条者，村长首事应予切实指导或加以警告，其不从者得随时报由该管派出所转报该管分局，依下列各款处罚。

（一）违反本简则第四条之规定者，处一元以上、三元以下之罚金。

（二）违反本简则第五条之规定者，处五角以上、二元以下之罚金。

第八条　村长首事督饬不力者，应由办事处及公安分局按其情节予以下列各款之处分。

（一）警告

（二）申斥

（三）撤职

第九条　本简则第七条之处分，应由公安分局制备五联罚金收据，以一联掣给被罚人，以二联分存办事处及分局，二联分呈市政府及公安局备查，罚金收据由公安分局印制，办事处会印收据，式样另定之。

第十条　罚金收入由办事处及公安分局指定殷实可靠之村长或首事专款保存，以备该村清洁设备之需，不得移作他用。

第十一条　本简则如有未尽事宜，得随时呈请修正之。

第十二条　本简则自呈奉　核准之日施行。

二　规定夏季贩卖生熟食物办法

查李村负贩小商贩卖生熟食物，每当夏季任意陈列，蚊蝇猬集，最易传染病疫。历经会同公安分局挨户晓谕，凡贩卖生熟食物，均须加盖纱罩，以重卫生。

三　整理李村市街

李村、河南、河北原定分组扫街后，为村民便利，改为雇用民夫，由公众出资，专司扫除，以专责成。并于河北用砖石筑成垃圾箱一个，河南筑成垃圾箱两个，以便倾倒脏土。所有马路两旁旧日多支设板房、布棚及水果糖烟之摊贩沿路陈设，妨碍交通，已由办事处会同公安分局逐加取缔。其马路旁之泄水沟因向来无人管理，以致积满污秽，一遇大雨，泥泞难行，亦一并会同公安分局督饬村长设法疏浚。

四　取缔李村市场便所

李村河直通李村水源地，原以供给饮料之用，该村市场设在河滩，每逢市期，村民随地安设溺器，以致群众任意便溺，不但有伤风化，且于饮料关系甚巨，已饬村长地保一律移于河边，并设围箔以资掩蔽。

五　抽查各村清洁

查各村对于街巷清洁遵章办理者固不乏人，而阳奉阴违者亦所在多有。本处定于每星期派社会、公安两股职员抽查各村，周而复始，轮流督饬，以期养成清洁习惯。

六　筹设公共粪场

李村河北街巷窄狭，地处冲要，每当春秋两季村民搬运粪便无处存放，莫不感觉困难，兹经觅得庙产公地一段，坐落村之西偏，经邀同村长前往查勘地点，尚属偏僻，筑以围墙改作粪场，于清洁卫生均无妨碍，现已商定俟该地禾稼收获后，即改建公共粪场。

七　举行李村夏季卫生运动大会

本处为扩大卫生宣传，唤起人民注意清洁，于本年七月十四日联合第七区公所、第六公安分局、李村中学、李村小学、李村医院举行李村夏季卫生运动大会。全村每户各出一人，早六点齐集办事处门前，由主任讲演此次举行卫生运动之意义，并分发各种防疫药品，讲演毕，由学校军乐队前导各界领袖及职员，率领全体民众约四百人游行各街各巷，并每人携带扫帚或抬筐及铁锨等。游行一周后，复将李村、河南、河北划分六区，全体人员分为六队，每队领队一人，队员十余人，警士二名，同时齐赴分定区域，各街各户详细检查，遇有秽土污水即时扫除或喷射杀菌药水，计此役共到四百余人，自早六点起至十钟，始检查完竣。

八 举行扑蝇运动

时届夏令，一切疾病最易发生，而苍蝇为人类之害敌传染之媒介，亟宜设法扑灭，以资预防。兹经呈请社会局发给蝇拍六百个，蝇袋二千个，卫生宣传刊物二千三百件，定于七月二十一日开始举行扑蝇运动。除村民方面，另由第七自治区公所购置扑蝇器具分发外，现拟定责成管界内三十一学校同时举行，其办法如下：（一）李村办事处设立临时灭蝇事务所，督饬乡区各校办理灭蝇事项。（二）灭蝇实施日期自七月二十一日起至八月二十日止。（三）关于灭蝇所需之宣传刊物及蝇拍、蝇袋，均由社会局发给。（四）本区各小学每校成立一大队，再依班次之多寡分为若干支队，其队员人数由各校自定。（五）每大队设队长一人，统率全队事务，其人选由各校推定。（六）各队每日灭蝇工作在课余举行，时间由各校自定之。（七）各队每日所捕之蝇，交总队长汇装袋内，并将日期、队员人数、捕蝇重量详记于报告表内，由总队长每日或间日送交附近分驻所或派出所，查明焚毁，发给收据，以昭核实。（八）各大队每十日应将记载完毕之报告表连同分驻所、派出所收据送临时灭蝇事务所，汇呈社会局。（九）捕蝇事毕，由办事处呈报社会局查核，成绩优良者给予奖品，以资鼓励。

辛 提倡工艺

一 选送学生入民生工厂学习工艺

本处为提倡家庭工业发展农村经济起见，呈准社会局选送各村小学毕业学生，送入民生工厂学习各种工艺。经于二十一年十一月通知各村保送学生，当由本处选取年龄相当、粗识文字者五十名，于本年十二月送入民生工厂，分别学习织布、织毛巾、织袜、漂染等项，俾将来学成回家，独立经营，自谋生活。

二　筹设李村农村染织工厂

查发展家庭工业，提倡妇女织布为本处建设方针。所有以前民生工厂毕业学徒，由社会局每人借给织布机或毛巾机或织袜机一架，俾令在乡区择定适中地点，组织工厂招收学徒，既可以传习工艺，又可以提倡生产合作。惟此项办法经本处传询以前各毕业学徒及其家长，均无负责组织之能力，未便任其造次从事，致遭失败，嗣经本处商同李村各界，变更原来计划，由各界集资成立染织工厂，拟定聘请技师，招收民生工厂毕业学徒及其他学校毕业生作为本厂练习生，仍由社会局请领织布机八架，织毛巾机二架，但为经济关系，目前暂设机织部，以俟营业发达，再添加印花部。现已公推李村实验小学校长郭鸿三领导进行，负责管理。兹将该厂组织纲要列下。

李村区农村染织工厂组织纲要

（一）缘起：本处为倡导农民生产合作及家庭副业，特筹备农村染织工厂。

（二）名称：定名为青岛市李村农村染织工厂。

（三）部分设立：为经济关系，暂设机织部分，由社会局承领布机八架，毛巾机二架，俟营业发达，另行扩充印花部分。

（四）工徒招收：以招收本区民生工厂毕业生及本区各小学毕业生为原则。

（五）工徒待遇：工徒待遇分两期规定。

第一期——考查时期：以二月为限，每月支给生活费四元。

第二期——每月支给生活费四元外，并按照工作成绩分给红利。

（六）工作时间：每日工作八小时，读书三小时（课程系选修），以便提高学识而利营业。

（七）股金：暂定股本基金壹千圆，每股五元，招足一百五十股时，即开工。

（八）入股：本区各界不分性别，凡有正当职业，无不良嗜好及违法行为者，均得入股，惟入股者股金须一次缴足。

（九）纯利处理：开除生活费及摊还机价、杂支消耗（茶水、电灯、运费……）外，为纯利，共分十成，以一成充公积金，以三成充工徒花红，以四成充股东红利，以二成作职员红利。

（十）货物销售：1. 地方学校及居民尽先采用；2. 由市政府社会局函达各机关尽量采用。

（十一）组织：设经理一人，由李村实验小学教员担任，系义务职。设主任一人，月支生活费十二元。红利分配，经理、主任各得一成。

（十二）所有组织细则另订之。

壬 改进乡区卫生

一 举行防疫及卫生讲演

查乡区人民因不讲卫生，每届夏令，往往发生疠疫。兹为先事预防起见，呈请社会局发给传染病预防法及卫生图说等印刷品。当于七月十一日起，由本处派员邀请李村医院医师轮流分赴各村，借小学为讲演地点，召集学生及附近村民到校听讲，俾其回家宣传，并将图说发给各小学，作为活页教材，以资普及卫生常识。

二 训练旧式产婆

乡区人民接生均系自行处理，并无此项营业，遇有难产往往发生危险。社会局为保赤起见，通令各办事处查册旧式收生婆，催令登记，以备训练。本处当经斟酌情形，拟定变通办法，令由大村选送一人，小村则数村选送一人，于去年八月二十一日开班训练，计到班者三十九人，于九月底训练完毕，考试均尚及格，遂各发给证明书，准其在乡村充当产婆。

三 添设乡区巡回医师

查乡区各小学学生因不谙卫生，患病者甚多，尤以秃疮、癣疥、沙眼、毒疹、回虫等病为最，甚每因一人发生传染全班，且各小学散处各村，因道路不便，不能向医院求治，似此情形，小则妨害学生课业，大则危及生命，已呈请。

社会局添设乡区巡回医师，携带简便药品、器具，分赴各校诊治，并于夏令注射防疫药针，对于村民亦同时施以治疗，现已批准于二十二年度开始实行。

四　取缔市场无照药摊

近查李村市场恒有过路大夫，未领医药执照，私在市场设摊出卖痧药、膏药等，并医治一切病症。查此项药摊不但诈取民财，亦恐遗误人命，已严加取缔，并逐其出境，不准分赴各村逗留。

五　施行各学校及村民种痘

村民素不讲求卫生，对于儿童种痘尤为漠视，一遇天花流行，往往发生危险。本处为保护儿童健康起见，经呈准社会局并商同第二、第三两分医院派员分赴各村种痘，同时令饬各学校学生及村民一律集中指定地点，以便施种。今年计第二分院种痘地点五处，本校及分校二十二处；第三分院种痘地点四处，本校及分校十一处，统计人数共计二千余名。

癸　清理地亩

一　清理乡区民有田地

查乡区民有田地，在日管时代，李村设有地亩局，专司买卖田地过户事项，自青岛接收后，既未设局专司，又未催令登记，人民亦以手续过繁，遂至迁延至今。所以甲性之地卖于乙性，乙转于丙，丙转于丁，其间追讨税款，几经周折，已形繁难，甚且买地者所有权未经官府登记，卖主借故刁赖，因而引起纠纷。本处为公私便利起见，已呈准市政府财政局派员清理乡区田地过户事项。自二十二年二月，由财政局派员来处负责办理，先令各村民户填写声请书，附带旧契送处，转送财政局审核无讹后，发给查验证书以为凭证。此次清理办法不但免纳手续费，即契纸等费亦完全免收，计办理四月之久，共发查验证书九万余张，此项积案业已办理完竣。

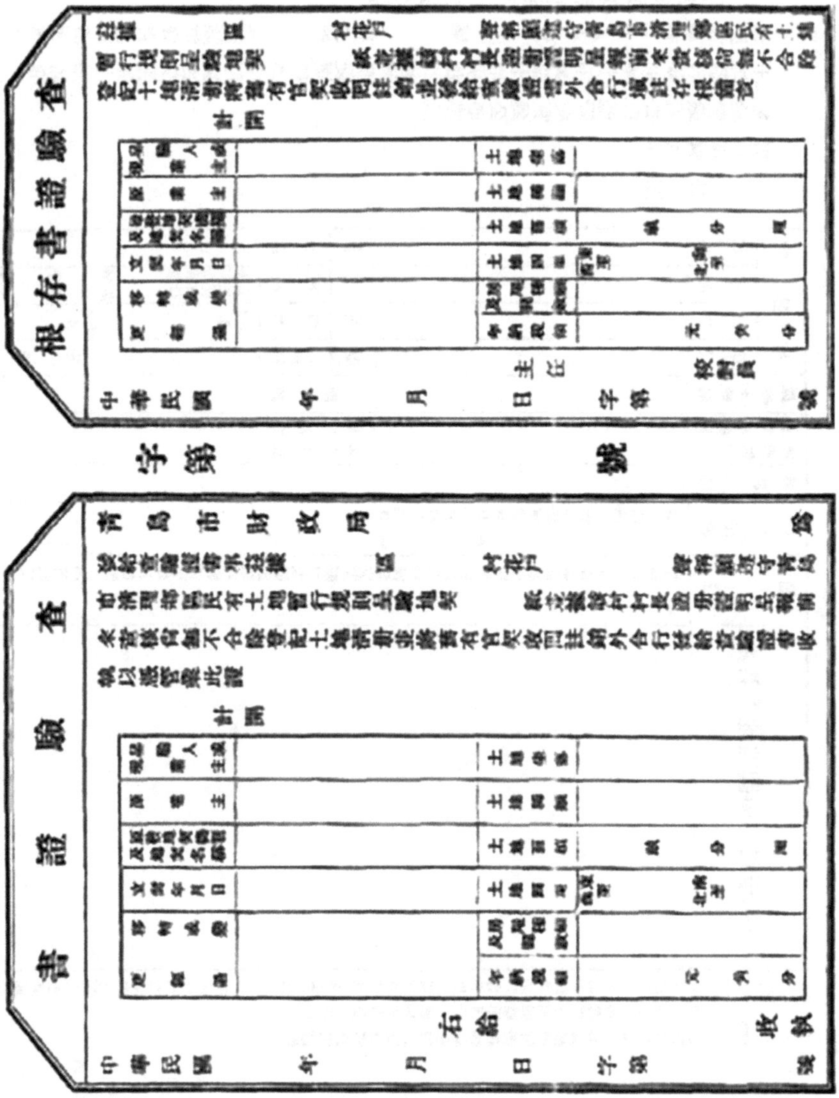
根存書證驗查
字第
號
青島市財政局
書證驗查
右給
收執
中華民國 年 月 日 字第 號

青島市清理鄉區民有土地聲請書　青島市財政局發行

為聲請事竊（聲請人）有坐落　　區　　村土地　　段茲願遵守青島市清理鄉區民有土地暫行規則將土地狀據土地現狀及移轉或變更經過情形據實呈報如左懇請准予清理發給登記證書以憑管業實為公便謹呈

青島市財政局

計開

聲請人：姓名　年齡　籍貫　住址

原業主姓名

移轉或變更經過情形

呈驗文件

村長保證：該戶所開各節經查係實如有不實願受處分　區　村

備註：[illegible]如有不符願受處分

土地現狀：坐落

面積：現在實有畝數　原所有畝數　畝畝　分分　厘厘

四至：東至　南至　西至　北至

年納地租：元　角　分　厘　毫

土地價額

房屋建築及其間數

繪具土地略圖填明四至如下

說明
一、如在清理期內[illegible]原業主姓名[illegible]應由原業主親自簽名蓋章或簽押
一、如土地係在[illegible]不在[illegible]
一、如有特別事項必須呈明時得在備註欄內之空白處據實註明

聲請人　具

二　办理不动产移转许可事项

查乡区民有土地经过前次清理手续业已办理完竣，惟嗣后土地移转亟应随时声请过户，未便任其积压时日发生流弊，现经财政局派员来处专司乡区不动产移转事项，并通知各村凡有土地移转，务须于三个月内向本处声请证明，勿得迟延，致于罚办。

青岛市不动产转移证明许可规则

第一条　本规则所称不动产以土地及建筑物为限。

第二条　不动产权利移转或变更之证明许可及收费手续，以本市财政局为主管机关。

凡不动产权利之移转或变更，非经财政局之证明许可，不生效力。

第三条　凡不动产权利之移转或变更，须于三个月内向财政局声请证明，其收费如下：

（一）凡赠与及其他无偿性质取得权利者，按价收千分之三十，但因公共事业捐助，经财政局审查属实者，不在此限。

（二）凡买卖性质者，按价收千分之十五。

（三）凡典当性质者，按价收千分之五。

（四）凡属合法继承者，按价收千分之十。

（五）凡析居者，按价收千分之三。

（六）凡共有物之分割者，按价收千分之二。

以上各项费款均系由取得权利人缴纳。

第四条　凡不动产权利之移转或变更，如不依照限期声请证明者，每逾三个月，得由财政局加收证明费十分之一。

第五条　声请证明须由双方当事人以声请书为之。

第六条　声请书之格式由财政局印制发行，声请人应将附呈之证明文件及应载之声请各事项，依照声请书中说明之规定，分别详细填明。

第七条　声请书应用正副两本，连同证明文件呈送财政局，先掣收条，记明件数，俟查核手续完毕，将正本存案，副本及应发还之证明文件发交当事人，即须将收条缴销，但收转乡区案件另有规定。

第八条　声请证明许可须由本人自为之，如委托代表人或代理人办理时，须有本人之签名盖章之委托书。

第九条　移转证明许可手续办理完毕，并填给领租公地移转凭照，或私地移转证明书及乡区不动产移转证明执照。领租公地移转凭照暨私地移转证明书，每件收银壹元，乡区不动产移转证明执照，每件收银五角。

第十条　业经证明之声请书副本及移转凭照、移转证明书或移转证明执照如有遗失损灭时，准由本人先行刊登市政公报暨本市日报详细声请作废后，仍照声请证明手续，呈请财政局将原号注销，核明补发，前项手续费每件收银一元。

第十一条　凡不动产之证明须据实报价，倘有匿报价额，希图省费情事，得按估定价额计算或由官厅按照所报之价收买之。

第十二条　凡声请移转证明之让与人，如其所让与之不动产有未完之租税捐费，应于移转前一律分别缴清，取得收据随同声请书呈验，否则停止移转，并扣留其证明文件。

第十三条　本规则如有未尽事宜，得提出市政会议修正之。

第十四条　本规则自公布之日施行。

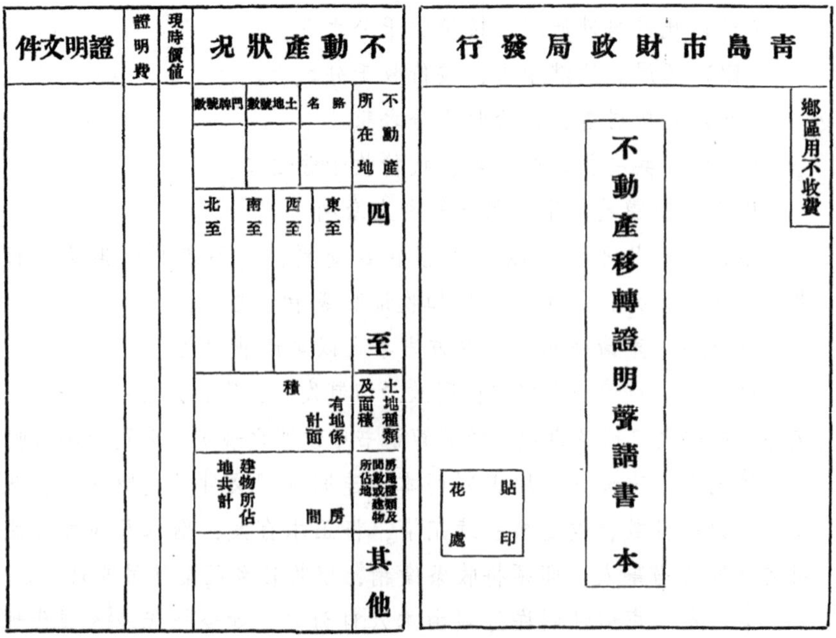
青島市財政局發行

鄉區用不收費

不動產移轉證明聲請書　本

貼印花處

不動產狀況

不動產所在地：路名　土地號數　門牌號數

四至：東至　西至　南至　北至

土地種類及面積：有地係計面積

房屋種類及間數或建物所佔地：房間　建物所佔地共計

其他

現時價值

證明費

證明文件

聲請事項

右呈

青島市財政局

姓名　年歲

聲請人或代理人（甲出讓者　乙承授者）印證　住址

籍貫　電話

職業

姓名　年歲

保證人（　　）印證　住址

籍貫　電話

職業

中華民國（　　年　　月　　日）

说明：（一）不动产状况栏内应按格注名：（甲）坐落路名、土地号数及门牌号数应载入不动产所在地格内。（乙）四面地界应载入四至格内。（丙）土地种类及面积格内应载注公有地或私有地，与水田、宅基、山地、坟地、园林地、荒地以及地面亩数或方步数等。（丁）房屋种类及间数

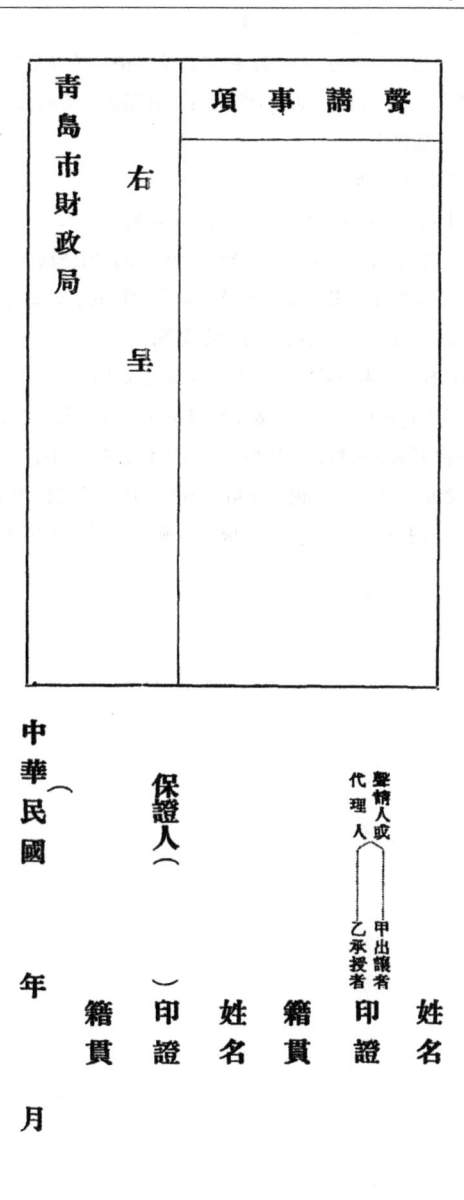

或建物所占地格内，应载明瓦房、灰房、土房、铺房、洋式楼房等及房屋之间数，如不能计算间数时，应载明建物所占地之总数。（戊）如为分割合并之证明时，应将分割合并前之原状及割出合并为新不动产之现状记入其他格内。

（二）现时价值栏内应载明不动产之实价。

（三）证明费栏内由本局按照核定价值分类算明，填写数目。

（四）证明文件栏内应将附呈之证明文件，分别填明，如新旧契纸凭照与曾经证明或登记之件及参考之文件等类。或第三人之证明书、保证书及不动产之图式，均应于此栏内注明，其文件应即另行点交，掣给收条，俟查对完竣，再行发还，将收条缴销。

（五）声请事项栏内凡权利证明有特别事项时，应附载入此栏。

（六）保证人应由声请人请由街长区长或妥实铺保担任之（不得以代理人或代表人担任），担保证人须亲自签名盖章并注明确无假冒，否则愿负完全责任，听受罚办等字样。

（七）保证人三字下之括弧（　　）内，应填注街长、区长或铺保等字样。

（八）保证人三字左旁之括弧（　　）内，应填注确无假冒，否则愿负完全责任，听受罚办等字样。

第二　关于教育事项

甲　学校教育概况调查

查本处成立于二十一年四月十日，其时所辖庄村一百六十有三，学校有中学一处，小学三十七处。旋将本处之沙子口、九水、乌衣巷等三区六十一村划出，成立九水建设办事处。将台东区十八村归入所辖学校，为中学一处，小学二十八处，后经数度变更，至本年度开始，方确定辖村九十有三，学校为中学一处，完全小学二十处，初级小学十一处，并附小学分校四十二处。兹将本年春季各校概况统计，列表于下。

乙　社会教育概况调查

查本区小学办理民众学校已有三期，第一期自二十一年四月至九月，计九校，学生九班，职教员十九人，学生三百二十一人，每月经费一百零八元；第二期自二十一年十一月至二十二年三月，计十八校，学生十八班，职教员三十八人，学生七百一十人，每月经费二百一十六元；本年度秋季为第三期，自二十二年十一月至二十三年三月，计三十一校，此外尚有短期小学班五处及半日学校一处。兹将本年度各项学校实况，列表于下。

李村乡区建设办事处所属学校二十三年春季概况一览表

校别	成立年月	班数 本校	班数 分校	班数 合計	校長 姓名	校長 到校年月	校長 月薪	教職員數	學生人數	經費年額	分校地址	備註
李村中學	十九年十一月	七		七	尹鼎彝	廿三年二月	一六〇	三	二七七	三四八八五·六		各校冬季煤費均未列入
李村小學	四年八月	一〇		一〇	郭恩棠	廿二年十二月	五〇	一五	三六八	八〇二六		內有半日二部制小學班二班
王埠莊小學	十七年十一月	三	一	四	周茂生	廿三年三月	三六	五	一四七	二〇五二	稚兒澗	

侯家莊小學	元年十月	四	二	六	陶振傑	廿一年七月	三六	七	二一九	二八四四	1.佛耳崖
戚家小學	十九年十一月	四	三	七	張顯勃	廿二年九月	三六	八	二三三	三三四〇	1.戴家村 2.爐房村 3.長澗村
下河小學	元年五月	四	三	七	栗英夫	廿二年四月	三五	八	二七七	三六〇〇	1.劉家下河 2.李家上流 3.于家下河
滹崖小學	二十年四月	六		六	朱心範	廿三年二月	三八	七	一九二	二六六八	
橫担小學	十八年三月	六	一	七	牛芳閣	廿二年九月	三六	八	二〇七	三七六	1.嵛夼村
枯桃小學	二十年三月	五	一	六	曲瑞華	廿二年九月	三十	七	一九九	二八四四	1.牟家村
張村小學	七年八月	五		五	蔡文相	廿二年十一月	三五	六	一九四	二四二六	
張家下莊小學	十九年五月	四	五	九	李鎵典	廿年三月	三五	一〇	三〇二	四〇二二	1.李家下莊 2.車家下莊 3.孫家下莊
韓哥莊小學	十三年九月	五	四	九	劉孕乾	廿年四月	三六	一〇	二四四	四一八八	1.中韓哥莊 2.東韓哥莊 3.河東村
大埠東小學	十六年	四	二	六	李毅	廿三年二月	三五	七	一七九	二九八八	1.北村 2.小埠東

朱家窪小學	紀元前三年三月	五	五	一〇	朱光先	十七年十二月	四二	二	二九九	四九四四	1.金家嶺 2.鍾家溝 3.王家村
午山小學	十六年九月	六		六	李爾璜	廿三年三月	三三	七	一七三	二八三	
山東頭小學	十七年十二月	五		五	張振元	廿年九月	三六	六	一五五	二四八	
大麥島小學	八年三月	四	二	六	王玉堂	廿三年三月	三九	七	二〇二	三七八四	1.徐家麥島 2.王家麥島
浮山所小學	八年三月	五	四	九	王鏡明	十九年二月	四二	一〇	二八三	四一三六	1.大窰村 2.小窰村 3.田家村
吳家村小學	廿年二月	五	五	一〇	王萬年	廿二年二月	三九	二	二四〇	四七五二	1.西吳家村 2.錯埠嶺
雙山小家	六年二月	二	四	六	史玉銘	廿二年二月	三六	七	一八二	二八四四	1.保兒村 2.夾嶺溝
河西小學	十七年十二月	三	三	六	孫錫玖	廿二年二月	三六	七	二三七	二六六八	1.小水清溝 2.楊家群
下王埠莊初小	十九年十二月	三	一	四	臧樂賢	廿二年三月	三二	四	一五二	一六六六	1.東大村
黑澗初小	十八年三月	一	四	五	周樂信	廿二年五月	三三	六	一七〇	二三七六	1.[illegible] 2.[illegible] 3.[illegible] 4.[illegible]

東李村初小	二十年四月	四		四	丁鴻謨	廿二年九月	三〇	四	一三〇	一六〇八		
鄭莊初小	十九年十一月	四	一	五	呂耿鄰	十九年十一月	三三	五	一六〇	二〇四〇	1.蘇家莊	
上流初小	三年四月	五	一	六	趙光圻	廿一年十一月	三〇	六	一三六	二四〇〇	1.畢家上流	
現化菴初小	五年三月	四		四	劉長慶	廿一年七月	三三	四	一二三	一六六八		
浮山後初小	紀元前五年四月	四	一	五	魏佑勳	廿二年五月	二七	五	一二五	二〇六八	1.河馬石	
石老人初小	十六年四月	五		五	滕龍光	廿一年七月	三三	五	一二二	二〇四〇		
辛家莊初小	八年三月	三		三	關志清	十五年一月	二六	三	一一三	一三一〇		
湛山初小	八年三月	四		四	張之楨	十九年七月	二六	四	一二二	一七六四		
曲哥莊初小	十八年九月	二	二	四	田敬磬	十九年五月	三五	四	一五一	一六四四	1.河南村 2.楊哥莊	
合計 中學一校 完全小學二十设 初设小學十一處		一四二	三五	一六六		—	三六八	二四五	六〇八	二三六三二一·六		

李村乡区建设办事处所属民众学校概况一览表

（廿二年秋季）

校别	班数	校长姓名	职员数	学生人数 男	学生人数 女	学生人数 合計	每月經費	開學月日	每日下午上課時間	備註
市立李村民衆學校	一	郭恩棠	三	四三	二	四五	三	八月二十日	七點至九點	授課時間四個月學生用品均由公家發給
市立王埠莊民衆學校	一	馬恩華	三	四〇		四〇	三	十一月十五日	七點至九點	
市立下王埠莊民衆學校	一	臧樂賢	三	四〇		四〇	三	十一月一日	五點半至七點半	
市立黑澗民衆學校	一	周樂信	三	四〇		四〇	三	十一月一日	七點至九點	
市立東李村民衆學校	一	丁鴻洪	四	二七	一〇	三七	三	十一月十五日	五點半至七點半	

市立侯家莊民衆學校	一	陶振傑	五	二五	二	五〇	三	十一月五日	五點半至七點半	
市立鄭莊民衆學校	一	呂耿鄰	三	四〇		四〇	三	十一月十八日	六點半至八點半	
市立臧家民衆學校	二	張顯勃	五	六四		六四	三	十一月一日	五點至七點	以人數過多分兩班教授
市立上流民衆學校	一	趙光圻	二	三五		三五	三	十一月一日	七點至九點	
市立下河民衆學校	一	粟英夫	三	四〇		四〇	三	十一月十日	六點至八點	
市立橫担民衆學校	一	牛芳閣	四	四三		四三	三	十一月八日	五點半至七點半	
市立灤盧民衆學校	一	畢格令	三	四八		四八	三	十一月六日	六點至八點	
市立現化菴民衆學校	一	劉長庭	三	四〇		四〇	三	十一月一日	七點至九點	
市立枯桃村民衆學校	一	曲瑞莘	五	四六		四六	三	十一月十日	六點半至八點半	
市立張村民衆學校	一	蔡文相	三	四〇		四〇	三	十一月一日	七點至九點	

市立張家下莊民衆學校	一	李錄典	三	四〇		四〇	三	十一月一日	六點至八點	
市立韓哥莊民衆學校	一	劉學乾	五	四〇		四〇	三	十一月一日	六點至八點	
市立大埠東民衆學校	一	陳運升	三	三八		三八	三	十一月一日	七點至九點	
市立朱家窪民衆學校	一	朱光先	三	三八	二	四〇	三	十一月六日	六點至八點	
市立午山民衆學校	二	朱心範	三	四〇	二〇	六〇	三	十一月十日	女生五點至七點男生七點半至九點	以人太多分爲男女二班教授
市立浮山後民衆學校	一	魏佑勳	三	三八	二	四〇	三	十一月一日	七點至九點	
市立石老人民衆學校	一	滕龍光	三	四〇		四〇	三	十一月五日	七點至九點	
市立山東頭民衆學校	一	張振元	三	四〇		四〇	三	十一月一日	七點至九點	
市立大麥島民衆學校	一	楊潤田	二	四〇		四〇	三	十一月一日	五點半至七點半	
市立辛家莊民衆學校	一	闕志清	三	四〇		四〇	三	十一月一日	七點至九點	

市立浮山所民衆學校	一	王鑑明	[illegible]	四〇		四〇	三	十一月一日	六點至八點
市立湛山民衆學校	一	張之楨	[illegible]	三六		三六	三	十一月一日	六點至八點
市立吳家村民衆學校	一	王萬年	[illegible]	四〇		四〇	三	十一月六日	六點至八點
市立雙山民衆學校	一	史玉銘	[illegible]	三五	五	四〇	三	十一月八日	六點至八點
市立河西民衆學校	一	孫錫玫	[illegible]	三五		三五	三	十一月一日	七點至九點
市立曲哥莊民衆學校	一	田敬啓	[illegible]	三七		三七	三	十一月六日	七點至九點
合計	六		一〇二	二二三	[illegible]	二二八	一八		

半日学校调查表（二十二年十二月）

名稱	班數	校長	教職員數	學生人數 男	學生人數 女	學生人數 合計	每月經費	成立年月	每日上課時間	校址	備考
市立李村半日學校	一	周春秀	三	四五	一五	六〇	三〇	二十年五月	上午八點至十一點	李村河北三官廟	學生用品由公家發給

短期小学班调查表（二十二年十二月）

名稱	班數	校長	教職員數	學生人數 男	學生人數 女	學生人數 合計	每月經費	成立年月	每晚上課時間	校址	備註
市立張村短期小學班	一	蔡文相	三	四〇		四〇	一二	廿二年五月	七點至九點	鄭張村	修業期限一年學生用品均由公家發給
市立河西短期小學班	一	孫錫玫	三	四〇		四〇	一二	廿二年四月	七點至九點	河西村	
市立下河短期小學班	一	衆英夫	三	四二		四二	一二	廿二年四月	六點至八點	劉家下河	
市立吳家村短期小學班	一	王萬年	三	二九	一三	四二	一二	廿二年四月	六點至八點	西吳家村	
市立嶗山短期小學班	一	張之楨	三	一六	一六	三二	一二	廿二年四月	四點至六點	大嶗山村	
合計	五		一五	一六七	二九	一九六	六〇				

丙　充实乡区小学学额

一　乡区充实学额办法

查乡区各小学学生往往因琐屑细故，即任意缺席，学额不足。兹为充实学额，以期逐渐施行义务教育起见，特规定寒假及秋假开学后，即派全体处员分赴各校，考查学生实在人数。如有缺额，当由视察员饬当地村长、学务委员等，按照学龄儿童名册，择其家境较裕、年龄较大者补充之，如无故失学者并科以罚金。曾经拟具乡区小学充实学额暂行办法九条，呈奉核准颁布施行，其办法大意即在学校能容纳范围以内，选择学龄儿童中年龄较大及家境较裕者，劝导其家长送之入学，如不服劝导，科以一元以上、十元以下之罚金，倘处罚后，遵令入学，则退还其罚金。自此项办法施行后，对于充实学额已发生极大之效力。兹将暂行办法列下，以供参考。

青岛市教育局乡区小学充实学额暂行办法

二十一年十月二十四日核准

第一条　为充实本市乡区小学学额，以期逐渐施行义务教育起见，特制定本办法。

第二条　本市乡区各小学应于每年秋季开学前一月将学区内学龄儿童人数调查一次，呈报各该区建设办事处备案。

第三条　各乡区建设办事处于每学年开学后一周内，派全体职员分赴本区各小学，将学生出缺席人数及教室容纳人数调查一次，根据调查结果，统计本区各校应补充学额若干名，然后就学龄儿童中，先择其年龄较大、家境较裕者造具补充学额名册，以为劝令入学之标准。

第四条　乡区建设办事处将补充学额名册通令本区各村长及学务委员，按册逐户劝令入学，倘劝说无效，应即报告该区建设办事处，由处科其家长以一元以上、十元以下之罚金。

第五条　学龄儿童之家长接到罚金通知书后，听劝入学，由村长及学务委员报告本区建设办事处，并有校长之证明者，即撤回罚金通知书，免予处罚。

第六条　学龄儿童之家长于罚金缴纳后，听劝入学，由村长及学务委员报告本区建设办事处，并有校长之证明者，得将罚金发还之。

第七条　凡学龄儿童入学后，非经初级小学毕业，不得无故退学。

第八条　本办法如有未尽事宜，得随时呈请修正之。

第九条　本办法自呈奉核准之日施行。

二　最近实行补充学额情形

查充实学额为普及义务教育、增高学校效率最要之方法。本处自奉到颁布乡区小学充实学额暂行办法后，旋即召集所属各区村长、学务委员等将是项办法公布，详为说明，并由本处油印成册，分发遵行。自此项办法实行后，各村在校学生无故辍学者已不多见，而各校学额人数骤增，本年春季开学多拥挤不堪，恒至超过定额数倍，是固由民智渐开要，亦因自充实学额办法实行后，无故辍学者少并知义务教育之重要也。兹将本年度施行处罚办法学生，列表于下。

三　取缔私塾

查私塾既毫无设备，师资尤多不良，因之教法不合，训练无方，亟应取缔，以资整顿。本处自奉到教育局颁布本市取缔私塾办法后，曾派员分往各村调查。据报，管内仲家洼、亢家庄、错埠岭三村设有私塾四处，王家上流有私塾二处，猪头石村一处，所有师资及管教情形均与颁布规则不合，当即限期结束。闻各村现均已绝迹矣。

实行补充学额处罚学生家长姓名表

村名	門牌	學生姓名	家長姓名	處罰原因	罰款元數	處罰年月	肄業學校	備考
張家下莊		王利	王孝顯	無故輟學	五	十一月廿九日	張家下莊小學	由學校證明就學免予處罰
午山	二〇六	王文鑅	王立勉	同前	五	十二月廿三日	午山小學	同前
午山	三一〇	王元吉	王文珉	同前	五	十二月廿三日	午山小學	同前
午山	九一	王立鵬	王明德	同前	五	十二月廿三日	午山小學	同前
午山	八	王中棋	王文學	同前	六	四月二十三日	午山小學	同前
午山	二一九	王瑞華	王立同	同前	六	四月二十三日	午山小學	同前
午山	一六二	王志眞	王文周	同前	六	四月二十三日	午山小學	同前
午山	四六	王中鐸	王文壽	不令兒童入學	三	四月二十三日	午山小學	同前
午山	二	王立棟	王明壽	無故輟學	六	四月二十三日	午山小學	同前
午山	六四	王沖媛	王立桂	不令兒童入學	三	四月二十三日	午山小學	同前

午山	四四	王京	王立淵	同前	三	四月二十三日	午山小學	同前
午山	三一七	王文倫	王立忻	無故輟學	六	四月二十三日	午山小學	同前
午山	二九八	王文棠	王立本	同前	六	四月二十三日	午山小學	同前
午山	二〇六	王文傑	王立勉	同前	六	四月二十三日	午山小學	同前
午山	三一〇	王岱	王文民	不令兒童入學	三	四月二十三日	午山小學	由村長證明家貧無力准免就學
午山	一六七	王安居	王文三	同前	三	四月二十三日	午山小學	由村長證明該生已在登瀛小學就學免罰
枯桃		曲維然	曲修元	無故輟學	五	五月四日	枯桃小學	由學校證明已就學免罰
同		曲壽光	曲修方	同前	五	五月四日	枯桃小學	同前
同		曲慧英	曲陳氏	同前	五	五月四日	枯桃小學	同前
同		曲翠雰	曲士順	同前	五	五月四日	枯桃小學	同前

枯桃		張先舫	張清嚴	同前	五	五月四日	枯桃小學	家境貧寒寄養外戚由學校證明免罰
同		徐仁啓	徐仁暖	同前	五	五月四日	枯桃小學	由學校證明已就學免罰
同		王德鈞	王柏先	同前	五	五月四日	枯桃小學	同前
卞家村		卞芬智	卞光禮	同前	五	五月四日	枯桃小學	同前
東李村		劉子豐	劉廣夕	無故輟學	五	五月十日	東李村小學	由學校證明已就學免罰
同		曲秀美	曲京瑞	同前	五	五月十日	東李村小學	因超年齡已逾義務教育時期免罰
同		姜美棠	姜洪聰	同前	五	五月十日	東李村小學	由學校證明已就學免罰
車家下莊	四六	車秀美	車延卿	無故退學	五	六月八日	張家下莊小學	由學校證明已就學免罰
宋家下莊	四九	王文玉	王立德	同前	五	六月八日	張家下莊小學	由學校證明已就學免罰
金家嶺村	一〇一	馬克琛	馬會廷	家境富足無故退學	十	七月十四日	朱家窪小學	由學校證明已就學免罰

青岛市教育局整理私塾及取缔简则

第一条　本简则依据本局组织细则第四条乙项第五款之规定，特定之。

第二条　凡自行设塾授徒或未经呈准本局立案之私立学校，均以私塾论。

第三条　已成立之私塾，以勒令解散为原则，但因距离学校在三周里以外，不能即时成立学校或在三周里以内而不影响学校学额者，得将其私塾改良之，其课程须依照本简则第十条规定办理。

第四条　私塾教师以年在二十岁以上、品行端正、无不良嗜好、服膺三民主义并具有下列资格之一者为合格：

1. 曾在师范科肄业二年以上之学校毕业者。

2. 曾任小学教员一年以上，具有确实凭证者。

3. 曾在初中以上学校毕业者。

4. 有上项同等学力而无书面证明或于国学确有造诣经教育局检定试验合格者。

第五条　塾师检定试验应每年举行一次，由教育局组织塾师检定委员会办理之，委员细则及施行细则另定之（但有第四条第一项资格者得免试验）。

第六条　凡已成立之私塾，经本局视察准予改良存在者，须举行登记手续，饬令呈请备案。其登记举行日期及登记表式另定之。

第七条　私塾教师对于学生不得施行体罚。

第八条　私塾内应悬总理遗像、党国旗及有黑板、讲桌、书报等之备设。

第九条　私塾应举行总理纪念周及参加国庆纪念、革命纪念等典礼。

第十条　私塾之教学科目：

甲　必修科

党义、国语、常识（包括公民、社会、自然、卫生等科）

算术（珠算及笔算）

乙　随意科

艺术、音乐、体育

第十一条　私塾采用教科书应以教育部审定之小学教科书为标准。

第十二条　教育局得随时派员赴各私塾指导其教法并考查其成绩。

第十三条　凡私塾成绩优良者，得照私立学校标准及立案手续改为私立学校，其已呈报备案而经视察认为办理不合格者，应一律加以取缔，取缔方法分警告与停闭两种。凡有意规避或经指导之后仍不改良者，予以警告，其情节重大或警告后经过一月之久而未见改进者，勒令停闭。

第十四条　每年暑期得举行讲习会，召集全体塾师讲习党义及各科教学法。

第十五条　本简则如有未尽事宜，得随时呈请修正之。

第十六条　本简则自呈奉核准之日施行。

四　扩充本区小学班次

查乡区人口日增，就学儿童日众，自施行充实学额办法以来，村民对于子弟教育已知重视，各校原有之班数多已不敷容纳，自须增加班次，以宏造就而资普及。今将二十一、二十二两年新添班数调查表列下，以供参考。

五　调查学龄儿童

查普及乡区教育必须调查学龄儿童之人数及其家境之贫富情形既已明了，催令入学自易着手。本处管内共计有小学三十一处，现已制定表式，通令各小学就其学区以内各村庄调查其门牌号数、家长姓名、儿童性别、年龄、已否就学、家庭状况列表，送处以便催令入学。兹将调查表式列下，以供参考。

李村乡区建设办事处所属各学校二十一年新添班次调查表

校别	新添班次	學生人數	備考
李村中學	鄉村師範二班	八三	二十一年八月
朱家窪小學	初小二班	六九	二十一年八月
張家下莊小學	初小三班	九二	二十一年七月
臧家小學	高小一班	三〇	二十一年八月
雙山小學	初小二班	六〇	二十一年九月
濤崖小學	高小一班	三四	二十一年八月
橫担小學	高小一班	二五	二十一年八月
吳家村初小	初小四班	一三九	二十一年八月創辦西吳家村分校三班 二十二年二月增設錦埠嶺分校一班
枯桃初小	初小一班	三〇	二十一年八月
上流小學	初小一班	五五	二十二年二月
浮山後初小	初小一班	三〇	二十一年九月

李村乡区建设办事处所属各学校二十二年新添班次调查表

校名	增添班次 高級	增添班次 初級	備註
吳家村初級小學	一	一	該校學區學齡兒童甚多應在本校添設高級一班錯埠嶺分校添設初級一班改爲完全小學
侯家莊初級小學	一		該校新建校舍落成本屆四年級畢業生亦多應增設高級一班改爲完全小學
河西村初級小學	一		該校新建校舍規模宏大應添高級一班並將韓哥莊小學楊家窪分校劃歸該校改爲完全小學
上流初級小學		一	該校所屬學區未就學兒童甚多應增設初級一班
張村小學		一	該校所屬之文張村學齡兒童極多應在該村增設初級一班
山東頭初級小學	一		該校新校舍業已落成升學兒童日多應添設高級一班改爲完全小學
枯桃村初級小學	一		該校本屆四年級畢業生二十六名連同去年畢業人數已足高級一班應予添設改爲完全小學
橫担村小學	一		該校本屆四年級畢業生連同鄰近各村初級畢業生人數頗多應添設高級一班
滂崖小學	一		該校本屆初級畢業生只十二名惟附近上流北龍口初級畢業生升學者尚多應添高級一班
現化莊初級小學		一	該校學額達百二十名之多原有三班實嫌擁擠應增設初級一班

学龄儿童调查表式

門牌號數	家長姓名	兒童性別	兒童歲數									合計	已否就學		家境現況	備考
			七	八	九	十	十一	十二	十三	十四	十五		已	否		
		男														
		女														
		男														
		女														
		男														
		女														
		男														
		女														
		男														
		女														
		男														
		女														
		男														
		女														

丁　筹建乡区小学校舍

查乡区学校校舍率皆租借民房或祠堂，狭隘黑暗、卑陋不堪，采光通气俱不适宜，一校教室散处数地，管教极感不便，且村民无智恒，因细故收回不借，致学校设备修理不能着手，故欲求各校内部整顿及改进，非先建筑校舍不可。教育局为提倡建筑起见，特规定补助建筑费四分之一，所余四分之三概由村中地亩摊派或特别捐输，并公布乡区小学校建筑校舍简则、捐资兴学褒奖条例补充办法及乡区小学建筑校舍呈报事项表，俾各校办事便利，手续划一，使乡村民众热心学务，勇跃捐输。兹将各项章则及历年筹建校舍，分列于后。

青岛市乡区小学校建筑校舍简则

第一条　本市乡区小学建筑校舍悉照本简则办理。

第二条　各乡区小学校为建筑校舍进行便利起见，应组织建筑校舍委员会。

第三条　建筑校舍委员会以下列人员充任之。

（一）学务委员

（二）区村长及首事

（三）校长

（四）地方行政机关职员

（五）乡望素孚及热心教育人员

第四条　建筑校舍委员会应设常务委员及监察委员各三人至五人，文书及会计主任各一人，均由委员中互选之，但文书及会计主任得由常务委员兼任。

第五条　各乡区小学建筑校舍委员会于成立前，应由各该小学校校长开列委员名单，并拟具组织简则，呈由教育局核准，转呈市政府备案。

第六条　所有会内委员、职员均为名誉职，概不支薪。

第七条　各校新建校舍之设计及建筑费之预算，得呈请教育局转请工务局代办，惟须将校舍计划及筹款概算呈报其自招专家，设计亦应参照本简则所附标准图样，绘具详图四份，由乡区建设办事处呈请教育局转请工务局审核后，由建设办事处发照施工。倘系增建教职员办公室及宿舍平房，在三间以下者，得酌量选择乡区房屋标准图甲、乙、丙、丁四种之一，呈请教育局核准，由乡区办事处发照，竣工后转呈工务局备查。

第八条　新建教室之容量以能收容生徒四十人至五十人为限。

第九条　新建教室长宽度尺寸如附略图所示，其高度应从教室内地平量起至顶棚，不得小于三公尺，至教室门窗向内或向外开，可酌量情形，临时规定之。

但因环境经济之特殊关系，其教室之长宽度得经呈准，改用七公尺比四、五公尺。

第十条　新建校舍所用之材料为便于建筑及节省费用起见，除房架木料尺寸及房顶材料已于附略图上说明外，其墙脚可就地采用大块乱石，墙身全部用红砖或杂用土坯均可。

第十一条　各校建筑校舍除本简则已有规定外，其余悉依照青岛市暂行乡区建筑规则之规定办理。

第十二条　建筑校舍所需工程费数目及筹款方法，应详细呈明，如系按亩摊派，并应先将亩数、户名及其家庭经济状况造具清册，呈由教育局转呈市政府核准，再行办理。

第十三条　收取捐款时，应掣给收据，此项收据为四联单式，由教育局编号送请市政府验印后发交建筑校舍委员会，应用其式样，另定之。

第十四条　建筑工程费如就地筹募不足时，得由学校呈请教育局转呈市政府酌予发给补助费，但此项补助费不得超过全部建筑费四分之一。

第十五条　建筑工程除由村民自行工作或捐助材料外，其余费用在五百元以上者，应用投标方法，投标地点在乡区建设办事处，即由该处派员监视。

第十六条　开标后，应由该委员会与得标商号订立合同，并将该项合同及工程说明书图样等缮具四份，送交学校一份存案，另三份由学校呈报教育局存转。

第十七条　开工后一切监工事宜，由建筑委员会办理之，遇有工程之重大部分必须变更原计划时，应将必需变更理由及办法呈请教育局会同工务局核准。

第十八条　工程完毕后，应由学校呈报教育局会同工务局派员验收。

第十九条　新建校舍验收后一个月内，应由该委员会将收支款项造具详细清册，除登报公布外，并将清册同样三份送交学校一份存案，另二份由学校呈报教育局存转，其剩余联单一并呈缴。

第二十条　得有补助费者，并应于验收后一个月内，将补助费部分造具计算，连同单据送由学校呈报教育局，转呈市政府核销。

第廿一条　建筑校舍委员会于结束后，应将所有一切案卷表册移送学校归档。

第廿二条　对于建筑校舍着有劳绩人员暨捐助巨资者，得由学校开具名单加以说明，呈请教育局转呈市政府酌予褒奖，以资奖励。

第廿三条　本简则如有未尽事宜，得随时呈请修正之。

第廿四条　本简则自呈奉核准之日施行。

青岛市捐资兴学褒奖条例补充办法

第一条　除捐资在五百元以上者，依照国民政府捐资兴学褒奖条例外，凡以私有财产五百元以内捐助兴学者，概按本办法行之。

第二条　捐助动产或不动产，准折合国币计算。

第三条　捐资者无论用个人名义或私人团体名义，一律按照其捐资多寡，依下列规定，由教育局分别予以奖励，并于每年年终呈报市政府备案。

甲、捐资百元以内者表扬之（将其姓名及捐资数目登列公报）

乙、捐资三百元以内者授与二等奖状

丙、捐资五百元以内者授与一等奖状

第四条　经募捐资至十倍前条所列数者，得比照该条分别给予奖励。

第五条　曾受有奖励者，如续捐资，得并计先后数目给予奖励或晋授奖状。

第六条　本办法如有未尽事宜，得随时呈请修正之。

第七条　本办法自呈奉核准之日施行。

鄉區學校建築標準略圖

比例尺 1:50

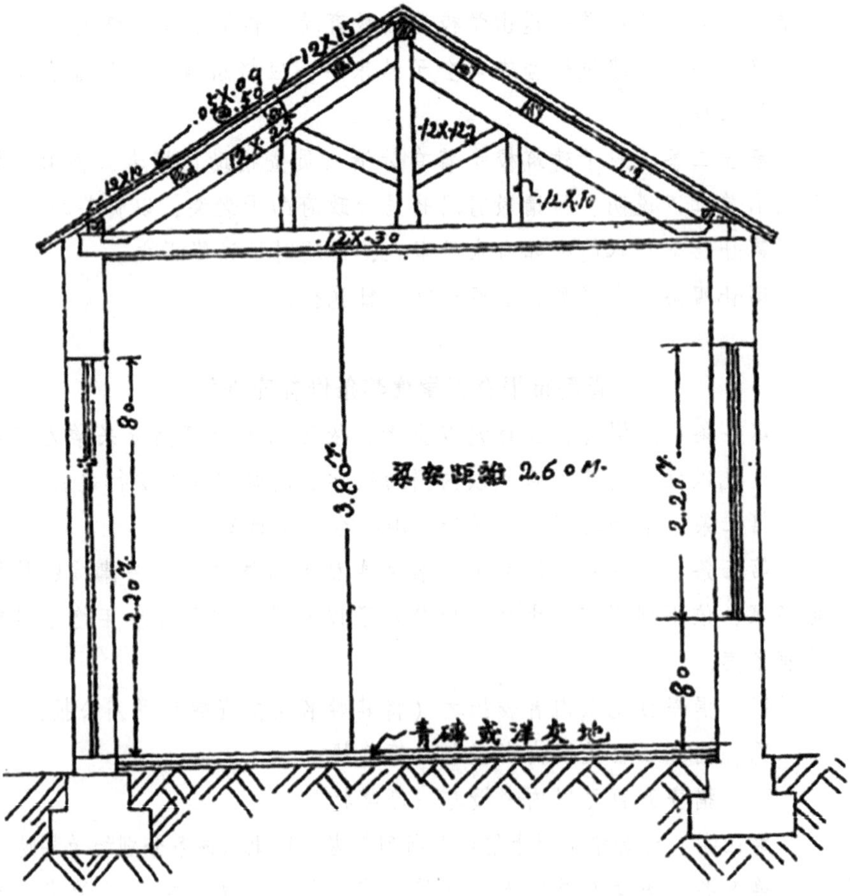

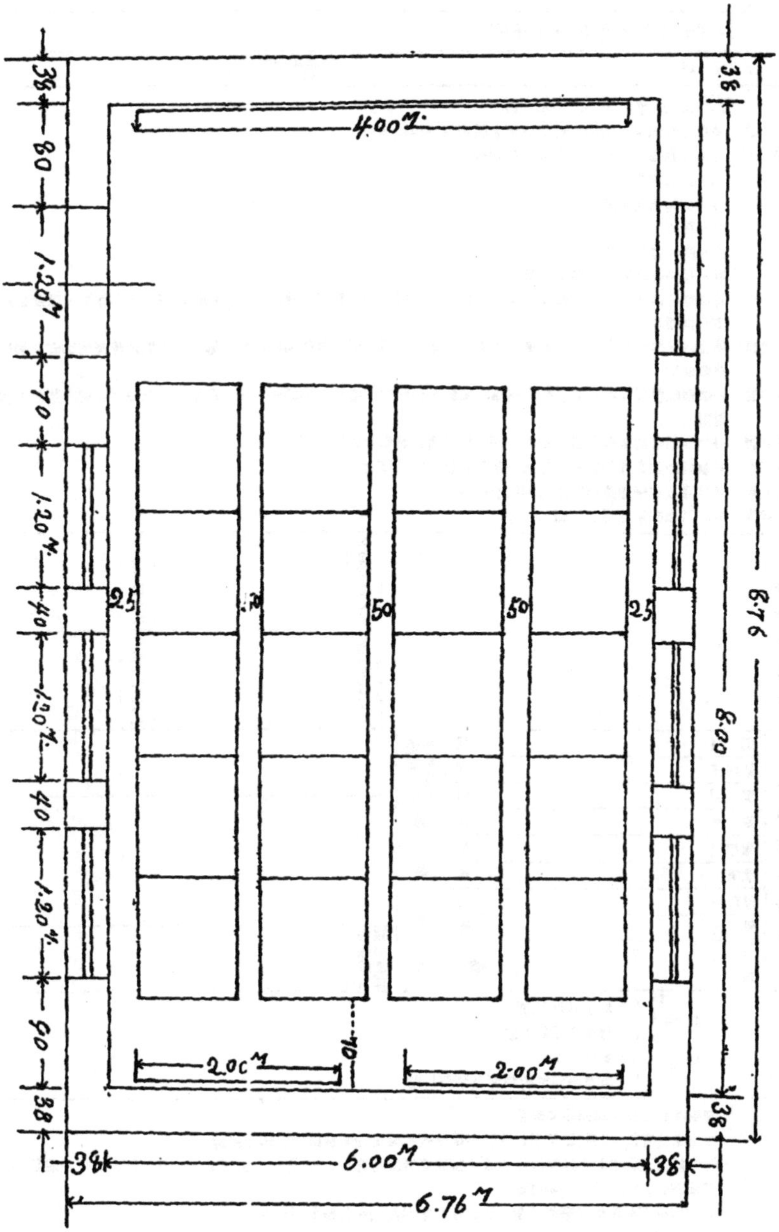
4.00M
38
80
1.20M
70
1.20M
40
1.20M
40
1.20M
90
38
25
50
50
25
10
2.00M
2.00M
38
6.00M
38
6.76M
38
8.00
8.76
38

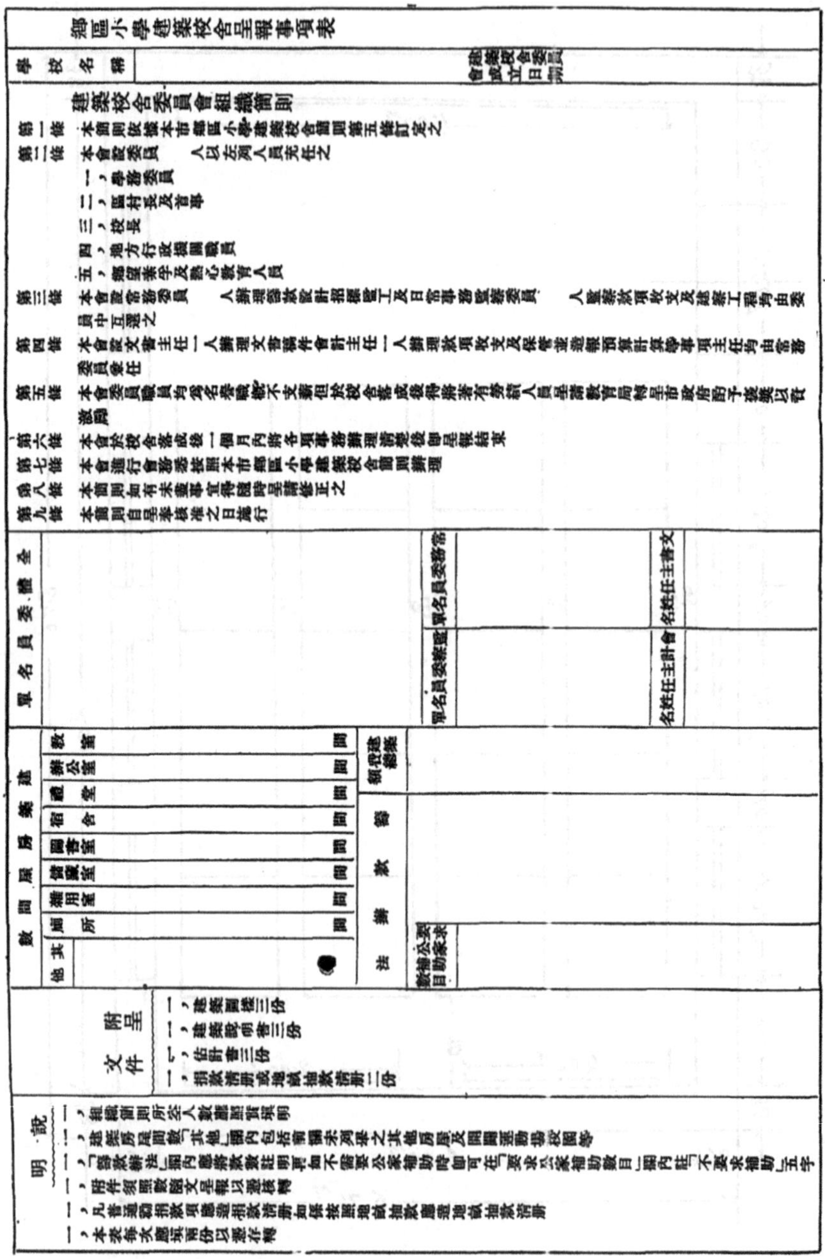

鄉區小學建築校舍呈報事項表

學校名稱		建築校舍委員會成立日期	

建築校舍委員會組織簡則

第一條 本簡則依據本市鄉區小學建築校舍簡則第五條訂定之

第二條 本會設委員　人以左列人員充任之

一，學務委員

二，區村長及首事

三，校長

四，地方行政機關職員

五，鄉望素孚及熱心教育人員

第三條 本會設常務委員　人辦理籌款設計招標監工及日常事務監察委員　人監察款項收支及建築工程均由委員中互選之

第四條 本會設文書主任一人辦理文書稿件會計主任一人辦理款項收支及保管並造報預算計算等事項主任均由常務委員兼任

第五條 本會委員職員均為名譽職概不支薪但於校舍落成後得將著有勞績人員呈請教育局轉呈市政府酌予褒獎以資激勵

第六條 本會於校舍落成後一個月內將各項事務辦理清楚後即呈報結束

第七條 本會進行會務悉按照本市鄉區小學建築校舍簡則辦理

第八條 本簡則如有未盡事宜得隨時呈請修正之

第九條 本簡則自呈奉核准之日施行

全體委員名單	常務委員名單	文書主任姓名
	監察委員名單	會計主任姓名

建築房屋間數	
教室	間
辦公室	間
禮堂	間
宿舍	間
圖書室	間
儲藏室	間
雜用室	間
廁所	間
其他	

建築總額	
籌款辦法	
要求公家補助數目	

附呈文件

一，建築圖樣三份

一，建築說明書三份

一，估計書三份

一，捐款清冊或地畝抽款清冊二份

說明

一，組織簡則所空人數應照實填明

一，建築房屋間數「其他」欄內包括前欄未列舉之其他房屋及開闢運動場校園等

一，「籌款辦法」欄內應將款數註明再如不需要公家補助時即可在「要求公家補助數目」欄內註「不要求補助」五字

一，附件須照數隨文呈報以憑核轉

一，凡普通勸捐款項應造捐款清冊如係按照地畝抽款應造地畝抽款清冊

一，本表每次應填兩份以憑存轉

填表日期：中華民國　年　月　日　　校長（簽名蓋章）

民国二十一年以前建筑校舍一览表

校名	建設類別及數量	校舍概狀	產權	備考
李村中學	學長室教員室五接待室一傳達室一工友室一雜用室一教室四宿舍二食堂二廁所二	新式平房不敷用	官產	
李村小學	教室九準備室辦公室各一禮堂一雜用室六廚房一宿舍六廁所五	建築合法亦尚敷用	官產	
朱家窪小學	教室五辦公室校長室教員室合作社圖書館各一	式樣合法惟年久失修且不敷用	官產	
張家下莊小學	教室四廁所一	新式平房不敷用	村公產	
下河小學	教室四辦公室一廁所一	新式平房不敷用	村公產	
臧家小學	教室四辦公室一宿舍二廚房一廁所一	尚適用	村公產	
大埠東小學	教室四辦公室教員室四雜用室二	尚適用	村公產	
雙山小學	教室二	舊式	村公產	

午山小學	教室五辦公室一宿舍一雜用室一	尚新式惟長度不足不適用	村公產	
横扣小學	教室五辦公室一教員室三雜用室廚房廁所各一	尚新式不敷用	村公產	
張村小學	教室二	不敷用	村公產	
王埠莊小學	教室三辦公室一廚房廁所各一	新式平房不敷用	村公產	
鄭莊小學	教室三廁所一	整潔不敷用	呂氏公產	
上流初小	教室四辦公室一雜用室一廁所一	新式平房不敷用	官產	
枯桃小學	教室三辦公室一雜用室一廁所一	尚新式惟狹小不甚適用	村公產	
東李村初小	教室二	新式不敷用	村公產	
下王埠初小	教室三辦公室一教員室一廁所雜用室各一	新式不敷用	村公產	

民国二十一年建筑校舍一览表

校名	產權	建築方式	建築類別及數量	造價	工作日期	備考
李村中學	官產	新式平房	教室六辦公室準備室廚房各一廁所一	九〇一〇元	二十一年九月十五日至十二月十五日	
韓哥莊小學	村公產	平房	教室二禮堂一辦公室一宿舍二廁所一	四八九九·六	二十一年十月二十至十二月十日	
枯桃小學	村公產	平房	教室辦公室雜用室廚房各一	二六〇〇	二十一年三月至五月	
山東頭小學	村公產	新式平房	教室五辦公室一宿舍一廚房廁所各一	五二五四	二十一年十月至二十二年四月	
合計			三〇	二一七六三·六		

民国二十二年建筑校舍一览表

校名	產權	建築方式	建築類別及數量	造價	工作日期	備攷
湍崖小學	村公產	新式平房	教室六辦公室一校長室一宿舍二雜用室一廚房廁所各一	六〇三九	三月二十七日至六月十九日	
侯家莊小學	村公產	新式平房	教室五辦公室一宿舍一雜用室一廚房廁所各一	四六四五	四月十八日至六月二十四日	
河西小學	村公產	新式平房	教室三禮堂一辦公室一宿舍一雜用室二廚房廁所各一	六八七五	六月十五日至八月二十日	
下王埠莊小學	村公產	平房	廚房一	八〇	四月	
浮山小學	村公產	新式平房	教室四辦公室一教員住室二廚所二	五一三〇	九月三十日至十二月三十日	
王埠莊小學	村公產	平房	教室四間	八〇八	十月	
横担小學	村公產	平房	教室二廚房一廁所一石墻一段	一七六五	十月一日至十二月十日	
東李村小學	村公產	平房	教室二辦公室一廁所一	一六二四	十一月五日至十二月五日	
合計			五五	二七〇三八		

民国二十三年建筑校舍一览表

校名	產權	建築方式	建築類列及數量	建築預算	工作日期	備考
浮山所小學	村公產	新式平房	教室六辦公室一宿舍二雜用室二廁所二廚房一	六一三〇	三月一日至六月五日	
張村小學	村公產	新式平房	辦公室一教室七雜用室一宿舍一廁所一	四七〇八	四月十一日起尚未竣工	
李村中學	官產	新式平房	教室五禮堂三教室四辦公室一閱報室二遊藝室二成績室二食堂二研究室二圖書室一盥洗室二事務室一招待室一厨房一	二五〇〇〇	四月二十四日尚未竣工	
下河小學	村公產	新式平房	教室二宿舍一廚房廁所各一	二〇五〇	四月二十六日至七月二十六日	
大麥島小學	村公產	新式平房	教室六辦公室圖書室各一宿舍二儲藏室一雜用室二廁所二石橋一座周圍院牆一	一〇二七八	五月一日起尚未竣工	
浮山後小學	村公產	新式平房	教室六辦公室一宿舍一雜用室一廁所四	六五〇	五月一日起尚未竣工	
上流小學	原保官產	新式平房	教室三辦公室一宿舍一廚房一廁所一	三一五〇	五月五日至六月三十日	
峪夼分校	村公產	新式平房	教室二宿舍一廁所一	一六七六	五月十七日至七月	
現化菴小學	村公產	新式平房	教室二廁所一	一五二〇	七月三日起尚未竣工	
石老人小學	村公產	新式平房	教室五辦公室一教員住室二雜用室一廚房廁所各一	五六五七	七月二十四日起限期七十日	
猪頭石分校	村公產	新式平房	教室二辦公室一教員住室一廚房廁所各一	二四〇〇	六月底	
合計			一一八	六九〇六九		

民国二十三年秋季兴工建筑校舍一览表

校名	產權	建築方式	擬建類別及數量	建築預算	備考
朱家窪小學	原係官產	建築平房	添購校址建築教室六座宿舍一座廚房廁所各一	三二〇〇	
午山小學	村公產	建築樓房	將原有北教室十小間改建樓房開拓校院及操場	四三五八	
合計			一七	七五五八	

民国二十三年计划建筑校舍一览表

校名	擬建方式	擬建類別及數量	建築預算	備考
鼎澗小學	平房	教室三辦公室一宿舍一廚房廁所各一	二五〇〇	
曲哥莊小學	平房	將舊校舍改建教室三座宿舍一間	一五〇〇	
辛家莊小學	平房	教室四辦公室及宿舍各一廚房廁所各一	二〇〇〇	
合計		一九	六〇〇〇	

戊　扩充运动场及校园

一　扩充李村中学运动场

查李村中学仅有校址十四余亩，二十一年添建校舍之后，即感觉运动场不敷应用。去岁又拟添建校舍，原有运动场将完全占用，曾呈准自李村农林事务分所增拨校址八亩，九分作为运动场。本年以建筑较多，原有校址仍感不敷应用，又呈准以市内胶东路四之七号地一段抵换学校西邻农田二亩六分，作扩充球场及学校园之用。

二　扩充小学运动场

查乡区小学校舍多系借用民房，运动场概付缺如，不但学校体育无由提倡，即朝会训话亦无处举行，殊多不便。兹为发达学校体育起见，一面积极建筑校舍，一面扩充运动场，使各小学均有运动场之设备，学生课余得有活动场所。现本处管内三十一小学已完成新校舍，各校均增设运动场及运动设备，其校舍未落成，各校亦均租用民地着手设备。

三　筹设公共体育场

查李村居乡区中枢，居民众多，机关林立，附近小学密若星布，应设公共体育场为各界锻炼体格及各小学举行运动会之用。拟就李村中学运动场修筑田径赛场及球场，并增加各项设备，俾臻完善，兼作全区公共体育场，预计费用一千七百三十元，已呈奉核准列入预算，本年秋季即可兴工。

四　开辟学校园

学校为社会之中心，课程自当适应社会之环境，已往各校多偏重课本及升学准备，而忽略灌输职业之常识，缺乏生产技能之培养。查青岛乡区各村均以农业为主，所有各村小学自应开辟学校园，注重农事耕作，以养成劳动之习惯，灌输农艺之常识。现已规定凡乡区小学均须设一校园扩充农圃，或注重农作，或培植果园，或栽植花木，使学生课余工作。今年春季呈准农林事务所发给苗木及种子者二十七校计，蔷薇、柴荆、紫薇、栌子、杨栌、郁李、棣棠、雪柳红、端木、紫藤木、槿连、翘安、石榴、扫帚柏、丁香、溲疏、青桐、侧柏、刺槐、白杨、法国梧桐、无刺槐、榔榆、黑松等二十四种，共计七千四百三十二株。又各样花种三百袋，其他桃、梨、苹果、葡萄等树苗，及蔬菜、五谷等种子，均由各校选择购买。

己 解决建筑校舍纠纷

一 调解华楼宫道士与杨家村因学款纠纷

查华楼宫道士于宗浮与杨家村学务委员杨遵德等因捐款建筑校舍一事，兴讼累年，迄后双方不堪讼累，曾经乌衣巷区长孙可楷来处声请予以调处，当由主任及处员亲往该村，召集双方当事人等详细开导，道士于宗浮颇明大义，于市政府指令额捐八百元外，再增捐六百元，以充校舍建筑费。学务委员杨遵德等亦认可，以后庙产收入统归主持养赡之用，不得借故变卖，以保古迹，并立字据为证，一场纠纷遂和平了结。

二 调解常在庵庙产纠纷

查常在庵庙产因各村欲提出庙产一部作为建筑校舍之用发生争执兴讼，经年双方损失为数甚巨。本处于二十一年八月间奉令设法调处，俾息争端。当即亲往张村召集村民及道士，剀切晓喻，终未了结。嗣由市长传集双方当事人予以处断，规定由常在庵捐助三千五百元，以一千五百元作为李村中学建筑校舍之用，其余二千元拨归张村小学建筑校舍，以后所有常在庵庙产各村不得再行干涉，当经双方认可。惟该庵主持意图拖延允缴之款，虽迭经催促，概无具体答复，后该庵主持又声称无款可缴，拟请以地代款捐出庙地十九亩了案，而所捐之地经派人查勘，多系薄田，仅值二千五百余元，与原定额数相差太巨。当据全体筹备委员议决，又呈请令饬另拨禾稼地二十一亩，因标卖无人，乃以总价二千八百元悉数商卖与新农园，并以卖价一千二百元作李村中学校舍建筑费用，其余一千六百元拨归张村小学。数年纠纷遂得解决，而各校校舍亦得进行建筑。

三 处理大麦岛石子纠纷

查大麦岛、陀岚子石子争执一案，经本处数次调处，终以戴姓欲望过奢，以致无效。本处为息事宁人，计又由主任亲往该处勘查，并召集双方人士，谆谆晓喻，在蓝、于、王三姓均愿依从本处调处办法，及市政府命令将陀岚子石子变价，充作建筑本村小学校舍及办理公益之需，而戴姓仍持己见，不表同情。本处不得已，业经遵令全数归公，并指令该村村长蓝世俊召集村民大会，组织陀岚子款产保管委员会，将变价汇存妥实银行，用作地方公益事业。惟戴姓仍执迷不悟，欲据为私有，兴讼法庭，刻已判结，仍属村中公有，所有变价均须兴建本村公益事业，不得移作他用。

四　清厘于姑庵庙产

查于姑庵庙产系吴家村、田家村、错埠岭三村所共有，此次吴家村小学建筑校舍，吴家村、田家村欲变卖庙产一部作为补助建筑校舍之用，错埠岭村则称庙产系本村所独有，不能变卖，因而发生争执。曾经本处多方调解，只以错埠岭村不依劝导，竟致无效，旋即据情呈报，于二十一年十二月间奉令会同吴家村、田家村、错埠岭三村村长详细清厘，当经本处迭次召集双方村长、当事人等开会讨论，错埠岭村始则企图拖延，无端抵赖，嗣经恳切诰诫，始说出纳税亩数五十一亩四分，其余新垦山地，既未升科，又无文契，无从清厘。复经吴家村等请求，由财政局派员清丈，蒙市政府批准，始则因错埠岭村长等未肯指界，无从施测，继则由吴家村、田家村村长等负责指界，测得农地一百二十二中亩余，山林地六中亩余。现经本处数次召集会议，由错埠岭村认纳建筑吴家村小学校舍费洋六百元，于安基之日交款，并由吴家村、田家村、错埠岭三村出卖于姑庵南山石坑，以卖价四百元交吴家村建筑校舍，一百元交田家村建筑校舍，余款则留作修理于姑庵费用。

庚　改进小学教育事项

一　改进校务

1. 划一各校内部组织　查学校内部组织之方式与学校行政之效率有莫大之关系，故欲提高各校行政效率，必先使各校之内部组织合理化。现查各校职务分掌及组织系统极不一致，难免疏漏简略或分配不适当之弊，特令各校按实际情形，遵照教育局规定办法，划一组织。

2. 划一规则表册　学校行政头绪纷繁，执行管理必当使其合理化、机械化，乃能节省精神，增进效率。曾经教育局组织编审委员会，厘定教学训育上应用之规则表册，印发各校，俾便遵照，以资划一。

3. 采用级训导制　查现代教育注重训教合一，为教师者对学生传授知识与陶冶性行应负同样责任，且教员日与学生接触，了解其个性，尤易实施训导。故各校拟一律施行级训导制，即每一班或一级择专任教员一人，负该班或该级之训导责任，以收切实改进之效。

4. 励行经济公开　查各校纠纷，每由经济发生。兹为预防及增高行政效率起见，特令各校实行组织经济稽核委员会及冬季购煤委员会，以示公开。

5. 召集校长会议　查本区地面辽阔，学校众多，对于各校兴革意见无由交换，故每遇新公令推行，即召集校长会议，共同讨论，以便发表意见，借资进行划一。

二　改进教学

1. 督促各校组织教学研究会　查教学方法日新月异，欲求改进，端在随时研究体会，若徒拘于学理，则失之空疏，若仅凭经验，则难免故步自封。故在学校服务多年之教师自应随时吸收新知识，而新毕业之教员尤须参考经验，并应互相讨论教学方法，截长补短，提携并进，俾实施教学既不背于原理，尤能切乎实用。故遵教育局通令，使各级学校组织校内教学研究会切实研究，以期教学效能得有增进。

2. 举办分区教育研究会　查各级小学校内已有教学研究会之组织，惟应再行联络，扩大组织，讨论教学事项，庶能收集思广益之效。当遵照教育局分区教育研究会办法大纲拟定简章，划分全区三十一小学为五分区，教育研究会每月开会一次，以资研究。

3. 组织教学参观团　查教育事业贵在观摩比较，否则难免故步自封，未由上进。倘能多方考察，以资借镜，受益必多。特于本年度乘秋假及麦假之暇，领导本区各校教职员分赴市内及阴岛区各小学参观。

4. 举行视导讲演　本处为增加各学校教职员知识及改进教学方法起见，除视察时随时指导外，并于麦假期间召集全区各校教职员，将平素各校视察实况优点缺点的提示及各种训教改进的具体方法，作视导讲演，以期增益其教育新识。

三 改进训育

1. 各校订定训育纲要 由各校根据教育局印发全国各级学校训育目标及训育应行注意事项，拟定各校训育纲要，以一学期为单位，务使各校训练系统化、具体化，并适合需要，切实可行。

2. 注重训教合一 查近时各校教员往往视训育职务为少数职员之责任，不涉己事，致训育效率无由提高。兹规定各校教员一律于教授课程之外，兼负训导陶冶之责任，以期随时训诲，以身作则，养成学生良好之品行。

3. 规定训育方案 关于各级学校训育改进事项规定有目标并提示方法大纲，其详细节目由实施者斟酌拟定。兹列其方案要点于下：

（A）小学训育方案

a. 目标

（1）善良习惯之养成——整洁、守纪律、有礼貌……

（2）主要德性之培养——爱国思想、义勇精神、耐劳习惯、公德、责任心等。

b. 方法

（1）人格感化；（2）事实训导；（3）环境适合；（4）训练集中；（5）家庭访问；（6）机会利用等。

c. 训练组织

（1）童子军；（2）军事训练；（3）班会级会；（4）学生会；（5）社会视察；（6）劳作训练；（7）其他运动组织；（8）勤俭进修会。

（B）中学训育方案

a. 目标

（1）培养高尚人格；纯正思想；健全身体；服务能力及善良习惯。

（2）注重身心交劳。

（3）注重国难期间之特殊训练。

b. 方法

（1）以师生人格互相陶冶其品行；（2）利用各种优良读物启迪其思想培养其德性；（3）利用各种体育组织锻炼其体魂；（4）利用各种集会培养其服务能力。

c. 各种训练组织

（1）童子军；（2）军事训练；（3）学生会；（4）劳动训练；（5）社会视察；（6）各种研究会；（7）各种竞赛组织。

4. 颁发特种训练实施方案　查现代教育注重学生心力交劳，而吾国国民经济窘迫，内忧外患亦交相迫至。故为应付本国情势与环境需要，不可无集中之训练，以收切实效果。特由教育局通令各校注重下列训练：

（1）军事训练；（2）整洁习惯训练；（3）劳动工作训练；（4）民族意识训练；（5）公民道德训练；（6）童子军训练；（7）职业训练。

四　提高学绩办法

（A）整顿缺席

由学校方面施用严格告假方法，非亲丧大故及本身疾病不准请假。如有旷课者，处罚从严，并劝告其家长不可轻易令学生请假，其有因丧假、病假而缺课时间过长者，亦须斟酌留级或限令补习。至平时向不缺课之学生，由学校分别给奖，以示鼓励。如此办理，俾家长得重视子弟学业，不致任令旷废，而学生亦知课业为重，不敢轻易缺席。其详细办法列下：

a. 由校方训育处订定告假条例，非某种原因不得请假，即准请假，必须亲自来校告假，或由家长来校声请，认为理由充足时，始准告假。凡已准假之学生，由训育处通知各级级任教员知照，初级小学或分校应向级任教员告假，如请假时间过长者，必须留级或于假中限令补习所缺之功课。

b. 每日发现旷课学生时，即由学生自治会（或级会）之调查委员负责到旷课者家庭询问原因，并劝令该生上课，一方面由学生自治会订定缺课罚则，并举行每月出席与旷课之比赛，予出席时间最多者，以相当褒奖，以资鼓励（此办法由教员指导之下施行）。

c. 如发现旷课学生人数增加时，应由校长召集该学区学务委员、村长等决定劝导办法，或由教员分赴学生家庭访问，并督促上课。

d. 督学视察时，须检查出席及缺席学生人数，如缺席人数太多，即须随时督促改善，并以整顿缺席为学校行政上一种重要之考绩。

（B）划一教材课本

a. 由教育局拟定小学校课本，选择委员会组织法，并指定小学校长或教务主任若干人为委员。

b. 由上项委员会分函各书店，检寄各种教育部审定之小学课本，以便选择采用。

c. 选择课本应以每科采取课本一种为原则，但所采各科课本不限于一书局出版之书。

d. 每年暑期开会决定下年度各科之课本，如采用新课本，可由初一、高一起，非有特别理由，不得中间变更采用。

e. 呈局批准后，由局通令各校一律采用。

（C）限令教员拟定教学进度表

由各校教务处或教务会议于学期之始拟订各科教学进度大纲，各科教员复按大纲拟具每周教学范课，交教务主任或校长审阅后施教，其详细办法列下：

a. 由各校拟订各科教学进度纲要表，在本校公布，并将一份呈局备案。

b. 教学进度纲要表应于学期之始编就，将 1. 月份；2. 日期；3. 科目；4. 课节；5. 假期；6. 平时考期；7. 温习期间；8. 期考期间等要项，一律排入制成表格（或于日期上加入周次一项）。

c. 各班应悬挂本班教学进度纲要表一份。

d. 各教员要按进度纲要之程序，将每周所授各科编成教学范课，交校长（初小）或教务主任审阅后施教。

e. 教学范课应有下列五项：1. 考查旧课；2. 拟教课目；3. 补充教材；4. 本课目标；5. 指定预习课节及预习方法。

举例： 年 月 日 周 次 年级 科目 教员

1. 考查旧课：编成问题或作五分钟笔试。

2. 拟教课目：范课题目施教大要。

3. 补充教材：有关于本课之材料，或讲故事，或指定参考书，或加问题。

4. 本课目标：学习目标，或灌输某种知识，或学习某项技能，或训练某种思想，或指定各种练习，或解决问题，或记忆，或背诵，或表演，或作笔记等。

5. 指定预习课节及预习方法：指明预习时着重之点。

（D）实行指导自习

a. 缺课学生应行补习者于自习时施以个别教学。

b. 成绩优良之学生在相当范围内，可使指导低劣学生。

c. 学生之特殊缺点预先明白指示，俾于自习时加以注重补习改进。

d. 指导自修方法，如指示利用各种修学效能法，指示自修读物，指示课程中某种注重之点。

e. 解答学生之质疑问题。

f. 如认为必要，自习时间可以施行复教。

（E）实行平时考试

各校实行每月学绩试验，其办法列下：

a. 全学期之平时考试次数、考试日期，应于学期开始时订定之，列入教学进度纲要表内。

b. 由各科教员拟具试题，先期送交校长或教务主任存查。

c. 每级各科平时考试之成绩，应于各级内，按名序公布之。

d. 每级成绩总平均最优者，由学校给予相当奖励。

（F）计划标准测验及抽考

由教育局组织抽考委员会，随时赴中学抽考主要科目，以观学生程度及教学效率，并拟制标准测验题，分赴各小学，以测知各校各科平均程度，拟定改进标准。

二十三年度各学校亟应改进办理事项

（A）关于校务方面

1. 训育教务应用各表格宜按时按日填载，并宜集中悬挂。

2. 学校日记应逐日详细填记。

3. 训育教务总务与校长同室办公，以便随时联络，教员亦须有准备桌（每人一张）。

4. 应用表簿及教具均应分别排列整齐及清洁。

5. 应有经济稽核委员会，并能行使职权。

6. 每日学生出席、缺席统计及校内大事宜特制一木牌悬挂，按日填写。

7. 教务训育宜定纲要与方案，以便按照计划实施。

8. 纪念周应由校长、主席、教职员轮流训话。

9. 各级课程表宜挂在教室门外。

10. 应逐日举行清洁检查。

11. 各项会议纪录必须详细填写，以便考查。

12. 各项积分簿应从速设置。

13. 各级学籍簿从速编制。

14. 凡校长会议之议决案，回校后必须向全体教职员报告，并设法实行。

15. 行政历必须每月预为规定，张贴办公室内。

16. 逐月考查成绩，以期学程提高。

17. 多举行测验，以明学生程度，是否与课程标准符合。

18. 各项规则如组织大纲及学则必须拟订，以资遵循。

19. 新校舍教室每班须招足四十人，其因教室狭小不能容纳四十人者，亦须尽教室容纳之量招满学生。

20. 须按照日课表准时上课，不得任意变更。

（B）关于事务方面

1. 账簿每日清结，以便考查。

2. 各教室之门锁钥宜妥为配制，以便保管。

3. 各教室之衣架应足应用。

4. 应设整容镜、洗面盆。

5. 儿童读物应逐月添购，以备学生课余阅览。

6. 应备揭示牌。

7. 各校应添购游戏用具，以供儿童课外之活动。

8. 公文卷宗应妥为保管，并分类存查，以备调阅。

9. 无论新旧校舍土地之教室，应一律改为洋灰地，以重卫生（最近能改建之校舍得免办）。

10. 黑板油漆剥落者，一律重漆一次，并应添置小黑板，以利教学。

11. 办公费应提十分之三作书籍购置费，所有每月校产增益应呈报备查。

（C）关于普通教学方法

教学研究会必须组织按期开会，并须将会议内容详细纪录，以备考查。

1. 非国语科不必注重朗读。

2. 笔记、作文簿均宜令学生用毛笔誊写。

3. 教室内秩序应注重严肃。

4. 避免讲演式教学。

5. 各科练习及笔记均应备有专簿，以供填写，不可以石版代替一切笔记簿。

6. 凡问答及朗读不应令全班学生齐声大呼，以致喧嚣嘈杂，而儿童随声附和漠不关心，更易流于机械之方式，亟应设法改进。

7. 凡问答应先发问而后指名，不应先指名而后发问。

8. 教学宜注重兴趣及补充教材，拘泥教本、循文诵读均非所宜。

9. 教学过程宜先豫定施教之时，应置时计于案，以期分配得当。

10. 教学时，同样方法不可用之太久，免起学生厌倦之心。

（D）关于各科教学方面

（一）国语科

1. 作文本教师宜多用眉批，少用抽象之总批。

2. 谈话一科，并非随意学生演讲，宜预定方案，对于态度、言语及材料三方面，尤宜有具体之训练与指导。

3. 国语科读法对于学生应有适当之熟练缀法，至少须每周练习一次，随时订正，中级以上应注重日常生活应用文字之发表（如写信、契据、柬帖等）。

4. 书法除正课外，须规定课余练习方法，随时订正，中级以上应练习小楷及行书。

（二）算术科

1. 须注意日常生活之应用题，心算亦须切实练习。

2. 教学应注重原则及方程式之讲解，以期学生彻底了解，并应即时与以练习机会及考查其缺点。

（三）自然科

1. 教学应利用各种挂图，注重观察与实验方法，又须利用日常生活之自然现象为中心。

2. 高级学生应实行野外教学，采集标本、自制简易仪器等。

（四）史地科

须以乡土教材为中心，须有补充教材，对于爱国观念、革命精神及历代精忠报国名臣烈士之事绩详细讲述，以启发民族意识，熟悉国家版图为要旨。

（五）劳作科

须注重校事、农事、家事等之学习操作，务期养成儿童之劳动身手与习惯，对于儿童个人日常生活及校内之清洁工作，尤应指导亲自操作。

关于劳作材料务须尽量采用国货。

（六）体育科

每日须举行健身操一次，课间教学须注重身体各部之平均运动与发育，游戏时尤须注重个人品德及团体精神之训练。

（七）美术科

须注重自然景物之欣赏及简易图案之设计，低级部注意范画及自由画，中级以上注重写生之练习及画理之研究。

（八）音乐科

应尽量采用慷慨激昂、发扬民族精神之歌曲，高级必须学习五线谱。

（E）其他

1. 简易医药必须设法购置，由训育处管理。

2. 各校必须办理文具、书籍消费合作社。

3. 完全小学必须办理壁报。

4. 学生必须有团体组织，或采学校市组织，或采学生自治会组织。

5. 完全小学必须备有校园农场，以供劳作及农业之练习。

辛　励行视察指导

查各校工作欲求改进，端赖随时分赴各校视察，以明真相，借资改进。本处遵照教育局规定视导要点，按时考察各校实际情形，并切实指导，应行改良及一切应注意之工作。兹将视察要点，列举如下。

中小学校视察要点

（A）小学

（一）学校行政

1. 关于三民主义教育是否遵照中央规定切实施行。

2. 行政组织是否适合实际需要切实施行。

3. 校长教员能否努力合作，其品行学识是否能得学生及学生家属之信仰。

4. 计划是否具体，能否按照次第实施。

5. 表册簿籍是否完备，是否按时翔实纪载并统计。

6. 各种会议是否按期举行并记载议决事项，是否逐渐实施。

7. 教学科目实际上是否遵照部颁标准。

8. 教员平时有无任意旷课情事。

9. 学生是否足额，平时关于旷课学生有无补救办法。

10. 学校历规定事项，平时是否按期实行。

11. 学校经济是否公开，有无经济稽核委员会之组织，委员是否公正稽核，有无瞻徇。

12. 校舍分配组级编制是否合宜，布置是否整洁。

（二）训育

1. 有无训练纲要及实施方案是否分期切实训练。

2. 有无预定培养学生善良习惯之标准。

3. 有无关于民权训练之具体组织。

4. 能否利用劳作等科培养学生勤劳习惯及乐于从事生产事业之兴趣。

5. 学生行动能否有纪律之活动。

6. 有无特施分别训练之方法与记载。

7. 学生休闲生活有无适当之指导。

8. 教室外监护有无具体办法，是否切实施行。

9. 民族意识有无培养之方法，能否利用纪念日之演讲及国耻图书之设备，以灌输之。

10. 学校卫生、学生清洁以及作业、卧息等，平时有无切实检查与指导。

（三）教学

1. 教学时，关于本科要旨能否切实发挥。

2. 能否活用教本，增加与地方环境切合之乡土教材。

3. 级组编制是否以能力为标准。

4. 教员课前预备是否充分，课后整理是否切实。

5. 各科教学有无联络之具体方案并切实施行。

6. 各科教学能否利用教具，使学生注意观察、实验、练习与实用。

7. 各科教学有无预定进度，纲要能否切实施行。

8. 学生练习簿及其他课外作业是否随时认真订正。

9. 有无教学研究会，能否按照研究事项切实改进。

10. 对于劣等生有无补救之办法。

11. 复式学级直接、间接教学时间之支配是否适宜，监视指定自动作业是否认真。

12. 国语教学儿童有无发表语言之机会；教生字时，能否予以明晰映象以及采用其记忆之方法；教课文时，关于内容有无方法以鼓励其兴趣，增进其想像；朗读时，是否注意其语调；默写时，能否订正其错误缀字；作文是否按时练习，批改是否勤敏而正确。检查字典及课外书报阅读。日记、笔记有无适当之指导与检查。

13. 算术教学教材与练习题是否切合实际，珠算能否注意其运算之速度与应用之方法，进度迟缓之学生有无课外指导之时机，高级算术于课本外有无足以训练思考之理想习题。

14. 常识教学教材是否合于乡土生活，能否利用观察、实验和采集制作以助其知识之正确、学习之兴趣。

15. 劳作教学能否利用生活实用与生活环境之研究及操作，以养成其劳动身手与创造能力。

16. 美术教学能否与劳作常识等科联络，是否充分利用实物作为教材，或搜集美术品以供其欣赏，有无注重图案写生及自由发表创作力之机会。

17. 音乐教学教材是否适合儿童之心理与能力，能否采用快乐、活泼、勇壮、庄严等民族性之歌谱，能否利用本国乐器。

18. 体育教学儿童姿势是否注意检查，每年能否举行体格检查一次，体育教材是否合于儿童身体年龄，及技术程度游戏时，活泼与纪律是否两者并重。

（B）中学

（一）学校行政

1. 对于三民主义教育，是否遵照中央规定切实施行。

2. 校长、教员资格学识是否相当。

3. 校长、教员能否努力合作，其品行学识是否能得学生之信仰。

4. 行政组织是否适合实际需要切实施行。

5. 能否按照学校历规定，按期实行。

6. 各部办公能否互相联络，按时办公。

7. 学校经济是否公开，有无经济稽核委员会之组织，委员是否公正，稽核有无瞻徇。

8. 计划是否具体，能否按照次第实施。

9. 校舍是否支配适宜，修缮整洁。

10. 学校设备能否照预算及学生纳费等收入原定用途尽量支配。

11. 能否依照规程组织各项委员会，按期开会讨论，议决事项能否认真执行。

12. 关于学生膳食有无专员负指导及检查清洁之责。

13. 事务方面关于日常办公及教学用品之出纳，是否备有表簿精密纪载。

（二）教学

1. 能否遵照中学课程标准切实教学。

2. 校长、教务主任能否每日抽查各级教室教学实况，具有详实纪载。

3. 关于学生课外阅读书籍有无指导与选择。

4. 对于科学教育有无提高程度办法。

5. 各科教学能否引起学生研究兴趣。

6. 关于职业学科能否充实设备，切实指导、培养学生将来社会生活之技能。

7. 作文练习是否按期实施，随时批改。

8. 各科实验是否逐次报告，认真改订。

9. 各科教学是否不拘泥教本尽量授以实用教材。

10. 各科课外作业教员是否认真批阅。

11. 各科教学进度是否与规定进度相符合。

12. 级组编制是否以能力为标准。

13. 学生缺席、出席有无精密之考查与定期之统计及惩奖办法。

14. 教员缺课能否定期补授。

15. 能否训练学生就地取材制课业用具。

16. 学用课外活动作业是否先定计划按时施行。

（三）训育

1. 训育主任与各级训导能否以身作则表率学生。

2. 训育有无具体计划实施方案切实施行。

3. 各级训导有无联络商榷因革办法，以收通力合作之效。

4. 学生集会能力及团体行动有无适当之指导与训练。

5. 有无培养学生善良习惯之标准。

6. 对于学生服务有无具体计划与考查。

7. 能否利用课内外劳作以培养学生勤劳习惯，增加其研究生产事业之兴趣。

8. 对于学生休闲生活及课外运动，有无适当之指导。

9. 寄宿学生之起居、饮食、清洁卫生等项有无检查与指导。

10. 走读学生校外行动有无与家庭谋联络考查之办法。

11. 高年级学生择业升学问题有无相当之调查与指导。

12. 对于军事训练、童子军训练是否严格执行。

13. 有无提倡学生乐用国货之训练。

（C）民众学校视导要点

（一）原则

1. 批评及指导民众学校之实施办法。

2. 提高办理民众学校者之进修，并引起其研究之兴趣。

3. 注重奖励办法，以引起办理民校人员之同情。

4. 推行优良之民众学校实施法。

5. 征集办理民校之实际困难问题，以谋解决之方法。

6. 拟定适宜的视察民校之记载表格及注意事项。

（二）视导方法

1. 视察方法

（1）考查民众学校的行政和组织是否合于教育原理。

（2）考查学级编制是否合于教育心理及经济诸原则。

（3）视察课程与教材是否合于民众需要和地方需要。

（4）视察教学的优点缺点何在。

（5）视察训练的优点缺点何在。

（6）视察管理的优点缺点何在。

（7）稽查学校报告统计成绩如何。

（8）调查各种规则确实履行否。

（9）调查学生缺席退学情形如何。

（10）考察职员服务情形如何。

2. 指导方法

（1）一般的

甲、分区教师会议

①每学期由主管科召开一次。

②主管科长为会议主席。

③鼓励教师提出教学上所感觉的困难。

④鼓励教师彼此交换意见、提出讨论，以谋解决。

⑤视察员根据视察时的结果在会议席上报告。

⑥视察员根据视察时的记载，用积极批评并提出具体改良方法。

⑦每次会议所有记录呈报局长核夺施行。

乙、私人谈话或接洽

①视导员视导时得与教师谈话，以批评其优点缺点，以解决困难问题并商议改良方法。

②视察员非视察时，教师亦得前来面洽校务。

③设法使教师对于视察员有深厚的感情。

丙、书面批评及报告

丁、示范教学

（2）分科的

甲、教学的指导

①关于理论的

（a）用归纳法或演绎法要适当。

（b）教学法要合于学生心理和程度。

（c）归纳法教学要举浅近明白的实例归纳到结论意义，务使学生明晰，材料须丰富，练习须纯熟。

（d）用演绎法教学要提示明晰的结论，用适合的实例表明，结论的应用须多应用多练习。

②关于方法的

（a）各种应用教具要合用。

（b）各种发表、发问、讲演、实物提示及联络教材等要适当。

(c) 各种教学方法应有充分之准备。

(d) 对于不识字及略识字学生应分甲、乙两种施教，兹拟定甲、乙两种施教程序如下：

其一，一种对于不识字的学生施教程序

(a) 谈话要引起动机。

(b) 板书：课文。

(c) 范读：教师范读。

(d) 阅读：令学生随教师齐读数次后，指定个别阅读以订正读音之不确。

(e) 讲解{试讲 范讲} 先令学生试讲后，教师再范讲。

(f) 朗读：学生对于课文都能讲，继以全体朗读。

(g) 教笔顺：教课文内生字笔顺。

(h) 练习：令学生在石板上各自练习。

(i) 订正：教师巡视学生书法，随时订正之。

其二，一种对于略识字的学生施教程序：

(a) 整理旧观念

(b) 提示目的

(c) 提出生字

(d) 试读

(e) 范读

(f) 试讲

(g) 朗读

(h) 补充

(i) 自习

以上两种教学程序是施行教学的大概历程，惟教授时还要视课文内容性质，如要有更动的即可随便更动，此外对于教学应要注意的有下列几点：

(a) 教师态度要从容和蔼。

(b) 言语要有抑扬，声音大小高低有度。

(c) 教师要有刚毅忍耐之精神。

(d) 收发物品宜有定式。

(e) 各人取物时宜有敏捷的习惯。

(f) 讲解宜通俗，不宜用过深文义。

(g) 讲解要有表情。

(h) 要避去含糊言语，使全级学生都能明白。

(i) 试读试讲要使学生公同注意，以使公同订定错误。

(j) 问答讨论宜守秩序的习惯。

(k) 板书字要大，笔画要粗。

(l) 发问要顾及全体，不宜限于少数人。

(m) 要鼓励不肯发言的学生。

(n) 要对于错误的学生不宜过严的责罚。

(o) 发问要给思想的余地。

(p) 教师要洞悉情理。

(q) 教师宜随时公正待人。

(r) 教师巡视指导要普遍。

③关于技能的

(a) 利用竞争好奇兴味引起其注意。

(b) 维持注意。

(c) 引起思想。

(d) 教学时间经济。

(e) 言语清晰，举动敏捷。

(f) 讲解明白有次序。。

(g) 所发问题均为教材扼要部分。

(h) 先发问而后呼名。

(i) 发问要普遍。

(j) 不重说学生答语。

(k) 问答或讨论要有思考、有中心、有结果。

(l) 讲解宜用挂图或实物。

乙、训导的指导

①教师要有高尚的人格。

②教师要能感化学生。

③学生判断迅速，执行敏捷。

④注意学生各处行为。

⑤与学生多作个人谈话，以改进其不正当行为。

⑥尊重学生人格。

⑦惩奖要公平。

⑧利用教材施行公民道德的训练。

丙、管理的指导

防止学生缺席并鼓励学生出席之方法如下：

（a）择定适宜时间上课，使学生不致妨害谋生工作，使学生不在精神疲乏之后上学。

（b）时常鼓励学生，以维持其上进之心。

（c）管理方法要因人而异，随机应变，最好用和平的态度施以间接训诫。

（d）学生书籍及用品由校供给，非入学一月后学生不得将书籍携走。

（e）学生入学时要详询向学志愿，以定取舍，万勿滥收。

（f）制备勤惰表揭示教室。

（g）分团或分组：年龄；性别；时间；学力；智力。

（h）用娱乐会或同乐会以联络其家庭。

（i）教师用家庭访问以考查学生缺席原因，如不得已而缺席，教师应为之补课。

（j）用名誉奖或实物奖奖给不缺席之学生。

丁、招生的指导

①利用各校学生之介绍。

②组织招生队。

③私人接洽。

④联络当地领袖。

⑤利用警察指导。

⑥利用通俗演讲。

⑦举行小规模识字运动。

戊、课程的指导

民众学校学生所需要的为识字常识（包括党义）、算术（包括珠算、笔算），次要的写信、记账、娱乐。

己、考查成绩的指导

①国语竞赛作业考查。

②月终考查。

③毕业考查。

庚、卫生的指导

①视察学校教学法改良家庭，注意公众卫生。

②预防传染疾病，讲习卫生方法。

辛、教师修养的指导

①读书。

②会议。

③参观。

④效法于实验民众学校。

⑤听讲演。

⑥参与教学研究会。

⑦多读民众教育刊物与书籍。

⑧参与分区教师会议。

（三）视导的步骤

第一次

1. 注重教学之视导。

2. 征集各学校教学上之困难问题。

3. 分区召集各学校教员开讨论研究会，以解困难问题。

4. 介绍各地民众学校之优良教学方法。

第二次

1. 注重教学之视导。

2. 征集各学校教学管理上之困难问题，以资研究共谋解决之方法。

3. 分区召集各学校教师开会讨论研究，以解决困难问题。

4. 介绍各地民众学校优良的训管办法。

第三次

1. 注重行政设备之视导。

2. 征集各学校行政设备上之困难问题。

3. 分区召集各学校教师开讨论研究会，以解决困难问题。

4. 介绍民众学校行政设备上之较优办法。

壬　举办事项

一　举办小学成绩展览会

查展览会之目的在鼓励学生学业，检查学校工作效率，提高社会对教育兴趣。本处为使乡区学生互相观摩，各村村民明了学生在校作业成绩起见，特于全市各级学校成绩展览之后，举行本区小学成绩展览会，俾得普遍参观，以资比较。兹将本会简章及筹备委员会组织大纲，分列于下。

青岛市李村乡区小学成绩展览会简章

第一条　青岛市李村乡区建设办事处为各校学生互相观摩、增进智识，并使乡民明了学生在校学业起见，举办本区小学成绩展览会。

第二条　本会展览地点在李村中学举行，日期在七月二十二及二十三两日。

第三条　本会设名誉会长一人，由教育局长担任，会长一人，由李村办事处主任担任，会场职员若干人，由会长指派办事处职员及各校教职员充任之。

第四条　本会成绩品以各校行政图表及学生平日作业为限。

第五条　各校成绩品须于开会之前三日送处，并附成绩登记簿一册，以便检查。

第六条　各项成绩品上均须注明校名及学生姓名、年龄、性别。

第七条　本简章如有未尽事宜，得随时呈请修正之。

第八条　本简章自呈奉核准之日施行。

青岛市李村乡区小学成绩展览会筹备委员组织大纲

第一条　青岛市李村乡区建设办事处为筹备本区小学成绩展览会事宜，特设筹备委员会。

第二条　本会设主任一人，由办事处主任兼任，各股主任各一人，各股干事若干人，由办事处主任指派本处职员及各校教职员充任之。

第三条　本会设下列三股：

1. 总务股　掌理文书、会计事务，宣传收发成绩品事宜。

2. 陈列股　掌理会场布置及成绩品陈列看管事宜。

3. 招待股　掌理会场招待及纠察事宜。

第四条　本会事务由各股主任商承筹备主任会同各股干事办理之。

第五条　本大纲如有未尽事宜，得随时呈请修正之。

第六条　本大纲自呈奉核准之日施行。

二　举行小学军训检阅

查吾国现代教育目的重在整齐、严肃、刻苦、耐劳，在此国难期间，更应养成学生服从纪律，读书不忘救国，惟各校实施军事训练多者年余，少者半载，其成绩优劣莫由比较。本处特于举行小学成绩展览会，同时举行军训检阅，以觇训练成绩。兹将检阅办法及检阅计划，分列于后。

青岛市李村乡区小学军训检阅办法大纲

第一条　青岛市李村乡区建设办事处为普及军事智识，并考核各小学平素军事训练起见，举行本区小学军训检阅。

第二条　检阅日期在七月二十二日，检阅地点在李村中学操场。

第三条　市长为检阅统监，教育局长为副监董，专员为总指挥。

第四条　各校已受军训学生均须参加军训检阅。

第五条　本办法如有未尽事宜，得随时呈请修正之。

第六条　本办法自呈奉核准之日施行。

李村乡区小学军训检阅计划

（一）校阅日期

七月二十二日上午五时

（二）校阅地点

李村中学

（三）各校编组及序列

第一组　教员李凤岐

1. 李村实验小学　　三个分队（一一八名）

2. 王埠庄小学	两个分队	（六三名）
3. 下王埠庄小学	一个分队	（三〇名）

第二组　教员张岫亭

1. 下河小学	两个分队	（六〇名）
2. 藏家小学	一个分队	（三五名）
3. 上流小学	一个分队	（三六名）

第三组　教员张子英

1. 浮山所小学	一个分队	（四〇名）
2. 湛山小学	一个分队	（三〇名）

第四组　教员孔翰卿

1. 朱家洼小学	两个分队	（七四名）
2. 午山村小学	一个分队	（三五名）
3. 石老人小学	一个分队	（三六名）

第五组　教员康延强

1. 张家下庄小学	两个分队	（五五名）
2. 枯桃小学	一个分队	（四〇名）
3. 张村小学	一个分队	（三〇名）

第六组　教员谢贤儒

1. 侯家庄小学	两个分队	（五七名）
2. 郑庄小学	一个分队	（三六名）
3. 东李村小学	一班	（二一名）

第七组　教员盖焕民

1. 河西小学	一个分队	（三六名）
2. 韩哥庄小学	一个分队	（三〇名）
3. 双山小学	一个分队	（三〇名）

第八组　教员蒲长禄

1. 沟崖小学	一个分队	（三七名）
2. 横担小学	一个分队	（三五名）
3. 现代化庵小学	一班	（二〇名）

第九组　教员黄金刚

1. 吴家村小学	一个分队	（四五名）

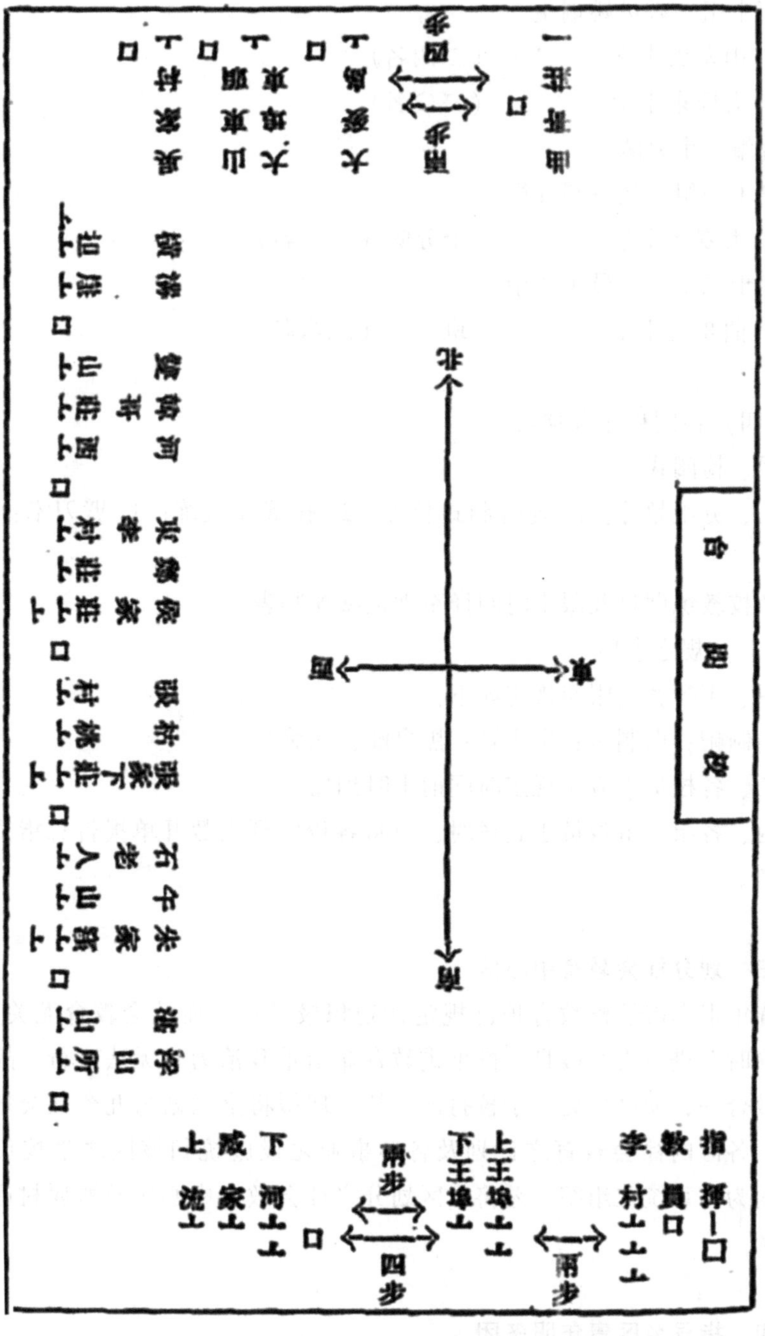

附记：1. 各组距离四步；2. 教员位置在各组右翼两步；3. 各校距离两步。

第十组　教员姚瑞生

1. 山东头小学　　　　（二四名）

2. 大埠东小学　　　　（二〇名）

合编一个分队

第十一组　教员邓友德

1. 大麦岛小学　　　　一个分队（三三名）

第十二组　教员王致中

1. 曲哥庄小学　　　　一班　　（二八名）

（四）检阅程序及项目

甲、检阅式

乙、分组教练：1. 连排制式教练；2. 排战斗教练；3. 劈刀术；4. 刺枪术。

各校教练课目及限定时间详军训检阅评判表

（五）规定事项

甲、军事教员服装规定如下：

白制帽；白制服；黑皮鞋；黑裹腿；武装带

乙、各校员生应于规定时间前半时到场。

丙、各组军事教员于到场时，应将各校实到人数开单报告总指挥，以便查核。

三　划分社会教育中心区

查年来本市学校教育现已规定计划积极进行，而社会教育尤关重要，亟应同时并进，力图改良。惟推进教育非惜重政治力量无法进行，故须实行政教合一，使办事处与学校打成一片。现拟将全区划为九个社会教育中心区，各区内社会教育之计划及各项事业之设施统归该区之学校负责办理，而为有系统之组织。兹将本区划分之社会教育中心区及所属村庄，列举于图。

四　指导乡区青年服务团

查本市对于社会教育既与学校教育并重，而学校又负兼办社会教育责任，所有中学学生年龄、智识、能力较高，自应参加运动，养成服务社会能力。兹乘暑假期间，组织李村中学假期青年服务团，拟定工作纲要，并指导服务方法，俾资进行。

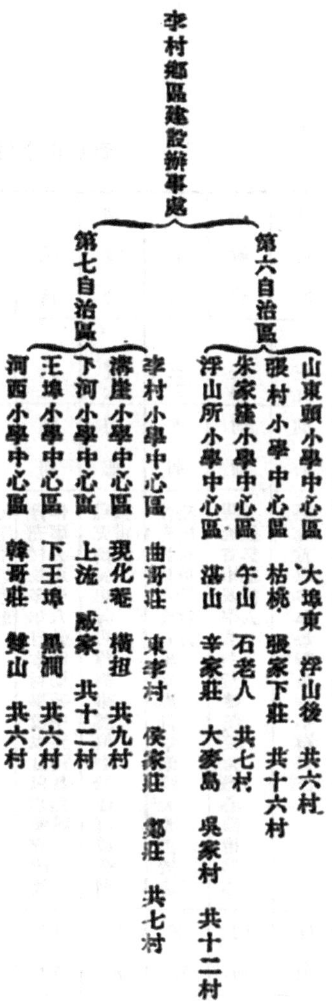

癸　奖励捐资兴学

一　褒奖上王埠庄村民曲盛训等捐资兴学

查该村于民国十九年间，因建筑校舍缺乏校址，有曲盛训、曲训明者合捐地亩五分，充作校址校舍，因之完成。又有曲训敏者，因校舍不敷，自动建筑平房五间借充教室，并言明借用二十年之久，曾经查明属实，呈请分别褒奖，以示鼓励。

二　褒奖绅民杨可全等捐资兴学

查李村中学因添建校舍经费不足，曾由本处主任委托绅民杨可全、董品三在东镇商号募捐一千余元，俾李村中学校舍得以完成，热心毅力殊堪嘉许，业由本处呈请市政府教育局给以匾额，以资奖励。

三　褒奖建筑校舍出力人员

查本区市立沟崖山东头侯家庄、韩哥庄、王埠庄，枯桃东李村、横担、湛山、河西等十校校舍或系租借或不敷用，均由该委员等筹划建筑，或则自捐巨款，或则苦口劝导，四出筹募，或则终日辛勤督促工程，其热心学务、慷慨好义殊堪嘉尚，因于二十二年本市接收纪念日，呈请褒奖，以昭激劝。兹将各委员善行事略，列举于下。

青岛市李村乡区小学新建校舍出力人员表

姓名	年龄	住址	事略	嘉給奖励	備考
臧克和	五〇	溝崖村	品行端正熱心教育此次溝崖小學建築校舍除捐款五百元外並担任募捐事務	匾額	
劉星五	五二	同前	品行端正處事正直對於教育尤爲熱心此次溝崖小學校舍建築除捐款五百元外並負總監工之責	同前	
臧有梓	六八	同前	現充村長平日處事公正見義勇爲此次溝崖小學建築校舍自去秋至今越七月逐日在工場監督廢私從公任勞任怨卒底於成	褒狀	
臧作傑	四七	同前	現充首事勤勞同前	同前	
臧作溱	四七	同前	現充首事勤勞同前	同前	
臧作孔	六五	同前	現充首事勤勞同前	同前	
辛鴻興	五四	山東頭	現充村長此人心智銳敏辦事爽快山東頭小學建築校舍爲力頗多並捐地角以補新舍地址缺欠使校址方正	同前	
辛鏡清	六二	同前	曾充村長多年自本村學校成立以來兼充學委作事公正令人欽佩助興學務極具熱誠	同前	
辛鏡策	五六	同前	現充街長忠誠可靠辦事認真對於建築校舍肩負重責	同前	
辛成敏	三三	同前	曾充村長現充首事識周青年頗曉大義對於建築校舍勇於負責	同前	
辛毓璞	五〇	同前	現充首事及學委對於建築校舍悉心籌措熱心公益無或後人	同前	
辛啟庭	三九	同前	歷充首事多年舉辦公益不辭勞苦	同前	

辛毓球	五九	同前	現充首事及學委熱心興學不辭勞苦	同前	
辛成楨	四四	同前	現充首事及學委助興學務熱心公益	同前	
辛鳴玉	六四	同前	鄉區耆儒努力興學	同前	
辛玉嵒	四八	同前	現充首事熱心興學對於校舍建築具有勞績	同前	
辛成恩	五八	同前	現充首事熱心興學對於校舍建築具有勞績	同前	
呂崇賢	五五	侯家莊	該員對於侯家莊建築校舍不惟首先倡導舉辦一切並捐洋三百元開本村捐款興學之創舉爲熱心公益之村民作先導實屬熱心教育	褒狀並傳令嘉獎	
呂崇選	五九	同前	現充村長辦學熱心不爲衆屈雖受反對派種種拂戾及打擊始終以公正態度忍氣吞聲積極辦理	褒狀	
呂慎德堂		同前	該祠只有公地八分作祠堂修葺及香火供奉其族人興學情切情愿悉數變價洋三百元捐款建築校舍此後供葺各費再由大家分担	同前	
呂兆乾	五五	同前	此人秉性剛直見義勇爲校舍建築悉歸主持不幸校舍落成因勞成疾竟致不起其人雖死其功則不可沒發給匾額以慰九泉	匾額	
呂崇官	五七	同前	提倡教育不遺餘力對於反對建築校舍一派更能開誠佈公循循勸導	褒狀	

王承忻	四二	同前	辦事老練本村校舍建築極得其力	同前	
楊丕軫	五一	同前	同前	同前	
李克賓	五〇	同前	此次建築本村校舍所需材料率賴該員籌措	同前	
劉可贊	六〇	韓哥莊	該員司本村小學校舍建築財政出納預計各項建築工料井井有條建築既成應心得手落成自速於時間經濟上發益實巨	褒狀	
劉維惕	五八	同前	該員司建築監工之責自奠基至落成巡視無間日而無倦容	同前	
劉世官	三八	同前	該員司建築採辦之責凡有需用必親赴各處張羅山水跋涉從無怨言	同前	
劉可奎	五二	同前	該員司運輸之責頗能恪盡厥責既不曠工又不廢時車馬人力之支配無不適宜	同前	
曲意德	五九	王埠莊	熱心辦學屢次籌款添築本村校舍	褒狀	
紀茂臣	四〇	同前	同前	同前	
曲訓寶	四七	同前	同前	同前	

曲智倫	四九	同前	同前	同前	
曲鳳亭	五三	同前	同前	同前	
張懷清	五四	枯桃村	曾充區長及村長十數年為興辦張村及枯桃學校之最努力者本村校舍建築得力尤多	褒狀	
張懷廷	四二	同前	現充首事及學委建築校舍最為出力	同前	
曲修環	七三	同前	曾充村長及首事為建築校舍出力人員	同前	
李恕琳	四七	東李村	現充村長及學委本村建築校舍負籌劃一切之責	褒狀	
劉克仁	四七	同前	現充學委襄助籌劃建築一切事宜	同前	
劉克淑	四九	同前	負責督促工程進行	同前	
隋德勝	三七	同前	同前	同前	
崔志桂	三〇	同前	同前	同前	

蘇金亭	五九	横担村	本村小學歷建校舍購置桌凳無不竭力提倡負責進行担任籌款並數次捐款二百元	褒狀	
蘇心瑞	六五	同前	對本村小學建築竭力提倡對於勸學尤爲出力且前後捐款百餘元	同前	
蘇衍曦	五〇	同前	對於校務極爲熱心並捐款與建校舍	同前	
蘇正帆	六四	同前	熱心教育前後建築校舍捐款百餘元	同前	
蘇峻亭	五〇	同前	對本村學校建築校舍共捐款百餘元	同前	
蘇得暉	五〇	同前	熱心教育捐款興學對於本村學校修建校舍工程竭力協助	同前	
蘇有純	三五	同前	對於本村建築校舍籌款督工竭力協助	同前	
蘇法三	四二	同前	熱心公益對於校務尤具熱誠	同前	
姜維蕊	四二	宅科村	對於建築校舍負責籌款並捐款以資提倡	同前	
孫作亮	四三	大澇山村	担任澇山小學校舍建築設計及監工事宜並負責籌備款項	褒狀	

孫立桐	三四	同前	同前	同前	
孫作洪	三七	同前	同前	同前	
孫作敏	五三	同前	担任籌款事宜	同前	
孫廣修	三七	同前	襄助監理工事	同前	
丁成忠	三八	小湍山村	同前	同前	
袁相登	七五	河西村	捐大地一畝四分作河西小學校址約值七百餘元又捐款三百元共計洋一千餘元	匾額	
袁相科	七二	同前	負責籌墊款項從事公益極爲熱心	褒狀	
袁相參	五二	同前	對於建築校舍棄私從公	同前	
袁鐘傳	五四	同前	負責監督工程數月	同前	
袁恭傳	五五	同前	負責催收款項捐工甚多	同前	

袁瑞傳	六二	同前	任建築委員負責催收款項	同前	
袁勉周	三八	同前	任建築委員負責計劃圖樣	同前	
袁朋傳	四六	同前	任建築委員催收款項	同前	
袁生傳	五六	同前	同前	同前	

第三　关于公安事项

甲　乡区之警察及防务

一　乡区之警察

本处初成立时，地域辽阔，所辖村庄计有一百八十一村属于第四区公安分局者，十八村属于第六区公安分局者，一百六十三村嗣以面积太广，建设困难，复成立九水乡区建设办事处。将第六分局九水第四分驻所管辖村庄十三村，乌衣巷第三分驻所管辖村庄二十七村，沙子口第五分驻所管辖村庄二十一村，共计六十一村拨归九水乡区建设办事处管辖。将第六分局仙家寨第二分驻所管辖村庄二十五村，拨归沧口乡区建设办事处管辖，并将第四分局管界之仲家洼、太平镇二村拨归市区第三联合办事处管辖。现在共有九十三村计，属于第四分局者尚有十六村，属于第六分局者尚有七十七村。而管内警察实力之分配，共有警察分驻所六处，派出所八处，维持地方向称得力。两年以来，非特匪案甚少，即盗窃案亦不多见，偶有一二盗窃案件发生，均能陆续破获，此固公安人员努力职务巡逻周到所致，而地方义勇巡更团亦与有力焉。

二　乡区之防务

本处管辖区域内计有村庄九十三村，其面积南北五十里，东西四十里。有住户一万二千九百一十八户，有人口七万二千六百八十八人，男三万八千九百五十七口，女三万三千七百三十一口。有地亩三万七千三百一十一亩。有公安分局一处，分驻所六处，派出所八处，汽车检查处两处，马巡队一小队，保安队一小队，共计官警二百三十九名。除留驻分局内有警备汽车预备队、自行车队、马巡队七十名外，其余悉数分配于四乡之分

李村乡区建设办事处管内公安分驻所管界村庄一览表

局	所		村莊數目	村莊名稱
第六分局	第一分駐所	直轄	一四	李村 東李村 東王埠 楊哥莊 鄭莊 上王埠 曲哥莊 侯家莊 下王埠 河南莊 麥坡 東大村 李村南莊 佛耳崖
		第一派出所	七	羅圈澗 [illegible]澗 黑澗 南屋石 猪頭石 晏頭崮 崔家溝
	第二分駐所	直轄	一三	劉家下河 尤家下河 下臧 毛公地 爐房 長澗 王家下河 戴家上流 蘇家莊 于家下河 上臧 莊子
		第二派出所	九	溝崖 畢家上流 水牛陳家 王家上流 橫坦峪 楊家上流 夼 李家上流 棉花莊
	第六分駐所	直轄	一一	文張村 劉家下莊 李家下莊 鄭張村 孫家下莊 宋家下莊 枯桃村 崔家下莊 車家下莊 尒家村 張家下莊
		第七派出所	七	山東頭 朱家窪 石老人 金家嶺 王家村 鍾家溝 午山村
		第八派出所	五	大埠東 小埠東 北村 浮山後 埠西村
	第七分駐所	直轄	八	河西 中韓哥莊 后台 東韓哥莊 河涯 楊家群 河東 西韓哥莊
		第九派出所	四	河馬石 夾嶺溝 唐家口 保兒莊
第四分局	第一分駐所	第四派出所	四	東吳家村 西吳家村 錯埠嶺 老虎窩
		第五派出所	一	亢家莊
	第三分駐所	直轄	九	浮山所 大麥島村 大窰 徐家麥島村 小窰 辛家莊 王家麥島村 丁家莊 田家村
		第九派出所	二	大湛山 小湛山
總計			九十三村	
附記				

李村乡区建设办事处户口地亩调查表

村別	戶數	人口數 男	人口數 女	地畝數	備考
李村	五七二	一五一〇	一二二二	四〇〇	該村有俄國人一戶男女各一口
李村南莊	六九	二一五	二〇六	二八三	
河南莊	九五	三〇二	二四三	三六六	
曲哥莊	一七九	四八九	四七四	四〇九	該村有日本人一戶男女各一口
楊哥莊	一二四	三四五	三四五	四三二	
東大村	一二五	三六五	三四四	四八九	
下王埠	二四八	七一一	六八六	一〇二五	
上王埠	一九〇	六七三	五六八	六一二	
東王埠	七二	二〇八	一七九	二三九	
麥坡	二〇	五六	五〇	六二	
佛耳崖	一二三	三八八	三三六	三八五	
侯家莊	一八〇	六二八	五七九	五六七	
鄭莊	一八四	六七七	五七八	七〇八	

東李村	二四六	男	六八三	女	六三二	八二八
羅圈澗	七五	男	二五一	女	一八八	二一二
菴裏澗	六一	男	二二二	女	一九三	二七三
崔家溝	五〇	男	一九六	女	一八五	一七四
黑澗	五八	男	二一二	女	一五七	一三五
猴頭圈	一一七	男	四二四	女	三四一	四二五
南屋石	八六	男	三四二	女	二六一	三三一
猪頭石	四五	男	一六九	女	一三六	一四四
劉家下河	五七	男	二〇五	女	一七四	二六六
[illegible]家莊	八二	男	二四五	女	二〇四	三七八

莊子	九四	男	二五六	女	二四一	三五四
毛公地	七六	男	二七六	女	二三九	三二七
王家下河	七五	男	二八七	女	二六〇	二九六
于家下河	九五	男	三三四	女	二六二	三七一
尤家下河	二四	男	六四	女	七一	八〇
爐房	六九	男	二一一	女	一七六	一八一
下臧	四九	男	一三八	女	一一〇	一三九
上臧	一七四	男	五二四	女	四四二	四三六
戴家上流	四四	男	一五三	女	一四〇	一二九
長澗	三五	男	一一九	女	八一	八九

		男	女	
溝崖	二〇七	六六八	五八一	七〇〇
横坦	一八三	六三〇	四七〇	四七〇
峪斉	一一三	三五八	二八九	一五九
棉花莊	三九	九六	八七	四五
水牛陳家	一七七	五八八	四五九	四五〇
王家上流	一九八	七〇七	六七九	四七八
畢家上流	二二〇	六五〇	五九五	三〇一
楊家上流	七三	二四五	二一七	一八七
李家上流	一一九	三七九	三三二	四〇七
文張村	二二五	七九二	七〇三	九四〇

		男	女	
鄭張村	二〇一	六〇二	五六三	五三〇
枯桃村	二七二	八四三	七〇七	六七五
牟家村	九八	三三一	二六六	三四〇
劉家下莊	九五	二七三	二一六	二六〇
孫家下莊	九五	三〇七	二四五	四二〇
董家下莊	九一	三三八	二七〇	二五六
張家下莊	一一四	三三五	二七四	三二六
李家下莊	七三	二三八	一八八	三二〇
宋家下莊	五三	一三五	一二〇	一六二
車家下莊	九六	二九一	二七二	二五六

		男	女		
北村	八八	三〇二	二五七	四四〇	
埠西村	八七	二六九	二五一	二九〇	
浮山後	二一六	七二一	六三九	八二〇	
太埠東	一四〇	三九三	三三九	五六〇	
小埠東	五一	一五四	一二〇	二二〇	
山東頭	二五六	七一八	六五二	六九〇	
石老人	二五八	八四一	六四四	七二〇	
王家村	一三六	四〇六	三二八	四二二	
鍾家溝	八三	二四五	一七三	二五五	
午山村	二六九	八六〇	七一五	八四〇	

		男	女	
朱家窪	一五九	四九四	四三一	五〇七
金家嶺	一五四	四六七	三七一	五二五
河西	二三九	七〇八	六九九	九六二
后台	一四	三三	三七	二四
河涯	二〇	六三	七一	六四
河東	六八	一七六	一八〇	二四六
西韓哥莊	二五九	七六四	七六四	一二〇四
中韓哥莊	一五六	四五三	四五〇	七〇六
東韓哥莊	一一八	三六一	二九七	四一八
楊家峯	六〇	一七五	一四六	二五四

		男	女		
河馬石	四三	一二五	一一一	一九六	
夾嶺溝	九七	二九六	二八七	三〇二	
唐家口	九二	二六〇	二五三	三五七	
保兒莊	五六	一九〇	一五〇	三五二	
亢家莊	一二八	三三四	二八五	二〇六	
西吳家村	五三七	一四九〇	一一四一	五八〇	
東吳家村	四二〇	一〇七七	八七八	八〇〇	
老虎窩	一五	六二	五三	七五	
錯埠嶺	一六八	四三六	三九三	四五〇	
浮山所	四三一	一一九六	一〇六四	八九〇	

		男	女	
大滃山	四六三	一一四五	一〇二九	五〇五
小滃山	三八	一〇八	八六	一一四
大鰫	一一二	三〇〇	二五七	二七〇
小鰫	一〇二	二四二	二四一	二四四
辛家莊	一九〇	五五四	五四四	六四〇
丁家莊	四〇	一一四	九九	一二七
大麥島村	二九〇	八二六	六六七	八二八
徐家麥島村	七九	二三一	一九一	一九一
王家麥島村	一三五	三六一	三三四	三一〇
田家村	一一六	三二三	二六八	四八〇
總計	一二九一八	三八九五七	三三七三一	三七三一一
附記				

李村乡区建设办事处管内公安官警驻地一览表

局所	駐在地點及門牌號數	主管人等級	主管人姓名	員官長警人數 員官	員官長警人數 長警	合計	備考
第六區公安分局	李村四〇	分局長	陳寶琳	八	四〇	四八	警備汽車須用長警若干故局內有如許人數
馬巡	李村四〇附一	三等巡官	宿明倫	一	二一	二二	內有派駐楊家村長警六名南北領警士二名
第一分駐所	李村九九	三等巡官	金盛斌	一	二五	二六	內有派駐李村水源地警士三名
第二分駐所	劉家下河一	一等巡官	馮殿錦	一	一一	一二	
第六分駐所	文張村一一三	二等巡官	王相九	一	一一	一二	

第七分駐所	河西 一八五	二等巡官	毋捷三	一	一二	一三	
第一派出所	羅圈澗 七二	一等警長	傅錫偉		六	六	
第二派出所	溝崖 一六〇	一等警長	王豐潤		六	六	
第七派出所	山東頭 一九八	一等警長	石永華		七	七	
第八派出所	大埠東 三八	三等警長	戴寶鑑		七	七	
第九派出所	唐家口 一一二	一等警長	趙立貴		七	七	以上屬第六分局
第三分駐所	浮山所 一一七	二等巡官	趙銓	一	一六	一七	
第四派出所	東吳家村 三二四	一等警長	張慶榮		八	八	
第五派出所	仲家窪 四七七	二等警長	馬方文		八	八	
第九派出所兼汽車檢查處	大湛山 三三六	一等警長	周泰來		一〇	一〇	

汽車檢查處	海泊橋	三等警長	王少甫		六	六	
保安三中隊第三分隊	大麥島一〇村	三等警長	趙長起		一二	一二	
保安三中隊第三分隊	燕兒島	二等警長	李沐華		一二	一二	以上屬第四分局
總計				一四	二二五	二三九	官警人數主管人計在內

第六区公安分局第　所巡逻　考证表

月日	逢到時間 上午	逢到時間 下午	分局考查蓋章	備攷

中華民國　年　月　日村長　呈

發

第六区公安分局本分局巡逻表

民国　　年　　月　　日

長官

帶警　　名

午　時　分出發

午　時　分同局

到達時間	經過村莊	村長蓋章	備考

中華民國二十三年　　月　　日　　呈

李村乡区建设办事处管内公安警备汽车自行车统计表

局所	警備汽車數目	自行車數目	備考
第六區公安分局	一	七	
第一分駐所		一	
第二分駐所		一	
第六分駐所		一	
第七分駐所		一	
第一派出所		一	
第二派出所		一	
第七派出所		一	
第八派出所		一	
第九派出所		一	以上屬第六分局
第四區公安分局	一	八	

第三分駐所		一	
第四派出所		一	
第五派出所		一	
第九派出所		一	
汽車檢查處		無	
保安第三中隊第三分隊		一	以上屬第四分局
總計	二	三〇	

李村乡区建设办事处管内公安警报电话一览表

局所電話 局所	局所電話 電話號碼	局所電話 所在地址	警報電話 所在地址	警報電話 門牌號數	警報電話 電話號碼	備考
第六區公安分局	滄口二三	李村	鄭莊	一〇三	六分局九代	
第一分駐所	六分局八	李村	上臧	一一七	同九代	
第二分駐所	同九代	劉家下河	下王埠	二七〇	同一〇代	
第六分駐所	同六	文張村	河南莊	五〇	同七代	
第七分駐所	同七	河西	中韓哥莊	一八三	同一一代	
第一派出所	同一〇	羅圈澗	車家下莊	一四	同一一代	以上警報電話均在六分局界內
第二派出所	同九	溝崖				
第七派出所	同一一	山東頭				
第八派出所	同一一代	大埠東				
第九派出所	同七代	唐家口				以上屬第六分局

第三分駐所	四分局	九	浮山所
第四派出所	同	六	東吳家村
第五派出所	同	五	仲家窪
第九派出所	同	九代	大港山
汽車檢察處	同	六代	海泊橋
保安第三中隊第三分隊	同	九代	大麥島村
總計	十六處		

							六處
						以上屬第四分局	

驻所及派出所汽车检查处服务，平时昼夜分班巡逻，并制备警察巡逻表、考证表，以资考察。唯本处区域辽阔，警力仍觉单薄，警额不敷分配，是以对于补助防务之设备，自应详加讲求，以策万全。例如修治道路、购置警备汽车、装设警报电话。设备沿海巡船，饲养通讯鸽等，凡此俱可节约警力增加效率，均与补助防务有莫大之关系也。

（A）购置警备汽车

查公安第六分局管界共一百三十八村，地域辽阔，村庄散漫，警力单薄，不敷分配。况东北与即墨县境毗连，东南滨海盗匪出没无常，一旦发生匪警，往往因报告迟缓不能迅赴事机。是以公安第六分局鉴于过去之失机，而谋今后之补救，召集区村长开会议决，请准由地亩筹款，每地一亩抽洋壹角五分，共收洋九千零卅余元，购置警备汽车一辆，装设警报电话二十处，完成乡区电话网。并于警备汽车内随带军用电话机一部，通讯鸽若干只，所有沿途电杆装设插销，随地可以通话。倘电话有障碍时，即用通讯鸽飞送消息。该车除载武装长警二十名外，可带自行车四辆，凡遇村道未修之处，不能通行汽车时，即用自行车队传达消息。车箱内装设铁轨两条，为装运消防机赴各处救火之用。夜间随带手电筒十二支，以便搜索逃匪之用。种种设备均可借以节约警力，巩固防务，为现代警备上不可缺少之要件也。

（B）装设警报电话

查公安六分局原设有电话分机一座，可装机五十号。除分局与分驻所派出所通话外，所有本处管界内重要村庄共装设警报电话十五处，构成乡区电话网，遇有匪警，直接通电第六公安分局，可于十分钟内集合本分局预备队，输送至出事地点，实行包围计划。乡区马路四通八达，益以电话网，即使匪案发生，势难漏网。从前发生绑票两起，当日将肉票救回，匪伙陆续缉获，分别正法，故近数年来已不复发生匪案矣。

（C）编组马巡队

查马巡队驻扎李村，初为独立队，属公安局，归六分局调遣。嗣后改组，分为两部分，其一部驻楼山后者，长警十六名，地属沧口区，即就近归公安第五分局；其余仍归六分局，又分驻于九水区之杨家村，长警八名。除特别派遣外，每日分班巡逻，日间乘马，夜间徒步，服务尚称得力。其组织有三等巡官一员，巡长四名，马警十三名，马二十一匹。

(D) 编组自行车队

查公安第六分局之自行车队，共有官警三十名，平时属于各分驻所及派出所汽车检查处，由分局巡官充任队长，有警则集合，工作无事则分派于各所担任传达报告任务。唯此种车辆除由公家购置者外，亦有地方集款置备者，因最初警备汽车及警报电话未设备，以前乡间自行车为增加工作效率必要之设备，故由各村集款购置，以图补助防务。

(E) 设置讯鸽分所

公安第六分局内设立通讯鸽分所，建筑讯鸽舍一所，可容讯鸽三十只。由公安局讯鸽总所拨来雌雄鸽八只，派专警饲养训练，其训练情形初于每日清晨强制舍外飞翔，使熟习舍外附近情形，借以运动发育其身体。继则以笼携之各分驻所及派出所，缮写报告，装入信袋，挂其腹前或用轻铁信筒附着其腿部，放之，使自行飞回，由近渐远，其速度每小时飞行八十余里。现汰弱留强，已繁殖讯鸽二十余只，管界各处及总局均能通讯自如矣。

(F) 设备沿海巡船

查沙子口山东头一带沿海地方村庄林立，户口繁盛，每届渔汛，渔民出帆下海，经营渔捞，往往因投网地点发生争执，致酿斗殴甚或盗船割网。且以水上并无警察，倘遇海面发生匪警，则陆上警察束手无策。已由本处呈请市政府公安局在沙子口山东头两处各设巡船一只，归各该地分驻所管辖，无事则按时分段巡逻，有警则立时出帆缉捕，使陆地公安分局兼及海上防务，以维治安。其组织每船可容官警二十人，唯系临时派遣常设水手二人，船内有三节手电灯六个，提灯二个，并有遮雨船篷，置有药品箱以备不时之需。

(G) 成立李村消防分组

查李村地方接收时，原设有消防第三分队员警十三名。嗣以乡区火灾稀少，将分队撤回，仅留长警三名，遇有火灾，近则将唧筒用人力推挽前往扑救，远则因唧筒笨重无法运转，只派警士持火钩往救。虽有消防，等于虚设。近来加以改良，于警备汽车内设置铁轨，装卸容易，并于消防队内装设电话，消息灵通，一遇火警，立即驰往救护。现已将消防分队加以扩充，改为消防分组，设官警十一名，并修理消防机，添置水龙带及救火器具。现在李村机关林立，户口日见增加，火警在所难免，拟再添购新式消防机一部，以资预防。

三　督察勤务

本处管内各分驻所及派出所并汽车检查处及分遣所，散在各村，所有巡官长警之勤惰、勤务之支配、户口之调查、内务之整洁、枪支服装之保存、各种簿册之登记、地方之治安、烟赌私娼之有无，每周由处派公安股处员轮流分赴各乡视察，其有办事不妥者，立予指导处理，违法者立予纠正或函达该管公安分局，以便改进，借维公安。

四　整理户籍

查户籍一项为训政时期根本要政，既以之维持治安，复依之设施政治，其关系于乡区建设及地方自治者。孙总理已于建国大纲及地方自治开始实行法中郑重言之。本市户籍自我国接收之后，虽已经过数度调查，但因经费所限，未能彻底办理。从前关于调查户口所用册簿，因经费所限，因陋就简，多不适宜。现已将户口主要册簿，如户口总簿及身份登记簿、长警日记簿等均已购办齐全，并依据部颁各项规则，酌量本市当地情形，厘定各种补充规则，以期周密，而利进行。惟户籍保存无相当器具装置，遂由总局购置户籍册簿橱，各分局则置十五屉大橱及二十屉大橱各一，各分驻所派出所则置十二屉小橱各一。又制发各种调查表，重造新册，并于长警携册调查时，另由分局制薄夹板，以免损坏。在分局内设户籍官警三名，对于所辖分驻所每月抽查一次，各分驻所设户籍专警一名，对于所辖派出所每半月抽查一次，而派出所各长警轮流办理，对于管界各村庄每星期逐户复查一次。本处对于各分驻所及派出所随时抽查，是以得悉乡区户口一切情形，不但于治安有密切之关系，即于乡区之建设亦有莫大之利益也。

五　实行指纹法

指纹学术创自德国，普及于东西各国，以世界人人之指纹各有不同，自幼到老，终身不变，故用之于司法上鉴定人别最为相宜。胶澳区域自德人租借时代，即设指纹班，专用于司法，成效卓著。至日管时代，此制取消。我国接收后，仍聘德人专管指纹，属于公安局特务督察处，每获一案，取犯人捺印其指纹，存储至今，已达十万余人。将来犯人重犯，即能以此作为证据，因人之取物必用其手，手之指纹触物成迹。当某案发生之初，即于发生地点用药水照相寻印犯人遗下之指纹，然后在原存储之各犯人指纹纸上查对，如果同样，即为正犯，效用极大。本市因指纹人才缺乏，故由公安局设立专班传习指纹，已经两次毕业，分为学员班、学警班，不过毕业之后，仍回各分局兼任。指纹于分局内设指纹橱，以存储指纹纸。唯现在仅就刑事犯印留指纹，以供后来之参考，实行以来，已得相当之成绩。

六　增设刘家下河第二分驻所

查刘家下河地当要冲，为通九水崂山及沙子口乌衣巷之要道，亟宜添设分所，以期防务巩固。初设第十二派出所，嗣因公安第六分局改组，将仙家寨第二分驻所拨归公安第五分局管辖，遂将第十二派出所改为第二分驻所，添派官警，扩充警力，以利防务，而维治安。

七　催办乡区各村义更

查本处境内九十三村，每村原设有义勇巡更团，每日夜间轮流打更。在乡区保卫团未训练以前，有此义更虽不能谓为自卫力量，然可借此避免盗窃，又可预防火灾。在乡村夜深人静之际，偶有风声，打更者必能先知，唤醒村众群起作正当之防范为利，极溥特恐有名无实，敷衍了事，诚有催办之必要。而于冬防期间，更宜提倡以补助警力之所不及，业由本处严行催办，俾各村一律切实奉行矣。

八　编订门牌及户主牌

查编订门牌为整理户籍之根本设施，其间工作至为繁重。本区前钉门牌或因增筑及改筑关系，多难衔接；或因分驻所派出所划分区界关系，须连带更正；或因年久遗失、字迹模糊，当由公安分局按照乡区木质门牌，一律另行编订，期于逐号衔接，以便易于查寻。其户主牌亦一并办理，以资稽考，而壮观瞻。

九　添制铁质村牌

查乡区村名向例，责成各村长于本村冲要墙壁之上，书以村名，以资标识，而便交通。但各村自为风气，大小不一，字体不正，并且年久日深，石灰剥落，难以辨识。当由本处会同公安第四、第六各分局定制铁质长方村牌钉于各村村首冲要地方，以便识别，其价值每个二元三角，以村之大小定村牌之多寡，小村一个，大村两个或三个。此款均由村中公摊，现在各村均已办理完竣。

十　添设各街垃圾箱

查李村、河南、河北各街住户所有扫除之秽土向来任意倾倒马路两旁，殊于卫生有碍。曾经召集各村长添设垃圾箱二个于河南、河北，使各住户、商铺将每日扫除之秽土统须倾倒于垃圾箱内，以保清洁而重卫生。

十一　分区召集村长宣布防范刘匪办法

查刘黑七匪众窜扰胶东，业经军警会同防堵，本市治安得以保全。现刘匪虽经省军剿灭，零星逃匪容或有潜于本市辖境，万一防范稍涉疏虞，难保不为害地方。况反动分子及汉奸在在均须严防，是清查乡村实为目下之急务。当已遵照清查办法实行清查，一面由处派员分赴台东、李村、河西、张村各区，召集村长宣布防范办法。

公安局临时清查乡村办法

（一）清查户口应由各该管分局于奉令之日起，督饬各分所于二星期以内清查完竣，并于清查完竣后，报局备案。

（二）前项清查完竣后，除由各该管分局会同各该办事处随时复查外，本局得随时派员抽查。

（三）清查户口时，遇有住户无正当职业或形迹可疑者，得令其取具妥保或驱逐出境。

（四）清查户口时，同时查验枪械，其已经呈验烙印、领有执照者，经查明后详注于户籍册内。未领照者，限于十日内，向本局呈验烙印，核发执照。废坏者亦应缴呈本局销毁，经此次查验后，如有无烙印及无执照之枪支，发现即以私藏论。

（五）乡区村长对于本村住户如有为匪、通匪、窝匪等情事，即密报本管公安分局或分驻所拿办，倘有隐匿不报，一经查觉，该处村长应受惩处。

（六）凡各通道要口往来舟车商旅，应由各该管分局督饬所属认真检查。

（七）凡与胶即两县交界地带，应与胶即两县政府暨驻军时取连络。

（八）本办法自呈奉核准之日施行。

乙　查禁烟赌及不良习惯

一　查禁毒品

查鸦片、吗啡、海洛英、白丸等毒品为害之烈甚于洪水猛兽，其流毒所至无远弗届，匪特都市被其毒害，即乡间亦难免流入，其为害人民、流毒社会尽人而知，此查禁毒品为公安行政之要务也。唯毒品犯人行踪诡密，极难肃清，亟宜为永久之计立彻底禁绝之法。本处前经呈请市政府一面筹设戒毒所，使有自新之路；一面准其自首，免予罚办。或由村长密秘报告，强制戒除。今日戒除一吸食毒品之犯人，异日即减少一盗匪之来源，将来毒品彻底肃清，盗匪自少，裨益地方，诚非浅鲜。

二　查禁某国浪人贩卖毒品贻害乡区

查吗啡、海洛英之流毒社会几如水银灌地，无隙不入。一般乡村愚民既经沾染，轻则破家荡产，重则身败名裂，亟应严厉查禁，预为防范。日前李村河南街忽来某国浪人租赁李山路口民房，假借贩卖胶皮鞋为业，暗中希图密售毒品。本处闻讯立即商同公安第六分局陈分局长，采用妥善方法，使其不能在此立足以贩卖毒品，遂逐日派便衣警士严密监视其出入，夜以继日，倘遇有出入该铺者，即行搜检，无一幸免，如此则买者畏罪不敢购买，而卖者数月分毫未得出售，某国浪人计无所出，只得离开李村迁回市内。驱逐之后，一般乡民无不额手称庆、喜出望外矣。

三　查禁发辫

查乡区男子发辫早经剪除，偶见一二年逾古稀之人亦已劝令剪去。本处职员下乡随时查禁，是以境内男子发辫业已剪除净尽，惟外来乡民仍多未剪除。兹为彻底早日肃清发辫起见，由处特制大剪二十把，木牌二十个，分发各处岗警。倘遇外来乡民仍留发辫者，无论经过境内任何分驻所、派出所及汽车检查处岗位者，一律劝令立时剪除，倘有故违不听劝论者，准予强制执行，以重功令，而壮观瞻。除将剪子、木牌备齐分别函送公安第四、第六两分局查收，转发各分驻所、派出所及汽车检查处岗警应用外，并规定自六月一日起同时实行矣。

四　查禁巫婆以破除迷信

查河西区后台地方向有巫婆为人治病，附近乡村一般愚民迷信颇深，趋之若鹜。曾经本处查出，当即口头禁止营业，嗣后复查，仍未实行停止，立即函第六区公安分局勒令停止营业。经此次取缔之后，倘再不听，即行驱逐出境，现已出具甘结永远不作巫婆营业矣。

五　查禁在国武农场地内建筑房屋

查李村区内，附近各村国武农场所购地亩甚多，仅李村附近已达一千余亩，此系接收后未决悬案，奉令不准在该农场地内建筑房屋，以免将来发生外侨交涉。业将布告分发各村张贴，并召集村长，谕令随时查禁矣。

丙　办理取缔事项

一　厉行乡村清洁

查乡村街道清洁人民向不讲求，经年无人扫除，居民每在道旁任意便溺以及倾倒垃圾，不但有碍公共卫生，且于观瞻不雅，自应厉行取缔。不得在厕所以外到处便溺，并禁止任意倾倒垃圾。曾经拟定乡区清洁简则十二条，分令出夫担任扫除，并每周派员下乡视察清洁，按时清扫，违者照章处罚。现在乡村清洁已渐著成效，各村人民多已遵照清洁简则实行扫除矣。

二　取缔在马路两旁堆积粪土

查乡区地方习惯往往将粪土堆积马路两旁，以便晒干，送往地中，不特臭气熏人，有碍卫生，即对于交通亦甚感不便。当经召集村长、地保开会宣布清洁简则，谕令严行遵守，并按日派员下乡，随时取缔。

三　取缔公共汽车以保行车安全

查公共汽车屡次肇祸，曾经先后取缔，现撞车伤人等事已逐渐减少，而强拉乘客之事亦不复见。兹将应行取缔事项列举如下：

（一）不许任意加快超过标准速度。

（二）各车乘客人数不许超过二十二人以上。

（三）卖票人须购备哨笛，以为开车、停车之记号。

（四）按时发车，不许任意迟延。

（五）行车时不许司机人任意与人谈话。

（六）营业者及乘客不许任意在车上吸烟。

（七）卖票人不许任意强拉乘客。

（八）各车须按次序开驶，不许加快速度绕越前车。

四　取缔狂犬野犬

查乡区饲犬未按本市饲犬规则实行，亦未经领用犬牌。本处成立以来，李村、河南、河北各街病犬、野犬甚多，横卧道中无人饲养，遗粪满地，臭气熏人，不但有碍卫生，且恐狂犬伤人。况本市每届变更时令之际，时有狂犬伤人情事，极为危险，人畜一经咬伤，多致毙命，故非防除狂犬之发生不足以杜危害。凡有主无病之犬，应由饲主向公安分局承领犬牌，以资识别。在正式犬牌未发下之前，准各饲主自制木牌一面，上书村名及门牌号数，统限于二十二年九月三十日以前一律制备齐全，逾此期限，无牌之犬以野犬论，概行捕捉毒毙。兹为防除狂犬发生起见，现已规定办法两种澈底实行：（一）举办狂犬预防注射；（二）搜捕野犬。

五　实施狂犬预防注射

查本市市乡两区每届春夏之交时，有狂犬伤人情事，亟应设法预防，除此危害。乡区野犬固可借搜捕肃清，而对于饲犬，仅令领用犬牌或加带口网仍不能杜绝狂病之发生。故于犬之本身须妥筹预防办法，以资正本清源，嗣经公安局与实业部青岛商品检验局商洽，双方会办每年分春秋两季举行注射预防药针，实行注射自是以后，狂犬伤人情事已大见减少。并规定自今年春季起，乡区每犬一只，收洋一角，一户有二只以上者，每加犬一只，仅收费五分，以示体恤。

六　搜捕野犬

每年每季狂犬预防注射举行完毕，即应按照公安局预防狂犬办法继行搜捕野犬，凡饲犬未领带犬牌者，以野犬论，一律搜捕。一月之间，在李村一隅搜捕野犬一百余只，现由公安第六分局组织捕犬班，将捕犬车置于李村河南街常川搜捕，以期彻底肃清。

七　更新铁质犬牌

本处提倡乡区饲犬带用犬牌，原以区别饲犬、野犬，以便搜捕而资识别，并着各饲主自制木质犬牌，限期使用。原期轻而易举、容易普及，自推行以来，颇著成效。嗣以木质犬牌不甚坚固，当由第六分局呈请公安局另制铁质犬牌五千个，分发管界以内各乡村，承领佩带不收分文。现在饲犬出外均须带有犬牌，否则视为野犬，立即捕获毒毙。

青岛市乡区取缔饲犬简则

第一条　凡在乡村区域内饲犬者，须遵守本简则之规定。

第二条　饲犬者应向该管分所请求登记，并请领木制犬牌一面，悬挂犬之项下，以资识别。

登记时该管分所应代填录下列各款：饲犬者之姓名、年龄、籍贯、住址，犬之毛色、年龄。

第三条　此项犬牌每年更换一次，每年七月一日起至翌年六月末日止，暂不收费。

第四条　犬牌若有遗失、毁损之时，应即报明分所，将原号注销，另行补发，每次收牌费五分。

第五条　所饲之犬发现病象，应即防止出外，并设法疗治，如发现狂病，应即报知就近警察，协同击毙之，但距离警所较远地方或情形急迫时，得先行击毙，事后报告警所备查。

第六条　所饲之犬如有咬伤人畜时，应由被害人报告该管分所，查明办理。

第七条　所饲之犬如有病毙时，即呈报该管分所注销其登记并缴还犬牌。

第八条　不依本简则第二条之规定者，即按野犬处理。

第九条　凡狂犬、野犬均得随时捕获，送该管分所处置。

第十条　凡违反本简则第三、第四、第五各条者，均得处以一元以下之罚金。

第十一条　本简则如有未尽事宜，得随时呈请修正之。

第十二条　本简则自呈奉核准之日施行。

乡区请领犬牌手续简则

一、凡在乡区饲犬之户，应携犬至所管分所请求登记，并请领犬牌（犬牌格式附后）。

二、乡区分所长警于接到饲主声请时，即应代为填写饲犬登记书(登记书格式附后)，随发给木制犬牌一个，饬其悬带犬项，以资识别。所发犬牌号数应即填入登记书新犬牌号数栏内，若系换领新牌，并应将旧犬牌号数填志。

三、前项饲犬登记书应于月终汇报分局一次，转报总局备查。

四、如遇饲犬病故，饲主应即向该管分所将犬牌缴销，该分所长警应随时将登记书内该犬号数注销，换领新犬牌时同样办理。

青岛市公安局管理乡区野犬服务办法

第一条　各乡区公安分局关于管理野犬之服务，依照本办法之规定办理。

第二条　凡无人牵绁未悬带犬牌之犬，一律搜捕，由各该管分局设犬牢暂养。其处理方法区分如下：

(一）第六分局可仍循旧例，每俟集有成数，送往李村农林事务所毒毙。

(二）第五分局搜捕野犬集有成数时，可送商品检验局血清制造所制造疫苗或就地毒毙。

第三条　服务组织规定如下：

每分局设搜捕班若干，应视所辖乡区情形而定。每班由局长指派警长一名，警士二名，捕丁一名，组织之一分局发给捕犬车具全套应用。

第四条　本办法所称各该管分局指第五、第六分局而言，其搜捕区域暂限于四方沧口及李村各乡区。

第五条　凡取缔饲犬罚金，应按取缔乡区饲犬简则第十条及认领手续办理，并应另案登记，月终汇报总局一次，以资查考。

飼犬登記書

飼主姓名	犬名
年歲	產地
籍貫	毛色
職業	年齡
地址及門牌	舊犬牌號
號數	新犬牌號

中華民國　　年　　月　　日

犬牌格式

青島市公安局

鄉　區

犬牌

120

132

說明

公安局頒發係木質犬牌第六分局呈請另製白鐵犬牌五千個分發各村承領不收分文牌上字與號碼係軋印而成頗顯明耐用

八　取缔李村集期乞丐

人民因穷迫流为乞丐，沿街乞讨，若不设法收容，不但于观瞻不雅，亦于人道有碍。本市设有乞丐及游民收容所，将所有市内一般乞丐、游民一律收容于所内，使衣食有所寄托。其未经入所者，亦须谋一劳力职业，不许在市街行乞，于是分赴各乡区赶集，所以李村集期，各处乞丐群集李村乞讨，并有一种乞丐硬要恶讨，曾经公安第六分局屡次取缔，轻则递解出境，重则即送入乞丐收容所，现在集期乞丐大见减少矣。

九 取缔售卖各食品铺户，摊贩一律加盖纱罩

时至夏令，蝇蚋最易发生病菌传染，为害最烈。所有李村集上售卖食品摊贩对于应用纱罩纱盖者，大半皆未置备齐全，当由本处派公安股处员会同公安第六分局挨户告知，各售卖食品铺户摊贩速行置备纱罩纱盖应用，免致蝇蚋落下传染病菌，以重卫生，而保健康。兹将管理饮食物营业规则列下，以备参考。

第一条 凡在本市以饮食为营业者，本规则均适用之。营业分类如下：

（一）饭庄、饭馆、饭铺及零售饮食物者。

（二）大小旅店之供人饮馔者。

（三）设摊售卖饮食物者。

（四）挑担售卖饮食物者。

第二条 凡下列各项饮食物不准售卖。

（一）牛、猪、鸡、鸭及其他禽兽之病死或朽坏。

（二）鱼、虾及其他水族之陈腐者。

（三）各种瓜果蔬菜之坏烂或不熟者。

（四）酱酪饮料之陈腐及污秽不洁者。

（五）酒品之加有毒质药，如信石、鸽粪之类者。

（六）酒品之掺加火酒刺激性过剧，有伤神经者。

（七）过宿之生熟食品其颜色、臭味皆恶者。

第三条 凡铺店之厨灶不得接近便溺处所，致染秽气。

第四条 凡铺店之泔水桶及泄水处所，须勤加冲洗，以免污秽。

第五条 凡店铺之水缸须每日洗刷一次。

第六条 凡饮食物须备相当器具为之盛贮，并须盖护纱罩、纱橱、玻璃橱等物，以免沾染尘土，招集蝇蚋。

第七条 凡店铺所用之刀、钩、锅、铲及其他铁质用具，亦须勤加抹拭，不得任其生锈。

第八条　凡店铺所用之瓦器、磁具等物，均不得积有垢腻，其为竹木各器，尤宜清洁。

第九条　凡饮食物不得加以染色及含有毒质之颜料。

第十条　凡熟食物不得以铅质器具煮卖。

第十一条　凡饮食物用冰防腐者，不得用泥污不洁之冰。

第十二条　违犯第二条之规定者，依违警罚法处罚。

第十三条　违犯第三条至第十一条之规定者，如经警察人员查见，得随时饬令改良，其有不遵者，仍照前条酌予处罚。

第十四条　本规则如有未尽事宜，得提出市政会议修正之。

第十五条　本规则自公布之日施行。

十　取缔任意抛弃瓜果皮核

查本处境内为产生瓜果最盛之区，每年夏季瓜果成熟时期，李村集日及平时为瓜果集中地点而售卖，瓜果摊贩亦特别较多，往往将瓜皮果核任意抛弃道上、河中，迭经取缔，言之谆谆，听之藐藐，仍然狼藉满地，对于清洁卫生两有妨碍。除由本处派员会同公安第六分局官警逐一再行告知，各摊贩须各设提筐将瓜皮果核盛于筐内，不得任意抛弃，违者取缔售卖，加以处罚。兹将取缔饮食物营业简章列下，以备参考。

青岛市公安局取缔饮食物营业简章

（一）刀切瓜果须用纱罩设摊售卖，摊旁须设备桶筐盛放皮核，违者禁售。

（二）沿途行人购食，刀切瓜果务须在摊旁吃食，将皮核盛放桶筐之内，不准随意抛弃，妨碍道路清洁，违者拘罚。

（三）冰淇淋、汽水及凉粉、糖水等，不得掺和生水及冰块，违者禁售。

（四）菜蔬瓜果已经霉烂或变色者不准售卖。

（五）熟食熏炙糖果等物，须用纱罩，违者禁售。

（六）鱼馁肉败不准售卖。

（七）鱼肉及一切油腻等物隔宿者不准售卖。

（八）其他一切妨碍卫生食物饮料不准售卖。

十一　整理乡村道路清洁

查本市区域内大小马路原设有清洁队，按时扫除，清洁异常。然乡村道路沿途污秽无人过问，以致市乡界限显然区别，非加整理，难期清洁。所有乡区已成马路积存污物分段，责成附近各村分拨民工，每月举行清洁扫除一次，以整理乡区道路清洁而重卫生。并参照本市修路征工旧例，由公安局通告各该村村长地保，定期施行扫除。

青岛市公安局乡村道路清洁暂行规则

第一条　本市除市区及台东镇、台西镇以外之各处乡村道路清洁，除法令另有规定外，悉依本规则办理。

第二条　各乡村道路之污物，参照本市修路征工旧例，得由公安局通告各该村闾长，征集当地村民扫除之。

第三条　各乡村道路定每月举行清洁扫除一次。

第四条　举行清洁扫除所需人数，由公安局依照各路长短酌定，各村应征人数及举行日期列表呈报市政府备案后，通告各村闾长等转饬遵照。

第五条　举行清洁时，应征村民须受公安局员警之监督指示。

第六条　各乡村道路两旁如有居户、铺店，则该处道路由各该居户、铺店自行分段扫除。

第七条　凡各村民对于村市道路具有保持清洁之义务。

第八条　本规则如有未尽事宜，得提出市政会议修正之。

第九条　本规则自公布之日施行。

十二　宣布乡区墓葬暂行规则

查乡区墓葬事项，向无章则规定，致少秩序，甚或妨碍交通卫生，亟应设法整理改善。兹经公安、社会两局会同拟订本市管理乡区墓葬暂行规则，呈准公布施行，当经召集村长开会，将暂行规则详为说明，并分发布告，俾易周知。兹将暂行规则录下，以供参考。

青岛市管理乡区墓葬暂行规则

第一条　本市各乡区之墓葬事项，由各乡区建设办事处主管，并依本规则之规定办理。

第二条　凡埋葬者无论于公私墓地，其墓穴面积在成年者以长二公尺五公寸、宽一公尺二公寸为限；在未成年者以长一公尺二公寸、宽九公寸为限。

第三条　凡在墓上建碑者，须将碑石平铺，墓穴上不得广占土地，如旧有坟墩式样。

第四条　死者在埋葬之前及埋葬完毕后，应由其家属或主事人（其无家属者得由代办人）向附近公安分局所辖分驻所报告，于每月月终转报乡区建设办事处备查。

第五条　各墓穴之距离四周不得过三公尺，其在私有墓地欲栽植花木及树立界石、建筑藩篱或围墙等类，得许可之。

第六条　倘有违背本规则之规定及防碍农作或卫生交通等情事者，均得令其重行变更。

第七条　其无家属或主事人之由公家代为埋葬者，亦须依照本规则之规定办理。

第八条　凡已葬之墓，其墓主自愿迁葬时，须预先报告附近公安分局所辖分驻所，转报乡区建设办事处核定，未经核准，不得起掘。

第九条　本规则如有未尽事宜，得提出市政会议修正之。

第十条　本规则自公布之日施行。

十三　取缔瓦陇大车通行境内

本市为保护道路，向来禁止瓦陇大车通行境内。近来市外载重大车又渐混入本市，时有轧毁路面情事，查此种车辆其轮边铁瓦均为凹形，压力不均，无论石路油路一经通过，路面必致碎裂。又各路河底桥均为条石砌成，其对缝常被铁瓦切割，缝口渐宽，最易折断。似此情形若不加以禁止，一方努力修筑，一方则任便破坏，殊失路政本旨。当经布告村民周知，嗣后凡系瓦陇大车无论何时，一律禁止通行境内，倘有私行混入者，一经查觉，除将车辆扣留外，并即照章罚办，决不宽待，现在此种大车已不多见。

十四　取缔妇孺攀折槐花以保护马路行道树

查本处境内各马路均植有行道树，每年春间槐花盛开时，一般无知妇孺采取槐花以作食料，以致攀折过甚，往往摧残枝叶，损及树干，不能成活。而新筑马路亦栽植行道树甚多，大都被人窃取摧残，成活甚少。本处为保护行道树起见，在槐花将开及新植行道树时期，由乡区各分驻所派出所官警协同林警竭力取缔，颇著成效。是以今年春间，各马路行道树摧残甚少，新植树株成活亦较往年为多。现已由公安局制订警察保护森林及奖惩规则公布施行，以资保护，兹分录于下，以供参考。

公安局警察保护森林及奖惩规则

第一条　凡在本市区域内之官民有林，除由农林事务所森林警察巡查保护外，各区队巡官长警应就所管区域内担负保护责任，本市公园及行道树之保护亦适用本规则之规定，由各区队巡官长警协同森林警察办理。

第二条　各区队巡官长警如查有损害森林树株及违反森林禁令者，应即带交就近分所依法处罚。

第三条　各处岗警及巡逻如遇有买卖运搬树苗或树株形迹可疑时，应详细盘诘，如有来历不明之嫌疑，应即带所究办。

第四条　每月由本局督察处派员分往各官民有林及各行道树查视一周，如在三个月以内毫无损坏者，各该管之巡官警长及出力警士得由该管分局呈请奖励；其保护不力者，分别罚饷或记过，屡犯者重罚。

第五条　各区队长警家属如有违反森林禁令者，除依法办理外，并应将该长警严重处罚。

第六条　本规则如有未尽事宜，得提出市政会议修正之。

第七条　本规则自公布之日施行。

丁 规划乡区交通

一 规划应行通车路线以利交通

查便利交通为发展民生之要政，本区道路网之计划既已完成，而公共汽车自应及早通行，以利民行，而裕民生。当经本处召集九水、沧口两办事处主任开会议决，择定极关重要及容易通车各路，呈请市政府公安局饬知汽车公司先行通车。兹将拟定各路路线，列举如下：

（一）乡区长途汽车第一路　自台东镇经湛山大路至湛山，再由湛沙路至山东头，经李山路至李村，再由李村经台柳路至东镇，循环通车。

（二）乡区长途汽车第二路　由李村经李沧路到沧口，再由沧口经四流路至狗塔埠，再经李塔路至李村，循环通车。

（三）乡区长途汽车第三路　自李村经李沙路过张村至沙子口，经汉宅路过汉河，由台柳路至李村，循环通车。

（四）乡区长途汽车第四路　自青岛经李村九水至柳树台板房，来回通车。

（五）乡区长途汽车第五路　自沧口经四流路、板赵路至徐家、宋哥庄，来回通车。

（六）乡区长途汽车第六路　自台东镇经台柳路、五大路至大崂，经大庄道路至王哥庄，来回通车。

二 筹设李村邮局

查李村附近地域辽阔，村庄已达一百六十三村，人口十二万有奇。农工商业渐次发达，该村四通八达，为各村往来之要道。机关二十余处，每月邮票已售至一百五十余元。五日一集，每逢集期，忙迫异常，且代办所汇兑不通外省，商民极感不便。特函山东邮政管理局将李村邮政代办所改升三等邮局，将来不但邮务日见发达，即汇兑一项，亦定可逐渐扩充。现已接到该局函覆，以俟该处业务发达后，即为设立三等邮局。

三　添设李村邮差以便利民众

查本处迭据村民来处声称，附近李村三十余庄缺乏邮差送信，所有重要函件常有积压贻误之弊，要求添设邮差，分送附近各村，以为目前救济办法。现已绘具李村区未通邮政各村庄略图一纸，再函山东邮政管理局查照办理，现已实行，增加邮差，每日赴各村送信矣。

四　延长乡区公共汽车行车时间

查公共汽车每日自早晨六点至下午六点为行车时间，唯由东镇往李村至大崂或沙子口路线既长，需时亦多，若至下午六点即须停车，则下午五点即不能由东镇向李村开驶，此时正值乡民来往频繁时间，不但乡民感受交通困难，损失甚大，即各机关公务人员来往办公，亦殊觉不便。当经呈请公安局将乡区通车时间准予变更，于夏秋两季改为每日上午五点开车，下午七时停车，春冬两季仍照旧章。如此不但交通便利，即于市内人力车营业不特毫无妨碍，将见更加旺盛。因延长通车时间仅限于乡区至台东镇车站为止，市内仍照下午六点停驶，现在已经公安局批准，规定第二路线之四方站及第三路线之东镇站为市区与乡区之分点，每年自五月十五日起至九月十五日止，所有由上述两分点通至乡区之公共汽车，通车时间均改为早五时至晚七时，其余日期通车时间均仍照旧，即自本年七月十日起施行，现在时间延长，公私称便。

戊　办理调解事件

一　二十一年办理调解事件

查各村虽设有调解委员会为村民排难解纷，然以人才关系，调解失当，往往调解不能成立，来处请求予以调解。本处为息事宁人起见，予以受理，再事调解，凡经本处调解事件，人民多乐服从，足见人民并非好讼。兹将本年调解事件，分述如下：

（A）调解辛成官与辛成佐争讼。

（B）调解宋书绅因水井与村众纠纷。

（C）调解孙玉凤与于成元因翻修房屋纠纷。

(D) 调解曲唐氏等地亩纷纠。

(E) 调解湾头村村长纠纷。

(F) 调解杨作金与杨凤昭因农田通路争执。

(G) 调解苏有泉与苏明吉纷争。

(H) 调解王宾之与村众因公坝纠纷。

(I) 调解王快和与王绍福因采石纠纷。

(J) 调解佛耳崖村闾邻长征收校舍建筑费纠纷。

(K) 调解张王氏与嗣子张继堂分居纠纷。

二　二十二年办理调解事件

(A) 调解宋瑞深与宋相许因族账纠纷。

(B) 调解午山村因村中账目经管人多年未算发生纠纷。

(C) 调解宋成让与教员张象贤纠纷。

(D) 调解宋树屏与王瑞昌因农田交通发生纠纷。

(E) 调解夹岭沟王辛氏赡养费纠纷。

(F) 调解杨哥庄村民与王瑞昌王延灼因河坝争执。

(G) 调解杨培儒与杨哥庄村民因村道发生纠纷。

(H) 调解中韩王丕忠与刘思云因地界不清发生纠纷。

(I) 调解董恩文与曲宗显因地界纠纷。

(J) 调解张尉基与四邻地界纠纷。

(K) 调解李仕先与伊子李元洛分家纠纷。

(L) 调解辛延邵等与孙虞秀等因地亩纠纷。

(M) 调解王景先与王荣臣因地界不清发生纠纷。

(N) 调解李升旭李升晓与李尚楫因地界纠纷。

(O) 调解徐泽节与何春喜因地基纠纷。

(P) 调解由丕汉与由学云因地基发生争执。

(Q) 调解苏吉顺与苏得基因地亩纠纷。

(R) 调解张岱元与王宪和因借贷纠纷。

(S) 调解刘文美与王忠苍因地皮纠纷。

(T) 调解杨丕轸与吕兆元因地亩纠纷。

(U) 再度调解郑张村河坝纠纷。

（V）调解张仕倜与于凤进因地界纠纷。

（W）调解孙作茂与孙作亮等地亩纠纷。

（X）调解宋增连等与李成先诉讼。

三　二十三年上半年办理调解事件

（A）调解郑张村坊长选举纠纷。

（B）调解纪澄传与张永庆因房基纠纷。

（C）调解刘兴求因继子刘广慎阻止出典房屋发生纠纷。

（D）调解段景伦与修相会因地基纠纷。

（E）调解刘同显与孙周尧因契约纠纷。

己　训练乡区保卫团

一　召集区长会议讨论整顿保卫团办法

查乡区保卫团因人民不明了内中情形群起反对，甚且迁怒于村长，致起冲突。当奉市长面谕，所有各村团丁重新编审，改由各该办事处与公安分局会同办理。当由本处召集九水、沧口各主任公安，第四、第五、第六各分局长，第五、六、七、八、九、十各自治区筹备主任开联席会议，讨论保卫团团丁编审及训练办法如下：

（A）重新编审团丁；（B）训练期间缩短为两个月，每日训练钟点改为四小时；（C）请市府布告人民周知，并发章程；（D）召集团丁及家长训话；（F）团丁每名每月发给津贴三元，此款收地亩捐每亩抽洋一角，不足时呈请市府补助。

二　召集保卫团团丁家长训话及编审

查分期召集保卫团团丁及家长训话并重，行编审事宜，业经奉市长面谕，由办事处会同各公安分局前往各分队集合地点训话后加以审编，训话要点如下：

（A）说明国家设立保卫团之意义，以及将来自卫地方强健身体之大概；（B）说明充当团丁确非当兵，决不调往前方打仗，俾各放心；（C）缩短训练期限，由四个月改为两个月，而训练钟点每日原定两小时改为四小时；

（D）补助津贴每一团丁每月津贴三元。至编审标准可分三项：（一）确系本身充任村长地保者；（二）确因伤亡疾病不能出丁者；（三）确系迁徙他往及佣工不在家者。以上三项，由区村长证明无讹，加以审核，果系属实，即免予出丁。经此次训话审编后，应出团丁仍心存观望者，由办事处公安分局负责严催，以重功令。今将保卫团训话审编日期及地点列表如下：

李村乡区建设办事处规定保卫团团丁编审日期次序表

日期	時間	分隊	村名
二月十八日	上午九點	李村	李村 南莊 東李村 侯家莊
	下午一點	楊哥莊	楊哥莊 曲哥莊 河南莊
二月二十日	上午九點	下王埠	下王埠 東大村
	下午一點	上王埠 罘頭崮	上王埠 南屋石 東王埠 猪頭石 羅圈澗 莪惡澗 罘頭崮 崔家溝
二月二十一日	上午九點	于家下河	于家下河 尤家下河 劉家下河 毛公地 王家下河
	下午一點	畢家上流 上臧	畢家上流 佛耳崖 王家上流 麥坡 盧房 楊家上流 戴家上流 李家上流 上臧
二月二十二日	上午九點	鄭莊	鄭莊 蘇家莊子
	下午一點	河西 西韓哥莊	河西 西韓 楊家辇 中韓 保兒 東韓 唐家口 河東 炎嶺溝 河馬石
二月二十三日	上午九點	山東頭	山東頭 金家嶺
	下午一點	浮山後	浮山後 埠西 大埠東 北村
二月二十四日	上午九點	枯桃 文張村 鄭	枯桃 劉家下莊 夼家 文張村 鄭張村 孫家下莊
	下午一點	張家下莊	張家下莊 東家下莊 李家下莊 董家下莊 宋家下莊
二月二十五日	上午九點	午山	午山 朱家窪 鍾家溝（在朱家窪集合）
	下午一點	石老人	石老人 王家村

三　视察乡区保卫团训练成绩并举行精神讲话

查乡区保卫团自开始训练业经月余，对于操法及练习大刀术有无进步，亟须由处派员赴各分队视察成绩，并举行团丁精神讲话。其要点有六，兹分述如下：（A）说明国家设立乡区保卫团大意；（B）应知现在国家地位危弱；（C）自九一八日人侵略以来所丧失国土；（D）近日热河被占，长城各口吾军苦战情形；（E）封锁匪区渐次肃清；（F）本市治安赖有军警维持，惟人民毫无自卫能力，倘乡区保卫团壮丁能继续训练，俱成精锐，小则可以自保身家性命，大则可以保卫国家疆土。

四　发给西韩哥庄保卫团大刀

查西韩哥庄保卫团第一分队团丁共计二十四名，前奉市长面谕，每名准予发给大刀一把，以示奖励。现在训练将届期满，其第一、第二两式刀术亦渐熟练，拟请每名发给大刀一把，共计二十四把，借资实行练习。业蒙批准，并由保卫团部直接具领发给，以资练习矣。

五　规定发放保卫团团丁津贴办法

查保卫团团丁训练将届期满，所有津贴应即发给。当于四月八日由本处召集沧口、九水各办事处主任，第四、第五、第六公安分局长并各区区长在本处开联席会议议决，限于四月十五日以前，将各区亩捐缴齐，自四月十八日起，分别赴各处发放，并呈报市府备案。

六　分期发放保卫团团丁津贴

查保卫团团丁共计一千余名，业经训练期满，所有应发津贴自应分期发放。兹规定第一期凡到操十日以上者，发一个月津贴，每名三元；二十日以上者，发两个月津贴，每名六元；不满十日者，不给津贴。第二期凡始终到操、成绩较优者，另外奖赏每名一元，均按照花名册盖用名章手印，以备查考。当已陆续办理完竣，所有保卫团津贴、管理委员会收款发款手续亦经结束，并印刷报告书宣布民众周知。

七　召集联席会议规定挑选保卫团壮丁办法

查十一月十日为召集乙种保卫团训练之期，曾奉市府公安局训令，由本处负责办理，并晓谕各村民众，俾明真相，而免误会。当经召集公安第四分局长凌汉、第六分局长陈宝琳、第六区区长董品三、第七区区长吕维社在本处开会讨论议决。挑选壮丁办法六条，如下：

（一）按本区原调查人数为九百二十六人，今按八分之一召集训练，为一百一十五人。

（二）先行规定各村出丁办法及人数。

（三）在去年调查遗漏村庄，按五十户出壮丁一名，挑选补充。

（四）定期于十月十七日上午九点在公安第四分局开会，十八日上午九点在本处开会，规定各村选出壮丁人数。

（五）定期召集各村村长开会宣布办法（定于十月二十日上午九时在本处开会）。

（六）各村长造报团丁花名册。

八　规定各村应出保卫团壮丁数目

本处于十七、十八两日召集公安第四、第六两分局长暨自治第六、第七两区长开会讨论，本处所属九十三村，每村应出壮丁数目以每百户出壮丁一名为比例，不满五十户之村，以数村合并计算，轮流出丁。原定本区壮丁额为一百一十五名，今以每百户出壮丁一名计算，为一百二十一名，照原定额数溢出六名，当经议决即照此数挑选所余六名，俟十一月八日齐集本处时，再定去留，务使挑选壮丁尽属精壮合格为准。

青岛市保卫团各乡区挑选壮丁一览表

管轄鄉區	警區	村莊名稱	壯丁姓名	年歲	兄弟幾人	產業若干

九 召集村区长开会宣布挑选壮丁办法

本处于十月二十、二十一两日召集公安第六分局管界七十七村村长、公安第四分局管界十八村村长，并第六、第七自治区区长开会宣布挑选壮丁办法十三条。兹列举于下：

青岛市保卫团李村乡区建设办事处挑选壮丁办法

（一）各村挑选壮丁勿庸另为发给津贴。

（二）年龄在二十岁以上、三十五岁以下者。

（三）身体健全，眼及手足无疾病者。

（四）粗识文字者，但不识字者亦可挑选。

（五）挑选壮丁应尽先挑选家境宽裕者。

（六）挑选壮丁应尽先挑选在乡者。

（七）被选壮丁定于十一月八日上午九点齐集李村乡区建设办事处，听候检验。

（八）训练期间定为三个月。

（九）训练期间每月各给津贴伙食洋六元五角。

（十）每名发给新棉衣一套。

（十一）每日除操课外，并教授党义、识字课本、公民常识、警察常识、典范令等功课。

（十二）团部备有夫役，每日代为做饭。

（十三）壮丁如有疾病，由本团医务所医官立为诊治。

十 检验保卫团壮丁以便甄别去留

查乙种保卫团乡区壮丁业经挑选，所有花名册亦已造齐，并定于十一月八日上午九点齐集本处，听候点名检验。当经会同保卫团秦副团长国弼、公安第六分局长陈宝琳点名后，检验体格，加以口试。除年龄过于老弱及手足有残疾者，传知村长另行更换者外，其余合格壮丁当将入团日期、训练期限、团部待遇办法、所发物品、每月津贴一一说明，并加勉励，务各届时前往保卫团总团部报到。计本处所属九十三村，定额一百一十五名，另有备补六名，复经团部电知，本处备补六名一并传知入团训练，共计一百二十一名。

十一　保卫团更换不合格壮丁

查保儿村王仁赞、文张村王瑞泗、上王埠庄曲宝贵、王家麦岛朱培森四名或系神经有病或腿足有病，不堪训练，当经分别另选王运珺、王悦密、纪盛三、王明桂四名粗通文字、体格壮健、堪以造就而资补充。

十二　选送初级干部训练班学员

查保卫团总团部成立初级干部训练班，挑选以前乙种保卫团毕业成绩优良之壮丁四十人，自四月一日起至十月一日毕业，以六个月为期，授以军事学识及合作农林渔牧、公民自治、国耻、户籍、测绘等各种常识，以养成干部人才，毕业后分遣各乡村充当该村分队长，担任民丁训练，并月给公费四元，津贴二元。在修业期间，每人每月给津贴伙食费六元五角，各发皮鞋一双，单夹制服各一套，一切书籍、医药等费概由该团供给，并定于四月一日以前将所选学员招齐送入团部，以便训练。当于三月三十日召集来处说明此次召集训练办法，并定于四月一日入团训练，不得迟误。

十三　通知各村津贴学员以资补助

查此次挑选保卫团学员入团训练，原为地方造就初级干部人才，只以各该学员寒家子弟一旦被选入团，当然用度增加，除由团部给与伙食费六元五角外，其他零用亦属必需。兹据各学员声称，公家津贴太少，每月零用极感困难，请求由村中酌给津贴，借资挹注，当经规定每人每月村中津贴三元，以资补助。由本处通知各村长遵照办理此项，津贴应准作村中正式开支。

第四 关于工务事项

甲 道路

查发展乡区改良农村首以修筑道路、联络运输为要务，故在德日租借时代，即以李村为乡区中心，筑成纵横干路，设计网形支道。本处自成立之后，相继施行，不遗余力。比年以来，乡村之发展，人口之增多，既与年俱增，而道路之兴筑及修养亦应相随并进本处。二十二年份及二十三年上半年新筑道路，有河清路等九路及侯家庄、河南庄等村道共二十五路，并小学校路共八路，总计本期新筑道路长度六万八千五百七十五公尺，面积三十万零四千七百零二平方公尺。兹将择要工程分述于后，以备参考。

一 修养道路

查乡村道路或因车辆之轧压，或因风吹雨冲之摧残，均应随时修补，以利交通。惟乡村道路之修养照例由村庄微调民夫分段修补，计每年分春秋二季，农闲时正式修补，以免防碍农忙。第一期自二月十五日起至四月十五日止，第二期自十月十五日起至十二月十五日止，在此二期以外，如被雨水冲刷或有损坏之处，则由本处随时通知各村长督率民夫按段修理。遇有翻修石子道路或建筑桥梁等较大工程应需之材料工具等，概由公家预备；而一切小工仍由附近村庄调用民夫，互相助工，以恤民力，而维路政计。本期二十二年份及二十三年上半年共计修补道路长度四十三万二千八百二十五公尺，面积一百四十八万零零六十八平方公尺。兹将修补数量按月列表于后，以备参考。

(A) 二十二年修补道路统计表

月份／類別	長度（公尺）	面積（平方公尺）	民夫名數
一	六，六九〇	八，四六三	二一五
二	三，七九〇	一四，〇六五	
三	一四，八七一	五七，七六四	一，〇〇七
四	一〇，六〇九	三六，〇五六	六一〇
五	二五，〇〇一	八八，〇七三	九六〇
六	一六，九一二	五八，五二九	二九二
七	三八，〇八四	一一三，一八九	七五七
八	三三，九三七	一〇七，七三九	七一〇
九	三一，三〇三	八八，三五四	七三一
十	一九，〇〇五	五〇，六三六	二四七
十一	二七，一一五	八五，四七二	一，五三二
十二	一七，二一〇	六三，四六七	一，一五〇
總計	二四四，五六七	七七一，八〇七	八，二一一

（B）二十三年上半年修补道路统计表

類別／月份	長度（公尺）	面積（平方公尺）	民夫名數
一	二五，五三五	八九，三七五	一，二八七
二	八，四七〇	三二，三五〇	
三	二三，四六一	九二，六四八	九八六
四	三〇，一三五	一一八，一八九	一，五五四
五	四九，四八〇	一八五，九一五	三，四三五
六	五一，一七二	一八九，七八四	二，七四八
總計	一八八，二五八	七〇八，二六一	一〇，〇一〇

(C) 本处界内旧有道路一览表

路　　名	起　　止	長　度 公尺	寬　度 公尺	面　積 平方公尺
台柳路西段	海泊橋至五里港	16785.00	5.00	83925.00
湛沙路西段	湛山至石老人	15001.00	5.00	75005.00
李沙路北段	李村至張村	7052.00	4.00	28208.00
李滄路南段	李村至東大村	1359.00	4.50	6115.00
李塔路南段	李村至崔家溝	6033.00	4.00	24132.00
李坊路南段	李村至東大村	915.00	3.50	3202.50
李大路東段	李村至曲哥莊	2022.50	4.00	8090.00
李　山　路	李村至山東頭	8179.00	5.00	40895.00
保　張　路	保兒至張村	7732.00	3.50	27062.00
李村市街路	李村市街各路	1765.00	5.00	8825.00
辛　大　路	丁家莊至大麥島	1532.00	3.00	459[illegible].00
五大路南段	五里港至峪夼	6020.00	4.00	24080.00

二 新辟道路

查开辟道路不但利于交通，对于民生亦有莫大之关系，即一切建设之发展，亦莫不以交通之便利为成功之基础。本处自成立以来，首先计划开辟道路、修筑桥梁以利交通，而裕民生。计先后共新辟道路如河清路、石小路、张南路、毕公路、毕埠路、吴小路、李中路、张刘路、张朱路等九路，总长共三万六千八百五十三公尺、宽五公尺。新辟村道如侯家庄、河南庄、金家岭、杨哥庄等共二十五路，总长三万零八十三公尺、宽三公尺。凡新辟道路一遇山岭必须打钻轰炸，所用炸药及修筑桥梁洋灰、石料概由公家购办，而钻工、瓦工、石工亦由公家雇用，不向村民摊派分文。惟应用一切小工均由附近村庄征拨民夫，官出资，民出力，各路俱是官民合作，用款少，成功多，可为自治先导。预计三年之间，则乡区之道路网可以全部完成。

（A）河清路东段　河清路由台柳路之河西村起，经过小水清沟，横贯小阎路，接于沧口区。新辟之河清路西段为河西与沧口四方交通之要道，由附近之河西、后台、保儿、杨家群、阎家山、小水清沟六村担任征调民夫。于二十一年九月九日开工，至九月二十八日竣工，全路共长一三九八公尺、宽五公尺，总计面积六九九〇平方公尺，并择要修筑涵洞三座，沿路平坦，行车便利，总计工料用款八十六元二角。

（B）石小路　本路起于李山路之小埠东村，经朱家洼、钟家沟、王家村至石老人附近，接于湛沙路。全路分为二期修筑，第一期由小埠东村至朱家洼一段，自二十一年五月六日起，至六月二十三日止，原路宽仅三公尺，概系砂质石块，崎岖不平，行车困难，计长三二一〇公尺。第二期自朱家洼至石老人一段，自二十一年九月十六日起，至十一月二十三日止，原路宽仅一公尺半，岭峻坡陡，向不通车，计长二〇〇八公尺。两段总长五二一八公尺，现经分段修筑，一律加宽为四公尺半，总面积二三四八一平方公尺。由附近之小埠东村、大埠东村、车家下庄、宋家下庄、李家下庄、北村、浮山后、埠西村、金家岭、朱家洼、午山村、钟家沟、王家村、石老人、山东头十五村担任出工，并修筑二空石桥一座，涵洞三座，所有轰炸岩石、修筑桥梁一切应用材料、工匠等均由公家购备。现在已与新辟之吴小路衔接，直达市内，且为湛沙路与李山路间之联络线，极形便利。总计工料用款七百六十二元四角。向来所谓交通不便之山村，今则车马往来如织，公私利赖矣。

(C) 张南路　本路由李沙路之张村起，经枯桃村、牟家村、南龙口村，接于台柳路，为张村、九水一带各村交通之要道。由沿路附近之文张村、郑张村、枯桃村、牟家村、南龙口、北龙口六村担任出夫。自二十一年九月十八日起，至十月十一日止修筑完竣，全路共长四二二七公尺、宽五公尺，计面积二一一三五平方公尺，共计修筑河底桥五座，三空石桥一座，二空石桥一座，涵洞八座，总计工料用款五千五百七十八元一角六分。本处境内各路桥梁工程，以此路为最多，共经过沙河五处。往昔所谓苦于交通者，今已视为坦途矣。

(D) 毕公路　本路线起于毕家上流庄，经杨家上流庄、李家上流庄至毛公地，接于台柳路，为毕埠路、台柳路与九水区新辟之黄毕路联络交通之捷径。由沿路之毛公地、苏家庄、庄子村、尤家下河、刘家下河、王家下河、于家下河、李家上流庄八村征调民夫。于二十一年九月十七日开工，至十一月十三日完工，全路延长二九一〇公尺、宽五公尺，计面积一四五五〇平方公尺，并修筑涵洞七座，沿路均系土质，平坦稳固，行车最便，总计工料用款一百八十九元五角。

(E) 毕埠路　查此路由毕公路之杨家上流庄起，至李塔路之下王埠庄止，中经王家上流庄、上臧村、下臧村、佛耳崖、麦坡村，为李塔路与五大路即苏岛路联络之捷径。沿路之果品为出产大宗，原路仅系羊肠小道，又加岩石嶙峋，不但车辆无法通行，即行人亦感不便，亟有开辟马路之必要。全路延长七〇三〇公尺、宽五公尺，计面积三五一五〇平方公尺，由沿路之毕家上流庄、杨家上流庄、王家上流庄、戴家上流庄、上臧村、下臧村、炉房村、长涧村、佛耳崖、村麦坡村、下王埠庄、东王埠庄、上王埠庄十三村担任征调民夫。于二十一年九月十七日开工，至二十二年四月三十日完工，所有应修之桥梁涵洞现在均已竣工。共计河底桥三座，滚水桥二座，铁梁石桥一座，四空石桥一座，三空石桥一座，二空石桥一座，土管涵洞五座，石造涵洞十九座，石砌堤岸二道，总计工料用款三千九百二十九元。

(F) 吴小路　查该路由台东镇之西吴家村起，至李山路之小埠东村止，中经东吴家村、错埠岭、浮山后、大埠东，为市外南部联络台东镇之主要干道，原有道路仅系人行便道，惟自于姑庵至台东镇一段尚可通行大车，而自于姑庵至浮山后一段，经过山岭，概系岩石砂粒，崎岖不平，往昔不通车辆。兹沿原路一律修筑为五公尺，至应修之桥梁涵洞共计二十余处，尚须继续进行。于二十一年十一月七日起，至二十二年三月八日止，全路开基，工程已经告竣。全路延长七九五〇公尺，计面积三九七五〇平方公尺，由沿路附近之西吴家村、东吴家村、错埠岭、老虎窝、田家村、亢家庄、河马石、浮山后、埠西北村、大埠东村、小埠东村、中韩哥庄、东韩哥庄、西韩哥庄十五村担任征拨民夫。总计工料用款预算为一千零四十一元六角，唯因石料未经购办，是以桥工尚未完竣。

（G）李中路　查此路由李村河南起至李村南庄止，共长三六〇公尺、宽三五公尺，计面积一二六〇平方公尺。兹为提倡学生为社会服务养成勤劳之习惯起见，此段路工由李村中学全体学生二百六十余人出工修筑，故名李中路，业于二十一年十月二十九日完成，交通称便。

（H）张刘路　查本路自文张村起，北向至刘家下河止，南连李沙路，以通张朱石小等路，北接台柳路，以联毕公毕埠各路，为本区北部与中部联络之主要路线，中间经过山岭一段，长约七百公尺，山高岭峻，岩石屹立，为全路最大工程之一段。兹为便于车马通行计，将此段改筑盘路，经本处派员勘查测划后，即征调附近各村民夫开始进行辟基工作。凡遇岩石不平之处，一律轰炸，应修桥梁涵洞之处，同时兴工，所需石料、炸药及石瓦工匠等，均由公家准备，而开辟路基搬运料石等项之小工，概调民夫帮助。总计本路长度三千六百公尺、宽度五公尺，面积一万八千平方公尺。除择要修筑涵洞八处外，又在刘家下河一段，因村内不便行车，改于村外，计占民地二亩零零七毫，共计发给地价四百零四元九角。计本路自二十二年十一月十日起开工，至二十三年四月三十日止完工，总计工料用款二千元整。

（I）张朱路　本路自文张村起，南向经郑张村、午山村，至朱家洼止，北接李沙张南与张刘各路，南连石小湛沙与李山等路，为本区南北联络交通之最要干路。中部自午山村至午山庙一段长约一千一百公尺，岩石嶙峋，崎岖不平。南部自午山村至朱家洼一段长约一千三百公尺，仅有羊肠小道可以行人。经筹划办法，凡遇岩石一律轰炸，原有人行小道概行加宽。随于二十二年十一月十日起与张刘路同时开工，至二十三年四月三十

新筑道路一览表

路名	起止	長度（公尺）	寬度（公尺）	面積（平方公尺）	用款（元）	開工	完工	備考
河清路東段	河西至小水清溝	一三九八	五	六六九〇	八六·二	二十一年九月九日	二十一年九月廿八日	
石小路	石老人至小埠東	五二一八	四·五	二三四八一	七六二·四	二十一年五月六日	二十一年十一月廿三日	
張南路	張村至南龍口	四二二七	五	二一一三五	五五七八·一六	二十一年九月十八日	二十一年十月十一日	
畢公路	畢家上流至毛公地	二九一〇	五	一四五五〇	一八九·五	二十一年九月十七日	二十一年十一月十三日	
畢埠路	畢家上流至王埠莊	七〇三〇	五	三五一五〇	三九二九·〇	二十一年九月十七月	二十二年四月卅日	
吳小路	吳家村至小埠東	七九五〇	五	三九七五〇	一〇四一·六	二十一年十一月七日	二十二年三月八日	
李中路	李村至李村河莊	三六〇	三·五	一二六〇		二十一年十月廿九日	二十一年十二月卅一日	
張劉路	張村至劉家下河	三六〇〇	五	一八〇〇〇	二〇〇〇	二十二年十一月十日	二十三年四月卅日	
張朱路	張村至朱家窪	四一六〇	五	二〇八〇〇	九九八·八五	二十二年十一月十日	二十三年四月卅日	

日止，全部辟基，工程完竣。除新建石桥及翻修涵洞各一处外，并在午山村附近改线筑路一段，计占民地一亩二分八厘，共计发给地价三百八十四元。所有购办材料、雇用石瓦工匠及征调民夫等项，均与张刘路同一办法。共计全路长度四千一百六十公尺、宽度五公尺，面积二万零八百平方公尺，总计工料用款九百九十八元八角五分。

三 新辟村道

查村道之修筑为村与村之联络路，此等村道与推销农产、增高地价、发达教育、保卫地方均有极大之便利。故本处在管辖地内除将旧有道路随时修补及新辟干路分别进行外，而对于村道之兴筑亦在积极进行中。惟村道既非干路大道可比，自应缩减宽度以免多占民地，而示体恤。当经规定，新筑村道宽度一律定为三公尺，只以能通车辆为限，旋即按照地方情形分别举办。计二十二年份新筑村道有河南庄等七路，二十三年上半年有河马石等十八路，共计长度三万零零三十七公尺，面积十万零一千七百一十一平方公尺。兹列表于后，以资参考。

四 新辟学校道路

查本市乡区小学校舍多系借用祠堂或租用民房，大都不适于教室之用。本处为发展乡区教育计，积极进行添建校舍。唯新建校舍均系远离村外，原无村道，复无通路，对于学生之往返及视学之便利均有修筑道路之必要，故各村新建校舍，不临马路者一律开辟宽三公尺之正式道路，以便通行，而壮观瞻。计二十二年新筑小学道路有河西小学等三路，二十三年上半年有张村小学等五路，共计长度一千六百八十五公尺、面积五千一百五十五平方公尺。兹列表于后，以供参考。

二十二年份新筑村道一览表

路名	起止	長度（公尺）	面積（平方公尺）	民夫（名數）	開工	完工	備攷
候家莊村道	候家莊至台柳路	六九〇	二〇七〇	二七〇	三月十一日	三月廿五日	
河南莊村道	河南莊至台柳路	一六〇	四八〇	六五	三月廿五日	三月廿七日	
楊哥莊村道	楊哥莊至台柳路	一三〇	三九〇	三二	三月卅一日	四月一日	
金家嶺村道北部	金家嶺至石小路	八一〇	三二四〇	六五八	四月十三日	四月卅日	
東王埠莊村道	東王埠莊至李塔路	一六八	五〇四	一六五	十二月十一日	十二月十八日	
上王埠莊村道	上王埠莊至李塔路	一二〇	三六〇	九五	十二月廿八日	十二月卅一日	
浮山所村道	浮山所至湛沙路	五五九	一六七七	三六五	十二月十五日	十二月卅一日	
共計		二六三七	八七二一	一六五〇			

二十三年上半年新筑村道一览表

路名	起止	長度（公尺）	面積（平方公尺）	民夫（名數）	開工	完工	備攷
河馬石村道	河馬石至吳小路	一六〇〇	四八〇〇	五二〇	三月三日	三月十六日	
尤家下河村道	尤家下河至台柳路	一三〇	三九〇	四八	三月十七日	三月十九日	
金家嶺村道南部	金家嶺至洪沙路	八四〇	二五二〇	六七八	一月八日	三月十日	
曲台村道	曲哥莊至台柳路	一一八〇	三五四〇	八二四	三月廿三日	四月十九日	
韓台村道	韓哥莊至台柳路	二〇九〇	六二七〇	一一九七	三月廿三日	四月十九日	
李浮村道	李村至浮山後	四三〇〇	一七〇〇〇	一九四三	三月十七日	四月十一日	

李曲村道	李村至曲哥莊	二〇〇〇	六〇〇〇	八三三	三月廿二日	四月十三日	
張北村道	張村至北村	五一〇〇	二〇四〇〇	一六六七	四月十二日	五月廿日	
朱山村道	朱家窪至山東頭	二五〇〇	七五〇〇	一四一九	五月一日	六月十日	
咸台村道	下咸至台柳路	一五八〇	六三二〇	一二五五	四月十二日	五月十八日	
爐房村道	爐房至咸台路	六二〇	一八六〇	三五五	四月廿三日	四月廿九日	
戴家上流村道	戴家上流至皋埠路	九六〇	二八八〇	七七三	四月廿三日	五月卅一日	
莊子村道	莊子村至台柳路	五二〇	一五六〇	一七五	三月廿七日	三月廿九日	
蘇家莊村道	蘇家莊至台柳路	一六〇	四八〇	七五	四月十二日	四月十六日	
猪頭石村道	猪頭石至[illegible]源路	一七五〇	五二五〇	五一三	三月廿四日	四月二日	
南岐石村道	南岐石至猪頭石路	一〇六〇	三一八〇	二六二	三月廿五日	四月七日	
猪頭嶺村道	猪頭嶺至猪頭石路	七六〇	二二八〇	一六五	三月廿五日	四月十日	
墨澗村道	墨澗村至[illegible]源路	二五〇	七五〇	二二〇	三月廿二日	三月廿八日	
共計		二七四〇〇	九二九八〇	二二九三			

二十二年份新筑小学道路一览表

路名	起止	長度（公尺）	面積（平方公尺）	民夫（名數）	開工	完工	備攷
河西小學路	河西小學至台柳路	二六〇	七八〇	三六	八月十五日	八月十九日	
滄崖小學路	滄崖小學至五大路	八〇	二四〇	一九	八月十七日	八月卅日	
王埠莊小學路	王埠莊小學校至李塔路	八〇	二四〇	六〇	十二月十九日	十二月廿一日	
共計		四二〇	一二六〇	一一五			

二十三年上半年新筑小学道路一览表

路名	起止	長度（公尺）	面積（平方公尺）	民夫（名數）	開工	完工	備攷
張村小學路	張村小學至張朱路	一二〇	一四八〇	八五	三月十日	三月十三日	
午山小學路	午山小學至張朱路	四九五	一四八五	四七三	三月三日	三月十四日	
大麥島小學路	大麥島小學至滄沙路	四〇〇	一二〇〇	二〇九	五月十七日	五月十九日	
李村小學路	李村小學至李塔路	一〇〇	三〇〇	八〇	六月十一日	六月十四日	
浮山所小學路	浮山所小學至滄沙路	一五〇	四五〇	一一九	六月七日	六月十三日	
共計		一二六五	三九一五	九六六			

五　展宽道路

(A) 湛沙路　此路自湛山村起，东经沿海至沙子口止，为本市乡区南部交通唯一干路，又系游览山海必经之道，全路总长二万零七百六十一公尺，在本处管辖界内者计长一万五千零零一公尺，原有宽度平均仅有三公尺半，沿途岩石屹立，桥梁不备且弯度太急，坡度陡险，故行车最感不便。经本处计划，将路面一律展宽为五公尺，所有坡度、弯度、不良之处均随时加以整理，并将应行增筑及翻修之桥梁、涵洞，在路面工程完竣后，即时兴工进行。除材料工具由公款购备外，所有应用小工均由沿路各村征调民夫担任。第一期由浮山所村至山东头村一段，计长八三三〇公尺，面积四一六五〇平方公尺，于二十一年十二月二十二日开工，至二十二年三月十五日完工。第二期自山东头村至王家村一段，计长三九一九公尺，面积一九五九五平方公尺，于二十二年三月十九日开工，至四月三十日完工。两段总计修筑桥梁、涵洞二十四处，用款二千三百四十七元二角，亦于本年份八月二日开工，至十月十五日完工。本处界内尚有石老人村一段，计长二二〇八公尺，因该村村民均以渔业为生，现因当时正值渔汛之期，不能征调民夫，又因修桥经费不足，暂时停工。现在已定于六月十四日起继续展宽路面及筑桥工作，今年全部均可竣工。

(B) 李山路　查该路系自李村起，至山东头村止，接于湛沙路，为李村区南北交通联络之要道。全路计长八千一百七十九公尺，原路宽度平均三公尺半，桥梁、涵洞概未设备，以致车辆通行困难。本处仍按湛沙路办法，将路面一律展宽为五公尺，全路分为二期兴工。第一期由李村至西韩哥庄一段，计长一八〇二公尺，面积九〇一〇平方公尺，自二十二年五月十三日开工，至五月三十日完工。第二期自西韩哥庄至山东头村一段，计长六三七七公尺，面积三万一千八百八十五平方公尺，自十一月三日开工，至十二月三十一日完工。并于本年份自七月二十日起至十月十五日止，同时修筑桥梁、涵洞二十座，总计工料用款三千零八十七元五角二分。

(C) 五大路　查五大路系自台柳路之五里港起至大劳观止，全路总长一万四千六百一十三公尺，在本处管辖区内计长五千八百七十九公尺，为游览劳山北部必经之主要干路，惟在该路与台柳路接近之一段，计长六百五十七公尺，宽度平均只有三公尺，且两岸沟崖悬绝，弯度太急，交通极感不便。兹为整理交通保护安全计，将该路面一律展宽为五公尺，沟崖悬绝之处加砌乱石护坡，弯度太急者，改急就缓，已于二十二年十一月二十三日起至十二月三十一日止，全段工程修筑完竣。除长工民夫不计工资外，总计工料用款八十九元零一分。

（D）保张路　该路自台柳路之保儿村起，沿张村河至张村止，全路总长八千一百一十二公尺，平均宽度三公尺半，仅有少数涵洞，并无桥梁之设备，故沿路沟渠纵横，路面欠整。本处为整顿路政起见，拟将该路先行分段展宽，并择要增筑桥梁。第一段自台柳路起至杨家群止，计长二千五百公尺，为全路最坏之一段，兹将该段先行展修，一律加宽为五公尺，并将不良之弯度概行改为直线，已于二十三年四月二十三日至五月二十五日全段展宽，工程完竣。

（E）李大路　李大路自李村至李村水源地一段，为中外人士参观水井必经之路，对于交通观瞻均关重要，但因该路原系土基，加以年久失修，又因载车轧压以致路心低洼、坎坷不平，每逢雨后，全路泥泞，车辆行人均感不便。经本处计划，拟改为石子路面，计长二千公尺，宽四公尺，合面积八千平方公尺，每平方公尺单价四角，约需三千二百元。以需款过巨，奉令缓办，改用黄土搀沙培高路面，以便泄水，而免雨浸。所用沙土均由就近村庄分段搬运，每立方公尺津贴洋三角，共计四〇四点八立方公尺，计津贴洋一百二十一元四角四分，已于二十二年十月二十四日起开工，至十一月八日完工。兹将以上各路展宽者，列表于后，以资参考。

六　乡区道路维持办法

查本处管界区内之旧有道路计十一路，新筑道路计十一路，新筑村道二十五路，新筑小学路计八路，总计长度一四一五七二点九公尺，面积六一四一七四点四平方公尺，均应随时修补，以维交通。曾经工务局于二十一年十二月三十一日召集各乡区建设办事处主任开会讨论，拟定乡区调用民夫办法，呈奉市政府令准施行，并将各村应担维路段落一律树立界石，以资遵守。兹将各路担任维路之村名及数量已经办理完竣者，分述于后。

展宽道路一览表

路名	起止	長度（公尺）	面積（平方公尺）	開工	完工	備考
湛沙路	浮山所至王家村	一二二四九	六一二四五	二十一年十二月廿二日	二十二年四月三十日	
李山路	李村至山東頭村	八一七九	四〇八九五	二十二年五月十三日	仝十二月三十一日	
五大路	五里港附近	六五七	三二八五	二十二年十一月十三日	仝十二月三十一日	
保張路	台柳路至錫家夆	二五〇〇	一二五〇〇	二十三年四月二十三日	仝五月二十五日	
李大路	李村至李村水源地	二〇〇〇	八〇〇〇	二十二年十月二十四日	仝十一月八日	
共計		二五五八五	一二五九二五			

（A）各村维持道路分段数目表

（1）台柳路　西吴家村四〇〇公尺，东吴家村一二三八公尺，唐家口一二九五公尺，保儿村四七五公尺，夹岭沟三六〇公尺，河西一二六五公尺，河崖三八四公尺，河东七〇一公尺，河南七六八公尺，曲哥庄三七一公尺，杨哥庄五〇七公尺，李村九〇五公尺，东李村一〇八〇公尺，侯家庄七〇五公尺，郑庄一一四六公尺，苏家村四九一公尺，庄子村四〇〇公尺，刘家下河村六二九公尺，毛公地村三九五公尺，王家下河村六八〇公尺，于家下河村五八〇公尺，共分二十一段，总长一四八五五公尺。

（2）湛沙路　湛山村五三八点五公尺，浮山所村一六五四公尺，辛家庄六〇五公尺，丁家庄九九七公尺，大麦岛村一六九一公尺，徐家麦岛村六八三公尺，王家麦岛村二一八三公尺，山东头村二〇四四公尺，金家岭村五〇〇公尺，朱家洼村三七七公尺，钟家沟村三八四公尺，王家村六一四公尺，石老人村二二〇八公尺，共分十三段，总长一二二八六公尺。

（3）保张路　保儿村二四五公尺，杨家群村一一五九公尺，西韩哥庄一一八四公尺，中韩哥庄九七九公尺，东韩哥庄九一七公尺，张家下庄九六〇公尺，董家下庄一一六八公尺，张村一一二〇公尺，共分八段，总长七七三二公尺。

（4）李由路　李村一四〇四公尺，西韩哥庄三九八公尺，中韩哥庄二六六二公尺，大埠东村一六一公尺，车家下庄三一六公尺，北村二五九公尺，小埠东村九二四公尺，金家岭村四二五公尺，山东头村一六三〇公尺，共分九段，总长八一七九公尺。

（5）李沙路　李村一〇五〇点五公尺，东李村五五九点三公尺，刘家下庄八五五公尺，孙家下庄六八七公尺，郑张村八八六点五公尺，文张村一七五二点五公尺，枯桃村一二六一点二公尺，共分七段，总长七〇五二公尺。

（6）李塔路　李村一〇一〇公尺，下王埠庄一六七〇公尺，上王埠庄一三〇〇公尺，东王埠庄三四〇公尺，艾儿涧村一一七八公尺，罗圈涧村八五三公尺，崔家沟村六八二公尺，共分七段，总长七〇三三公尺。

（7）李大路　李村二二三点二公尺，杨哥庄七三五点六公尺，曲哥庄村一〇六六点七公尺，共分三段，总长二〇二五点五公尺。

（8）李沧路　李村七四四点四公尺，东大村六一四点六公尺，共分二段，总长一三五九公尺。

（9）李坊路　李村二六三点四公尺，东大村六五二公尺，共分二段，总长九一五点四公尺。

（10）五大路　李家上流村六五七公尺，沟崖村二一五五公尺，陈家棉花村七七九公尺，横坦村九二四公尺，峪夼村一三六五公尺，共分五段，总长五八八〇公尺。

（11）李村前路　李村计长一七六五公尺。

（12）毕埠路　杨家上流村二六二公尺，王家上流村一六〇〇公尺，戴家上流村三〇八公尺，上臧村一一九七公尺，下臧村三三六公尺，炉房村四六九公尺，长涧村二三八公尺，佛耳崖村八四七公尺，麦坡村一四〇公尺，下王埠庄一六三三公尺，共分十段，总长七〇三〇公尺。

（13）毕公路　毕家上流村二〇〇公尺，李家上流村九三二公尺，杨家上流村三五八公尺，于家下河村四八〇公尺，王家下河村三八〇公尺，尤家下河村一七〇公尺，毛公地村三九〇公尺，共分七段，总长二九一〇公尺。

（14）张南路　郑张村八〇〇公尺，文张村一〇〇〇公尺，枯桃村一二一〇公尺，牟家村五三七公尺，共分四段，总长三五四七公尺。

（15）石小路　石老人村三〇〇公尺，王家村一〇二〇公尺，钟家沟村四七〇公尺，朱家洼村一八七〇公尺，金家岭村一二〇〇公尺，小埠东村三五八公尺，共分六段，总长五二一八公尺。

（16）吴小路　西吴家村一二五〇公尺，东吴家村一四四〇公尺，错埠岭村五一〇公尺，老虎窝村六五公尺，河马石村三〇〇公尺，埠西村六六〇公尺，浮山后村一六七〇公尺，北村六〇〇公尺，大埠东村一〇八〇公尺，小埠东村三七〇公尺，共分十段，总长七九四五公尺。

（17）河清路东段　河西村计长九四四公尺。

（18）李中路　李村二〇〇公尺，李村南庄一六〇公尺，共分二段，总长三六〇公尺。

（19）罗源路　罗圈涧村三〇五公尺，崔家沟村二〇三公尺，黑涧村三三一公尺，云头崮村七一〇公尺，南峨石村四七五公尺，猪头石村二五一公尺，共分六段，总长二二七五公尺。

（20）黄毕路　黄坦村三七五公尺，峪夼村二四六公尺，陈家村三七五公尺，沟崖村四二八公尺，棉花村五四公尺，毕家上流村一三〇二公尺，共分六段，总长二七八〇公尺。

（21）张朱路　郑张村九一〇公尺，刘家下庄三〇〇公尺，孙家下庄三〇〇公尺，午山村二〇九〇公尺，钟家沟村五六〇公尺，共分五段，总长四一六〇公尺。

（B）各路安设分界石里程石方向石数目表

路名	分界石(個)	里程石(個)	方向石(個)	備考
滄沙路	一五	一九	三	
台柳路	一〇	一七	九	
李滄路	二	一	四	
石小路	七	七		
吳小路	一〇	九		
張南路	五	六		
李坊路	二	一		
挙公路	六	四		
李大路	三	三		
李塔路	五	七		
李山路	九	一〇	五	
河清路	一	二		
李中路	三			
畢埠路	一〇	九	二	
保張路	八	九		
李沙路	一〇	一〇	一	
合計	一〇六	一一四	二四	

青岛市乡区调用民夫修筑道路办法

第一条　凡本市各乡区调用民夫修筑道路适用本办法之规定。

第二条　乡区民夫由乡区建设办事处督率各村村长调用之。

第三条　调用民夫之名数，视工事之大小缓急，由乡区建设办事处每户一名或若干亩地一名临时酌定之，但鳏寡孤独无力服务者得免予调用。

第四条　乡区民夫修筑道路事项如下：

（一）新辟道路之土工及洒水滚压。

（二）旧有道路随时修补及洒水滚压。

（三）新旧各路分季运砂铺砂洒水滚压。

（四）帮修桥梁、涵洞、堤岸、水坝及公用水井、水池并运搬材料。

（五）疏浚路旁河道。

第五条　新辟道路之修筑事项，得按照各村户口或地亩之多寡，分段担任。

第六条　旧有道路之修筑事项仍照原例分段担任。

第七条　本办法第四条各款所列事项，如在某村所辖之段而为某村所不能独立担任者，均由乡区建设办事处召集附近各村村长调用民夫协助办理。

第八条　村长村民对于修筑道路事项异常出力者，由乡区建设办事处按照青岛市褒奖善行规则之规定，卢列事实具呈工务局转请市政府给予褒奖。

第九条　乡区民夫应遵照乡区建设办事处之监督指挥从事工作，如有延误情事得由办事处交公安分局按照其延误工作之损失处以相当罚金，另行雇工代办，年终由办事处将罚办事件汇呈工务局转呈市政府备案。

第十条　调用民夫修筑道路若有借端生事、故意阻挠者，由办事处会同公安分局严行拘办。

第十一条　本办法自呈奉市政府核准之日施行。

七　改修路线占用民地及迁移坟墓给价办法

（A）占用民地给价办法

查乡区新旧道路多系沿用原有小路加宽开辟，凡因弯度不良及村内危险之处，均应改直或移村外，而因改道所占用之民地，若无给价办法，则殊非兼顾利民之道。曾经工务局召集各乡区建设办事处主任开会议定给价及退粮办法先行调查，占用亩数按照实际情形，分为上、中、下三种等级。计上等地每亩三百元，中等地每亩二百元，下等地每亩一百元。所需价款除呈报工务局支给外，并转财政局准予豁免银粮，以资体恤，并经呈奉市政府令准照办。计本处界内新旧道路因改移路线而占民地共八点〇九亩，发给地价一八八〇点三元。兹将各路占用民地亩数及给价款数分述于后，以资参考。

(1) 李山路中部　李山路中部经过中韩哥庄村内一段，因村街狭窄弯度急转，不但行车不便，且易发生危险，因而改道村外，共计占用民地于守启等七户点三九七亩，给价九五点五元。

(2) 李山路南部　李山路南部经过山东头村内而接于湛沙路一段，因村内欠整且房基互错有碍通车，因之改道村外，共计占用民地王全福等三十六户二点三二二亩，给价四九九点六元。

(3) 湛沙路　湛沙路西部在辛家庄附近一段，原路弯度不良且有河流之碍，因而改直路线，共计占用民地辛成双等四户点八五八亩，给价一七一点六元。

(4) 毕埠路　毕埠路全路共计四段，均因修整弯度而改路线，共计占用民地刘学曾等十五户一点一五四亩，给价三〇九点一元。

(5) 张南路　本路因新辟路线占用民地许才讷一户计点〇七八亩，给价一五点六元。

(6) 张刘路　本路系新辟路线或因改道村外或因改弯取直，共计占用民地曲立檀等二十一户二点〇〇亩，给价四〇四点九元。

(7) 张朱路　本路亦系新辟路线，因改弯度及改道村外而占用民地，计王立忻等十六户共计一点二八亩，给价三八四元。

(B) 迁移坟墓给价办法

查新辟路线及改移道路之处每因坟墓阻碍进行，若另行绕道则于路线民地均有极大损失，当经规定办法，凡有碍路线之坟墓均须一律迁移，并酌情由公款发给迁移费。在成年以上者发给十五元，不满十五岁者发给十元，不满十岁者发给五元。兹将各路迁移坟墓户主及发给数目，列表于后。

移坟费一览表

路名	村名	戶主	發款數目	備考
畢埠路	畢家上流	畢瑞訛	一五元〇〇	成年人
吳小路	浮山後	王正鑾	一五元〇〇	同
張南路	南龍口	許元瑞	一五元〇〇	同
李山路	山東頭	辛玉恂	五元〇〇	不滿十歲者
李山路	山東頭	辛承紀	一〇元〇〇	不滿十五歲者
合計			六〇元〇〇	

乙　桥梁

查乡区建设首以修筑道路便利交通为要务，而桥梁涵洞之设备尤为宣泄水流，保持交通之主要工程。查本市地处高原，山岭多而平原少，故沟渠纵横、河流参差实较他市为多。而桥梁、涵洞之建筑亦因之较为重要，其建筑费用亦系由公家出资购料，由民间出夫帮工。计二十二年份共计修筑桥梁涵洞一一五座，二十三年份上半年共计修筑桥梁涵洞一二座。兹将各路新筑桥梁涵洞数量统计表分列于后，以资参考。

二十二年份新筑桥梁涵洞一览表

（1）毕埠路新筑桥梁涵洞

地點	橋別	長度（公尺）	寬度（公尺）	高度（公尺）	孔數	建築方法	造價（元）	開工	竣工	備考
楊家上流村後	涵洞	·九〇	六·五〇	·七〇	一	條石亂石洋灰建築	四七·二五	六月十五日	六月十九日	
王家上流村東	涵洞		五·〇〇		一	土管亂石洋灰建築	一七·四〇	七月二十五日	七月二十六日	
王家上流村東	石橋	五·四〇	五·〇〇	一·三〇	三	條石亂石洋灰建築	三四九·七〇	四月二十八日	六月三日	
王家上流村西	石橋	六·七〇	五·〇〇	一·八〇	四	同	四三三·〇〇	二十一年十一月廿日	二十二年五月十四日	
王家上流村西	涵洞	·八〇	五·〇〇	·七〇	一	同	一八·八四	二月二十二日	二月二十四日	
王家上流西嶺	涵洞		六·〇〇		二	土管亂石洋灰建築	五九·八四	六月八日	六月十日	
王家上流西溝	涵洞	一·一〇	五·〇〇	一·二〇	一	條石亂石洋灰建築	四八·七六	一月一日	一月九日	
上臧村北	涵洞	一·一〇	五·〇〇	一·〇〇	一	同	六五·二五	八月八日	八月十五日	
上臧村後	河底橋	一〇·〇〇	三·一五		一	同	三三三·六五	八月十六日	八月三十一日	

上臧村後	河底橋	二〇·八〇	三·一五		一	同	二三八·六〇	五月二十七日	七月十一日
上臧村前	涵洞	·八〇	五·〇〇	·七〇	一	同	一七·〇〇	三月十五日	三月十七日
上臧村南	涵洞	一·五〇	五·〇〇	一·〇〇	一	同	六五·〇五	八月八日	八月十五日
下臧村北	涵洞	·七〇	五·〇〇	·七〇	一	條石亂石洋灰建築	一九·二〇	三月七日	三月十一日
下臧村後	涵洞		五·〇〇		一	土管亂石洋灰築建	三五·一〇	五月二十七日	五月二十七日
下臧西溝	鐵梁橋	四·五〇	四·五〇	四·五〇	一	亂石洋灰建築上架鐵梁	一、〇〇八·二七	五月二日	九月十五日
佛耳崖東嶺	涵洞	·八〇	五·〇〇	·七〇	一	條石建築	三一·八〇	三月二日	三月六日
佛耳崖東嶺	涵洞	·六〇	五·〇〇	·六〇	一	亂石建築	七·〇〇	六月十四日	六月十六日
佛耳崖村東	漫水橋	一二·〇〇	六·〇〇			亂石洋灰建築	六三·九〇	五月二十三日	六月十三日
佛耳崖村中	石橋	五·四〇	五·〇〇	一·七〇	三	條石亂石洋灰建築	三九九·五〇	七月八日	八月二十七日

佛耳崖村西	涵洞		五·〇〇		一	土管亂石洋灰建築	二六·二五	六月四日	六月四日
佛耳崖村西	涵洞	一·二〇	五·〇〇	一·八〇	一	亂石洋灰建築	六五·七五	一月二日	一月二十日
佛耳崖村西	涵洞	一·二〇	五·〇〇	一·八〇	一	同	七六·四七	一月十五日	一月三十日
佛耳崖村西	涵洞	一·〇〇	五·〇〇	一·八〇	一	條石亂石洋灰建築	四四·〇八	二月一日	二月十日
麥坡村東	石橋	三·六〇	五·〇〇	一·四〇	二	同	一四六·〇〇	四月二十七日	五月十一日
麥坡村東	涵洞		五·〇〇		一	土管亂石洋灰建築	二三·一〇	五月三十日	五月三十日
麥坡村西	涵洞	一·六〇	五·〇〇	一·〇〇	一	條石亂石洋灰建築	七七·二五	七月十九日	七月三十一日
麥坡村西	涵洞	一·一〇	五·〇〇	一·七〇	一	同	八九·〇五	五月十二日	六月三日
麥坡村西	涵洞		五·〇〇		一	土管亂石洋灰建築	三一·一〇	五月二十一日	五月二十二日
麥坡村西	涵洞	一·六〇	五·〇〇	一·〇〇	一	條石亂石洋灰建築	六一·七五	七月四日	七月六日
麥坡村西	涵洞	一·一〇	五·〇〇	七〇	一	同	四四·五五	七月二日	七月六日
王埠莊村東	滚水橋	二·〇〇	五·〇〇			亂石洋灰建築	五五·六〇	六月九日	六月十五日
王埠莊村東	河底橋	三四·五〇	三·一五		一	條石亂石洋灰建築	九六八·五三	四月十三日	五月二十九日
合計	石橋四 鐵梁橋一 滚水橋三 河底橋二 涵洞二二						四、四五七·八七		

（2）张南路新筑桥梁涵洞

地點	橋別	長度（公尺）	寬度（公尺）	高度（公尺）	孔數	建築方法	造價（元）	開工	竣工	備考
南諸口村北	涵洞	一·六〇	五·〇〇	一·三〇	一	條石亂石洋灰建築	[illegible]	二十一年九月廿一日	十月二日	
南諸口村南	河底橋	[illegible]	三·一五		二	同	[illegible]	五月二十五日	七月十一日	
南諸口村南	同	[illegible]	三·一五			同	[illegible]	七月二十二日	八月四日	
牟家村東	涵洞	一·一〇	五·〇〇	一·二〇	一	條石亂石洋灰建築	[illegible]	八月四日	八月七日	
牟家村前	同	一·一〇	五·〇〇	一·二〇	一	同	[illegible]	八月八日	八月十二日	
牟家村南	河底橋	[illegible]	三·五〇		二	同	[illegible]	七月一日	八月三日	
枯桃村北	同	[illegible]	三·二五		一	同	[illegible]	五月三十日	七月一日	
枯桃村北	涵洞	一·一〇	五·〇〇	一·〇〇	一	同	[illegible]	八月五日	八月八日	
枯桃村北	同	八〇	五·〇〇	九〇	一	同	[illegible]	八月八日	八月十二日	
枯桃村前	石橋	五·四〇	五·〇〇	一·二〇	一	同	[illegible]	七月二十一日	八月四日	
枯桃村西	涵洞	一·五〇	五·〇〇	一·〇〇	一	同	[illegible]	八月十三日	八月十七日	
張村後	河底橋	[illegible]	三·一五			同	[illegible]	七月十日	八月四日	
張村後	涵洞	一·五〇	五·〇〇	一·〇〇	一	同	[illegible]	八月十一日	八月十四日	
張村後	石橋	四·〇〇	五·〇〇	一·二〇	二	同	[illegible]	八月五日	八月十日	
李沙路口	涵洞	一·一〇	一二·〇〇	一·〇〇	一	同	[illegible]	八月十三日	八月二十日	
合計	河底橋五 石橋三 涵洞七									

（3）李山路新筑桥梁涵洞

地點	橋別	長度（公尺）	寬度（公尺）	高度（公尺）	孔數	建築方法	造價（元）	開工	竣工	備攷
李村南	石橋	一·六〇	五·〇〇	一·三〇	一	條石亂石洋灰建築	六五·六〇	七月二十日	七月二十九日	
李村南	同	四·〇〇	五·〇〇	一·四〇	二	翻修	二六·六〇	三月十九日	六月三日	
李村南	同	一·六〇	五·〇〇	一·〇〇	一	條石亂石洋灰建築	六七·六七	八月一日	八月七日	
中韓村北	同	一·六〇	五·〇〇	一·〇〇	一	同	五五·五〇	八月八日	八月十二日	
中韓村北	涵洞	一·六〇	五·〇〇	一·〇〇	一	同	六五·四〇	八月十三日	八月二十一日	

中韓村北	涵洞	一•六〇	五•〇〇	一•〇〇	一	條石亂石洋灰建築	六〇•八〇	八月二十七日	八月三十一日	
中韓村北	同	一•六〇	五•〇〇	一•〇〇	一	同	六五•四〇	八月二十一日	八月二十六日	
中韓村西	同	•六〇	五•〇〇	•四〇	一	同	一〇•〇〇	八月二日	八月四日	
中韓村南	河底橋	七九•五〇	三•一五		三	同	二、二六六•〇〇	四月二十一日	七月二十一日	
車家下莊	涵洞	一•一〇	五•〇〇	一•〇〇	一	同	六一•九五	九月一日	九月七日	
小埠東村東	同	一•一〇	五•〇〇	•八〇	一	加寬	三一•〇八	五月九日	五月十三日	
小埠東村南	同	•八〇	五•〇〇	•八〇	一	條石亂石洋灰建築	四九•〇五	九月八日	九月十二日	
小埠東	同	一•〇〇	五•〇〇	•七〇	一	同	三九•九〇	九月二十日	九月二十四日	
小埠東	同	一•六〇	五•〇〇	一•〇〇	一	同	六三•六九	九月十三日	九月十九日	
小埠東	同	•六〇	五•〇〇	•六〇	一	同	二七•〇六	九月二十五日	九月二十八日	

金家嶺	涵洞	一·六〇	五·〇〇	一·〇〇	一	條石亂石洋灰建築	六〇·八五	九月二十八日	九月三十日	
金家嶺	同	一·一〇	五·〇〇	·八〇	一	同	四四·九九	九月二十五日	九月三十日	
山東頭	河底橋	二三·五五	三·一五			同	三二·五五	十月二日	十月十五日	
山東頭	涵洞	·八〇	五·〇〇	·六〇	一	同	三三·一〇	九月二十八日	十月一日	
山東頭	同	·六〇	五·〇〇	·五〇	一	同	三一·八五	九月二十八日	十月二日	
山東頭村北	同	二·〇〇	五·〇〇	一·〇〇	一	同	八五·〇〇	九月二十五日	九月二十八日	
山東頭村北	同	一·〇〇	五·〇〇	·七〇	一	同	四八·六五	九月二十六日	十月一日	
合計	石橋四 涵洞十六 河底橋二									

（4）湛沙路新筑桥梁涵洞

地點	橋別	長度（公尺）	寬度（公尺）	高度（公尺）	孔數	建築方法	造價（元）	開工	竣工	備攷
浮山所村西	涵洞	.八〇	五.〇〇	.六〇	一	條石亂石洋灰建築	二一.四〇	五月十四日	五月十七日	
浮山所村西	同	一.一〇	五.〇〇	.七〇	一	同	二五.三〇	五月十八日	五月二十一日	
浮山所村前	同	一.三〇	五.〇〇	一.〇〇	一	加寬				
浮山所村東	同	一.一〇	五.〇〇		一	條石亂石洋灰建築	三七.四五	五月二十五日	五月二十七日	
浮山所村東	車軌石護橋石	四〇.二〇	四.五〇			條石車軌石洋灰建築	二七五.四〇	八月十七日	八月二十八日	
浮山所村東	同	三六.〇〇	四.五〇			同	一六三.六〇	八月二十九日	九月八日	
浮山所村東	同	一〇.〇〇	四.五〇			同	五五.五〇	九月九日	九月十四日	
燕兒島路口	石橋	八.〇〇	五.〇〇	一.五〇	三	條石亂石洋灰建築	二四〇.五〇	七月二十二日	八月十一日	
丁家莊村東	同	一.一〇	五.〇〇	一.五	一	同	二〇.七六	八月九日	八月十日	
丁家莊村東	涵洞		五.〇〇		一	土管加寬	三.〇〇	八月九日	八月十日	

丁家莊村東	同		五•〇〇			同	一五•〇〇	二月二十三日	四月三日	
丁家莊村東	同		五•〇〇			同	一五•〇〇	八月二日	八月七日	
大麥島	同	•八〇	五•〇〇	•九〇	一	條石亂石洋灰建築	三一•四〇	九月十一日	九月十四日	
大麥島西	石橋	一•六〇	五•〇〇	一•〇〇	二	同	八一•〇〇	九月十九日	九月三十日	
大麥島北	同	八•〇〇	五•〇〇	一•二〇	二	同	七一•七六	九月十五日	九月十九日	
大麥島	涵洞	一•二〇	五•〇〇	一•三〇	一	同	五六•二〇	八月五日	八月八日	
大麥島東	滾水橋	一〇•〇〇	五•〇〇			亂石洋灰建築	一四〇•〇三	九月二十九日	十月十五日	
徐家麥島村西	涵洞	一•〇〇	五•〇〇	一•二〇	一	加寬	一四•一七	九月三日	九月五日	
徐家麥島村東	石橋	一•六〇	五•〇〇	一•八〇	一	翻修	一六二•五七	八月八日	九月二日	
王家麥島	石橋	三•六〇	五•〇〇	一•六〇	二	條石亂石洋灰建築	一七〇•五〇	八月一日	八月十二日	

王家麥島	涵洞	·六〇	五·〇〇	·八〇	一	同	二四·六〇	八月十三日	八月十六日	
王家麥島	石橋	三·六〇	五·〇〇	·七〇	二	同	一八〇·五四	八月十七日	八月二十六日	
王家麥島	滾水橋	一·〇〇	五·〇〇			亂石洋灰建築	一〇四·八二	八月二十八日	九月一日	
王家麥島	涵洞	一·〇〇	五·〇〇	一·〇〇	一	條石亂石洋灰建築	四二·五三	八月十四日	八月十七日	
山東頭	石橋	二·〇〇	五·〇〇	一·〇〇	一	翻修	三七·四〇	八月十六日	十月十五日	
山東頭	涵洞	·八〇	五·〇〇	一·〇〇	一	條石亂石洋灰建築	七二·二八	九月二十一日	九月二十四日	
山東頭	同	·八〇	五·〇〇	一·〇〇	一	翻修	五三·四〇	十月九日	十月十五日	
山東頭	同	·八〇	五·〇〇	·九〇	一	條石亂石洋灰建築	三一·四〇	九月十一日	九月十四日	
石小路口	石橋	三·二〇	五·〇〇	一·四〇	二	同	一四·六七	十一月二十五日	十二月二十七日	
合計	涵洞一五 車軌石三 滾水橋二 石橋九									

（5）台柳路新筑桥梁涵洞

地點	橋別	長度（公尺）	寬度（公尺）	高度（公尺）	孔數	建築方法	造價（元）	開工	竣工	備考
東李村	石橋	八·五〇	五·〇〇	一·三〇	六	條石亂石洋灰建築	三四·九〇			
合計	石橋一						三四·九〇			

（6）石小路新筑桥梁涵洞

地點	橋別	長度（公尺）	寬度（公尺）	高度（公尺）	孔數	建築方法	造價（元）	開工	竣工	備考
王家村村後	石橋	三·五〇	四·五〇	一·六〇	二	料石亂石洋灰建築	二〇一·〇〇	二十一年十月四日	二十一年十一月一日	
王家村前	涵洞	一·四〇	五·〇〇	一·〇〇	一	同	四〇·二〇	二十一年十月廿九日	二十一年十月卅一日	
鍾家瀆南	涵洞	·七〇	五·〇〇	·八〇	一	同	一八·〇〇	二十一年十月三十日	三十一年十一月三日	
小埠東村東	涵洞	一·〇〇	五·〇〇	·七〇	一	同	二五·〇〇	二十一年十一月四日	二十一年十一月九日	
湛沙路口	涵洞	一·〇〇	六·〇〇	一·〇〇	一	同	一一·七六	二十一年十二月八日	二十一年十二月卅一日	
合計	石橋一 涵洞四									

(7) 毕公路新筑桥梁涵洞

地點	橋別	長度(公尺)	寬度(公尺)	高度(公尺)	孔數	建築方法	造價(元)	開工	竣工	備攷
于家下河西	涵洞	一·〇〇	五	·八〇	一	條石亂石洋灰建築	二〇·〇〇	二十一年十月十四日	二十一年十月十五日	
于家下河後	涵洞	一·二〇	五	·六〇	一	同	二六·〇〇	二十一年十月十六日	二十一年十月十九日	
于家下河後	涵洞	一·〇〇	五	·八〇	一	同	二五·〇〇	二十一年十月二十日	二十一年十月廿二日	
于家下河北	涵洞	一·〇〇	五	·六〇	一	同	二七·〇〇	二十一年十月廿二日	二十一年十月廿五日	
于家下河北	涵洞	一·二〇	五	·七〇	一	同	二四·〇〇	二十一年十月廿二日	二十一年十月三十日	
于家下河北	涵洞	一·〇〇	五	·八〇	一	同	二六·〇〇	二十一年十月三十日	二十一年十一月四日	
李家上流前	涵洞	一·〇〇	五	·七〇	一	同	三〇·〇〇	二十一年十一月五日	二十一年十一月八日	
合計	涵洞七									

（8）河清路新筑桥梁涵洞

地點	橋別	長度（公尺）	寬度（公尺）	高度（公尺）	孔數	建築方法	造價（元）	開工	竣工	備攷
河西村西	涵洞	一•五〇	五	一•〇〇	一	條石亂石洋灰建築	七•五〇	二十一年九月廿五日	二十一年九月卅日	
河西村西	涵洞	一•〇〇	五	•八〇	一	同	四•〇〇	二十一年九月二十五日	二十一年九月廿七日	
小水清溝東	涵洞	一•〇〇	五	•五〇	一	同	二•〇〇	二十一年九月廿七日	二十一年九月廿八日	
合計	涵洞三									

二十三年上半年新建桥梁涵洞一览表

(1) 张刘路新筑桥梁涵洞

地點	橋別	長度（公尺）	寬度（公尺）	高度（公尺）	孔數	建築方法	造價（元）	開工	竣工	備攷
蘇家莊管界	涵洞	一・一〇	五・〇〇	・八〇	一	條石亂石洋灰建築	六・五二	二十三年二月四日	四月八日	
蘇家莊管界	同	一・一〇	五・〇〇	一・〇〇	一	同	七四・七五	二十三年四月九日	四月十五日	
毛公地管界	石橋	二・〇〇	五・〇〇	二・五〇	一	同	一九二・六	二十二年十一月十七日	十二月三十一日	
毛公地管界	同	一・六〇	五・〇〇	一・八〇	一	同	一五九・四	二十二年十二月十五日	二十三年一月十日	
毛公地管界	涵洞	・六〇	五・〇〇	・七〇	一	同	一〇三・八	二十二年十二月五日	十二月十二日	
莊子村管界	石橋	一・五〇	五・〇〇	一・五〇	一	同	一六六・〇	二十二年十一月一日	十二月二十九日	
劉家下河管界	涵洞	一・一〇	五・〇〇	一・〇〇	一	同	一三〇・〇	二十三年一月五日	一月二十五日	
張村管界	石橋	二・五〇	五・〇〇	一・六〇	一	同	一四一・四	二十三年一月五日	一月卅日	
合計	石橋四 涵洞四									

（2）张朱路新筑桥梁涵洞

地點	橋別	長度（公尺）	寬度（公尺）	高度（公尺）	孔數	建築方法	造價（元）	開工	竣工	備考
午山村南	石橋	二·五〇	五·〇〇	二·五〇	一	條石亂石洋灰建築	三四·〇	二十二年十一月二十五日	十二月二十九日	
張村村南	涵洞	一·五〇	五·〇〇	一·四〇	一	同	五一·八七	二十二年十二月二十二日	十二月三十一日	
合計	石橋一 涵洞一									

（3）李山路新筑桥梁涵洞

地點	橋別	長度（公尺）	寬度（公尺）	高度（公尺）	孔數	建築方法	造價（元）	開工	竣工	備攷
山東頭	涵洞	一·八〇	五·〇	一·六〇	一	條石亂石洋灰建築	四·六四	二十三年五月二十四日	五月二十五日	
山東頭	河底橋	三〇·〇〇	四·六			同	一〇八·三八	二十三年五月十日	六月二十八日	
合計	河底橋一 涵洞一						一一三·〇二			

丙　改良乡村建筑

查乡区人民对于住屋之建筑因陋就简不知改良，既不适于卫生，又不合于规则。曾由乡区建设会议决，定乡区建筑简则，附具图样，布告周知，俾资遵守，以期改善。但查各乡区环境习惯既各互异，人民贫富亦各不同。兹为便利乡民起见，仍根据各区固有房屋式样加以改善，制定标准式样数种，使各乡民择其习惯所近与其经济能力所及者任意择用，并由本处派员实地勘查详细，说明利弊，加以指导，以期乡区之建筑逐渐改良，人民之衣食住行日有发展，是亦增进人民福利之大端也。兹将二十二年份及二十三年上半年核准乡区建筑统计表，分列于后。

青岛市暂行乡区建筑简则

第一条　凡青岛市各乡区内改造翻造修理房屋墙壁及其他一切之建筑工程，除有特别规定者外，须依照本简则办理。

第二条　凡在乡区建筑楼房及较大之工程，须遵照青岛市暂行建筑规则第八条之规定，绘具详图呈由该管乡区建设办事处转呈工务局审核。

第三条　一切新建建筑物须以光线充足、空气流通并不碍交通及观瞻为原则。

第四条　凡拟兴工建筑者，须由该管分驻所或派出所呈领动工请求单，经呈由建设办事处勘验后，发给许可证方准动工。前项许可证须悬挂建筑场中，以便查验。

第五条　凡动工许可证遇有遗失，须呈请补发。

第六条　建筑人领到动工许可证，如欲变更计划，须呈经核准后方得变更。

第七条　凡未经呈准私自建筑或私自变更计划及不遵照许可证建筑者，得勒令停止工作或拆除。

第八条　建筑人于竣工之后须将动工许可证呈缴主管分驻所或派出所，以便存查。

第九条　违反本简则之规定或以甲案之许可证冒为乙案，以图朦混者，得依照第七条办理。

二十二年份乡区建筑统计表

月份＼類別	瓦房件數	瓦房間數	草房件數	草房間數	板房件數	板房間數	牆垣件數	牆垣長度	統計件數	統計間數
一										
二										
三	二	六	二	六					四	一二間
四	四	二七	一二	三五					一六	六二間
五	一	二							一	二間
六	二	三〇	一	一	一	二			四	三三間
七	二	四	二	四	二	四	六	六七·六公尺	一二	一二間 六七·六公尺
八	二	三	一	二			一	一二·〇公尺	四	五間 一二·〇公尺
九	二	三	一	三	三	七			六	一三間
十										
十一										
十二			一	三			一	一〇·〇公尺	二	三

注：（一）表内所列长度系以公尺计。

（二）本年份核准数目共四十九件，计房屋一四二间，墙垣八九点六公尺。

二十三年份上半年乡区建筑统计表

月份／類別	瓦房		草房		板房		牆垣		統計	
	件數	間數	件數	間數	件數	間數	件數	長度	件數	數量
一			一	六					一	六間
二			二	八					二	八間
三	五	六一	五	一七	一	三	一	一九	一二	八一間 一九公尺
四	五	六三	七	二一			三	五一	一五	八四間 五一公尺
五	八	五八	六	二〇			一	五	一五	七八間 五公尺
六	六	六七	二	六	一	二	四	三五五	一三	七五間 三五五公尺

注：（一）表内所列长度系以公尺计。

（二）本年份上半年核准数目共计五十九件，房屋三三二间，墙垣四三〇公尺。

第十条　凡在大路两侧之村庄，自大路中心起三公尺以内不得修盖门墙房屋等一切建筑物，并不得将阶石突出路线以外。

第十一条　凡在大路两侧临街之门墙，均须取成直线或有规则之曲线，已有之建筑物俟翻造时亦须依照办理。

第十二条　建筑房屋高度、大小及门窗位置、尺寸，须遵照所定标准式样办理，建筑人得就其当地习惯及其经济情形，在所定甲、乙、丙、丁四种式样中任择一种呈请乡区建设办事处核准之（附标准尺寸图）。

第十三条　房屋之前后窗遇有特别情形无法设置者，得临时审定之。

第十四条　凡与邻房接脊须取得邻房户主之承诺，其房后屋檐与邻房接连者须留半公尺之距离，以便雨水之滴流。

第十五条　凡在街隅建筑房屋墙壁，其房基线须呈请派员勘查，临时审定之。

第十六条　凡与大路相接之街道旧有厕所或倒塌房屋及一切有碍观瞻及交通等类之建筑物，经乡区建设办事处认为必要时，得限期令房主拆毁或修改之。

第十七条　临路两侧不得建筑粪坑及厕所，院内厕所之坑须用砖石垒砌高出地面十公分，坑口宽度不得过二十五公分，长度不得过六十公分，上以盖盖之。

第十八条　所有建筑材料除特别规定者外，得就当地情形酌量采用之，但不得有碍坚固。

第十九条　房屋门窗一切尺寸之计算均以公尺为准。

第二十条　以上各条规定，各乡区建设办事处如有特别情形，得酌量变通办理。

第廿一条　本简则如有未尽事宜，得随时呈请市政府修正之。

第廿二条　本简则自呈奉核准之日施行。

附则：

（一）本处为整理市容起见，凡在李村、河南、河北各街，非有特别情形者一律不许建筑草房。

（二）凡在东西吴家村、太平镇亢家庄、仲家洼、大小湛山、燕儿岛各村建筑房屋者，均须向工务局请领动工许可证。

青岛市李村乡区建设办事处附订

鄉區建築房屋側面圖

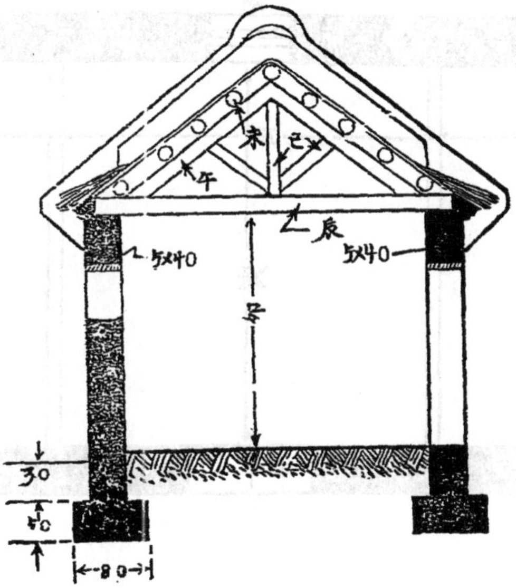

鄉區建築房屋正面圖

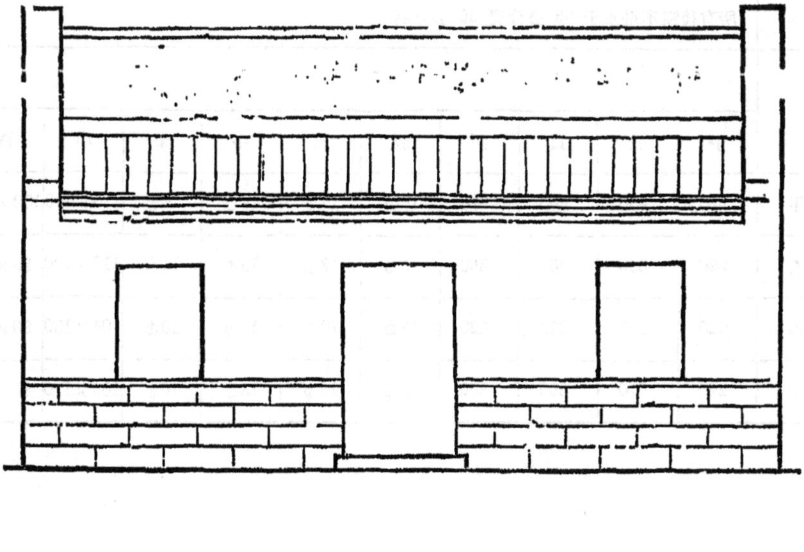

鄉區建築房屋平面圖

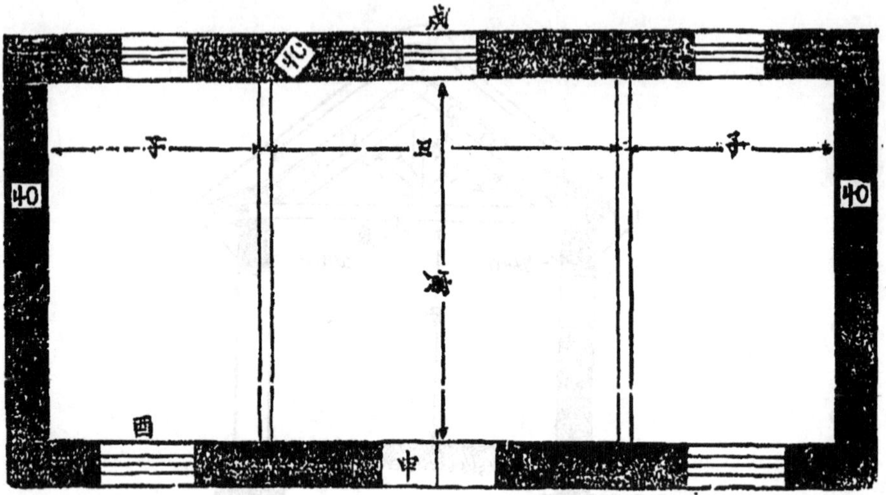

說明概要										
1.	此項平房屋頂完全為草頂于近屋簷之處可酌量舖掛瓦簷如完全用瓦舖掛者聽									
2.	樑木距離不得超過 50 公分其他材料不得小于下表所列尺寸									
3.	所有後窗不得小于 65 公分寬 55 公分高									
	子	丑	寅	卯	辰	巳	午	未	申	酉
甲	220	350	400	270	15ϕ	12ϕ	15ϕ	12ϕ	110×200	100×110
乙	220	330	360	250	15ϕ	12ϕ	15ϕ	11ϕ	110×190	90×100
丙	220	300	330	220	13ϕ	10ϕ	13ϕ	10ϕ	105×180	80×90
丁	220	270	300	200	13ϕ	10ϕ	13ϕ	10ϕ	105×170	80×90

建築報告表

類別	瓦房	草房	前舖	後舖	牆垣	其他
數量						
長度						
寬度						
高度						
距路尺寸						
備考						

附注：（一）凡建筑房屋者，不论临路或巷内，均须请求核验。

（二）所规定之尺寸概以公尺为准（即米打尺）。

（三）凡临街修筑墙垣或修造门楼者亦须请求核验。

動工請求單存根

第　　號

據業主　　報告擬在　　區　　村門牌　　號 翻修／新造 臨街　　等情前來除發

給動工請求單飭即填寫送由本所轉送

鄉區建設辦事處核辦外合行存查

（警察分駐所或派出所蓋戳）

中華民國　　年　　月　　日

（注意）翻修或新造臨街房屋牆垣於展寬公路及公共交通關

係切要凡未領許可證擅自動工者應即派警制止

此聯存　　警察分駐所或派出所

第　　號

動工請求單

第　　號

呈爲呈請事茲擬在　　區　　村門牌　　號 翻修／新造 臨街　　請派員勘明路界並發

給動工許可證以憑動工謹呈

鄉區建設辦事處

業主姓名

中華民國　　年　　月　　日

此聯由警察分駐所或派出所轉送　　鄉區建設辦事處

動工許可證存根

第　　號

茲據業主　　填單報稱擬在　　區　　村門牌　　號　翻修／新造　臨街　　請求勘明路界

並發給動工許可證前來業經派員勘明應自　原有／預定　臨街牆基外綫起退讓　　公尺

公寸　　公分以便留有寬　　公尺之街道除發給動工許可證外合行存查

主任

查勘員署名

（附註）凡遇已足路寬之處所有公尺公寸公分上之空白處均填〇字以示勿庸退讓

中華民國　　年　　月　　日

此聯存　鄉區建設辦事處

第　　號

動工許可證

第　　號

青島市　　鄉區建設辦事處　為

發給動工許可證事茲據業主　　填單報稱擬在　　區　　村門牌　　號　翻修／新造　臨街

請求勘明路界並發給動工許可證前來經本處派員勘明應自　原有／預定　臨街牆基外綫起退讓

公尺　　公寸　　公分（公尺又名米達每一公尺合中國營造尺三尺一寸二分

五）以便留有寬　　公尺之街道合行發給動工許可證務須遵照施工毋得違背須至許可證者

右給業主　　張掛工作場所

主任

中華民國　　年　　月　　日

此聯填妥後送　警察分駐所或派出所轉給業主張掛

丁 水井

水为日用必需之品。本市乡区地处高原，凿井不易，虽有河流可供饮用，但因水源发源不远，且以地势倾斜，一遇旱干，水荒堪虞，故凿井汲水实为救济乡村饮料之最要工作。本处管辖区内于二十二年份在各路共计择要开凿水井十六眼，一面可以灌溉行道树株喷洒马路，一面可以供给农民种植田园，总计用款一千八百一十七元五角。兹将各路新开水井列表于下：

各路新凿水井一览表

路名	地點	深度（公尺）	水最（公尺）	用款（元）	開工	竣工	備攷
畢公路	于家下河村後	六 〇〇	三 五〇	一〇二 二〇	三月三十日	四月十五日	
	李家上流村後	九 八〇	三 六〇	一七〇 〇〇	三月三十日	四月十三日	
吳小路	小埠東村西	五 三〇	三 〇〇	九二 五〇	三月卅一日	四月十五日	
	大埠東村西	四 九〇	二 六〇	八六 五〇	三月卅一日	四月十三日	
	于姑菴廟後	一一 七〇	二 三〇	一九二 三〇	四月十日	四月三十日	

畢埠路	王埠莊村東	六五〇	四五〇	一一〇五〇	四月十三日	五月一日	
台柳路	于家下河村東	九六〇	三〇〇	一五七〇〇	四月十三日	五月一日	
	畢公路路口	六三〇	五〇〇	一〇七五〇	四月一日	四月廿三日	
	莊子村村後	六一〇	一八〇	一〇四五〇	四月五日	四月二十日	
	李村村西	五六〇	三四〇	九七〇〇	三月卅一日	四月十二日	
	河南莊村東	六五〇	三五〇	一一二五〇	四月十五日	五月十日	
	河西村村南	五一〇	四〇〇	八九五〇	四月一日	四月十六日	
	東吳家村村北	一二〇〇	四五〇	二二一〇〇	四月十四日	四月三十日	
李村街路	李村河北	四〇〇	二五〇	六五〇〇	六月十日	六月廿九日	
	李村河南	四〇〇	二五〇	六七一五	六月一日	六月十二日	
五大路	滞崖村村後	五〇〇	一五〇	四二四五	九月十四日	九月三十日	

青岛市补助乡区凿井办法

第一条　本办法以提倡乡区凿井，改良饮料为宗旨。

第二条　凡饮水缺乏村庄均得呈报各该管乡区建设办事处，添凿水井。

第三条　各村添凿水井均须用石砖砌垒，井筒修筑乱石洋灰，井台一概仿照乡区办事处所凿井之样式，其水深以一公尺半至二公尺为准。

第四条　凡遵照本办法添凿水井者，得请求工务局给以四分之一补助金。

第五条　凡各村添凿水井开工前，须到各该管乡区建设办事处请求派员勘估，竣工后，须呈报各该管乡区建设办事处派员验收后方可转请发给补助金。

第六条　前项发给补助水井以位于马路两旁及供公众饮用者为限。

第七条　本办法自呈准公布之日实行。

第八条　本办法如有未尽事宜，得呈请修正之。

戊　公益事项

一　公共汽车停车场

查本市乡区之最大市镇厥为李村，距离市区有二十五华里，位于本市乡区之中心点，设有公安分局、农林分所、农场、法院、监狱、中学、医院等重要机关。乡村贸易皆集于此，并在河岸附近设有集市，每逢二七等日，乡民临时设帐，营业者恒有数百家，交易人数不下二三万。交通方面之重要道路如李大路、李沧路、李坊路、李塔路、李沙路、李山路莫不辐凑于此。此外最主要之路线为台柳路，东通九水，南达市内，诚为本市乡区四通八达之地，现在公共汽车公司即设站于此。比年以来，乡区发展，百业进步，因之汽车路线又行扩充，一方通至大劳，一方通至沙子口，皆以李村为会集中心。而李村原无公用停车场之设备，所有上下往返之汽车，皆停留于村街之两旁，对于商号之营业、通过之车辆均有防碍，本处为整理市容及乘客方便起见，即积极计划进行建筑停车场所。当在李村河南岸西首沿台柳路与河流之间开辟公用停车场一处，计长一百二十公尺，东端宽三公尺，西端宽九公尺半，可容汽车五十余辆，临河一边用乱石灰浆垒砌石墙一道，以防水流冲击。于二十二年十一月五日开工，至十二月十二日完工，共计工料用款二百零九元壹角，此场亦系公家出资购料，村民出夫帮助，是以用款较少也。

二　李村民众憩游所

查公共汽车停车场虽已建筑竣工，而来往旅客尚无候车处所，行旅极感不便，且李村为本区重要村镇，每逢集期，设帐营业者不下数百家，交易人数恒逾数万人，正可利用时机定期讲演，施以通俗教育，俾得了解生活常识，并可于闲时练习国术，提倡民众体育，亟宜建筑会堂以资憩游。当经勘定李村河南为建筑地点，并绘具图样准备开工，定议之后，适有绅商杨圣训移居李村，以为此等建设乃系地方自治事业，地方人民应自行建筑，作为提倡，慨然来处请示情愿捐助一千四百元以资建筑。当经本处一面批示准予捐款建筑，一面呈请市政府给予匾额，以奖善行。现在业已竣工，定期开幕，是亦社会教育上不可缺少之建设也。

三　公民训练大会堂

查本处管辖村庄共计九十三村，每遇召集村长、首事等会议时，恒有二百余人之多，非有广大之会议室不克容纳，现有之会议室已由农工银行及地亩登记处分别占用，且该二处对于农民事项最为繁杂，村民来处接洽者同时竟有五六十人之多，每感人满之患，不但会议无处可容，即招待来宾亦多不便。兹经筹划，就院内隙地增筑会议室一座，计五间，以一间作银行办公室，四间作为会议室，已经呈奉市政府令准办理，并转由购办委员会招商，标办在案。计本案分建筑工程及木器设备二项，开标结果建筑工程以福源栈所投之二千一百五十元为最低。木器计讲台一座，木桌一个，靠椅一百条，以增盛和所投之三百三十元为最低。总计两项银价二千四百六十三元，均于二十二年十一月份先后办理完竣。

第五　关于农林事项

甲　办理农业推广

一　设置农业推广实验区

中国为古农业国，故其社会问题多属于农民问题。揆厥农民问题之发生实由于农村经济之破产，而农村经济破产之主要原因多由于农业之未能改良及农家副业之未能发展，是以改良农作、提倡农家副业为乡区建设复兴农村之根本要图，而不可一日缓者也。本处即以此为唯一之使命而从事建设工作，一面规定生产建设计划，使有规道可循；一面由李村农林分所积极筹备着手进行，如设置农业推广实验区、特约农田，蔬菜、花卉、果树各种推广中心区，改良家畜、举办农产展览会等其最著者也。

本处农业推广曾于二十一年开始进行，租借民地为实验区，由农林事务所酌给租金，发给种苗、肥料，在各区试验各项农作物。并派员工与农民实地施行技术工作，俾农民就近观摩，所有收获之农产品仍归农户。所有此种办法不但可为耕作之示范，且可使农民悦服速于仿效，今年来处请求出租地亩为实验区，愿为管理农户者日见增加，是以本处推广实验区已增至十二处。兹将本年度经营概况，列表于下：

李村乡区二十二年度农业推广实验区经营概况表

號別	地點	管理農戶姓名	面積	推廣目的	實驗方法	經營概況	備考
第五號	西吳家村	吳正壽	二·〇畝	栽培珍貴品種之蔬菜並行促成栽培	各種新輸入蔬菜品種之栽培及冷床溫床使用法	建溫床兩座實行促成栽培並春播甘藍茄子大椒洋芹菜蕃茄早生花椰菜胡蘿蔔等	由二十一年度設置
第六號	潞山村	姚玉成	一·〇	同右	同右	同右	同右
第七號	西吳家村	劉永強	二·〇	栽培珍貴品種之花卉並行溫室盆栽切花等	各種新輸入花卉品種之栽培及溫室使用法	建築溫室一座實行室內盆栽繁殖並室外栽培及種切花用花卉	由二十二年度起設置
第八號	仲家窪	葛本達	二·〇	同右	同右	同右	同右
第九號	鄭張村	土集盛	一·〇	栽培珍貴品種之蔬菜	各種新輸入蔬菜品種之方法	播種白菜洋芹菜甘藍菜等	同右
第十號	鄭張村	王集香	一·〇	同右	同右	同右	同右
第十一號	文張村	王瑞田	一·〇	同右	同右	同右	同右
第十二號	枯桃	曲修琛	二·〇	同第七號	同第七號	同第七號	同右
第十三號	唐家口	袁相如	一·三	栽培珍貴品種蔬菜並玫瑰香葡萄	以合理方法造成新蔬菜果園	春播牛蒡甘藍並栽植玫瑰香葡萄五十六株牛奶葡萄四十五株	此係廿一年度特約農田今改實驗區
第十四號	中韓哥莊	王立柏	二·〇	栽培珍貴品種之蔬菜並洋櫻桃須具利等	同右	春播各種西洋蔬菜如酸菜款冬石刁柏三葉芹等晚栽移洋櫻桃一〇七株須具利一五〇株	同右
第十五號	鄭莊	呂明彰 呂維棟	二·四	栽培晚玉露水蜜桃	以合理方法造成新果園	栽植水蜜桃二〇〇株間作本地甘藷舉行施肥試驗	由二十二年度起設置
第十六號	毛公地	劉恩忠	一·三	同右	同右	栽植水蜜桃一一四株春季種小麥秋季間作栽植草莓	同右

青岛市农林事务所农业推广实验区管理简则

民国二十二年二月十七日呈奉市政府内字第一二六零号指令核准

第一条　本所为推广优良种苗、指导经营技术起见，特于各乡区斟酌地方需要租用民地设置农业推广实验区，以供附近农民之观摩及学习。

第二条　各实验区一切经营事宜，除由本所指派指导员依据呈准计划负责办理外，所有看守及普通管理事项须由各该区地主担任之，称为管理农户，对于实验区之工作须完全服从指导员之监督及指导。

第三条　实验区管理农户须经区长、村长之保证，填具志愿书，呈由本所换给执照，以资凭证。

第四条　各实验区所用地亩，由本所约定年限，每年分期酌给租金，以利推行。

第五条　各实验区经营上所需苗木、种子、药品、材料及高价之农具、肥料等，完全由本所供给开支。惟如人粪、厩肥、堆肥等粗肥及犁耙锄镢等简单农具，概由管理农户置备，需用劳力亦归该农户负担。

第六条　各实验区所在地之区长、村长有协助指导员管理实验区之责任。

第七条　各实验区之生产品完全为管理农户所有，但本所得令保留少量以备学术上之研究，又特种优良种子本所得以同量交换法换作推广之用。

第八条　管理农户如有不能履行第二条、第五条之规定时，本所当予以书面警告，警告至三次以上而无效时，得撤换之。在经营果园之实验区所有本所发栽果苗，届时并当掘取收回。

第九条　本简则如有未尽事宜，得随时呈请修正之。

第十条　本简则自呈奉核准之日施行。

附管理农户志愿书、推广实验区管理执照格式，各一纸。

青岛市农林事务所农业推广实验区管理农户志愿书

立志願書　　村農戶　　茲願遵照本市農業推廣實驗區管理簡則規定辦法充任

鈞所　　第　　實驗區管理農戶理合塡具志願書送請

鑒核謹呈

青島市農林事務所

志願人姓名　　押

年齡

家屬

詳細住址

現願租作實驗區用地地址及畝數

保證人

區區長　　押

村村長　　押

中華民國　　年　　月　　日

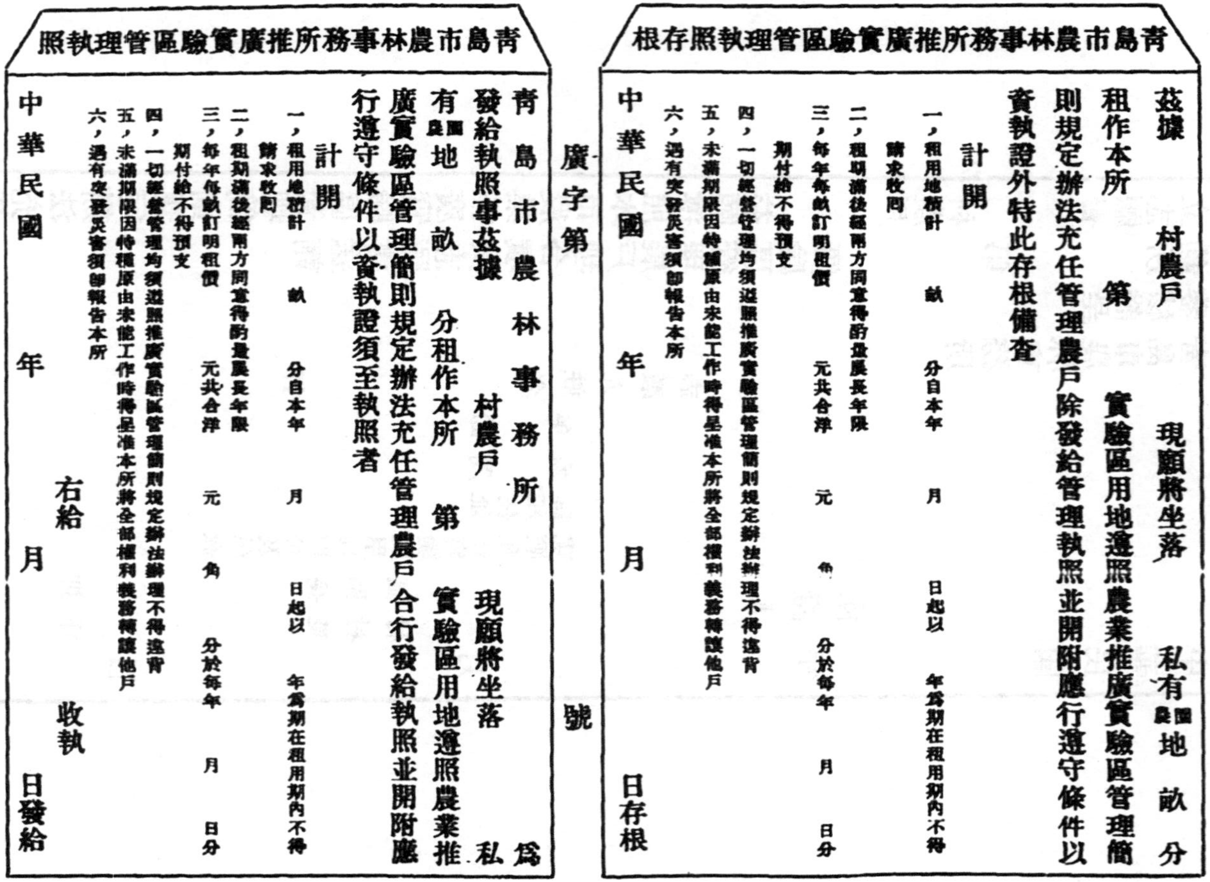

青島市農林事務所推廣實驗區管理執照存根

茲據　村農戶　現願將坐落　私有國農地　畝　分
租作本所　第　實驗區用地遵照農業推廣實驗區管理簡
則規定辦法充任管理農戶除發給管理執照並開附應行遵守條件以
資執證外特此存根備查

計開

一，租用地積計　畝　分自本年　月　日起以　年為期在租用期內不得請求收回

二，租期滿後經兩方同意得酌量展長年限

三，每年每畝訂明租價　元共合洋　元　角　分於每年　月　日分期付給不得預支

四，一切經營管理均須遵照推廣實驗區管理簡則規定辦法辦理不得違背

五，未滿期限因特種原由未能工作時得呈准本所將全部權利義務轉讓他戶

六，遇有災害須即報告本所

中華民國　年　月　日存根

廣字第　號

青島市農林事務所推廣實驗區管理執照

青島市農林事務所　為
發給執照事茲據　村農戶　現願將坐落　私
有國農地　畝　分租作本所　第　實驗區用地遵照農業推
廣實驗區管理簡則規定辦法充任管理農戶合行發給執照並開附應
行遵守條件以資執證須至執照者

計開

一，租用地積計　畝　分自本年　月　日起以　年為期在租用期內不得請求收回

二，租期滿後經兩方同意得酌量展長年限

三，每年每畝訂明租價　元共合洋　元　角　分於每年　月　日分期付給不得預支

四，一切經營管理均須遵照推廣實驗區管理簡則規定辦法辦理不得違背

五，未滿期限因特種原由未能工作時得呈准本所將全部權利義務轉讓他戶

六，遇有災害須即報告本所

右給　收執

中華民國　年　月　日發給

二　设置特约农田

查设置特约农田之意义亦为补助农事试验及农业推广之示范耕作，其办法分为两项，一曰采种田；二曰试验田。特约农田之位置须在马路两旁及村之附近，使农民就近观摩而便于管理。特约农户须选择勤慎忠实、能得农民之信用而有进取精神、恪遵指导者方准担任经营。当于二十一年，将特约农田简则详细向民众宣传解释，俟经本处选定准于办理之特约农户共十九家，面积计三十三亩。其栽培作物之种类概以栽培蔬菜、果树为目的，其距离市场较近者，由农林分所发给优良品种之蔬菜种子，并设置温床施行促成栽培。而初成之果园，除发给果苗，仍间作普通作物，不妨害苗木生长，俾农民得有相当之收入。一年以来，而特约农户因收获优厚来处请求者日见增加，并审定二十一年之特约农户，除王立章等十四户准予继续办理外，其余均期满解约。当经选定请求为特约农户之农田共计三十五处为特约农田，面积计五十五亩九分，又采种田六处面积十二亩二分。兹将本年度经营概况，列表如下：

李村乡区二十二年度特约农田经营概况表

1. 普通特约农田

號別	設置年度	地點	管理農戶姓名	面積	推廣目的	實驗方法	經營概況	備考
第二號	廿一年度	仲家窪	江鴻信	三•三畝	栽培珍貴品種之蔬菜	新輸入各種蔬菜之栽培方法	春播洋芹菜番茄茄子大椒胡蘿蔔洋生菜牛蒡花心菜甘藍菜花椰菜山藥馬鈴薯	
第三號	廿二年度	小埠東	孫周堯	〇•五	同右	同右	同右	
第四號	同右	小埠東	劉洪鈞	〇•七	栽培粟及西瓜	粟與西瓜之栽培方法	播種尖頭粟與改良種西瓜	
第五號	同右	小埠東	劉世如	〇•八	栽培無蔓花生	無蔓與有蔓收益之比較	播種農場無蔓花生	
第六號	同右	朱家窪	朱學燦	〇•七	同第二號	同第二號	同第二號	
第七號	同右	午山村	王文賢豐	四•〇	已成梨園之整枝管理	整枝施肥摘果防除病虫害	業經派員面爲指導一切並經會同農業指導專員代爲噴射藥劑數次	
第八號	廿一年度	下車家莊	車承堂	一•〇	同第二號	同第二號	同第二號	
第九號	廿二年度	下車家莊	車承培	三•〇	栽培水蜜桃洋櫻桃	以合理方法造成新果園	栽植水蜜桃二百廿株洋櫻桃四十株	
第十號	同右	下董家莊	曲宗成	一•二	栽培洋櫻桃	同右	栽培西洋櫻桃五十八株	
第十一號	同右	下董家莊	張士州	一•〇	同右	同右	栽植西洋櫻桃四十二株	
第十二號	廿一年度	保兒莊	胡延明 胡延木	二•〇	同第二號	同第二號	同第二號	

第十三號	廿二年度	河崖	匡國順	一・三	同右	同右	同右	
第十四號	廿一年度	河東	曹清運 思廣	二・〇	同第二號	同第二號	同第二號	
第十五號	同右	李村河南	王忠謂	一・二	同右	同右	同右	
第十六號	同右	李村河北	安茂松	二・〇	栽培小麥	優良麥種之豐收情形	播種碭山白小麥	
第十七號	同右	李村河北	安茂城	四・〇	同第二號	同第二號	同第二號	
第十八號	同右	李村河北	手成源	一・三	同第二號	同第二號	同第二號	
第十九號	同右	李村南莊	王立章	一・六	同右	同右	同右	
第二十號	同右	李村南莊	黄澤正	〇・四	栽培馬鈴薯	馬鈴薯與甘藷收量之比較	播種農場第一號馬鈴薯	
第廿一號	同右	楊哥莊	朱宗臣	二・三	同第二號	同第二號	同第二號	
第廿二號	廿二年度	楊哥莊	王瑞記	二・〇	同右	同右	同右	

第廿四號	廿一年度	西韓哥莊	劉學堯	一·五	同右	同右	同右	
第廿五號	廿二年度	東韓哥莊	王子魁	一·五	栽培水蜜桃	以合理方法造成新果園	栽培水蜜桃八十株	
第廿六號	同右	東李村	李恕林	一·〇	栽培西瓜	栽培西瓜方法	播種農場改良種西瓜	
第廿七號	同右	東李村	李德林	二·〇	栽培水蜜桃	以合理方法造成新果園	栽培水蜜桃一百一十株	
第廿八號	廿一年度	東李村	附德昌 安修	一·〇	同第二號	同第二號	同第二號	
第廿九號	廿二年度	東李村	劉興可	一·〇	同第七號	同第七號	同第七號	
第三十號	同右	東李村	曲成功	一·〇	同第七號	同第七號	同第七號	
第卅一號	同右	侯家莊	呂崇寶	五·〇	已成苹果園桃園之翦枝管理	同第七號	同第七號	
第卅二號	同右	毛公地	劉鳳君	一·〇	同第七號	同第七號	同第七號	
第卅三號	同右	劉家下河	董喜永	〇·九	栽培西瓜	同第廿六號	同第廿六號	
第卅四號	同右	劉家下河	劉卓芝	一·三	同右	同右	同右	
第卅五號	同右	佛耳崖	刁作坦	一·三	已成桃園之翦枝管理	翦枝施肥摘果防除病虫害	業經會同農業指導員前往指導一切並帶技工藥品用具噴射藥劑二次	
第卅六號	同右	艾兒澗	紀家价	一·八	已成苹果花紅之翦枝管理	同右	同右	

2. 小麦特约采种区

號別	設置年度	地點	特約農戶姓名	面積	特約目的	實驗方法	經營概況	備考
第一號	廿二年度	侯家莊	呂崇賢	五·〇畝	栽培小麥以供採種	優良麥種栽培並採種法	播種用硫酸銅浸種之碭山白小麥並指導栽培及播種方法	
第二號	同右	鄭莊	呂志顯	二·五	同右	同右	播種武進小麥餘同右	
第三號	同右	鄭莊	呂維祉	二·五	同右	同右	同右	
第四號	同右	李村河南	王澤進	一·二	同右	同右	同右	
第五號	同右	西吳家村	董品三	二·五	同右	同右	播種大玉花小麥	
第六號	同右	西吳家村	吳正壽	〇·五	同右	同右	同右	

以上砀山白麦、武进小麦、大玉花小麦均经硫酸铜浸种，使其增加抵抗力，以预防一切病害。共由本处领到小麦二千斤，当即分配各村，按本地中亩每亩十二斤，共发出一千八百七十八斤，计面积一百五十六亩五分，下余之一百二十二斤旋即发给以上之特约农户，以供农场采种之用。本年共由农场收买麦种计五千余斤，当于秋后分配各村农户，以资推广改良。

青岛市农林事务所特约农田简则

第一条　本所为应事实之需要及农民请求，得依照本规则于各乡区设置特约农田，以补农事试验场及推广实验区之不足。

第二条　特约农田由本所专派农业推广指导员监督指导之。

第三条　特约农田之经营人称为特约农户。

第四条　特约农田分下列二种：

甲种　采种田：在本所指导及监督下栽培特种作物，由本所保证其最低收获量，并收买其生产品以供推广之用。

乙种　试验田：由本所指导施行各项技术上之改进，其最低收获量由本所保证之。

第五条　特约农户由农业推广指导员于本市各乡村选择之，须合于下列之各项：

（一）勤慎忠实能得农民信用者。

（二）有进取精神，能恪遵指导并广为宣传者。

（三）对于特约农田有充分资力，合理经营者。

（四）特约农田交通上之位置便于管理者。

第六条　本所为应采种上之必需，得于市区外设置甲种特约农田。

第七条　特约农户除由本所选定外，农民得自动请求，经本所核准后充任之。

第八条　特约农户经本所核定后，应填具志愿书，再由本所发给执照。

第九条　特约期间因特约事件之性质，由本所随时规定之。

第十条　特约农田所需之一切土地、资本及劳力，不分甲乙两种，完全由特约农户自给，但其未备之种苗、材料及用具，得由本所酌量发给或借给之。

第十一条　特约农田之收获量如不及保证数额时，由本所补偿比较不足之同等产品或现金，但其收获减少之原因在天灾或外力损害者，本所不负保证责任。

第十二条　特约农户不遵本所之指导监督者，得随地取消其特约权利。

第十三条　本简则如有未尽事宜，得随时呈请修正之。

第十四条　本简则自呈奉核准之日施行。

充任特約農戶聲請書

具聲請書　　茲願遵照

鈞所特約農田簡則充任特約農戶理合塡具聲請書呈請

核示施行謹呈

青島市農林事務所

左列各項應由聲請人詳細塡明

一、聲請人詳細住址

一、聲請人年齡

一、請求特約事項

一、預定特約農田之位置　面積　現作

一、希望保證之最低限度

聲請人　押

保證人　押

村村長　押

區區長　押

中華民國　年　月　日

特約農戶志願書

立志願書　　村　　茲願遵照特約農田簡則
規定辦法充任　　種特約農戶理合塡具志願書送請
農林事務所
鑒核謹呈
青島市農林事務所

志願人姓名
年齡
家屬
詳細住址
特約農田位置地號
面積
特約事項
特約保障
特約期間
保證人
村村長
區區長

中華民國　　年　　月　　日

三　设置推广中心区

查本处农业生产建设计划既已规定，自应积极进行，俾得早日实现。所有各种果树、蔬菜均宜择定地点集中实验，既便于农户之管理经营，又便于指导员之监督指导，而于将来提倡农户合作经营尤为适宜。如午山之桃树、吴家村之蔬菜、枯桃之花卉其最著者也。兹将蔬菜、花卉、桃树等各中心区概况表，分列如下：

1. 蔬菜中心区

號別	設置年度	地點	農戶姓名	面積	推廣目的	實驗方法	經營概況
第一號	廿二年度	西吳家村	趙益潽	一·二畝	栽培珍貴品種之蔬菜	各種新輸入蔬菜栽培方法	由農場發給各種珍貴蔬菜種苗指導栽培方法與促成栽培溫床冷床之使用病虫害之防除
第二號	廿二年度	西吳家村	王針群 福邵支	二·〇	同右	同右	同右
第三號	廿二年度	西吳家村	于書田	九·〇	同右	同右	栽植蔬菜種類多由溫床與冷床育苗本年因發生虫害會同農業指導專員實施藥劑數次

查该村经营蔬菜农户二百余家，栽培面积三百余亩，惟品种不良，技术幼稚，不足以供本市之需用。且蔬菜之品质不良，因而获利极薄，故在该处设置中心区，以便就近指导而资改良，是亦提高蔬菜之品质，增高园艺业收入之要道也。

查枯桃村栽培花卉之农户计二百余户，繁殖种类仅有普通草花，至于珍贵之花木，概付缺如。对于栽培方法、盆钵配景之技术，尤为幼稚，故特在该村设置花卉中心区，选择精明勤劳之农户，以期学习宣传，俾便于农民之观摩。一面发给珍贵种苗；一面指导繁殖方法，如播种、扦插、压条、接木、分蘖、分根各法，及盆栽之多干寄植、悬崖攀石、露根水盘等栽植法，暨培土施肥、整形灌水与盆栽配制等各种方法，使其多为繁殖，以供市民之观赏，而养成其审美观念。

2. 花卉中心区

號別	設置年度	地點	農戶姓名	面積	推廣目的	實驗方法	經營概況
第一號	廿三年度	枯桃村	曲修庭	一·〇畝	栽培珍貴品種之花卉	各種新輸入花卉之栽培法	由農林事務所發給花種花苗指導花圃之經營法鉢盆之整形法
第二號	同右	同右	曲維訓	一·〇	同右	同右	
第三號	同右	同右	曲維許	一·〇	同右	同右	
第四號	同右	同右	曲維碁	一·〇	同右	同右	
第五號	同右	同右	曲修禎	一·二	同右	同右	
第六號	同右	同右	李中璐	〇·六	同右	同右	
第七號	同右	同右	曲維祺	二·〇	同右	同右	本年繁殖之洋石竹洋菖蒲芍藥等較多
第八號	同右	同右	李代仕	一·五	同右	同右	本年以繡球梔子銷售量多
第九號	同右	同右	李中民	一·〇	同右	同右	現有之杜鵑花較多

3. 桃树中心区

號別	設置年度	地點	農戶姓名	面積	推廣目的	實驗方法	經營概況
第一號	廿二年度	午山村	王文琨	二•二畝	栽培水蜜桃	以合理方法造成新果園	栽植玉露水蜜桃一百十六株均已成活並經摘芽
第二號	同右	同右	王子仁	三•二	同右	同右	栽玉露水蜜桃一百七十八株並間作甘藷
第三號	同右	同右	王文顯	二•二	同右	同右	栽植玉露水蜜桃一百十六株
第四號	同右	同右	王立璟	二•〇	同右	同右	栽水蜜桃一百株
第五號	同右	同右	王子仁	三•二	同右	同右	栽玉露水蜜桃一百七十八株
第六號	同右	同右	王忠泰	二•〇	同右	同右	栽玉露水蜜桃九十二株
第七號	同右	同右	王明考	三•二	同右	同右	栽水蜜桃一百七十六株
第八號	同右	同右	王立宅	一•六	同右	同右	栽水蜜桃八十株
第九號	同右	同右	王維民	四•〇	同右	同右	栽水蜜桃二百株
第十號	同右	同右	王明登	四•〇	同右	同右	同右
第十一號	同右	同右	王立樸	〇•八	同右	同右	栽水蜜桃四十株
第十二號	同右	同右	王文坦	一•〇	同右	同右	栽水蜜桃五十株
第十三號	同右	同右	王文賢	一•二	同右	同右	栽水蜜桃六十五株

以上栽植面积共三十亩零六分，计植玉露水蜜桃一千五百九十一株，现查成活株数已达百分之九十以上，生长佳良。园地间作甘薯等普通作物，以维持其收入。查本市桃区原在丹山一带，其种类如五月红、六月酸、白洋桃、螺蛳桃、扁桃、冬桃、毛桃、白桃等品质欠佳，不能供给市民需要。曾于上年由农林事务所发给本处玉露水蜜桃苗木千株，分配各村栽植，其桃肥大鲜丽、肉软味甘、富于水分，颇得一般人士之欢迎，故提倡栽培。嗣据午山村农民请求成立果园，当经派员调查，查得该村土壤气候植桃均能适宜，故于本年将桃树中心区设于该村，由农林事务所发给桃苗，并派员工前往实地指导，用科学之方法施以合理之经营，故该区栽培成绩极佳，可为本区之模范也。

四　改良西瓜栽培法

青岛风土适于西瓜品质优良著名于世，惟栽培方法尚未十分进步，以致栽培者未能俱获厚利，是以本处特请农林分所派专门技士于三月二十一日在本处演讲西瓜栽培方法，并发给优良西瓜种子，以资改进。当由本处通知各村农户及愿领种栽培者，务须如期来处听讲，是日来处听讲者共计二十二户，演讲完毕，当即免价发给种子，以为提倡。兹将分发西瓜种子情形列表如下，以供参考。

五　推广优良品种家畜

家畜品种之良否，关系于品质之优劣、产量之多寡，对于农民经济影响极大。本处自规定农业生产建设计划以来，对于牛、羊、鸡、豚等各种家畜之推广积极进行，一面由农林分所多为繁殖，并施行配种办法以资推广；一面规定免费分发种畜，暂行办法免价分配，数年以来，已著相当之成绩。如太平镇三十余家之乳牛场，其乳牛之交配概系用李村农林分所之原种，各村之种猪、河东村之种鸡亦概由该所领饲。如此展转推广，三年以内优良品种可以普及全部乡区矣。兹将河东养鸡中心区及分发种畜概况表列下，以供参考。

本处管内分发西瓜种子概况表

村別	領種農戶姓名	面積	西瓜品種名稱	備考
大潞山	姚玉成	〇·五畝	本場改良之甘露西瓜	實驗區第六號
西吳家村	于書田	〇·五	本場改良西瓜 本場馬鈴西瓜	蔬菜中心區第三號
車家下莊	車承培	一·〇	本場改良西瓜	特約農田第九號
董家下莊	董振瑞	〇·六	仝右	
小埠東	孫鴻書	一·〇	仝右	
文張村	王玉和	一·〇	仝右	
枯桃	李中璐	一·〇	仝右	花卉中心區第六號
牟家村	牟恩智	一·〇	仝右	
河東	曹清連	一·〇	仝右	特約農田第十四號
河東	曹思廣	一·〇	仝右	仝右
李村河南	王忠渭	一·〇	仝右	特約農田第十五號
中韓哥莊	王立柏	一·〇	仝右	實驗區第十四號
東李村	李恕林	一·〇	仝右	特約農田第二十六號

東李村	王元勳	一•〇	仝右	
劉家下河	劉卓芝	一•〇	仝右	特約農田第三十三號
劉家下河	董喜永	〇•九	本場改良之甘露西瓜	特約農田第三十四號
臧家上流	臧學謙	一•〇	本場改良西瓜	
臧家上流	臧學訓	一•〇	仝右	
下臧	陳維禎	一•〇	本場改良西瓜	
橫坦	蘇有塡	一•〇	仝右	

1. 河东村养鸡推广中心区概况表

門牌號數	請領農戶姓名	領雞數量	備考
1.	王瑞眞	六隻	
53.	李興忠	六	
55.	王澤柏	六	
45.	袁錫傳	一〇	
22.	袁有銘	四	
37.	袁坤傳	一〇	
46.	袁德傳	六	
40.	袁乾傳	六	
甲.	袁梅傳	六	
41.	袁芝傳	六	
20.	袁有共	四	
2.	袁盛本	六	

31.	7.	49.	25.	11.	9.	10.	13.	20	6.
馬文山	袁清仁	袁進傳	袁有欽	曹清和	曹玉春	曹玉璽	曹清連	袁有恭	曹恩興
四	四	一〇	一〇	四	六	四	一〇	四	六

67.	19.	29.	24.	16.	17.	21.	甲.	23.	28.
袁清潔	袁有良	袁仁傳	袁有忠	姜正傳	袁良傳	袁有敬	袁有洋	袁有鑑	袁有信
六	六	四	六	六	六	六	六	六	四

51.	34.	4.	18.	5.	25.	47.
李復永	袁金亭	袁有開	袁有温	袁有貴	袁孝本	袁降傳
六	五	六	四	四	六	六

66.	15.	42.	50.	8.	38.	13.
袁思温	曹清相	袁鄭氏	王正卓	曹清德	袁金傳	曹思明
四	六	六	六	五	六	六

以上所发纯为白色古来杭种卵用种鸡，因本地饲养之鸡均系杂种，产卵退化，每年仅春冬两季产卵，每只每年产卵百余个。此种来古杭种鸡若能饲养合法，四季均可产卵，每年自可产卵二百余个，是亦增加农产收入之一大宗也。

青岛农林事务所推广种鸡暂行办法

第一条　本所为推广优良种鸡起见，凡在本市区域内农民有愿领饲前项种鸡者，得依照本办法办理之。

第二条　为谋技术上之指导便利起见，以集中推广为原则。

第三条　每乡区建设办事处应选若干村为推广中心区，分年推行之。

第四条　各指定中心区每户领鸡暂以十只为限。

第五条　各指定中心区之杂鸡须于当年内淘汰之，嗣后并不得再行购入或孵化杂鸡。

前项所称杂鸡为指定推广以外之鸡种。

第六条　各指定中心区之鸡只，如发生疾病或死亡时，须随时向本所或各该乡区建设办事处报告，以便疗治防疫。

第七条　各领鸡户领饲种鸡时，应填具愿书存所备查，并须依照所发表格逐日记载产卵个数。

第八条　领鸡户不得冒名顶替或将所领鸡雏在六个月内加以屠宰或出售。

第九条　违背本办法第五条之规定者，得强制执行或没收之。

第十条　违背本办法第八条之规定者，本所得酌量情形令其赔偿损失。

第十一条　本办法如有未尽事宜，得随时呈请修正之。

第十二条　本办法自呈奉核准之日施行。

2. 分发种畜概况表

地點	領飼農戶姓名	種畜名稱	牝牡	種類	頭數	推廣年度	備考
于家下河	袁有明	牛	牡	荷蘭種	一	二十二年度	
侯家莊	呂崇坦	牛	牡	荷蘭種	一	仝右	
午山村	王文舉	牛	牡	仝右	一	仝右	
于家下河	于承紬	綿羊	牝牡	美利奴種	二	仝右	
		猪	牝牡	巴克夏種	二	仝右	
李村河北	舒綬卿	山羊	牝牡	薩納種	二	仝右	
	黃碩賓	山羊	牝牡	仝右	二	仝右	
	陳礎樵	山羊	牝牡	仝右	二	仝右	

青岛市农林事务所免费分发种畜暂行办法

第一条　本办法以在本市管辖境内推广优良种畜并谋本地种畜之改进为目的。

第二条　本所分发种畜以乳用牛、乳用山羊、毛用绵羊及猪为限，并依照下列二种方法分发之。

第一种　发给牡畜一头，牛羊猪适用之。

第二种　发给牡畜牝畜各一头，暂以猪为限。

第三条　凡本市市民或机关团体有欲领饲前项种畜者，须先填具领饲种畜声请书，直接或经由各乡区建设办事处呈请本所核办。

第四条　前项请求人经本所审查合格而得许可者，须填具领饲种畜愿书，然后由本所发给领饲种畜许可证，于本所指定之地点及时日具领之。

第五条　依据本办法领饲之种畜及其所生幼畜之领取、退还、缴纳及饲养管理时，所需费用概由领饲人负担之。

第六条　凡种畜在领饲期间中所生之收益，概归领饲人所得。惟依第二条第二种方法领饲种猪者，须于领饲期间缴回本所幼猪一对。

第七条　凡依第二条第二种方法分发种畜所产之幼畜，非先经本所许可，领饲人不得擅行去势。

第八条　领饲人须将下开各项确实记录，按季直接报告本所或送由各乡区建设办事处转报。

（一）种牡畜之配种事项。

（二）种牝畜之受配及生产事项。

（三）由第二条第二种方法分发种畜所产幼畜之生死发育及处分事项。

本条所用各种表式由本所于分发种畜时附发之。

第九条　关于所发种畜及其幼畜之饲养管理及配种，本所有所指示时，领饲人不得故意违抗，否则本所得随时责令缴还，而承领人不得请求赔偿因此所受之损失。

領飼種畜聲請書

具聲請書　竊民　茲願遵照

鈞所免費分發種畜辦法領飼牝牡　頭從事繁殖理合塡具聲請書呈請

鑒核賜發實爲德便謹呈

青島市農林事務所

左列各項應由聲請人詳細塡明

一、飼養種畜地點

一、曾否飼養與請領仝種之家畜

一、自飼或僱工飼養

一、有否固定畜舍

聲請人

籍貫　年齡　住址　職業

證明人

籍貫　住址　職業

中華民國　年　月　日

此紙由農林事務所印發概不收費

領飼種畜願書

立願書　　竊民現蒙

鈞所免費發給種牝牡　頭俾資飼養繁殖嗣後對於

鈞所規定之一切辦法均願遵守理合塡具願書伏乞

鑒核謹呈

青島市農林事務所

聲請人
籍貫
年齡
住址
職業

證明人
籍貫
住址
職業

中華民國　年　月　日

此紙由農林事務所印發概不收費

第十条　领饲人故意或由其重大过失而使种畜发生损害时，本所得酌量情形，令其赔偿损失。

第十一条　种畜遇有遗失、死毙或重大疾患时，领饲人须即时报告本所或该管乡区建设办事处，不得延误，乡区建设办事处接得上项报告后，须以便捷方法转报本所。

第十二条　领饲人如无力或不愿继续饲养所领种畜时，可于请得本所许可后，退还本所或将领饲权转给他人继续。

第十三条　领饲种牛以五年为期，种猪及种羊以三年为期，如于期中领饲人确能遵守本所之规定及指示，而成绩良好者，本所得酌量情形即将所领种畜完全免价让与该领饲人，以示奖励。

第十四条　本办法如有未尽事宜，得随时呈请修正之。

第十五条　本办法自呈奉核准之日施行。

六　分发优良蔬菜种苗

近来乡区蔬菜园艺虽渐见发达，然东西各园最优品种尚无由输入。兹为提倡蔬菜改良、供给市民需要起见，每年由李村农林分所栽培优良蔬菜种苗，免费分发各村农户，以资传播。兹将本区二十一年及二十二年分发种苗之统计，列表如下：

分发蔬菜种苗统计表

蔬菜種類	分發數量 二十一年度	分發數量 二十二年度	合計	備考
茄子	二六〇四〇株	六一二〇株	三二一六〇株	長茄圓茄牛奶茄均在其內共計如上數
甘藍	五七一〇	四三三五九	四九〇六九	
大椒	二四一〇	一〇〇〇	三四一〇	甜椒辣椒共計如上數
花椰菜	一二五〇	五〇〇	一七五〇	
生菜		六九九五二	六九九五二	
酸菜		四六〇四八	四六〇四八	

油菜種		五斤•一兩	五斤•一兩	
黃瓜種		五斤•六兩	五斤•六兩	
早生白菜種		四•〇斤	四•〇斤	
甜菜種		三•三兩	三•三兩	
牛蒡種		一五•一兩	一五•一兩	
絲瓜種		一三•五兩	一三•五兩	
紅水羅蔔種		三斤•三兩	三斤•三兩	
胡羅蔔		一•三兩	一•三兩	
馬鈴薯		一〇〇斤	一〇〇斤	

番茄		一八四二〇	一八四二〇	
洋芹菜		一六〇〇	一六〇〇	
子持甘藍		八一〇	八一〇	
子持花椰菜		五〇〇	五〇〇	
長瓠		四〇〇	四〇〇	
山藥		二〇〇	二〇〇	
西瓜種	二兩	一〇斤·六兩	一〇斤·八兩	
南瓜種	一〇斤	一〇斤	二〇斤	
明水大葱種		八兩	八兩	
菜豆種		三八斤·五兩	三八斤·五	

注：以上共二十四种，至二十二年度计发菜苗十九万二千一百五十九株，计发蔬菜种子一八九斤零二钱。

七　举办农产展览会

晚近我国行政当局鉴于年来农业生产之低落，国民经济之枯竭，莫不以改良农业救济农村为当务之急。本市虽属通商巨埠，然附属二百八十余村，而全市人口农民占二十余万，故欲谋本市之繁荣，应注意农业之改良，而举办农产展览会尤为改良农业之要图，自应提倡进行，以便比较，而资观摩。曾由本处呈准市政府定期举办，当经农林事务所规定于二十二年十月三十日为开会日期，并由本处通告各村征集出品，参加农民极为勇跃，其中属于农业之出品达一千五百九十件，评判结果得一等奖者十七种，得二等奖者三十种，得三等奖者四十九种。得奖者除给予奖状外，并给予奖金，即一等奖给银十元，二等奖给银三元，三等奖给银一元，以资鼓励。得奖最多农户第一名复特给奖银二十元，第二名十五元，第三名十元，以示优异。并蒙市长及各局所长特奖银盾五座，由市长莅会发奖，观者极为兴奋。兹将农产展览会简则及得奖农户一览表分述于下，以供参考。

青岛市农产展览会简则

第一条　本会以展览农产比赛奖励借谋农业之改进为宗旨。

第二条　本会展览日期定为十月三十日起，至十一月一日止。

第三条　本会展览地点设在农林事务所李村分所（即李村农场）。

第四条　本会征集与赛出品，以农作物为主，果品及蔬菜副之。兹分类开列于下：

（甲）农作物

（一）普通作物

小麦、大麦、玉蜀黍、（包米）高粮、黍子、谷子、䅟子（上七种须各选穗十枚并种子一斤），荞麦、大豆、甘薯（地瓜）（上三种须选种子或种薯一斤）。

（二）特用作物

花生（选荚一斤）、芝麻（选整株十科并种子一斤）、大麻、苘（上二种须各选麻皮一斤）、棉（选带壳籽棉一斤）、烟（选叶一斤）。

（乙）果品

苹果、梨、柿（上三种须各选果十枚），枣、栗、胡桃、银杏（白果）葡萄（上五种须各选果一斤）。

（丙）菜蔬

白菜、萝卜、南瓜、葫芦（上四种须各选二颗或二枚），芹菜、胡萝卜、马铃薯（地蛋）、芋头、山药、辣椒（上六种须各选一斤）。

如有其余农产品为上所未列者，亦可送会陈列，与赛数量均以一斤为限。

第五条　展览出品以本市农家自产为限，不得向他人购买代替，本会并向各地农业机关或实业团体征集出品，借资参考。

第六条　每种出品经评判后，其优良者分三等给奖，头奖银各五元，二奖各三元，三奖各一元。又依每家各种出品之优劣，核总评判，另给特奖，计分三等，头奖银二十元，二奖银十五元，三奖银十元。

第七条　前项优胜农户除给予奖金外，并颁发奖状以示表彰。

第八条　每家出品须于开会前十日内，迳寄李村分所。

第九条　每种出品，与赛者如不满十家，即将头奖取消；如不满五家，即将头二奖取消；如不及三家，即将此种出品之奖金悉予取消。但出品确系特优者不在此限。

第十条　各种出品虽与赛者人数有过十家，但如品质不佳，本会评判员认为不能及格，得奖时，得奖奖金一部或全部取消。

第十一条　本会请评判员五人，评判各种出品之优劣，秉公评判，与赛者不得有所争执。

第十二条　所有得奖之出品标本，本会得留存一部或全部，以备下年试验之用，如标本价值超过奖金，本会得酌量给价购买。

青岛市农产展览会李村乡区得奖农户一览表

姓名	住址	得獎出品	等次	備考
王澤進	李村河南	黍	一等獎	加給一等特獎銀二十元銀盾一座
王澤進	仝右	蜀黍	二等獎	
王澤進	仝右	蘿蔔	仝右	
王澤進	同右	甘藷	三等獎	
王忠渭	李村	白菜	一等獎	加給二等特獎銀十五元銀盾一座
王忠渭	仝右	甘藍	二等獎	
王忠渭	仝右	花椰菜	仝右	
呂崇寶	侯家莊	苹果	二等獎	加給三等特獎銀十元銀盾一座
呂崇寶	仝右	粟	仝右	
呂崇寶	仝右	棉	同右	
劉學溫	李村河南	蜀黍	一等獎	加給四等特獎銀盾一座
劉學溫	仝右	粟	三等獎	

王立章	李村南莊	羅蔔	一等獎	加給五等特獎銀盾一座
王立章	仝右	白菜	三等獎	
劉學禹	韓哥莊	胡羅蔔	一等獎	
姚玉成	大湛山	馬鈴薯	仝右	
袁英傅	唐家口	甘藍	仝右	
馬文秉	金家嶺	甘藷	仝右	
劉維壽		花生	一等獎	
王延進	楊哥莊	大麥	仝右	
李成元	李村河北	粟	仝右	
王立柏	韓哥莊	石刁柏等	仝右	

黃澤貞	李村河南	黍	二等獎
黃澤貞	仝右	小麥	三等獎
孫德義	李村	玉蜀黍	二等獎
孫德義	仝右	小麥	三等獎
劉爲深	西韓哥莊	蘿蔔	二等獎
劉學和	韓哥莊	胡蘿蔔	同右
王成道	楊哥莊	白菜	二等獎
袁夏傳	唐家口	馬鈴薯	仝右
段景代	侯家莊	梨	仝右
王成浦	楊哥莊	辣椒	仝右

王增昌	李村	花椰菜	仝右
畢啟令	畢家上流	大豆	仝右
朱丕江	李村	豌豆	仝右
方修貞	下王埠	甘藷	仝右
王承吉	王家下河	花生	仝右
陳希仁	下臧	小麥	仝右
吳正壽	西吳家村	芥菜	仝右
李經先	李村	馬鈴薯	三等獎
李經先	仝右	大麥	仝右
汪介德	侯家莊	蘿蔔	仝右

劉學高	韓哥莊	胡羅蔔	仝右
王立俊	韓哥莊	白菜	仝右
鍾悦增	李村河北	甘藍	仝右
紀進傳	菴裏澗	梨	仝右
臧子山	上流莊	梨	仝右
畢方啓	畢家上流	山楂	仝右
王元勤	李村	花椰菜	仝右
何春江		南瓜	仝右
張鴻臣	李村河南	大豆	仝右
劉學江	韓哥莊	大豆	仝右

李紹先	侯家莊	豌豆	仝右
曲俊明	上王埠	大豆	仝右
高鳳暇	李村河南	甘藷	仝右
劉子良		花生	仝右
袁柏原		花生	仝右
李克明		花生	仝右
裁財	下臧	小麥	三等獎
王巽忠	羅圈澗	小麥	仝右
李京和	曲哥莊	粟	仝右
張玉金	亢家莊	黍	仝右
李克宇	侯家莊	蜀黍	仝右
張玉林	羅圈澗	玉蜀黍	三等獎

乙　防除病虫害

一　防除梨树赤星病害（俗名羊毛疔）

本市乡区梨产年值五十余万，原为农村主要收入。惟自民国十七年起，连年发生梨赤星病，病势严重，受创甚剧，所有梨树一至夏季叶果枯落，一如寒冬，非仅当年毫无生产，即梨树亦多因此大见衰败，甚或枯死。农民因连年不能收梨，一方为生计所压迫，一方为失望所驱使，纷纷砍伐梨树，改种作物，若不积极挽救，则农村梨园前途势必破产。本处见及于此，当将梨树被害情形及梨园对于农村经济之关系呈明市政府，请求实施防除，以资救济。旋蒙市长饬令，速筹有效方法实施防除，当由农林事务所召集各乡区建设办事处主任、各乡区公安分局局长、各自治区区长组织梨赤星病防除委员会，并组织梨赤星病防除队，由公家置备药剂用器，分别督率民工实施喷撒药剂，彻底防除。计二十二年共喷药三次，是年气候干燥，赤星病虽微有发生，未能为害，梨果丰收，民力顿苏。至二十三年，市长仍谕令继续办理喷药四次，惟于第二期喷药之先，即五月初旬，赤星病突然猛发，势极严重，幸防除赤星病简则业已公布，民夫工作亦已熟练，喷药之效能与成绩俱大进步，而为本病传染媒介之杜松桧柏亦于第二施工期内伐除殆尽，治本治标双方并进，已著成效。今年梨果之丰收为数年来所未有，此后即每年由农民自行防除，亦不至再有成灾之虞。兹特将防除赤星病暂行简则及实施办法与第一期施工日程分述如下，以供参考。

青岛市防除梨赤星病暂行简则

第一条　为防除本市梨赤星病之发生及传布，农林事务所得依照本简则办理之。

第二条　梨赤星病之防除，农林事务所得召集关系机关组织委员会督促梨主共同施行。

第三条　防除梨赤星病所需用具及药品，由农林事务所制备之，但必要时得向梨主征收药品费。

第四条　实施工作时，按各村梨树多寡征用民夫。

前项民夫由各村长就梨主征选壮丁，不得以老弱充数。

第五条　各地实施防除日期由农林事务所随时公告之。

第六条　为谋工作之便利，所需杂具得向所在村酌量征用。

第七条　梨主于应征工作喷射药剂不得延怠或拒绝。

第八条　违犯前条之规定者，得送由公安局处以一日以上、十日以下之拘留或一元以上、十元以下之罚金。

第九条　为杜绝赤星病之根源，梨区附近不得栽植桧柏及杜松，其原有者并应伐除。

违犯前项规定者，强制执行之，并得酌量情形予以处罚。

第十条　梨树发生赤星病时，梨主应立即报告所隶区公所建设办事处或农林事务所处理之。

第十一条　本简则如有未尽事宜，得随时呈准修正之。

第十二条　本简则自呈奉核准之日施行。

青岛市梨赤星病防除委员会组织细则草案

第一条　本委员会依照青岛市防除梨赤星病暂行简则第二条组织之。

第二条　本会委员由下列人员任之：

农林事务所所长暨各科长

关系乡区建设办事处主任

关系公安局局长

关系自治区区长

第三条　本会由农林事务所所长召集举行。

第四条　防除工作之实施另组防除队办理，其组织另定之。

第五条　下列各事须由本会讨论决定之。

（一）实施办法

（二）防除队工作员警之调拨

（三）征用民夫之数额及办法

（四）实施之次数及起迄日期

（五）施工日程

（六）临时发生事项

第六条　本细则如有未尽事宜，得随时提出修正之。

第七条　本细则俟通过后呈请市政府备案。

防除梨赤星病实施办法

（一）防除工作之实施组织，防除队办理之，以农林事务所农务科科长为队长，担任全队工作之指挥监督。

（二）防除队下分十四组，组设指导员一人，率领工警、民夫直接指导防除工作之实施。

（三）所有指导员由农林事务所指派八人，李村、九水、沧口三乡区建设办事处，各派二人充任之。

（四）征用民夫杂具之手续，由所在地自治区公所会同公安局分驻所办理之。

（五）每次实施前，除公告施工日程外，并由防除队将逐日施工地点及征用民夫杂具数目先期通知关系公安局转饬各村办理。

（六）工作用具及药品，由各村按照日程规定，于先一日下午五时前向指定地点接运，至该村工作完毕时，转送指定地点。

（七）防除队以农林事务所李村农场为驻在地及每日出发点。

（八）实施时，仍照上年办法由第六公安分局警备车担任输送。

防除梨赤星病第一期施工日程，大风大雾及下雨之日依次顺延，以每日早七时之气候为标准。

二　砍伐杜松桧柏以除赤星病之病原

查赤星病菌原寄生于杜松桧柏，在谷雨立夏之时，由冬胞子发芽而生小生子，随风飞散，值梨叶初放，小生子附着于叶，经四五小时发芽，而侵入内部，十数日后，现出病斑，旋生精子器随蜜状粘液，吐出精子于叶面，病斑老熟，则抽出锈子腔，破碎以后，放散诱胞子而飞附寄生于附近之杜松桧柏，旋生冬胞子，由冬胞子发芽而生小生子，随风复飞，散于梨，而为害焉。是以欲预防赤星病之发生，当注意本病之来源，而杜松桧柏在所必须砍伐，但农民昧于旧习，不肯实行，迨至今春第一期实施防除以后，梨叶微现病斑，正值冬胞子发芽时，故强制伐除杜松桧柏，以杜其来源。当经印刷劝告砍伐杜松桧柏宣言书，分发各村，并由本处布告村民勒令伐除，计先后共伐除一百六十五株，梨病之来源既去，而防除自易为力。兹将办理伐除杜松桧柏情形列表，分述于下：

實施目次	村莊	梨樹株數	支配組數	支配用具數 噴霧器	支配用具數 木桶	支配用具數 鉛桶	徵發 車輛	徵發 民夫	接領用具地	歸集用具地	附註
一	帽子澗 五龍澗 七口峪	二〇〇株	一	三	二	六	挑夫一	五	南龍口	旱河	
	峪夼	一一九	一	二	二	六	仝上	四	仝上	仝上	
	黄坦	一三八	一	二	二	六	仝上	四	仝上	仝上	
	綿花 水牛	一五六	一	二	二	六	仝上	四	仝上	仝上	
	溝涯	八四〇	三	一一	六	二四	大車一	三二	仝上	仝上	
	北龍口	二〇〇〇	四	一八	一二	五〇	大車一	四八	仝上	仝上	
	南龍口	三六〇	一	四	四	一二		一二	本村	仝上	
	九水	六〇〇	一	六	四	一二	大車一	一六	南龍口	仝上	

二	旱河	五〇〇〇	一一	三三	二七	九九		九九	本村	松山後	
	松山後	一二〇〇	三	一五	九	四五	大車一	三二	旱河	本村	
三	南宅科	一〇六八	二	八	六	二四	大車一	二一	松山後	本村	
	于哥莊	七〇〇	二	八	六	二四	大車一	二四	仝上	南宅科	
	南鄭	七〇〇	二	八	六	二四	大車一	二四	仝上	仝上	
	坡前溝	一二〇	一	二	二	四	挑夫一	四	仝上	仝上	
	彭家莊	三四一	一	四	三	一〇	小車一	一二	仝上	仝上	
	董家埠	二六〇〇	六	一八	一三	五八	大車二	五一	仝上	段家埠	
四	段家埠	五〇〇〇	一二	三三	三三	九九	大車二	九九	南宅科	本村	
	午山	一二〇〇	三	一五	九	四五	大車一	三二	文張村	文張村	

五			六		七				
牟家枯桃	枯桃	鄭張村	鄭張村	文張村	王家下河	劉家下河	尤家下河	爐房	毛公地
五六六	二〇〇〇	一六五〇	一六〇〇	三二五〇	二〇〇〇	七六〇	二五〇	二一〇	一〇四三
一	六	四	四	九	四	二	一	一	二
五	一五	一二	一二	二一	一五	七	三	三	八
三	一二	一二	一二	一六	一二	四	二	二	六
一六	四八	三六	三六	六〇	四八	一八	九	九	二四
小車二	大車一	大車一	大車一	大車一	大車一	大車二	小車一	小車一	大車一
一六	三九	三〇	三〇	六〇	三九	二四	六	六	三二
		文張村	本村	仝上	枯桃	本村	劉家下河	仝上	仝上
仝上		本村	劉家下河	仝上	本村	本村	劉家下河	仝上	仝上

	莊子	一二五	一	二	二	六	挑夫一	四	仝上	仝上	
	蘇家莊	一一五	一	二	二	六	挑夫一	四	仝上	仝上	
	于家下河	一一五七	二	一八	六	二四	大車一	三二	仝上	仝上	
八	李家上流	一〇〇〇	三	一二	九	三六	大車一	三六	仝上	上臧	
	畢家上流	一〇〇〇	三	一二	九	三六	大車一	三六	仝上	仝上	
	楊家上流	四六〇	一	四	三	一二	小車一 挑夫一	一二	仝上	仝上	
	王家上流	三〇〇〇	七	二〇	一五	六〇	大車一 挑夫一	一五	仝上	仝上	
九	戴家上流	一八三四	四	一二	八	三〇	挑夫六	四〇	上臧	佛耳崖	
	麥坡	一八四	一	二	二	六	挑夫一	六	仝上	仝上	
	佛耳崖	一〇〇〇	二	八	六	二四	大車一	二四	仝上	本村	

	上臧	二〇〇〇	四	一六	一四	五四	大車二	四八	本村	下王埠
	下臧	五六六	一	五	三	一五	大車一	一二	上臧	佛耳崖
	長澗	五八一	一	五	三	一五	大車一	一二	仝上	仝上
十	上王埠	三〇〇〇	六	二六	一九	七二	大車二	六〇	佛耳崖	李村農場
	東王埠	七〇〇	二	六	三	一八	小車一挑夫一	一八	仝上	仝上
	下王埠	二〇〇〇	六	六	一四	五四	大車二	四八	本村	仝上
	侯家	三〇〇〇	六	二四	一二	六〇	大車二	六〇	李村農場	仝上
	鄭莊	六〇〇	一	五	三	一二	小車一挑夫一	一六	仝上	仝上
	東李村	六六〇	一	五	三	一六	小車一挑夫一	一六	仝上	仝上
	東大村	一三二	一	二	二	三	挑夫一	三	仝上	仝上

十一	唐家口	五〇〇	一	五	三	一二	大車一	一二	仝上	仝上	
	夾嶺溝	四六五	一	五	三	一二	大車一	一二	仝上	仝上	
	大水清溝	二〇〇	一	三	二	四	挑夫一	六	仝上	仝上	
	坊子	四〇〇	一	五	三	一二	大車一	一二	仝上	仝上	
	南嶺	三〇〇	一	三	二	四	挑夫一	六	仝上	仝上	
十二	十梅庵	四〇〇〇	八	二八	二六	七二	大車二	七二	仝上	張園	
	張園	三〇〇〇	六	一二	一二	五四	大車二	五四	仝上	仝上	
十三	西登窰	四四八	一	三	三	一四	大車一	一六	登窰	登窰	
	嶺西	一二〇〇	二	六	六	二四	大車一	二四	仝上	仝上	
	大庵	三一六	一	四	三	九	小車一	九	仝上	仝上	
	大河東	一四〇〇	四	一二	八	三〇	大車一	三〇	仝上	仝上	
	小河東	二〇〇〇	四	一六	八	三六	大車一	三六	仝上	仝上	
十四	登窰	七〇〇〇	一四	四四	二八	一二六		一三二	本村	本村	

说明：

（一）凡植梨地点无发生赤星病之危虑者，免喷药剂，不列日程。

（二）本次施工预定自四月十九日开始。

（三）防除队员警预定为每日七时出发，下午六时集中归队，出勤时间共为十一小时，实地工作时间随交通便利与否而不同，多约八时，少约六时。

（四）喷药时所用之喷雾器、药水桶和药之大木桶及药品，均由公家办理，但需用之清水桶、肩担、箩捣药之木棒等，向各村村民借用。

（五）工作员工出发时之午餐概由公家自备，但茶水、休息地点归各村斟酌准备。

砍伐乡区杜松桧柏概况表

村名	農戶姓名	株數	備考
侯家莊	李家塋地	二株	已經砍伐
下王埠	方家祠堂	一	仝
耗兒澗	紀家祠堂	一	仝
滄崖	臧允敦	一	仝
滄崖	臧瑞臻	一	仝
横担	蘇家祠堂	一	仝
畢家上流	畢序珍	二	仝
于家下河	于秉基	一	仝
	于延基	一	仝
	于氏祠堂	一	仝
	于成部	一	仝
	于守基	一	仝
	仙姑塔	二	仝
枯桃	李家祠堂	一	仝

李中据	一一	以上係枯桃村花卉農戶現既已發現赤星病菌當即查明限同該村村長地保砍伐其未發生病菌者限兩日內運往市內變賣以資預防
李中民	四	已經砍伐
曲維祺	五	已經砍伐
曲維祥	一	仝
曲修臣	七	查已發病者二株隨時砍伐餘限兩日內運送市內變賣
徐芳清	九	查已發病者六株隨時砍伐餘同前
范維祺	二	發病者一株已砍伐餘同前
曲修果	六	發病者二株已砍伐餘同前
曲維海	三三	發病者二株已砍伐餘係苗木約一尺左右尙未成樹限於十日內銷除
曲士莪	一	已經砍伐

	曲元同	五	仝
	李功詩	一	仝
	曲進先	一	仝
	李成璋	一	仝
	張清湃	四	仝
	徐仁雲	一	仝
	徐月清	三四	發病者二株當即砍伐已死者二株餘三十株均係小苗 限即日剷除
午山村	王立斌	二	現已砍伐
朱家窪	朱代	一	仝
牟家村	牟家塋地	三	遂即自動砍伐

鄭張村	小學校院內	一	已經砍伐
車家下莊	龔峯巷	一	已願遵諭砍伐
佛耳崖	王立元	七	遵諭自動砍伐並請領側柏二千株補植
	楊維環	一	已經砍伐
黃家下莊	張成藻	四	係花卉農戶查該樹高約三尺自願遵諭於兩日內運至市內變賣
李村河南	楊善書	四	已經移植市內
東李村	劉氏祠堂	一	已砍伐

丙　林务事项

一　指导松树采种法

乡区村民因采取松球（俗名松葫芦）、松子，往往攀折树干松枝，以便摘下松球，易使树干歪倒，毁坏林相。是以每届冬季派员分往各村指导采取松球方法，不使伤害树枝，若在树木生长稍稀之处，须留种子使其自落，以备来春生长小树，以补空隙。借减雨水冲刷夹沙下流之力，而为防止河身淤塞之谋，诚一举两得之计也。

二　督催民林冬季驱除松毛虫

查本市森林连年发生松毛虫，虽屡经督催捕捉，仍不能灭绝，而一般农民习惯，均在夏秋两季捉拿，冬期向不注意。去冬虽竭力宣传，并领导东李村、河西等处农民登山搜捕，依然不能努力驱除。今届冬季，特再督率林警分往各山详查，查得双山、托盘山、大山，郑张村西南山发生较重，当即指导农民施行集杀方法。因松毛虫之习性，寒冷时候潜伏在树皮裂缝或苔藓枯草之内越冬，故将藁草或黍秆松绑在树干之周围，使成一温暖蛰伏场所，俟松毛虫麇集在内，到严冬时期，将捆绑之草解下，堆积一处用火烧之，以使虫害减轻。

三　调查荒山林地

查本区山多地少，且多系民有，虽均植有树株，然植树过稀，非多为补植不可。兹特由农林股分往各山详为调查，以便督促造林，查得张村北面老鸦岭之东有小山一座，系文张村之北顶山，山之四面均已开成农地，惟有山顶尚属荒地，面积约十余亩。又李家上流庄东北青泰山山坡均成农地，由山之腹部向上仍系荒山，石骨暴露者甚多，其山之面积东西约一里有余，南北不及一里，山下水泉甚缺，植树造林甚为困难，惟有施行播种造林。又王家上流庄骆驼沟面积甚大，亦须造林。又北村之西北山、河西之大山、山东头之后山等处，因松毛虫之为害甚烈，以致树株稀少，须行补植。经已会同李村农林分所，通知以上各村村长，转知各农户迅速预算造林苗木数目，以便来春请领树苗，多为栽植。

四　分发声请书催令请领苗木

提倡造林为乡区生产建设要政，近两年来，积极进行。一面宣传造林利益及保护要点，使民众明了造林之利益；一面由农林事务所培植苗木，无价分配，将领苗声请书发给各村转给各农户，预计造林树苗株数或补植株数迅速填送来处，以凭转报。嗣据填送来处者共四十八纸，统计请领树苗十万零九千九百六十株，树种二百斤。当将声请书汇齐转报农林事务所，核发苗木八万三千五百一十二株，树种二百斤，领苗证一百张。当将领苗证分别填写完竣，转发各村农民，按照填证日期持向李村苗圃领取苗木。兹将二十一年及二十二年分发民林苗木统计表，列举如下：

1. 分发民林树苗统计表

種類	側柏	赤松	黑松	刺槐	白楊	青桐	柞樹	中國槐	無刺槐	法國梧桐	榔榆	橡子種	總計
民國二十一年度 請領數量	六一七六株	一五〇〇〇	六八〇三〇	一七二八〇	二六〇二	二七一		七八〇	二七〇〇	六六四	三〇〇		一一三八〇三株
民國二十一年度 核發數量	六一七六株	一五〇〇〇	六八〇三〇	一七二八〇	二六〇二	二七一		七八〇	二七〇〇	六六四	三〇〇		一一三八〇三株
民國二十二年度 請領數量	三一〇〇		一〇四五四四	一〇三五〇	七八二	一〇〇	一五〇〇			五〇		二〇〇斤	一一八八七六株（種）二〇〇斤
民國二十二年度 核發數量	三一〇〇		六七六八〇	一〇三五〇	七八二	一〇〇	一五〇〇					二〇〇斤	八三五一二株（種）二〇〇斤
備考													

2. 分发乡区小学及乡区各机关之观赏苗木统计表

種類	民國二十一年度 給領苗木數	民國二十二年度 給領苗木數	備考
薔薇	三二株	三〇六株	
紫荊	九九	三二六	
紫薇	一〇三	二九六	
梔子	二五三	二三二	
楊櫨		二〇七	
郁李	二〇九	三〇八	
檉柳	五〇	二六六	
紅瑞木	九二	二七六	
木槿	七四	二七五	
連翹	七二	二七二	
安石榴	六五	二七三	
播香柏	一二一	三五〇	
青桐	一二一	四七〇	
刺槐	一六二〇	一〇五二	
白楊	三八二	七五五	
各色花種	一三〇袋	五一〇袋	
棣棠		二四五株	
紫藤		三六七	
丁香		二〇	
溲疏		一六七	
法國梧桐		一四	
龍爪槐		六	
櫻花		六	
榔榆		二八四	
黑松		七八二	

丁　栽植乡区行道树

一　各路应栽行道树之调查

行道树可以荫行人，可以护道路，且可以壮观瞻，而作道路之标识，便于行旅之往来，利益甚多，亟应多为栽植，以惠行旅。查乡区各路旧栽行道树成活既少，加以经种种之摧残，几无存留，非重行补栽不可，而新辟各路尤应分别缓急，多为栽植。兹将二十三年各路栽植行道树数目调查表，列举如下：

李村乡区各路栽植行道树数目调查表

路别	栽植株數	應需樹苗	備考
台柳路	一六五一株	刺槐	自海泊河至五里溝
李塔路	八〇四	仝右	自李村至崔家溝
羅源路	一五七	無刺槐	自羅圈澗至崔家溝
李滄路	二七〇	刺槐	自李村至東大村
李大路	二〇二	刺槐	自李村至曲哥莊
李坊路	九一	刺槐	自李村至東大村
畢公路	五〇〇	刺槐	自毛公地至畢家上流
李村街內	一九六	刺槐	
五大路	一二〇〇	刺槐	自五里溝至峪夼
湛沙路	七四〇	刺槐	自湛山村至燕兒島
合計	五八一一		

二　召集行道树植树会议

查去年栽植行道树，系由沿路各村担任，成活株数甚少。兹经农林事务所召集会议，重订办法，所有本年掘穴工作，概由各村农民担任，其栽植、灌溉均由公家雇工施行，所需树苗仍以刺槐为主。兹将议决办法三项，分述如下：

（一）本年乡村行道树之经营，以完成上年栽植各路为原则，应栽各路就各乡区调查表按需要情形，分别增删。

（二）今年植树实施办法照原订办法办理。

（三）保护办法由农林事务所函公安、工务、教育三局转饬乡区服务员工长警一体协助，另由乡区建设办事处督饬所在地公安、工务、教育各机关人员及警工等切实注意，并于各路设立标牌，唤起共同注意。

三　栽植乡区行道树实施办法

（一）本年乡村行道树之栽植，按栽植总数，划分八区，各派职员一人、长工两人，负该区域内施工全责，至树株确实成活为止。

（二）各乡区栽植行道树，各道路应于三月三十日前完成掘穴工作，不得延误。

（三）各穴距离为十公尺，两侧位置应互相交叉。

（四）掘穴应作正方形，深为五十公分，宽为六十公分。

（五）穴之底部如系石质或硬层，应加深三十公分填充细土，至第四条规定深度为止。

（六）在土质不良之处，应即换土，换土深度同第五条。

（七）掘穴工作由各区负责人员督饬所在村村民行之。

（八）各区负责人员应将各路掘穴确数及检视情形陆续报告到所。

（九）栽植工作应于四月十五日以前完成之，由所另订施工日程依照施行。

（十）各区应需苗木，除阴岛、薛家岛先期陆续运送假植备用外，均由所按照施工日程、应需数量逐日送达，栽植地点务于当日栽植完毕。

（十一）栽植后应即适量灌水，嗣后并按天时情形，随时检视，妥慎办理。

（十二）栽植及灌溉工作均雇工办理之。

（十三）各项工作进行期间，各乡区建设办事处应切实协助，以利实施。

（十四）本办法实施前，应由各乡区建设办事处召集村长连同更换行道树计划分别说明。

四 栽植乡区行道树分区一览表

區別	植樹區域	監督人員	駐在地	備考
第一區	台柳路（河西至毛公地）李大路李滄路李坊路李塔路（李村至崔家溝）羅源路（羅圈洞至猪頭石）閻白路（閻家山至坊子街）李村街內	姚彥卿	李村	
第二區	四流路（四方石橋至流亭）閻白路（坊子街至白沙河）宋曲路宋仙路板坊路滄口街營子街	張和卿	滄口	
第三區	台柳路（南泊河至河西）小閻路（小村莊至閻家山）四流路（五號砲台至四方石橋）湛沙路（湛山至燕兒島）	戴志方	東吳家村	
第四區	五大路（五里港至大嶗）大莊路（大嶗至劈石口）畢塔路（畢家村至夏莊）	王徽柔	畢家村	
第五區	李塔路（崔家溝至狗塔埠）羅源路（安樂溝至源頭）坊西路仙源路仙趙路畢塔路（夏莊至狗塔埠）	劉化菴	丹山	
第六區	台柳路（王家下河至柳樹台）漢乇路宅登路登流路李沙路（彭家莊至沙子口）滄沙路（石灣至沙子口）	劉國澄	南宅科	
第七區	嶗東路小流路邵莊路寧莊路韓莊路嶗家支路海岸一路海岸二路嶗家第二支路段家支路官灘支路	樊文卿		
第八區	安豫路薛營路鹿營路營北路薛北路北後路薛煙路丁豫路	趙常光		

五 栽植乡区行道树各区监督人员注意事项

（一）检视树穴位置及穴深宽，务与实施办法规定各项相符合，又树穴外侧须紧靠路边，以免多占路面。

（二）穴底应有一〇公分厚之湿润细土，其埋土深度以约距地面五公寸为准，又填入土壤，勿杂石块及黄砂。

（三）注意树株行列，务使整齐。

（四）栽植后第一次灌溉每树应灌水一桶，务于当日完竣，翌晨施行覆土。

（五）第二次以后之灌溉期及灌溉量，斟酌需要情形办理之。

（六）如遇强风烈日，逐日运到苗木应将树株根部浸入泥浆。

（七）着手工作应先调查水源远近，并应注意水质支配，工人如感不敷，得就地酌添，但须事先报核。

（八）工作进行务依施工日程规定办理，不得延误。

（九）逐日服务工人应填入考勤单内，其支配及施工情形并应填表报所。

（十）栽植期间应同时注意保护，至栽植完毕后，应督同工人周密巡视，以杜损害。

（十一）为施工及保护之必要，得随时商请建设办事处协助办理。

六 定期实施督工栽植

栽植乡区行道树办法既经规定，分区督工栽植，遂于三月二十二日召集本年栽植。各路沿路各村村长来处开会，将栽植乡区行道树实施办法详为说明，除掘穴工作由各村长调拨民夫分段掘穴外，其余栽植、灌溉等项均由公家雇工施行。所有掘穴工作统限三月三十日完成，此次在路工作之员工须暂借各村村公所住宿，所需铺草、苇席、茶水、灯油概由公家开支，无庸各村供给。当由本处农林股处员带同林警分赴各村拨工掘穴，于四月六日起，督工栽植并施灌溉，计共栽树四千一百六十四株。复于四月下旬施行灌水一次，若遇有枯死树苗，随时更换，以期成活。兹将今年植树情形，列表如下：

1. 本区督工栽植行道树一览表

路名	栽植株數：原定數	栽植株數：現栽數	用工數：植樹	用工數：灌水	用工數：其他	用工數：共計	備考
羅源路	一六〇株	一六四株	六名	六名	五名	一七名	由羅圈洞至猪頭石止此路水源甚缺雖經臨時掘井亦屬維難
李塔路	六六六	八一七	二六	二六	一六	六八	由李村至崔家溝止水源困難此路較原定株數超過
台柳路	四九六	六二九	二四	一六	八	四八	由河西村至毛公地止
閻白路	一一八五	一二二四	四二	三六	二四	一〇二	由閻家山至坊子街止其他棚內以改穴換土爲多數工作
李大路	一二〇	一三四	四	二	一	七	由李村至大甕頭村止
李滄路	四六〇	四五八	一一	一一	八	三〇	由李村至小甕頭村止
李坊路	七〇三	六四七	二一	一九	二八·五	六八·五	由李村至閻白路接壤止水源遙遠
李村街內	一九五	九一	三	三	一	七	各路直接街內者歸於各路
合計	三九八五	四一六九				三四七·五	

2. 本区栽植行道树成活概况一览表（六月一日调查）

路別	樹種	栽植株數	現已發芽株數	上部發芽株數	下部發芽株數	枯死株數	可望發芽株數	合計	備考
羅源路	無刺槐	一六四	一〇四	一〇二	二		六〇	一六四	以上各路枯死者又行更換新樹出
李塔路	刺槐	八一七	三二七	三二七		三	四八七	八一七	
台柳路	刺槐白楊	六二九	三六七	三五九	八	三五	二二七	六二九	
閻白路	刺槐	一二二四	六七三	六六三	一〇		五五一	一二二四	
李大路	刺槐	一三四	九七	九四	三	三	三四	一三四	
李滄路	刺槐	四五八	二七三	二七三		一一	一七四	四五八	
李坊路	刺槐	六四七	二八六	二八四	二	一七	三四四	六四七	
李村街內	刺槐	九一	四七	四四	三		四四	九一	

七　乡区新植行道树整理办法

1. 全部成活者，干部之芽完全除去，仅留其发生于分枝上者。

2. 全部成活而枝条残缺者，应酌留其最上部之三芽至五芽，其下部之芽完全除去之。

留芽须使匀配于树干之四周，其位置不适当者除去之。

3. 枝梢枯死，于主干上发芽，而发芽处之高度在一、五公尺以上者，应将其上端枯死部分剪去，按第二条办法留芽。

4. 枝稍枯死，于主干上发芽而发芽处之高度在一、五公尺以下者，应将枯死部分酌留二十公分（以备将来扶持目的芽之用，俟目的芽正直后，仍当剪除），剪去其上部，又保留最先端之两芽至三芽（冬期再行修剪，保留强壮之一枝代替主干），其以下之芽悉行除去。

5. 切口应在保留最先端芽之反对方向斜面略作四十五度，务求平滑。

6. 剪切务须慎密，勿使伤及保留之目的芽。

以上之六条办法当经雇工在各马路整理，由本处处员在路督工指示一切。

八　保护乡村行道树

查乡村道路旧有行道树因村民对于行道树无相当之认识，故任意摧残。本处为保护行道树起见，曾经数次召集各村村长转令地保厉行保护，并函第六公安分局协同保护，禁止马路两旁行道树系绳晒物、拴系牲畜，并严禁妇女在行道树采取槐花，以免树枝损伤，并将乡村行道树经营保护办法分向村民宣布，俾众周知。

青岛市乡村行道树经营保护办法

第一条　凡在本市区域内乡村各道路行道树之经营及保护，依照本办法办理之。

第二条　乡村行道树之栽植及灌溉，由各乡区建设办事处督饬各该道路所在村村民行之。

第三条　各路树种之选择栽植之距离及时期，由农林事务所核定之。

第四条　前项行道树其所在地两侧，地主应负保护之责，如有损坏，除确能指证损害人者，按第七条办理外，应责令补植，并得酌量情形予以惩处。

但两侧地主住居过远者，呈经各该乡区建设办事处之核准，得饬由村长责令所在地附近居民同负前项责任。

第五条　乡村行道树每年由农林事务所派熟练工人指导两侧地主修整一次，其树枝即归各该两侧地主所有。

但有前条第二项之情形者，应由同负保护责任者共同修整，其树枝亦为共有。

第六条　凡于乡村行道树有损害行为者，由各该乡区建设办事处报由农林事务所，依照本市行道树保护规则惩处之。

第七条　于乡村行道树之损害人，如能确实指证者，得给予罚金之半数。

第八条　乡村行道树之栽植，依其成绩之优劣，得分别奖惩，其办法另定之。

第九条　本办法如有未尽事宜，得随时呈请市政府核准修正之。

第十条　本办法自呈奉核准之日施行。

戊　农业生产建设实施计划

一　提倡增殖果园

本市乡区地狭人稠，每人平均地亩仅及半亩，每亩收入少则十元，多亦不过三十余元，若专恃此寥寥之普通农作生产，不能维持农民生计，亟宜提倡种植果树以资增加生产。查本市乡区土质气候，若栽植洋梨、苹果、葡萄等各种果树，均甚适宜，且收入丰富，每亩收入少则百元，多则三百余元。本区户口共计一万二千五百四十五户，若每户增种果园一亩，则可增加果园一万二千五百四十五亩，每亩收入按二百元计算，则每户可增加二百元之新收入；以全区计之，每年可增加二百五十万零九千元之新富源，故提倡增殖果园，为本区生产建设实施计划之一。现已规定，由李村农场每年培养果苗十万株，免价分发农民，俾易推广。

二 提倡养猪

养猪为农家之副业，既可利用农耕之副产物以充饲料，又可借家人妇孺之劳力饲养管理，且可得相当之肥料。若每家春间养猪一头，秋后可得十七八元之代价，而此一年间所得之粪土亦可值十有余元，如此则每户养猪一头可有三十余元之收入。若以每户养猪一头计之，则一万二千五百户每年可养猪一万二千五百头，可获利三十七万五千元。是以提倡养猪为本区生产建设实施计划之二，现已规定免费分发种畜暂行办法公布施行，借资提倡。

三 提倡养鸡

养鸡亦为农家之副业，鸡舍既易建筑，饲养管理亦较容易。若每户饲养洋鸡十只，全年可产蛋二千个，可得价三十元，则此一万二千五百户全年亦可得三十七万五千元之富源，对于国民经济关系，当非浅显。是以提倡养鸡为本区生产建设实施计划之三，现已规定由李村农场多为繁殖，免价分配，并设置养鸡中心区实行推广。

四 改良耕作

查乡区农民耕作墨守旧法，不知改良，不能尽地之利，如选种、施肥、深耕以及防除病害虫害等一概听天由命，不能应用新法，以致收获减少，亟宜一面由农场培育优良种籽分发农民；一面充实推广实验区及特约农田之力量，而为示范之耕作，俾农民就近观摩，以资改进。行之数年，农作改良收量自丰，每亩之产量至少亦可增收二元，则本区三万六千余亩之农田当有七万余元之新富源矣。是以改良耕作为本区生产建设计划之四，现已广设推广实验区及特约农田，而为耕作之示范。

五 防除病虫害

查本区农作物之病害，以小麦之赤锈病、黑穗病为最多；果树以梨树之赤星病（羊毛疔）、葡萄之黑腐病（黑斑病）为最烈；虫害以梨树之象鼻虫（梨狗子）、菜类之蚜虫（蜜虫）、黑金花虫为最广。例如本市乡区梨树共计八万余株，连年发生羊毛疔病，每年损失四十余万元，自去年施行喷药防除以来，虽间有发生，然未能为害，均有相当之收获，是防除羊毛疔病又不啻保存四十万元之富源矣。其他各种病虫害亦极有关系，如能先事预防或施以驱除，则农作收入自能免受损失，而农民经济又有数万元之增收矣。是以防除病虫害为本区生产建设之五，现已规定办法施行统制之防除。

六　山场造林

本市乡区山多地少，到处有补植之必要，亟宜密为补植，使其成林。十年之后，不但木材有相当之收入，又可防止山洪暴发，夹沙下流，淤塞河身之害。是造林一事亦增加农民生产之要项也，故提倡造林为本区生产建设之要，凡我村民均可于春间向农林事务所李村分所请领苗木，多为栽植，造成茂林是亦足民之一道也。

当代齐鲁文库 · 20 世纪“乡村建设运动”文库

The Library of Contemporary Shandong
Selected Works of Rural Construction Campaign of the 20th Century

山东社会科学院 编纂

/27

青岛市李村、沧口乡区建设纪实

（下卷）

李村乡区建设办事处
沧口乡区建设办事处 编著

中国社会科学出版社

下　卷

李村乡区建设概况

青岛市李村乡区建设办事处

目　　录

一　乡区建设之缘起及本处之组织 …………………………（309）
二　社会方面之建设 …………………………………………（310）
三　教育方面之建设 …………………………………………（311）
四　公安方面之建设 …………………………………………（313）
五　工务方面之建设 …………………………………………（314）
六　农林方面之建设 …………………………………………（315）
七　各股建设纲要 ……………………………………………（318）

一　乡区建设之缘起及本处之组织

青岛自德日管租以来，对于市内之工程，港湾之修筑，虽已次第设施，规模渐具，然于市外之乡区，则毫无建设。我国接收之后，历任长官，亦多以港湾市街，为建设工程之中心，至于乡区各村之民生、教育、治安、交通、农林，则多未遑顾及，以致市乡演成畸形之发展，苦乐不均，阶级悬殊。是以市长沈公（鸿烈）于就职之后，召集各局所长开会，首先规定实施乡区建设方针及计划，所有关于发展民生，筹办自治，普及教育，维持治安，便利交通，提倡农林诸大端，凡所以教民养民利民保民者，皆须次第施行，踵事建设。遂于民国廿一年四月十日，先后成立李村、沧口劳西、阴岛、薛家岛五处乡区建设办事处，近又增设劳东、夏庄、浮山三处乡区建设办事处，由市政府委派高级职员为主任，由各局所各派课员一人为处员，内部组织共分社会、教育、公安、工务、农林、财政六股，各带原薪，来处服务，深入民间，从事工作。因为如此办理，公家可以节省经费，除建设费外，并不额外支给薪俸，而各项乡区建设工作，即可次第完成。近来又复将各自治区公所裁撤，所有工作人员，均分别拨归各办事处服务，是以各项建设工作，俱得相当之成绩，如村治之改善、农村经济之救济、卫生之设施、义务教育之普及、校舍之建筑、乡区之自卫、道路之开辟、桥梁之修筑、农业之改良推广、病虫害之驱除预防，或事经创办，或赓续进行，凡属既定之建设计划，逐渐次第完成。此创办乡区建设之由来，及办事处组织之大概情形也。

二　社会方面之建设

社会方面之建设事项甚多，其最要者，如设立村公所，以便办公，制定村镇组织暂行办法及办事通则，并举行村长训练，使各村有相当之组织，使村治人员受相当之训练，明了乡区建设之利益及进行之方法，集合全村力量，完成本村建设。实施村禁约戒约，以资整理村治，如查禁归女缠足，男子蓄发，查禁烟赌，取缔不良戏剧，举行公民训练，以改善风俗习惯。其他如设立农工银行，提倡合作事业，以救济农村经济；设立各村调解委员会，调解人民争执，以免讼累；设立乡村医院，免费诊疗，以便改进乡民卫生，此社会方面建设之大概情形也。

三　教育方面之建设

教育方面之建设事项，其最要者，约有四项。

（一）各村均设市立小学，使学龄儿童就学便利。现在本处管内共有七十七村，小学本校有二十六校，分校有三十三校，共计五十九校。普通班有一百四十二班，二部制有五十二班，共计一百九十四班，学生七千余名，就学比例已达百分之六十以上。

（二）各校建筑新式校舍，查旧有校舍均系利用民房，不但散处各方，管理教学，均感不便，且不适卫生，不能容纳多数学生，每班至多只能容纳三十名。兹为使学校多为容纳学生，便于管理教学起见，现在已将本处管内小学本校校舍，先后建筑完竣，分校亦有八校建筑完成，建筑费用一项已达十万余元。

（三）实施强迫教育，查充实学额，以普及义务教育，为国难期间，乡区最要之建设。兹由本处规定各小学校寒暑假开学后，派全体处员分赴各校考查，如有缺额，即召集村长学务委员，按照学龄儿童册，择其家境较为宽裕，年龄较大者，令其入学，如故意不到，即行警告，倘警告不听，即处以一元以上五元以下之罚金，所有民众学校，亦同时施行强迫入学办法，其无故失学民众，则处以一元以上十元以下之罚金，自此项办法施行后，对于充实学额，已发生极大之效力，再继续施行二年，所有义务及民众教育，即可普及。

（四）普设民众学校，以救济失学民众。查青岛乡区自接收后，始办小学，各村小学自二十一年市长沈公就职后，始臻完备，故十六岁以上四十岁以下之失学民众，为数尚多。兹为救济起见，各小学附设民众学校，于冬期农闲时，所有四十岁以下十六岁以上之失学男女，均须入学肄业，授以公民常识国语珠算等课。现拟于二年之内，使全区内之文盲均受相当之民众教育。现在本区管内共有民众学校二十六校，计三十班，民众学生每期有一千三百余名。

四　公安方面之建设

本市乡区纯系警管制度，每五六村庄，划一警管区域，设一分驻所或派出所，分驻所则设巡官一人，巡长一人，警士十二三名，派出所设巡长一人，警士七八名。本处境内七十七村，面积南北约四十里，东西约四十里，共计户口有九千六百五十四户，人口五万五千八百八十二口，共有地亩三万零六百零一亩。有分驻所四处，派出所六处，共计官警一百六十四名，有警备汽车一辆，自行车二十六辆，警报电话十五处，消防组一处，巡船两支，为巡查沿海一带村庄之用，即陆地警察兼负水上警察之任务。每日分昼夜两班巡逻，所有各警察分驻所，或派出所警士，均以二人为一组，巡视各村，不设岗位，乡区治安全由警察负责。假设一村有匪，村民可立即用警报电话向分局报告，同时分局可用警备汽车，载武装警士二十名，出发缉捕，并通知附近各警所包围，以防逃逸，所以境内极为安谧。现在为使人民有武装自卫之能力起见，规定保卫团办法，实施武装训练，使四十岁以下二十岁以上之民众，于冬期农闲时，入团受武装军事训练，三个月毕业后，各自回村营生，充实其自卫救国之能力。

五 工务方面之建设

查开辟道路，不但利于交通，对于民生亦有莫大之关系，即一切建设之发展，亦莫不以交通之便利，为成功之基础。本处自成立以来，首先开辟道路，修筑桥梁，以利交通，而裕生计，先后共辟干路七条，长六万九千四百五十五公尺，支路十八条，长五万九千七百九十一公尺，村道共三十九条，长四万一千六百七十三公尺，全区共计道路六十四路，总长十七万零九百一十九公尺。共修筑桥梁涵洞三百八十六座，凡乡区无论修筑干路支路村道，如系按旧路加宽，所占两傍土地，概不给价，如系新辟道路所占民地，则分一二三等给价，即一等地每亩三百元，二等地每亩二百元，三等地每亩一百元。修路时所用民夫，均由附近五里地以内之村庄，按户出夫，除鳏寡孤独无力服务者，得准免予调用外，其余每户出夫一人。但若修筑桥梁所用一切石料洋灰瓦工，俱由公家担任，所用小工及运搬石料，则由民夫担任，并于沿路开辟水井，以便修路，而利民众灌溉，修筑水坝，以防冲毁民田，设置方向石，里程石，村界石，以资识别，而便行旅。此工务方面建设之大概情形也。

六　农林方面之建设

本市乡区原属荒凉渔村，村民既无文化可言，复以土地瘠薄，生产极微，是以生活极为困难。而乡区建设，自当积极提倡生产，发展民生，统计管内村庄，概系地狭人稠，每人平均地亩，仅及官亩一亩，每亩收入少则十元，多则不过三十余元。若专恃此寥寥之普通农作物生产，不能维持农民生计，亟宜扩充农林建设，以资增加生产，其荦荦大者：（一）提倡增殖果园，拟每户种植梨苹果或葡萄一亩。（二）发展农家副业，推广养鸡养猪，拟定提倡饲养洋鸡每户十只，洋猪每户一头，并由公家作大规模之繁殖，无价分发农民。（三）设置推广实验区，特约农田，以为示范之耕作，派定指导员巡回指导。（四）实施防除病虫害，使农民免受损失，由公家指导，强制防除。（五）提倡山场造林，以涵养水源，而储木材，每年由公家培养松苗八十余万，无价分发林户，使山无童山。（六）免价分发种苗，改良品种，所有各处新改良之蔬菜及普通作物，或特用作物之新品种，均由李村农场繁殖，分发各村农民，以资提倡。（七）栽植行道树以壮观瞻，而荫行人，凡属于农林事项，皆在积极提倡之例，此不过其最要者也。

兹将本处之农业生产建设实施计划六项分述如下。

1. 提倡增殖果园

本市乡区地狭人稠，每人平均地亩，仅及一亩，每亩收入，少则十元，多亦不过三十余元，若专恃此寥寥之普通农作生产，不能维持农民生计，亟宜提倡种植果树，以资增加生产。查本市乡区土质气候，若栽植洋梨、苹果、葡萄等各种果树，均甚适宜，且收入丰富，每亩收入，少则百元，多则三百余元。本区户口共计九千六百五十四户，若每户增种果园一亩，则可增加果园九千六百五十四亩，每亩收入按二百元计算，则每户可增加二百元之新收入，以全区计之，每年可增加一百九十三万零八百元之新富源，故提倡增殖果园为本区生产建设实施计划之一，现已规定由李村农场每年培养果苗十万株，免价分发农民，俾易推广。

2. 提倡养猪

养猪为农家之副业，既可利用农耕之副产物，以充饲料，又可借家人妇孺之劳力，饲养管理，且可得相当之肥料。若每家春间养猪一头，秋后可得十七八元之代价，而此一年间所得之粪土，亦可值十有余元，如此则每户养猪一头，可有三十余元之收入，若以每户养猪一头计之，则九千六百五十四户，每年可养猪九千六百五十四头，可获利二十八万九千六百二十元。是以提倡养猪为本区生产建设实施计划之二，现已规定免费分发种畜暂行办法公布施行，借资提倡。

3. 提倡养鸡

养鸡亦为农家之副业，鸡舍既易建筑，饲养管理，亦较容易。若每户饲养洋鸡十只，全年可产蛋二千个，可得价四十元，则此九千六百五十四户，全年亦可得三十八万六千一百六十元之富源，对于国民经济关系，当非浅显。是以提倡养鸡，为本区生产建设实施计划之三，现已规定由李村农场，多为繁殖，免价分配，并设置养鸡中心区，实行推广。

4. 改良耕作

查乡区农民耕作，墨守旧法，不知改良，不能尽地之利，如选种施肥深耕以及防除病害虫害等，一概听天由命，不能应用新法，以致收获减少。亟宜一面由农场培育优良种籽分发农民，一面充实推广实验区及特约种田之力量，而为示范之耕作，俾农民就近观摩，以资改进。行之数年，农作改良，收量自丰，每亩之产量，至少亦可增收二元，则本区三万零六百余亩之农田，当有六万余元之新富源矣。是以改良耕作，为本区生产建设计划之四，现已广设推广实验区及特约农田，而为耕作之示范。

5. 防除病虫害

查本区农作物之病害，以小麦之赤锈病黑穗病为最多，果树以梨树之赤星病（羊毛疔）葡萄之黑腐病（黑斑病）为最烈，虫害以梨树之象鼻虫（梨狗子）菜类之蚜虫（蜜虫）黑金花虫为最广。例如本市乡区梨树共计八万余株，连年发生羊毛疔病，每年损失四十余万元，自去年施行喷药防除以来，虽间有发生，然未能为害，均有相当之收获，是防除羊毛疔病，又不啻保存四十万元之富源矣。其他各种病虫害，亦极有关系，如能先事预防，或施以驱除，则农作收入自能免受损失，而农民经济，又有数万元之增收矣。是以防除病虫害，为本区生产建设之五，现已规定办法，施行统制之防除。

6. 山场造林

本市乡区山多地少，到处有补植之必要，亟宜密为补植，使其成林，十年之后，不但木材有相当之收入，又可防止山洪暴发，夹沙下流，淤塞河身之害。是造林一事，亦增加农民生产之要项也，故提倡造林为本区生产建设之要。凡我村民，均可于春间向农林事务所李村分所请领苗木，多为栽植，造成茂林，是亦足民之一道也。

七　各股建设纲要

（一）社会股建设纲要

甲、关于改良风俗事项

1. 严禁赌博
2. 禁止贩卖烟赌器具
3. 严禁吸食鸦片、注射吗啡及其他毒品
4. 禁止辫发、缠足
5. 查禁不良戏曲
6. 实行烟赌连坐
7. 严禁私娼
8. 取缔巫卜星相
9. 提倡节俭
10. 厘定婚丧礼物限度
11. 改善不合时宜礼节
12. 取缔风水迷信
13. 指导各村成立戒赌会
14. 实行检查妇女缠足
15. 设立各村劝禁妇女缠足委员会

乙、关于农村经济救济事项

1. 设立农工银行
2. 设仓积谷
3. 筹设救济分院
4. 分设游民感化所

5. 推广职工介绍
6. 保护慈善团体
7. 取缔假冒慈善
8. 成立乡区消费合作社
9. 成立乡区信用合作社

丙、关于促进工商事项

1. 提倡国货
2. 奖励工业
3. 调节物价
4. 推行新制度量衡
5. 调查当地出产品
6. 改良家庭工业
7. 筹设染织工厂
8. 办理商业登记及调查

丁、关于农林水利事项

1. 提倡农村合作
2. 改良旧式农具
3. 讲求水利
4. 添辟水井
5. 防止洪水
6. 调查农民耕地亩数
7. 促进果品产量

戊、关于渔猎牧矿事项

1. 改良捕鱼方法
2. 仿造新式渔具
3. 调查渔产数量
4. 取缔非时狩猎
5. 奖励改良饲养
6. 供给优良品种
7. 提倡改良牧场
8. 调查各种矿产

9. 取缔采取山石
己、关于社会教育事项
1. 筹设平民阅书报室
2. 设立民众憩游所
3. 设立国术练习所
4. 实行新历
5. 奖励礼教
6. 设立公共运动场
7. 举行公民训练
庚、关于办理劳动事项
1. 指导农村组织
2. 改良劳动生活
3. 提倡劳工储蓄
4. 审核雇佣契约
5. 调查劳动状况及调解劳资纠纷
6. 提倡劳动教育
辛、关于公众卫生事项
1. 筹设巡回诊疗所
2. 设立乡区医院及举行防疫法射
3. 检查饮料
4. 注意屠宰
5. 扑灭蚊蝇运动
6. 清洁街道河渠
7. 规定生熟食物小贩办法
8. 厉行防疫
9. 训练旧式助产士
10. 实行卫生运动
11. 注重儿童卫生
12. 检查市集药摊
13. 厉行施种牛痘
壬、关于乡村自治事项

1. 规定乡区村制暂行办法
2. 规定乡区选任村长暂行办法
3. 监选各村村长村副调解委员会计员
4. 指导各村成立调解委员会
5. 划分各村间邻并监选间邻长
6. 制定村禁约及村戒约张贴各村户
7. 举办村治人员训练班

（二）教育股建设纲要

甲、关于乡村教育调查事项
1. 义务教育概况调查
a. 学校数之调查
b. 班次数之调查
c. 学生人数之调查
d. 教职员人数之调查
e. 校舍概况之调查
f. 经费概况之调查
g. 学龄儿童数之调查
h. 各校应补学额人数之调查
2. 社会教育概况调查
a. 民众学校数及其教员学生经费数之调查
b. 工人补习学校数及其教员学生经费数之调查
c. 图书馆、阅报室、阅报牌之调查
d. 不识字人数之调查
乙、关于学校视察指导及扩充改进事项
1. 视查事项
a. 行政概况
b. 教学概况
c. 训育概况
d. 体育概况

e. 教职员服务概况
f. 考察校内各种会议
2. 指导改进教学训育事项
a. 参加学校各种集会及动作实地指示
b. 对各教职员分别谈话
c. 指导组织乡区教学分区研究会
3. 计划扩充学校组织及设备事项
a. 增设分校及独立学校
b. 筹设中心小学事项
c. 增添各校必要设备
d. 拟定各种提高教学效率之办法
丙、关于充实学额事项
1. 充实乡区小学名额
a. 调查学龄儿童及学校学生缺额
b. 劝令入学
c. 督促学校不使学生无故缺席
d. 执行罚办无故使学龄儿童失学之家长
丁、关于职业课程事项
1. 指导增设职业课程
2. 改进职业教学方法
3. 增添职业设备
a. 指导学校增设农业课程及农场
b. 注重手工科
c. 筹设工厂及工具
戊、关于体育推进事项
1. 筹设体育场
a. 各校体育场及设备
b. 公共体育场及设备
2. 考查训练
a. 举行运动会
b. 举行军训检阅

己、关于校舍改进事项
1. 筹款添建或新建校舍
a. 调查各校应行改建或筹建之校舍
b. 组织建筑筹备委员会
c. 协助筹款及指导工程设计
庚、关于民众教育推广事项
1. 利用学校推进乡村社会教育
a. 办理民众学校
b. 举办促进社会教育之各种集会
2. 民众识字运动
a. 各小学校一律设立民众学校及民众问字处
b. 调查失学民众
c. 组织推行注音符号委员会
d. 举行识字运动
e. 强迫入学
3. 民众补习运动
a. 设半日学校
b. 设立阅报社
c. 设立民众茶园
辛、关于乡村风俗改良事项
(1) 提倡放足
a. 宣传缠足之害
b. 令知各校不收缠足女生
2. 戒掉早婚
a. 宣传早婚之害
b. 小学生不许早婚
3. 破除迷信
a. 使教职员学生利用机会作破除迷信之宣传讲演
b. 纠正各种迷信习惯
4. 改正不良风俗
a. 调查村民习俗仪式

b. 拟定节俭合理的婚丧仪式
c. 利用师生之宣传
壬、关于乡区卫生改良事项
1. 清洁运动
a. 使学校教职员学生作清洁运动之宣传
b. 各校内注重清洁
c. 检查街道及各户之清洁
2. 防病运动
a. 协同市立医院赴各校施种牛痘
b. 令各校教职员作防疫宣传
c. 捕蝇运动

（三）公安股建设纲要

甲、关于维持治安事项
1. 自行车队及巡船巡逻
2. 缉捕盗匪
3. 户籍调查及实施指纹法
4. 分班巡逻及马警巡查
乙、关于交通事项
1. 扩充乡区通信
2. 训练通信鸽
3. 扩展乡区公共汽车路线
4. 筹设乡区干路之路灯
5. 保护已完成之乡区道路、桥梁
丙、关于禁止事项
1. 严禁烟赌及违禁毒品
2. 禁止男子发辫、女子缠足
丁、关于取缔事项
1. 取缔游民
2. 取缔暗娼

3. 取缔乞丐
4. 取缔病犬、野犬并施行家犬防疫注射
5. 取缔售卖生熟食物商贩
6. 取缔无照行医
7. 取缔私宰牲畜
8. 取缔曝露棺木

戊、关于公共卫生事项

1. 清洁街道、河渠
2. 添设垃圾箱
3. 添设公厕
4. 预防传染病
5. 整理乡村一般清洁

己、关于调查事项

1. 调查乡村壮丁及枪弹
2. 调查筹备地方自治各种事项
3. 调查乡村人口及交通状况
4. 调查海面孤立小岛有无居户

庚、关于检查事项

1. 检查行旅及汽车
2. 检查乡村反动分子及刊物
3. 检查牛乳
4. 检查饮料

辛、关于警卫事项

1. 筹添乡区警备汽车及警报电话
2. 挑选保卫团壮丁事项
3. 规划保卫团会操办法
4. 筹添沿海巡船
5. 规定乡区各村警报办法
6. 督饬各分驻所保护森林及行道树
7. 保护沿海村庄渔民安全

壬、关于民众安全事项

1. 各村设义勇巡更团
2. 设置消防组以防火灾
3. 设置汽车慢行牌
4. 设置各项警告牌

癸、调解民众纠纷事项

1. 组织各村调解委员会
2. 筹设各村调解委员会会所
3. 调解民众纠纷
4. 处理民众争议

（四）工务股建设纲要

甲、关于交通工程事项

1. 修筑道路

a. 各村至市镇之干路
b. 由各村至工厂之要道
c. 由市镇至名胜地之要道
d. 村与村间连络之要道
e. 村与学校间往来之支路
f. 各村至干路之支路

2. 修建桥梁、涵洞

a. 两段道路低端相接之处及道路经过沟渠之处修筑涵洞
b. 道路经过平广之沙河修河底桥

3. 修建堤防

a. 河水湾流外冲之处修支水坝
b. 河岸壁立及悬崖之处修崖壁
c. 河岸凹下之处垫高以防河流改道

4. 设置椿橛牌号

a. 濒临深沟之路栽置石椿以便车辆防避
b. 河底桥上流之一旁设立志水椿
c. 路端或路口均设立界石及指路牌

d. 乡村分段修养之路，设立界石以志村别
e. 各路设立石橛，志路之远近
f. 各路路端及路口，设置路牌以志路名及里数
5. 建筑停车场
a. 建筑车场休息亭
b. 筹建停车场
c. 开辟错车场
乙、关于水源河流工程事项
1. 开井
a. 大路之两旁，每隔一公里掘井一口
b. 村内每百户掘井一口
c. 整理村内私有水井
2. 浚河
a. 整理河道防止淤塞
b. 疏浚河身预防漫溢
3. 筑坝
a. 山内掘井困难之处，于沟头上流筑蓄水坝
丙、关于农村改良事项
1. 整理街道
a. 街道两旁修砌水沟以疏泄雨水
b. 街道两旁不准拴系牲畜
c. 街道不准堆积粪土砂石树草
d. 各家门前之台阶不准伸出街道
e. 街道逐渐改铺条石路及石砌水沟
f. 街道两旁栽植行道树
g. 拆除修整村内妨碍马路交通之树木、墙垣、沟渠
2. 改善建筑
a. 注意乡村房屋建筑之适宜
b. 大路两旁之房基使成直线或成有规则之曲线
c. 修葺整洁风景区内之庙宇
3. 注重卫生

a. 街道不准倾倒脏水、灰土
b. 村外距住户较远之处设堆粪场
c. 临街之处由各家负责清扫洁净
d. 改良各住户院内厕所建筑
e. 建筑男女公共浴室
f. 凡村内低洼之处使其填平或开辟流水沟，免积污水
4. 举办公益
a. 街道两头及中间设置路灯
b. 择村内外空旷之地筹设运动场
c. 设聚会堂为村民议事及娱乐场所
d. 建设民众礼堂
e. 村外附近之处设公园及村有林
f. 设置公墓
5. 建设新村
a. 择交通便利、出产丰富、人口繁多之村改良建筑，增辟街市
b. 选定新地址创立模范村
丁、关于取缔采取事项
1. 取缔采取石砂
a. 主要干路附近禁止采取石料
b. 马路两旁一百公尺以内一切不准采取
c. 河床低洼之处不准采砂
d. 地势低洼之处不准采土
2. 整理窑厂
a. 主要干路附近禁止设窑采土
b. 取缔马路两旁距离较近之窑厂

（五）农林股建设纲要

甲、关于农艺事项
1. 择定适宜某种禾稼之农田作为某种禾稼特约农田，以资改良农产品
2. 分发优良种子

3. 指示种子预措
4. 指导防除病虫害
5. 调查农业经营方法
6. 改善施肥方法
7. 改良农具
8. 指导耕地整理及土质改良
9. 保护有益动物
10.举办农业讲习会

乙、关于园艺事项

1. 提倡新品种蔬菜栽培
2. 指导促成栽培
3. 提倡花卉事业
4. 分发优良果苗
5. 指导果树剪定整枝方法
6. 宣传果树施用磷肥利益
7. 指导配制防除病虫害药剂并施行喷射
8. 指导产品之包装运输及贮藏法
9. 指导果树繁殖更新方法
10.择定蔬菜园户集中区域成立蔬菜推广中心区及实验区
11.择定花卉适宜区域成立花卉推广中心区及实验区
12.择定适宜某种果树区域成立某种果树推广中心区及实验区
13.提倡荒山改植果树

丙、关于畜牧事项

1. 流行配种
2. 分发种豚及种鸡
3. 改良饲养法
4. 指导畜舍卫生
5. 指导防除家畜疾病
6. 指导牛乳加工法
7. 指导农民成立养鸡合作社及养猪合作社
8. 指定农村成立推广养鸡中心区

丁、关于森林事项

1. 督饬各村长保护森林及行道树
2. 分发树苗并奖励其成活成绩优良者
3. 水源区域之民地其重要者令其造林，以封山禁伐方法造成森林
4. 在水源涵养上居次要区域严令造林
5. 监督驱除森林病虫害
6. 指导疏伐及剪枝
7. 举办村有林
8. 限制烧炭
9. 强迫民有荒山造林
10.宣传造林利益

戊、关于农村事项

1. 举行农产比赛会
2. 训练技工
3. 指导乡区小学成立农场
4. 举办冬期讲习会及分发各种农林浅说
5. 提倡各项农产合作社
6. 调查农村经济状况

己、关于行道树事项

1. 完成乡村行道树
2. 励行保护办法
3. 注意修剪
4. 宣传行道树利益

庚、关于狩猎事项

1. 取缔非时狩猎
2. 取缔酷烈之狩猎方法
3. 取缔狩猎未经许可之鸟兽
4. 宣传益鸟之功效

（六）财政股建设纲要

甲、关于地政事项

1. 办理土地房屋荒山登记事项
2. 办理土地房屋荒山移转事项
3. 清理乡区民有土地事项
4. 发给查验证书事项
5. 处理乡区土地纠纷事项
6. 筹办乡区民有土地清丈事项

乙、关于经征税款事项

1. 经征乡区民地租税事项
2. 经征公地租税事项
3. 办理烟酒牌照税事项
4. 编造乡村地亩租税清册事项
5. 监督乡村公费收支事项
6. 汇解各种税款事项

沧口乡区建设纪要

青岛市沧口乡区建设办事处

目　　录

插　图 …………………………………………… (337)
序　言 …………………………………………… (353)
关于社会方面 …………………………………… (354)
关于教育方面 …………………………………… (393)
　学校教育 ……………………………………… (393)
　社会教育 ……………………………………… (438)
关于公安方面 …………………………………… (459)
关于工务方面 …………………………………… (499)
关于农林方面 …………………………………… (535)

沧口建设办事处全体职员合影

沧口建设办事处正门

新建市立沧口小学校举行民众学生毕业摄影

←法海寺小学新建筑之校舍正面

仙家寨小学新建校舍之侧面→

←丹山小学校舍全图

赵哥庄小学新建筑之校舍正面→

←西小水小学新建校舍之侧面

新建黄埠小学校舍

新建夏庄小学校舍

新建水清沟小学校舍

沧口区仙家寨附近各校举行军训会操

沧口民众教育馆正门→

←沧口区民众教育馆
举行集市讲演

翻修四流路柏油路工程之一

翻修四流路柏油路工程之二

沧口区白沙河水源地→

白沙河水源地小学校

新修湖岛村旋桥

新修双埠村七孔平桥↑

↓新建丹山风景亭

←新建少山风景亭

沧口区武林桥

民夫修筑道路↑

↓四方小学遵化路新修三孔平桥

民夫滚压道路↑

新修赵哥庄河底桥↓

公安五分局之警备汽车

公安五分局之自行车队

公安五分局巡船

↓法海寺派出所

沟塔埠汽车检查处↑

←沧口街新筑公共汽车停车场

保卫团训练壮丁举行校阅分列式

←沧口南首新筑飞机场

沧口区市立医院大门→

沧口区劳工休息亭↑

重修法海寺大殿工程之一部

经指导施行葡萄剪枝后之结果盛况

本区内农业推广实验区指导施用除虫菊药剂情形

本区内特约农田栽培除虫菊之情形

本区民有林经指导搜捕松毛虫之情形

序　言

本市之谋乡区建设，实始于民国二十年冬，适我市长沈公成章，奉命来摄市篆，莅任之始，宣布政纲，即以“繁荣市区，必先建设乡村”为主旨，经营擘画，日无暇晷，于翌年四月间，先后成立李村、沧口、九水、阴岛、薛家岛乡区建设办事处五所。复以水灵山岛，孤悬海中，地方经济，异常艰窘，又增设救济办事处一所。依据政纲，令由社会教育工务公安农林各局所，详拟各种建设方案，制成简表，颁行遵办，并且不时亲赴各区，实地考察，以资策进。惟沧口一区，位于本市北部，南至武林桥，北至流亭河，工厂林立，户廛栉比，虽属乡区范围，实为工业中心，推行政要，尤为繁剧。丹墀庸愚自愧，于办事处成立之始，既奉令主任其事，用是兢兢业业，罔敢或懈。溯自成立以来，迄于今日，一切重要施设，无不本诸预定计划，逐渐推行，如检查工厂，指导合作，推广劳工教育，改善劳工生活，以及劝导工人储蓄，调解劳资纠纷，并整饬工人宿舍，清洁卫生等事宜，要皆为本处切要之图。余如新辟支干各路，长共八万二千二百余公尺，桥梁涵洞，已建有一百零九座；至学校教育，市私立小学二十处，一百四十四班，建筑校舍十一处，四百三十余间；社会教育，已办民众学校十一期，另有职工补习学校三处，简易民众教育馆、图书馆、体育场各一处；此外办理农业试验之推广，提倡果树园艺之增殖，分发种苗禽畜，以及救济农村，改良社会，充实民力，维持治安等等，大致粗具规模，仍与市长求治之心，相去太远。嗣后惟有本诸一种奋斗之精神，沉着之气慨，勇往迈进，或可达到最终之任务也。兹谨将供职以来承办事项，撮其厓略，纂为纪要，庶与邦人君子，得资教正焉。

是为序。

时民国二十四年春安徽霍邱王丹墀识

关于社会方面

甲　办理农商事项

一　办理农村有限合作社

查本区合作事业，前曾奉谕劝导华新纱厂，先行组织职工消费合作社，然后再谋推广以期普及等因，现该社成立数月，营业尚佳。一般民众，咸知合作为有利企图，对于征集股款，尚形踊跃。此次驻处社会局科员朱檠，复又征求社员三百余人，集资一千七百元，经由全体社员票选监事五人，理事七人，候补理事、监事各三人，于二十三年七月一日召开理监事第一次联席会议，推定主席及总理人选，并通过社章，命名为青岛市沧口乡区农村有限合作社，先设立消费、信用与家庭工业产销三部，其他部分则俟将来社员之需要情形，次第组织，总社于同年八月十日正式开幕，社章附后。

沧口乡区农村有限合作社章程

第一章　总则

第一条　本社社章，依据　国民政府颁定之合作社法定订之。

第二条　本社定名为青岛市沧口乡区农村有限合作社。

第三条　本社之目的如下：

1. 采办日常生活之必需物品，以供给社员之需要。

2. 基于平等互助精神，以增裕社员之生计。

3. 低利贷货于社员，以供生产及其他正当事业之用，并办理储金业务，为谋金融之流通。

第四条　本社总社设于青岛市沧口，将来营业发达时，得酌量添设分社于其他各村。

第五条　本社营业区域以沧口乡区为范围。

第六条　凡社员对本社股份负有限责任。

第二章　社员

第七条　凡属于本区之人民，有正当职业，而无下列情事之一者，并由二人以上之介绍，经理事会许可后，皆得为本社社员。

1. 褫夺公权者。

2. 吸食鸦片或其他代用品者。

3. 调查行为不检，敲诈招摇，经理事会认为不合社员资格者。

第八条　社员退社之规定。

1. 社员自愿退社，并须于十日前提出理由书，经本社理事会认为无损于本社者。

2. 社员不履行社章或有损于本社之行为，经理事会议决取消其社员资格者。

3. 社员死亡者。

4. 有第七条之情事者。

第九条　社员退社，将其股本全数及股息退还外，所有本社之公积金、公益金、余利等，概不摊还。

第三章　股金

第十条　本社资本总额暂定为国币二千元，俟将来社务发达时，得酌量增股。

第十一条　本社社股每股定为国币一元，凡本区民众认购股票者，每人至少一股，并不得超过一百股，股款须一次缴齐。

第十二条　本社股息每股按周息五厘计算之，但无盈余时，概不发息，每年盈余除付股息外，余则分配于下。

1. 公积金百分之二十五。

2. 公益金百分之十。

3. 职员奖励金百分之十五。

4. 除上列三项外，其余百分之五十按照社员购买物品之多寡分配之。

第四章　营业

第十三条　本社经营业务如下：

1. 消费部。
2. 信用部。
3. 产销部。
4. 购买部。
5. 其他。

将来营业发达，得酌量情形，扩充经营之。

第十四条　本社购买物品，在可能范围的，以国货为原则，并应从生产地或廉价地购运前来。各种货物之售价应比市价略低，但不宜过低，以免亏耗及转卖等情。

第十五条　本社交易一律现金，以免资本周转不灵。

第十六条　本社每年结算一次，届结算日期，由理事会规定之，并制成下列各表，报告社员大会。

1. 财产目录。
2. 贷借对照表。
3. 营业报告书。
4. 损益计算表。
5. 盈余处分分配单。

第五章　组织

第十七条　本社由全体社员选举代表五十人，组织社员代表大会，其职权如下：

1. 修定章程。
2. 选举理事监事。
3. 检查账目。
4. 处理一切重要事项。

第十八条　本社暂定理事为七人，组织理事会，其选举法及理事会办事规则另定之。

第十九条　本社监事定为五人，组织监事会，其选举法及监事会办事规则另定之。

第二十条　本社暂定候补理事监事各三人，如理事监事因事出缺，得由候补理事监事递补之。

第二十一条　理事监事任期定为一年，得连选连任。

第二十二条　理事会之职权如下：

1. 通过社员之入社退社。

2. 核定职员之进退。

3. 规定营业计划。

4. 监督营业。

5. 签订契约。

6. 核定预算决算。

7. 检阅职员之勤惰。

8. 执行社员代表大会议决案。

9. 处理本社其他重要事项。

第二十三条　理事会设理事主席一人，由理事互推任之，执行日常事务。

第二十四条　监事会之职权如下：

1. 查看本社一切账目及单据。

2. 检查本社货物存底，并估计财产之价值。

3. 审核理事会各种报告表册，并将审核结果报告社员代表大会及关系机关。

第二十五条　监事会设主席一人，由监事会互推任之，执行日常事务。

第二十六条　本社设总经理一人，由理事会聘任之，承理事会之命，总理总分社一切事务。

第二十七条　本社各部设主任一人，并得雇用职员若干人，由总经理酌量情形，经理事会许可雇用之。

第二十八条　本社除雇用职员外，其余均为义务职，概不支薪。

第六章　集会

第二十九条　本社社员代表大会每年开常会一次，由理事会召集之，但遇有社员十分之一以上之请求，或理事会及监事会认为必要时，得由理事会召集临时会议。

第三十条　理事会、监事会每月各开常会一次，遇必要时，得召集临时会议。

第七章　附则

第三十一条　本社各种细则另定之。

第三十二条　本章程如有未尽事宜，由社员代表大会修改之。

第三十三条　本章程应呈请社会局备案施行之。

二　成立合作社信用部

查本区农村有限合作社消费部，自成立以来，一般社员均感便利。最近该社复成立信用部，暂以自治筹备委员会于二十二年度经费节余项下一千元作为贷款基金。兹将存放款办法及放款报告表，附载于后。

沧口乡区农村有限合作社信用部存款办法

一、手续　存入款项时，本社信用部即付与存折为凭，嗣后款项存入，凭折核对，但存户为慎重起见，得预留印鉴。

二、存额　自银元一元起，既可开户存入，嗣后随时可以存取，但每月存入数不得过一百元，存储总额不得过一千元。

三、利率　月息三厘。

四、定期　定期存款利息较优，得视市面金融情形随时商定之。

五、结算　存款本息每月结算一次，但存数不足一个月取消，及存数不足一元者，均不计息，定期者则到期结算之。

六、时间　办公时间每日上午八时至十二时，星期日照常。

沧口乡区农村有限合作社信用部放款办法

一、手续　凡本社务农之社员，因有正当生产用途时，既可来社借款，其手续得偕同本村村长来社负责保证，填写借据及保证书各一份，并将自有地契附查验证书缴社，作为抵押品，每亩估价不得超过五十元，由本社掣给收据，俟款归还后，即凭证来社领取。

二、利息　本社借款，均按月息九厘，预扣利息。

三、期限　借款期限，暂分为四个月、八个月、一年三种，任凭社员之意，于借款时选择之。

四、限制　社员每户借款至多不得过五十元。

五、监督　社员向本社借款应填请求书，指明借款用途，日后如经查出用途不当时，本社得令其于一个月以内将本息归还，并科以月息四厘之罚金。

六、时间 办公时间每日上午八时至十二时，星期日照常。

沧口乡区农村有限合作社信用部贷款报告表

借款人姓名	住址	數目	利息	期限	應扣息	借款日期	到期年月	備考
王立仁	王家泊子村	九〇，〇〇	月息，〇〇九	一年	九，七二	$23\frac{1}{11}$	$24\frac{31}{10}$	存有查驗證書駒字第一一七號
樂譚一	西黃埠村	一〇〇，〇〇	"	"	一〇，八〇	"	"	查驗證書愛字第一一三八 一一四〇號
樂明一	仝	六〇，〇〇	"	"	六，四八	$23\frac{2}{11}$	"	查驗證書愛字第四一九 四二四號
樂守琚	夏莊	八〇，〇〇	"	"	八，六四	$23\frac{3}{11}$	"	查驗證書潔字第一一四七號
樂西園	仝	一〇〇，〇〇	"	"	一〇，八〇	"	"	查驗証書豈字第一二〇號
方明進	西小水村	五〇，〇〇	"	十個月	四，五〇	$23\frac{6}{11}$	$24\frac{5}{9}$	查驗證書草字第二八五號
王孝恪	濤塔埠村	五〇，〇〇	"	八個月	三，六〇	"	$24\frac{5}{7}$	查驗證書被字第三三三號
董作栩	樓山後	五〇，〇〇	"	仝	三，六〇	$23\frac{12}{11}$	$24\frac{11}{7}$	查驗證書般字第三〇二號
閻恆煒	閻家山村	五〇，〇〇	月息，〇〇九	八個月	三，六〇	$23\frac{12}{11}$	$24\frac{11}{7}$	查驗證書陶字第三三一 三三二號
解寶淑	史家泊子	二五，〇〇	"	一年	二，七〇	$23\frac{13}{11}$	$24\frac{12}{11}$	查驗證書紀字第一四〇號
史可爍	"	三〇，〇〇	"	"	三，二四	"	"	查驗證書化字第一二八號
于崇杞	"	二五，〇〇	"	"	二，七〇	"	"	查驗証書化字第三一一號

于崇燈	〃	一〇，〇〇	〃	〃	一，〇八	〃	〃	查驗證書化字第三〇八號
史乃棠	〃	一〇，〇〇	〃	〃	一，〇八	〃	〃	查驗證書化字第一一九號
王敦先	湖島村	四〇，〇〇	〃	八個月	二，八八	$23\frac{14}{11}$	$24\frac{13}{7}$	查驗證書本字第一七六號
王澤美	〃	八〇，〇〇	〃	〃	五，七六	〃	〃	查驗證書平字第三六六 三六九號
吳葆立	樓山後	四〇，〇〇	〃	一年	四，三二	$23\frac{15}{11}$	$24\frac{14}{11}$	查驗證書般字第一九二 八三六號
王儆先	湖島村	八〇，〇〇	〃	八個月	五，七六	〃	〃	查驗證書平字第一三六八、一七六六 一七六五、一七六七號
閻學春	閻家山村	一五，〇〇	月息，〇〇九	六個月	〇，八一	$23\frac{17}{11}$	$24\frac{16}{5}$	存有查驗證書陶字第七七一號
孫鴻漸	鹽灘村	二〇，〇〇	〃	〃	一，〇八	$23\frac{19}{11}$	$24\frac{18}{5}$	查驗證書歸字第七七號
楊爲仁	西小水村	三〇，〇〇	〃	三個月	〇，八一	$23\frac{20}{11}$	$24\frac{19}{2}$	查驗証書白字第七〇號
吳誠立	樓山後村	三二，〇〇	〃	八個月	二，三〇	〃	$24\frac{9}{17}$	查驗證書般字第七四號
石子安	滄口	三〇，〇〇	〃	三個月	〇，九〇	$23\frac{7}{11}$	$24\frac{6}{2}$	保証人周忠璋

附註

本部基金一千元。實貸出款數爲一千零九十七元（預扣利息九十七元一角六分）；下存一角六分。

三　筹设农工银行办事处

本处虽在市外，同时又为工业之中心，平时小农、小工欲发展其生产，势不能不受高利贷之盘剥，始能得微末之资金。市府有见于此，因商同工商两界，先后共筹资本二十五万元，以谋救济，而示提倡。现在总行及分办事处五所，均于二十二年五月间，开始向乡民贷款。凡农工因缺乏生产资本者，皆得以田产作抵押品，行息一分，期限半年，一般民众，咸认为低利借款机关，无不称便。总计本乡区自二十二年五月起，至二十三年十二月底止，放出户数计为一千六百四十一户，总金额四万九千一百六十余元。

四　取缔棉商掺和杂品

奉社会局令：棉为我国输出土产之一宗，运销海外，为数甚巨，乃近年以来，因外棉充斥，本棉销数日见减少，加以一般无识棉商，掺和杂品，希图微利，以致输出信用，益复一蹶不振，亟应设法取缔，以增利源等因，本处奉令后，除对于棉种力求改良推广外，当即布告严禁，以免奸商掺杂取巧，致堕信誉。

五　提倡种植薄荷

前奉社会局，令饬提倡种植薄荷，当以种植薄荷，用途綦广，既有利于民生，复可塞国家之漏卮，极应提倡。惟本区主要农产，以地瓜为大宗，间亦有播种落花生及各种杂粮者，若劝导改种薄荷，未为不可，第恐其无是项种籽与经验，且土地气候是否适合及根苗来自何处，均宜先予筹划，庶免农民损失。经本处呈请社会局转函农林事务所，在李村分所试验场先行试种，如果成绩优良，再于各乡实验区试种，既易宣传，复收实效。

六　考送民生工厂学徒

前奉局令，选送民生工厂学徒二百名，本处摊送名额四十五名。嗣因报名人数过多，经当场试验结果，录取正额四十五名，备取十五名，共计六十名，当即将正取之四十五名先行送入民生工厂，分科学艺，其已竟毕业之学徒，择其成绩优良、勤劳不怠者，并由市府分别发给织布机、织袜机、织毛巾木机各一架，令其自行谋生，以为乡村从事副业之提倡。

七 推行度量衡新制

我国旧制度量衡，大小长短既不一致，使用又感不便。本处奉令协助度量衡检定所办理推行新制时，特召集各村长商店开会讨论，散发宣传品。同时即没收各商店旧秤，计五百五十五杆，悉数销毁，并发给市秤八百二十杆。

八 商店登记

本处于二十三年十月间，奉令办理新设商店登记，截至本年底止，经转请核准登记发照者，计共十七家，现仍在继续办理中。

九 严禁渔船妨碍海底电缆轨道

实业部准交通部咨，请严禁渔船在水线附近一带抛锚及下渔具，妨碍海底电缆轨道，并附发避免损坏海底电缆之方法。查本处虽非渔区，但沿海各村，间亦有使用舢板捕渔为业者，遵即出示布告，俾沿海村民，知所避免。

十 中医登记

本市管理中医规则，非经测验核准登记者，不得私自营业，乡区向无定章，自亦未便独异。经本处传知各中医，因而转请核准登记者，计有马文英等十二人，现均开始行医，其有未受测验者，仍在继续催办中。

十一 取缔无照药摊

本市摆设药摊，例须领有登记执照，始可营业，间亦有少数摊贩，无照售药，假冒难免，已转知各公安分驻所随时派警查验，以杜奸商，而重民命。

十二 指导农业

农业指导原为谋产额之增裕，自应有合理之经营，本处附设农业指导办事处对于改良麦种、劝种美棉，以及甘薯之选种与贮藏法、家畜配种与管理法等均有切实之指导，并于二十二年农林事务所举办冬季农事讲演会，曾选送粗识文字之农民五十人，前往听讲，以期灌输农业经营之常识，俾便逐加改善，简则附后。

青岛市农业指导办事处简则

第一条　本办事处，遵照农业推广规程之规定组织之，受社会局之指挥督促，办理各乡区农业指导改良事务。

第二条　本办事处附设于各乡区建设办事处，名为某乡区农业指导办事处。

第三条　本办事处设农业指导员一人，副指导员二人。

第四条　农业指导员由乡区建设办事处主任兼充，副指导员由该处内之社会局及农林事务所职员兼充。

第五条　本办事处办理下列事务。

一、关于农业调查统计事项。

二、关于选择优良种子、肥料、苗木、畜种事项。

三、关于提倡扶助合作社之组织改良事项。

四、关于增进农民智识技能之讲演事项。

五、关于提倡垦荒造林、整理耕地，及防治水旱事项。

六、关于其他农业之指导改良事项。

第六条　本办事处办公经费，即在各乡区建设办事处经费项下撙节开支。

第七条　本办事处办理调查讲演等项工作时，得与乡村村长等会同办理之。

第八条　本办事处工作，应按周报告社会局及关系局所。

第九条　本简则如有未尽事宜，得随时呈请修正之。

第十条　本简则自呈奉　核准之日施行。

十三　清理民有土地

财政局此次彻底清理民有土地，系为确定产权起见，并宣示清理以后，仍照旧额纳税，不收任何费用。经派员会同各乡区办事处收集契约文件、办理声请保结等手续，计自民国二十二年五月开始，截至二十三年七月底止，共印发有契之查验证书三万六千五百八十七件。无契之查验证书，经过公告后，已发出二万一千零三十七件。

十四　办理移转登记

财政局见于民有土地，既已清理就绪，则办理移转登记，自为当务之急，本处计自二十三年一月讫十二月底，共收声请证明文件，总共八百三十八份，其收费手续，有契纸、执照、证明等费，拟订有本市不动产移转证明许可规则，以资参考。

十五　代征烟酒营业牌照税

财政局经收烟酒营业牌照税，始于二十三年七月一日，由财政部划归地方征收。本办事处即由去年秋冬两季发出各级烟牌照一百二十四件，各级酒牌照二百六十件，总共三百八十四件。

乙　办理劳工事项

一　劳工教育

本市设有职工教育委员会，辅助社会局专办劳工教育事项，故沧口区职工补习学校，近三年来有华新纱厂、中国颜料厂，及四方沧口等四处，计华新十班，男女学生七百人；四沧两校各三班；颜料厂一班，学生共三百三十人。皆由本处教育股随时视查与纠正。

二　劳工合作

沧口区办有农村合作社，此外华新纱厂于二十三年一月间，对于职工开办一消费合作，集股一千元，厂方又补助千元，每月大宗消费，以米面为最多，故营业总额，月在二千元以上。

三　检查工厂

工厂检查，社会局本拟有一种实施程序，二十三年冬，令由本办事处指派一人，按照保障劳工计划，协同检查，其检查之范围，如工人、童工、学徒之工作时间，待遇之优劣，伤亡与抚恤津贴等。

四　工人储蓄

储蓄一事，在工人方面极不易办，本处自奉到工人储蓄办法后，即会同社会局派员分别至各厂劝导，始则作通遍宣传，继则指导会务，强制储蓄，结果有中途停办者，亦有始终未办者。故仅仅成立华新纱厂一会，会员约七百人将来仍拟赓续进行，以期普及。

五　劳工生活

本市设立劳工生活改进委员会，系为保障劳工，协和劳资起见，故社会局以沧口区工厂林立，欲明了劳工真正之生活费用，非彻底调查，不足以供规定最低工资之参考。本处奉令后，即抽查工厂工人每日所得多则七八角，少则四五角不等。其个人费用，日需一角五分至二角，余则赡家活口，不无小补。

六　工人清洁卫生

社会局每年印发清洁须知，及卫生刊物等令发本处，派员会同到各厂宣讲，并为组织卫生委员会，负设计指导之责。故历年以来，每当夏季，本处函约四方诊疗所派护士二人，到各厂为之施行免费防疫注射，同时并取缔摊贩售卖不洁净食物与饮料。

七　劳工休息亭

本处所辖四流路，为往来要道，车辆极多，而且远近村庄，男女工人上下工时，为数尤伙，长途劳顿，中无休憩处所，殊与人道未尽，社会局奉令建造劳工休息亭，因饬就近勘定地址，一为水源地路，一为武林桥畔，乃于二十二、二十三两年，次第完成后比即开放。

八　取缔工人不良行为

查改革工人恶习，本处奉令后，迭于宝来纱厂宿舍内，查获工人毕元文、诸孟善及失业工人王成功等二十余人聚赌排九，并该厂董曲氏等五名吸食鸦片。又公大纱厂宿舍内查获工人张玉春、赵本元等四人赌博，并该厂工人王纯一及辛李氏等烟灰烟具。又华新纱厂宿舍内，查获工人张砚田等四人聚赌，均经遵照社会局实施办法，先后发交公安分驻所，转送罚办。

九　取缔各工厂雇用童工

查各厂每届招收新工时，各校学生往往中途退学，入厂作工，实与义务教育不无妨碍。除由处通知各厂不得再用童工外，并劝令各校学生勿得中途退学，否则即照补充学额办法，严加处罚。

十　介绍失业工人

查四方沧口一带，工厂林立，现业工人将近三万，当此世界经济恐慌，商业凋敝之时，工厂一项，亦不能出乎例外。本区二十二年及二十三年裁汰工人，估计须占五分之一，所幸客籍居其大半，而本籍者失业之后，有回家务农者，有下海捞渔者，并有赴市内托亲友帮工者，故调查真正失业人数，不过百余人之谱，已开单与职业介绍所接洽消纳，免致游惰。

十一　禁止各厂私自招工

查各厂雇用新工，理应向主管局先行呈报，方合手续。本处奉谕劝阻，当即通知各村，嗣后赴厂验工，必须到处登记，以资稽考。

十二　不许各厂无故停工或歇业

查各工厂为全部或一部分之歇业，或停工在一月以上时，应事先呈请社会局核准，方合手续。本处除撰拟布告外，一面并函知各外籍工厂，及各工友公会等一体知照。

十三　训练工人急救术

查各厂对于工人急救术，向少注意，社会局有见于此，因派员会同本处招集各厂工头，分别教以简易急救术，如窒息、止血、触电、水溺、烫伤、中暑、中煤气等十余种方法，并令工厂为简便之设备，及散给印刷品，以资参证。

十四 查填劳工登记表

本处奉令调查非工厂，及非农业劳工登记，计填表五百七十三份，呈送社会局存查。兹因篇数过多，概从阙略，登记表式附后。

青岛市劳工登记簿

<table>
<tr><td>姓　名</td><td>性　別</td><td>年　齡</td><td>籍　貫</td><td colspan="5">工　作　場　所</td><td rowspan="6">注　意
一、「技能」欄填能幹甚麽
二、「每月全部生活費均數」係指一年的每月平均數
三、識字與不識字均須於「識字程度」欄內填明</td></tr>
<tr><td></td><td></td><td></td><td></td><td colspan="5"></td></tr>
<tr><td>住　址</td><td colspan="3"></td><td>技　能</td><td colspan="4"></td></tr>
<tr><td>每月工資</td><td colspan="3">元　角　分</td><td>家屬每月收入</td><td colspan="4">元　角　分</td></tr>
<tr><td>家屬概況</td><td>有專業者</td><td></td><td>操副業者</td><td></td><td>全受養育者</td><td></td><td>每月全部生活費均數</td><td></td></tr>
<tr><td>就業年月</td><td colspan="2">年　月　日</td><td colspan="6">識字程度</td></tr>
</table>

第　　號　　年　月　日社會局登記

丙 办理公益事项

一 归并区公所

本市办理地方自治之实施，始于民国二十一年一月间，成立地方自治筹办委员会，同时开办地方自治人员训练所，并着手调查户口疆域社会等情况，以为筹设区公所之准备。迨二十二年全市区公所一律成立，办理公民登记，与分坊之工作，及二十三年四月内政部以市自治，只以市为单位，不另设区坊名目，因之将区公所先后裁撤。所有沧口区第五第八两自治区公所人员，统由本办事处请委为办事员，凡关社会、教育、工务、公安、农林，以及临时调查，举办公益各事项，要皆在办事处指导之下依次进行。

二 规划贫民住所

本市西岭一带，向为贫民最多地方，板房草屋任意搭盖，且又矮小污秽，火险堪虞。市政府因饬社会、公安、财政三局，会议解决住所问题，指定地段，施给地皮，先尽贫民自建，如无力自建者，再由公家建筑，每月每间酌收房租一元，以为修缮之用。现在市区隙地，经先后给领者计有十处，公私建筑间数三千数百间，仍不能以敷用，故又饬市区第二联合办事处会同本处勘定西太平村，距市稍远，指为贫民住区。计自二十三年秋，已迁入者八十四户，男女丁口二百七十余人，其余尚可容纳一百四十余户，正待迁移中。

三　执行乡区墓葬管理规则

查乡区墓葬，每随家境丰啬，地点既无一定，所占地亩亦互有不同，但对于农村经济，皆不无相当关碍，故社会局拟定管理乡区墓葬暂行规则，以便随时取缔，而资改善。本处接奉此项规则以后，即由社会股遵照执行，兹将规则条文照录如下。

青岛市管理乡区墓葬暂行规则
第一百七十六次市政会议议决

第一条　本市各乡区之埋葬事项，由各乡区建设办事处主管，并依本规则之规定办理。

第二条　凡埋葬者无论于公私墓地，其墓穴面积在成年者以长二公尺五公寸，宽一公尺二公寸为限；在未成年者以长一公尺二公寸，宽九公寸为限。

第三条　凡在墓上建碑者须将碑石平铺墓穴上，不得广占土地，如旧有坟墩式样。

第四条　死者在埋葬之前及埋葬完毕后，应由其家属或主事人(其无家属者得由代办人)向附近公安分局所辖分驻所报告，于每月月终转报乡区建设办事处备查。

第五条　各墓穴之距离四周不得过三公尺，其在私有墓地欲栽植花木及树立界石、建筑藩篱或围墙等类，得许可之。

第六条　尚有违背本规则之规定及妨碍农作或卫生交通等情事者，均得令其重行变更。

第七条　其无家属或主事人之由公家代为埋葬者，亦须亦照本规则之规定办理。

第八条　凡已葬之墓其盖主自愿迁葬时，须预先报告附近公安分局所辖分驻所，转报乡区建设办事处核定，未经核准者不得起掘。

第九条　本规则如有未尽事宜，得提出市政会议修正之。

第十条　本规则自公布之日施行。

四　设立各村调解委员会

查乡区人民知识浅陋，每因细故，酿起争端，缠讼不已。本处为息事宁人起见，呈请社会局拟定调解委员会简章，就户口繁多村庄，各设调解委员会一处，以资调解。现计成立者有十七村之多，兹将简则照录如下。

青岛市乡区调解委员会规则

第一条　调解委员会，以调解村民争议，免资讼累为宗旨。

第二条　凡在百户以上之村庄，得组织一调解委员会，其不及百户之村庄，得由附近数村联合组织之。

第三条　调解委员名额以五人至七人为限，由全村公民投票共选之。

第四条　凡素孚乡望、热心公益者，得被选为调解委员。

第五条　调解委员会之权限，遵照司法行政部内政部公布调解委员会权限规程，第三、第四两条之规定，以民事及轻微刑事为限。

第六条　调解委员为名誉职，不支薪金，并不得收受报酬。

第七条　调解委员会组织成立后，应呈报各主管乡区建设办事处，及公安分局备案。

第九条　调解事项，有涉及调解委员本身或亲属时，应即回避。

第十条　本规则如有未尽事宜，得随时呈请修正之。

第十一条　本规则自呈准之日施行。

五　取缔寺院扶乩抽签治病

奉社会局令饬查禁各寺庙设置药签一案。据驻处社会局科员朱棨报称，大瓮头村新建之明真观内，扶乩抽签，为人治病，请予查禁等情，当以事关助长迷信，有碍健康，经会同公安股取缔，并将乩盘签筒药单等件，一律没收。

六　整理四方小菜场

查四方庙前隙地，摊贩麇集，芜杂不堪，若不从事整理，对于清洁交通，殊多窒碍。经处会同公安五分局，召集该庙主持及各摊贩，商讨办法，规定布篷及菜床式样，招标赶制，价款由各商贩均摊，至沿河东面，由该庙添筑围墙一道，以免秽物倾倒河中。

丁　办理公共卫生

一　筹设沧口市立医院

查本办事处区域辽阔，户口繁兴，欲策划人民之健康，对于医院之设置，似不能不酌量添设，俾有病之家，得以就近医治。本处四方，原设有诊疗所一处，凡东西太平村，及小村庄，并湖岛大山一带，每日踵门求诊者不下百数十人。独沧口、仙家寨两处，从无此项机关成立，一遇病症，靡不感医药之缺乏，甚或延及生命之危险。兹欲保障健安，增进公共卫生事业起见，拟就沧口地方添设市立医院分院，并拟于仙家寨设立诊疗所一处，庶两地人民得受同等待遇，即该分院亦可居中驾驶，事权统属。嗣以仙家寨诊所，奉谕缓设，而沧口一处准其先行筹办，惟是沧口官舍无多，一时难觅适当房屋。经召集本地商务维持会开会议决，就该会公有市房，从事修葺，并另建楼房十间，即以该房向农工银行抵借二千元，作为建筑费用，迨图样审定，即交公和兴营造厂承造，是项楼房，业于二十三年十月间全部完成，并于十二月间正式开诊。兹将分院规则简章，附载于后。

附市立沧口医院诊疗简则

二十三年十一月拟

第一条　本院诊疗科目，为内科、外科、皮肤花柳科、小儿科、眼科、耳鼻咽喉科及产妇科。

第二条　患者就诊，应先向挂号处领取诊券诊牌，依次赴诊，不得紊乱争先。

第三条　本院门诊挂号时间，定为每日上午九时至十二时，夏令则随时改订之。

第四条　本院诊例，分免费、收费两种。

一、免费，凡在本院规定门诊时，来院就诊者，医药费均免收。

二、收费，花柳病患者就诊时，应纳初诊挂号费两角，复诊挂号费一角，如愿提前诊治，或在本院规定时间外求诊者，应挂特别号，收挂号费一元，药费在外。

第五条　凡外科须手术，或其疾病须手续繁多时，得酌收极低廉之手术费，或手续费。

第六条　本院病室，专为病人医疗休养而设，如欲住院，可参阅本院入院手续条项。

第七条　如患者需用注射剂，及贵重药品时，药价另订之。

第八条　凡染有阿片吗啡海洛因高根等嗜好者，皆得来院戒除之。

第九条　例假及星期日停诊，遇有急诊，则由值日人员负责办理之。

附市立沧口医院入院手续

二十三年十一月拟

第一条　经本院主治医之许可，认为有住院之必要时，始得准其入院。

第二条　患者入院时，应先填写入院志愿书，并觅妥实铺保盖章。

第三条　住院分免费收费两种。

一、免费，医药膳费一概免收。

二、收费，每天收住院费一元，药膳在外。

第四条　收费患者于入院前，应预缴住院费十天，至出院时结算，多还少补，住满十天，仍须再缴，不得拖欠。

第五条　患者住院后，治疗服药，须绝对服从本院主治医之命令，否则得令其出院。

第六条　住院患者，不得半途擅自出院，如必要时，应征求本院主治医之许可，填写退院志愿书，始得准其出院。

第七条　本院规定每日下午四时至六时，为探病时间，如患者须绝对安静时，本院得拒绝其探视。

第八条　患者遇手术时，事前应由本人亲属（或其负责人），签立志愿书，以昭慎重。

附立市沧口医院病室规则

二十三年十月拟

第一条　本院病室内，备有被褥衣服等，患者入院，无用多带物件。

第二条　患者所住房位床位，经本院指定后，不得擅自移动。

第三条　患者家属亲友，不得私馈患者食品。

第四条　病室内不得自行烹调、高声谈笑、唱歌饮酒，以及玩弄乐器等事。

第五条　患者服药，皆有定时，应由看护派给，不得任意自取。

第六条　病室最重清洁，不得随意吐痰，及抛掷果皮。

附市立沧口医院办事细则

二十三年十月拟

第一章　总则

第一条　本细则呈准社会局后订定之。

第二条　本院职员，须遵守本院一切规则，从事职务。

第三条　本院办公时间，除休假外，为每日上午八时至十二时，下午二时至五时，夏季则另行夺订之。

第四条　本院职员，每日到院退院，均须在签到簿上签名。

第五条　本院职员，如因事或疾病时，应遵照请假规则，办理请假手续。

第六条　本院一切用具，如器具医疗器械等，均经保管有人，不得借假损坏或遗失。

第七条　本院每届月终，应将收支出纳以及月报等，填写清楚，呈报社会局。

第八条　本院所有应用物品，或须添物品，应由保管人填具领物单，或请购单，呈报院长核准后，始可领用或购买。

第二章　职掌

第九条　本院院长、医员、佐手、事务员、司药，及看护之职务，分别列后。

甲、院长之职掌

一、主持全院院务。

二、批阅来往文件。

三、分派种痘、预防注射及巡回诊疗等。

四、审查医疗器械、药品、卫生材料，及其他一切物品等。

五、考核全院职员勤惰。

乙、医员之职掌

一、承院长之指挥，负医疗之责任。

二、担任门诊及住院病人之治疗。

三、指导助手看护以治疗上应行之事项。

丙、助手之职掌

一、承院长及医员之命令助理一切治疗上事宜。

二、登记门诊及住院病人之类别及人数。

三、率同看护管理病室卫生清洁。

四、保管本院一切医疗器械。

丁、事务员之职掌

一、保管本院一切器具、家具等。

二、编纂誊写收发一切文件。

三、管理统计及请假事项。

四、办理逐日门诊挂号事项。

五、保管本院印信及案卷。

六、造具本院预算决算及收支月报。

七、院内清洁及修缮。

八、出纳款项。

戊、看护之职掌

一、受院长医员之指示，负全院看护之责。

二、门诊时，帮同一切医疗上任务。

三、注意住院患者逐日病情变化，报告院长及医员。

四、管理病室清洁、空气及温度。

五、记载病人之体温、脉搏尿便等情形。

六、对于应行各种检验之记载。

己、司药之职掌

一、保管药品、卫生材料及配制处方。

二、记载逐月出纳之药品数量与种类。

三、编制逐日或每月药品及卫生材料报告。

四、保管处方及药方一切用具。

五、整理药局内清洁及秩序。

第三章　值日

第十条　本院每日值日时间，为上午十二时起至翌晨八时止。

第十一条　本院每日除规定时间办公外，均有人轮值，以应急诊。

第十二条　每日值日人员，规定医务、事务、药局，各一人，分担各务。

第十三条　凡值日人员，因事或因病不能履行时，应先行请假，并觅妥代理人，方能离职。

第四章　请假

第十四条　职员请假，除遵照局令办事通则，职员请假办法外，应依下列之规定。

第十五条　职员请假，应开具假条，陈述事由，呈院长核准。

第十六条　职员病假，应有医员证明或证明书。

第十七条　请假满期后，应呈报销假。

第十八条　职员假满，如须续假时，其在院外者，务用最便利迅速方法，通知事务室，另补假条。

第五章　附则

第十九条　本细则如有未尽事宜，得随时呈请修正之。

第二十条　本细则自呈奉核准之日起施行。

二　施种学生牛痘

本处为预防学生发生天花，并保障学生康健起见，每年春冬两季，由社会局发给痘苗，派遣医师会同本处派员至各小学校，代学生施种牛痘，三载以来，援例举行，未尝间断。兹将二十三年五月间施痘状况，列表如下。

附沧口区小学施种牛痘一览表

月日	校名	人數	施種地點	備考
五月三日	趙哥莊小學	二一八		
四日	夏莊小學	一七〇		
五日	黃埠小學	二一八		
六日	仙家寨小學	一三〇		
八日	丹山小學	一三〇		
九日	西小水小學	一四〇		
十一日	法海寺小學	三八〇		
十二日	宋哥莊小學	三〇〇		
十三日	女姑山小學	九〇		
十四日	南渠樓山後棗園分校	一九〇		
十五日	棗園本校	二〇〇		
十七日	板橋坊小學	一九〇		
十八日十九日	滄口小學小甕頭西流莊分校	四二〇		
二十日	滄口小學大甕頭分校	一二〇		
二十一日	閻家山小學	一七〇		
二十二日	大水清溝小學	一八〇		
二十四日二十五日	四方小學	五〇八		
二十六日	小村莊常本小學	一四〇		

三　拟设焚秽炉

查清洁卫生，至关重要，四方、沧口两处户口密集，自应设置焚秽炉，以便处置垃圾，而维清洁。本处已请社会局核示办法，以资进行。

四　举办扑蝇运动

蝇之为物，逐臭逐腥，脚上恒带微生霉菌，足为疾病瘟疫之媒介，故文明各国，对于扑蝇运动，举行不遗余力。本处为保障民众卫生及清洁起见，每年夏秋之间，联续举行扑蝇运动，三载以来，颇著成效。兹将办法摘录如下。

（一）主办机关　由本处通知本区所有学校，于规定时期内，举行扑蝇运动，并发给各种器具。

（二）执行团体　以各村小学校教职员及学生为主体。

（三）扑蝇日程　以星期日为举行之期，免致妨碍学校功课。

（四）举行单位　以一学区为单位，同日举行，其区别如下：

第一区　沧口学区

第二区　四方学区

第三区　宋哥庄学区

第四区　黄埠村学区

第五区　源头村学区

（五）扑蝇地点　各校及分校所在地。

（六）详细办法　另由各校定之，但应按照下列原则计划进行。

（一）分队，每队十人，五人为扑手，五人为取。

（二）每队由教职员指导。

（三）每队负责扑拿指定区域。

（四）由处略备薄奖以资提倡。

（五）成绩以重量多寡为标准（以队为单位）。

（六）由各校向本处报告各队成绩及全校总成绩（即重量）。

（七）扑蝇具支配　以一学区发给蝇拍一百个，共五百个，纸袋二百个，共一千个。

五　管理乡区接生婆

本区各村民众，谬于积习，对于保健妇婴，多不注意，且助产师取费过昂，又不适合农民经济。故社会局于二十二年夏，令饬本办事处举办接生婆训练班一次，计为三十二人。此次复又拟具本市管理乡区接生婆规则十五条，呈奉市政府核准通饬在案，本处即遵照办理。兹将管理规则附后。

青岛市管理乡区接生婆规则

第一条　本规则依据部颁管理接生婆规则订定之。

第二条　凡年在三十岁以上、六十岁以下，身体健全，具有下列资格之一者，得请领乡区接生婆执照。

一、曾领有主管官厅营业执照者。

二、曾受产婆训练，得有社会局证明书者。

第三条　请领执照时，应开具姓名、年龄、籍贯，及接生年限地点，连同半身四寸像片二张（但在无照像馆地方，得免缴像片），证明资格文件，向各该管乡区建设办事处，呈请给照。

第四条　凡请领执照者，应缴纳执照费一元，印花税费一角，该项执照，如有损坏遗失时，得呈请补领，惟仍须补缴执照及印花税各费。

第五条　接生婆开业、歇业、复业，及迁移死亡等事，应于十日内，由本人或其关系人，向各该管乡区建设办事处报告。

第六条　接生婆应于门首悬牌，标明接生婆某氏字样，不得称医生或其他名目。

第七条　接生婆对于妊妇产妇蓐妇，或胎儿生儿，不得施行外科产科手术，但施行消毒及剪脐带之类，不在此限。

第八条　接生婆应置备接生簿，载明产妇姓名年龄住址生产次数，生儿性别等，并保存五年，以备查考。

第九条　接生婆应于每月十日前，按照规定表式，将前月份接生人数，列表报告各该管乡区建设办事处备查，此项报告表式，由处发给。

第十条　接生婆如违背本规则，或于业务上有不正当之行为，及重大过失，触犯刑法者，得处刑事处分外，并撤销执照，停止营业。

第十一条　未经乡区建设办事处核准给照，不得在乡区内接生，违者得处以二十元之罚金。

第十二条　各乡区建设办事处，应于每月十日以前，将上月领照人数，开列姓名年龄籍贯给照日期地点各项，具报社会局备查。

第十三条　凡在本市乡区内之接生婆，统限自本办法公布之日起，六个月内，一律请领给照，期满不得补领。

第十四条　本规则如有未尽事宜，得随时提出市政会议修正之。

第十五条　本规则自公布之日施行。

六　取缔随地屠宰与猪肉掺水

查乡区屠宰牲畜，向未设有屠兽场。凡以宰杀牲畜为业商贩，均系随地屠杀，尘土飞扬，难免毒菌之飞集，且有使水于肉中，增加重量，以图厚利者，此种恶习，有关共同之卫生，本处曾招集各肉商训话，并饬警随时劝禁，认真实行。

七　宣传煤炉御寒应该注意之点

查闭户塞牖，燃煤中毒，时有其事，甚或有生命重大之危险。故每届冬日，气候酷寒，本处即派员在各集场宣讲利害，唤起注意，一面并会同公安分局赴各杂院作普遍之宣传，俾一般民众，咸知避免，共保安全。

八　拟设巡回诊疗箱

本市各乡区面积辽阔，村落稠密，对于公共卫生设备，未能周遍，故有设置巡回诊疗箱之提议，曾由各乡区办事处会同李村医院筹商切实办法，一俟预算核定，即不难见诸实施。

九　检查药店

药店营业，关于人民之健康与生命，所系极重，自不能不予以详细之检查，以期明了各店之内容，及其所售药品之情形，除查有腐坏药品，立令毁弃外，并将所售成药，请由社会局派员审查，俟核准后，再发给售药执照，以便营业。

戊　改良风俗习惯

一　劝禁妇女缠足

查妇女缠足，本为我国一种陋习，本处成立之始，即频加劝导，并拟定彻底取缔办法，指导各村，组织劝禁妇女缠足委员会，随时纠察，一面派员分赴各村抽查，遇有缠足妇女，均召其家长，责令转饬解放，并予以严厉警告。现在全区妇女已放足者四千三百十五人，未放足者二千五百四十八人，生成天足者一千八百三十四人。兹将劝禁妇女缠足委员会组织简则，照录如下。

沧口区劝禁妇女缠足委员会简则

一、禁止关于妇女缠足事务，除按本市禁止妇女缠足规则办理外，乡区各村庄均应组设劝禁妇女缠足委员会，但较小村庄得联合五里以内之村庄设立之。

二、本委员会设于各该村之公共办事地点，或假学校寺庙亦可，呈由办事处转报社会局备案。

三、本会委员名额以五人至九人为率，如有特殊情形可酌加。

四、本会委员，由乡区建设办事处，就各村长、首事及附近学校职教员，或其他热心公益人员中选定之，开单呈报社会局核准后，由办事处函聘充任。

五、本会委员均为名誉职，惟遇特殊情形必需费用时，得由该会自行筹措，呈准办理。

六、本会主席于开成立会时，公同推定，呈报社会局备案，并得由主席指定委员数人，担任会内庶务文书事宜，如委员有缺额，应按第四条规定，随时选补。

七、本会每月开会一次，如有紧要事务，由主席委员临时召集。

八、本会成立后，应召集各村庄住户，切实演讲缠足之害，及政府对于缠足妇女应有之处罚，并分别限令解放，随时查察劝禁，以期村中妇女尽为天足而后止。

九、本会办理事项，应每月缮表，报由本乡区建设办事处，呈报社会局备查。

十、本会遇上级机关派员抽查缠足时，应将劝禁缠足实状，随时说明，商同抽查人员执行抽查。

十一、本简则如有未尽事宜，得随时呈请修正之。

十二、本简则自呈奉核准之日施行。

二　禁用旧历

查乡区每届年终，市集多有贩卖阴阳合历，及沿用旧历之月份牌，殊与国历推行有碍，经随时取缔，并劝导民众切实奉行。

三　禁折花枝

本市土质气候，对于栽培各种果树，皆甚相宜。沧口所属，如枣园、丹山、源头、夏庄、西小水一带，殆为果品出产地，所以一花一果，人民莫不珍视，以其与收入有关，亦以衣食所系也。每当春日融和，花树连阡，游人前来观赏风景者，日必千数百人，顾人多品杂，不免时有摧残攀折之事，虽是出于一时之游戏，农民究蒙极大之损失，倘或面遭斥责，颜面何存，本为乘兴而来，岂可败兴而返，本处有见及此，除先期植立木牌，并布告示禁外，愿大众尊重公德，共同爱护。

四　禁止演剧

沧口明真观，前以殿宇落成，呈请开光演戏，以迓神庥案，当以修庙塑像，为宏法之大缘，演剧酬神，示人天之欢喜，本处似可予以同意，共造胜因，无如刘匪初平，地方未静，揆厥阐扬佛教之心理，允宜顾及乡区之治安，因思佛力觉迷，既已共睹庄严，而戏剧扮演，何妨稍缓时日，功德圆满，草木无惊，其获福真有不可思议等语，批示知照。

五　请准褒扬褚王氏纪赵氏匾额

西流庄褚王氏，与仙家寨纪赵氏，皆年在八十九十岁以上，曾玄绕膝，经本区区长区董等，呈以耄耋上寿，五世同堂，造具事实清册，呈由本处转呈市政府颁给慈晖永芘：升平人瑞匾额各一方，饬即由处派员赍送。经由该家属敬谨祗领，当堂悬挂，所呈原文，附录于后。

呈为褚王氏耄期上寿，五世同堂，拟恳恩赐旌表，以彰人瑞事，案据第五自治区区董王荆山报称：褚家西流庄，有褚王氏者，现年九十六岁，抚孤守节，勤俭持家，去秋甫添元孙一名，适符五世同居之谊，兹谨造具世系清册，仰祈鉴核转清褒扬，以彰荣庆，等情，据此，查期颐上寿，振古稀逢，该寿妇年届耄期，继子褚进有，今已七十有二，一门双寿，五世同居，揆诸以前定例，凡寿民寿妇，年登耄耋，或寿届百龄者，均由地方官申请，恩赏有差，民国以还，于斯尤

盛，今褚王氏以冰霜荼蘖之身，而膺百岁延洪之算，亲见七世，俯仰兼资，辛苦一生，克有今日，应如何

优加赏赉之处，理合检同册结，胪具事实，随文上呈，伏乞

推仁锡类，俯赐褒荣，公便德便，谨呈

市长沈

附原呈二

案据第八区区长陈克烂，仙家寨村长陈尚杭等呈称：

呈为纪赵氏耄耋上寿，五世同堂，拟恳援例转请褒扬以昭人瑞事，窃闻褚家西流庄，前以褚王氏五世同居，荷蒙钧处呈奉市座颁赐升平人瑞匾额一方，乡里称荣，今纪赵氏行年八十八岁，本年春得一玄孙，恰为五世，业蒙国民政府主席林公褒奖“懿德遐龄”四字。

行政院长兼外交总长汪公荣赐慈竹长春匾额各一方独以未蒙我

当地行政最高长官沈公恩锡褒荣，未免美中不足，纪氏亲族，咸欲于本年十一月五日，为寿妇帨辰之日，举行庆祝典礼，区长等不揣冒昧，拟请援赠褚王氏之例，请予转呈褒扬，用光家乘，而彰人瑞。

等情据此，查该寿妇纪赵氏，九秩上寿，五世同堂，本区区村长，拟恳援例褒扬，自无不合，兹谨缮同事实清册一份，附文上呈伏乞

鉴核赏准，以示光荣，公便德便，谨呈

市长沈

六　调查贞孝节列

查贞孝节烈，攸关风化。本处辖境，关于是项调查，计现存者五十人，已故者一百二十七人，其孝行无愧，友于可风者一人，已分别存亡。造具事实册，呈请褒扬，以资激劝。

七　取缔纸扎人物

查民间婚丧喜庆，社会局早有规定，本处并奉令调查赁铺，限制极严，前查见人家丧事，用纸扎武装警察，及其他含有迷信，或帝制意味之物多种，因事关妨碍风化，当即予以取缔。

己　办理调查事项

一　调查工厂

本处为明了全区内工业起见曾由社会股会同公安分局分别调查，列表附后。

滄口區工廠一覽表

名稱	地址		出品		資本	股東	經理人		職員人數		工人數目		成立	備考
	路名	門牌	種類	一年額數	數目	國籍	姓名	籍貫	男	女	男	女	年月	
公大第五廠	滄口大馬路	一五六	紡紗	三萬六千件	一千五百萬元	日本	長澤薰	日本	150	20	4081	610	十五年五月	
富士紗廠	仝	八六	仝	二萬五千件	三百五十萬元	仝	古門富太	仝	22	1	1180	140	十一年五月	
華新紗廠	仝	三	仝	一萬八千件	二百萬元	中國	吳伯生	安徽	122		1195	183	八年六月	
寶來紗廠	滄口振華路	四七	仝	二萬四千件	五百萬元	日本	增田	日本	46		1095	283	十年五月	
窰業公司	營子村	一五一	磚瓦	一百二十六萬個	二十萬元	仝	山口淩次	仝	1		40		七年七月	
明華火柴公司	滄口隆昌路	一	火柴	三十四萬箱	二萬元	中國	閻曉東	榮城	4		94	12	十八年十二月	
山陽商會	滄口大馬路	七七	紅土	七十噸	五十萬元	日本	寺田	日本	1		10		五年五月	

正業顏料公司	大港頭	二七八	顏料	一萬六千斤	二萬元	中國	于懋洪	昌邑	6		5		二十年五月	
太陽膠皮工廠	滄口濟台路	九七					荒張正一郎	日本					現未正式成立	
膠濟路四方機廠	四方嘉禾路	二〇	火車	不詳	不詳	中國	欒寶德	棲霞	63		1600		十一年五月	
大康紗廠	四方武林路	一	紡紗	七萬件	九百萬元	日本	荒井米一	日本	48	1	3310	520	九年二月	
內外紗廠	四方嘉禾路	一五	仝	六萬五千件	七百萬元	仝	永江金之助	仝	32		2410	330	仝	
中國顏料工廠	湖島村	二一七	顏料	一萬箱	二十萬元	中國	陳介夫	黃縣	4		39		十七年十月	
隆興紗廠	四方隆興路	二	紡紗	三萬三千件	三百萬元	日本	橋貫明永	日本	12		1150	350	十一年十一月	
維新顏料工廠	四方西●村	四七五辛	顏料	七千五百箱	五萬元	仝	兒島雄吉	仝	6		40		十五年五月	
華晉火柴公司	仝	四七五庚	火柴	三十六萬箱	三萬元	中國	連震民	蓬萊	10		150	20	十八年四月	
古山窰廠	古山村	一六	磚瓦	百萬個	十萬元	日本	安藤萬吉	日本	4		150		十二年二月	
和豐窰廠	大水清溝	一二四乙	仝	六十萬個	五千元	中國	王珍卿	本市	3		95		二十年四月	
福興窰廠	仝	一四〇丙	仝	四十萬個	二千元	仝	徐肇棠	仝	2		30		二十一年四月	
順興窰廠	仝	一三七甲	仝	四十五萬個	三千元	仝	鄭士文	仝	3		41		二十二年二月	
上海紗廠	沙嶺莊					日本	納富相三郎	日本					現未正式成立	
豐田紗廠	大水清溝					仝	田中米吉	仝					仝	

二　征集耆老参加第十周接收纪念典礼

奉市政府令，查三老五更，古有典礼，自应特予尊重，以彰人瑞。本市各乡区所有耆老年在八十岁以上者，应于本市收回纪念日，征集来宾，设宴招待，借询民间疾苦等因，旋又奉社会局令饬，就管辖各村庄内将八十岁以上耆老之姓名年龄，及健康状态、详细调查、克日先行列表具报，以凭转呈，仍于本市收回纪念之前二日，将各该区应征耆老，妥为护送来青，以便招待，事关典礼，切勿延误各等因，当由社会股召集各村长副分别调查，计查得本区年在八十以上之耆老，计共一百五十六人，除耳目不聪、行动不便者五十五人外，其精神闲矍铄、饮啖步履如常者，实计一百零一人，除呈报社会局转呈市政府外，并于事前雇定公共汽车，分别护送市内，复于举行典礼以后，仍行护送回村，劳来安辑，备极周至。

三　调查鳏寡孤独与残疾人数

查鳏寡孤独，为天下无告之民；老弱残疾，极人世难堪之境，政府为民众解除痛苦起见，在市区方面，对于慈善团体，如救济、孤贫、育婴、养老各所院，提倡维护，不遗余力，在乡区方面，则对于鳏寡孤独及残疾者之救济，历年均由社会局饬令本处派员调查，造册报请救济。兹将办理情形列后。

二十一年一百二十四人，救济费每名三元，合共三百七十二元。

二十二年三百六十六人，救济费每名一元五角，合共五百四十九元。

二十三年三百五十四人，救济费每名一元，合共三百五十四元。

四　调查农村社会经济概况

实业部为明了各地农村社会经济概况起见，制定表式，发交社会局令饬查填，本处即遵照办理，列表于后。

农村社会经济概况调查表

（一）调查区域：青岛市四沧区

调查时间：二十二年一月

调查人：朱檠

（二）农地分配状况

田畝數	佔百分之幾
有田十畝以上者	$\frac{10}{100}$
有田五十畝至一百畝者	$\frac{2}{100}$
有田十畝至三十畝者	$\frac{5}{100}$
有田一百畝至二百畝者	無
有田三十畝至五十畝者	$\frac{3}{100}$
有田二百畝以上者	無

（三）自耕农与佃户

自耕農（佔百分之幾）	$\frac{50}{100}$
佃農（佔百分之幾）	$\frac{20}{100}$
半自耕農（佔百分之幾）	$\frac{30}{100}$

（四）雇农工资

1. 长工　每年工资洋 50 元　角　雇主每年供给膳食及其他各物之价值 10 元　角

2. 短工农忙时每日工资　元 5 角　分　　每月膳食由雇主供给

平常时每日工资　元 4 角　分　　每日膳食　　由雇主供给

（五）雇农工作时间

农忙时　每日 11 时　分　　平常时　每日 10 时　分

（六）田主与佃农之间、雇主与雇农之间是否有何种纠纷或争议

无

（七）雇农及佃农有何种组织

无

（八）农村童工状况

1. 童工年龄自十二岁至十六岁

2. 童工工作时间　农忙时每日无定时分平常时每日八小时分

3. 童工工资

农忙时　每日　元三角　分　　平常时　每日　元二角　分

本区农民有田在十亩以下者占百分之八十，合并声明。

五　调查农民粪便需要与供给

查农民对于粪便需要供给及价格之涨落，事虽细微，而关系綦重，自非着手调查不足以资明了。本区各村农民粪便均系自制，除由市内购买少数豆饼作为肥料外，尚无购买他处粪便情事，至每亩每年需要约计二千斤，平时价格每百斤需洋二角，播种时略有增加，约需二角五分，夏冬二季则落至一角五分。

六　调查耕牛供求情形

实业部为谋彻底明了全国耕牛供求情形起见，特列举应行调查之事项于下：

（一）全市农民饲养之耕牛，是否完全为水牛，抑为黄牛，如两者并用，其大概比例若何。

（二）于寻常情形之下（水旱特别情形除外），全市耕牛不敷，或盈余

数约若干。

（三）如有盈余，则过剩牛只如何处置；如不敷，则所缺者向何处采购补充。

（四）当地习俗，对于牛只有无耕牛、菜牛与残牛等名称，若然，其区别点安在上列四项，经本处派员实地调查逐条答复如后。

（一）本区农民饲养之耕牛，完全为黄牛。

（二）本区牛不敷用约六七百头。

（三）本区耕牛大都购自李村，及即墨县之流亭、城阳等处。

（四）本区有耕牛老牛之别。

七　调查商店学徒及管理待遇状况

查该项学徒，大都年在十五岁以上、二十五岁以下，学艺期限，普通规定三年，在工业则教以手艺，商业则教以写算，虽不收取学费，但亦不另给资用，仅担任食宿与医药各费而已，如遇过失，或辍学时，轻则处分，重则问保，及至学习期满，一概听其自由，并无若何拘束。

八　调查全区水井

乡村水井，不仅有关饮料，抑且关系于农田灌溉，甚为切要。故本处成立以后，对于凿井进行不遗余力，先后在四流路、板赵路、毕塔路、宋仙路等处由公款支拨，开凿水井一十四口，以供民众灌溉及汲饮之用。现为明了全区水井情形，并由社会股分别调查，以供参考，兹调查全区水井共计三百五十五口，其中饮水用者二百零五口，灌溉用者一百五十口也。

九　调查工厂给付工资状况

本处为明了本区工厂给付工资之日期起见，曾分别向各厂调查，兹将调查所得，表举如下：

工厂给付工资调查表

工廠或僱主名稱	每月給付工資幾次	每次給付工資時日	是否直接給付	是否以十足通用貨幣給付工資	每月給付全體工人工資數
正業顏料公司	一次	每月三十日	直接	十足通用貨幣	
華新紗廠	二次		仝	仝	
大華顏料廠	一次	每月三十日	仝	仝	
中國顏料廠	一次	仝	仝	仝	
寶來紗廠	一次	每月二十七日	仝	仝	
富士紗廠	一次	每月二十六日	仝	仝	
公大紗廠	二次	上期十三日 下期三十日	仝	仝	
大康紗廠	一次	每月二十八 二十九 三十日	仝	仝	
內外棉紗廠	一次	每月一至五日	仝	仝	
隆興紗廠	一次	每月三十 三十一日	仝	仝	

十 调查工人住区学龄儿童

查此项学龄儿童，总共二千七百名，其中已就学者计男女童八三六名，未就学者计男童一三九九名，女童四六五名，已分别劝令各厂增加职工子弟学校班次，以期普及。

十一 调查滥发钱票之商店字号

本处管辖各村，平日使用钱票，类皆发自邻近之流亭、城阳、即墨等处居多，杂色票张，几难指数，流弊所及，势必影响社会金融，及农村经济，至重且巨。本处调查所得，曾汇集角票若干张，呈送社会局审核，并一面报请市政府设法补救，以维金融。

庚 办理调解事项

二十一年份计共七件

一、调解盐滩村王敦全与王敦素因村务纠纷案。

二、调解盐滩村孙方全与孙立令土地纠纷案。

三、调解盐滩村孙玉昌与王敦显宅地纠纷案。

四、调解大水清沟郑宗廊等与窑厂纠纷案。

五、调解寇姓制皂厂起盖烟筒与四邻纠纷案。

六、调解大瓮头阎恒俊与阎恒藏土地纠纷案。

七、调解大瓮头阎学雯与阎学曾宅地纠纷案。

二十二年份计共十件

一、调解工人吕锡朋与大康纱厂索取工资纠纷案。

二、调解工人庄成绅等与富士纱厂索取工资纠纷案。

三、调解西黄埠栾名一与栾圣忠土地纠纷案。

四、调解商人姜萝飞与村民庄春祥等为私采十梅庵弗石矿纠纷案。

五、调解宝来纱厂工人曹振东因工作失慎，跌伤左臂，与厂方发生医药费争执案。

六、调解失业工人胡正逾等向工会执行委员郑培璟等要求救济发生争执案。

七、调解华新纱厂钢丝科工人王景芍因工作失慎，被机器皮带摔伤毙命，要求抚恤案。

八、调解长途汽车二五〇三号碰坏路局栅栏发生纠纷案。

九、解决黄增利与姜存孝彼此教习国术发生争执案。

十、调解大车夫谭成之误将电话杆撞断，与电话局工人发生纠纷案。

二十三年份计共十三件

一、调解王承恒与洋车夫孔兆富因揽客发生纠纷案。

二、调解公和兴木把头赵蓝祥将木活包给隋世坤，隋又转包与吕锡奎辗转承包，彼此互殴案。

三、调解张化民等在女姑山采沙纠纷案。

四、调解侯延宾采取沟塔埠弗石矿纠纷案。

五、调解张德可与房户赵天绪纠纷案。

六、调解隋郭氏与贾显庭刘洪盛等债务纠纷案。

七、调解刘景洪与杨孙氏因房屋纠纷案。

八、调解王銮基王永基等争管公产案。

九、调解臧罗恩与徐圣武地租纠纷案。

十、调解王旭宸与马育生土地纠纷案。

十一、调解郭崇价于永烂等地亩纠纷案。

十二、调解王知田与王兆孔等地亩纠纷案。

十三、调解王知祥与姜孙氏债务纠纷案。

社會局二十三年

事項	細目	籌辦綱要
提倡農工商業事項	提倡家庭工業	指令巨牛丁廠畢業學生回家從事繩布織襪毛巾等家庭工業每人由政府貸給機器一架並由就地農工銀行貸給流動資本一面仍指導組織產銷合作社經營蘊積原料推銷產品諸事務以資提倡
	擴充國貨陳列館	擬將現有國貨陳列館範圍擴大另擇相當館址俾能容納二萬件以上之陳列品並於館內附設兒童娛樂場培養兒童愛國心理暨國貨宣傳權便利國貨廠商推銷出品並設國貨陳售室專供工商各界研究參考
	改善公共汽車	由本局派員參加青島公共汽車股份有限公司籌備處督促各商照章組織增加新式車輛並將一切設備實行改良以利交通
	指導國貨工廠組織團體	擬由國貨陳列館指導本市各國貨工廠組織聯合會共同研究改善辦法以謀增加生產推廣銷路
	推行服用國貨運動	除由本局遵照市府定章組織公務員服用國貨委員會分會外擬令國貨陳列館會同商會設法勸導民眾服用國貨
	推銷本市各工廠優良出品	擬令國貨陳列館會同市商會及實業團體對於本市各工廠優良出品力為設法推廣銷路以資提倡
	指導各區組織各種合作社	由合作事業指導委員會督同各區合作服務員實地指導組織農村合作社以消費為主以購買及販賣為副並擬參酌需要情形分別舉辦水產運銷批發合作市民消費雜糧生產及住宅合作等社
	設置合作事業室	擬於本局第二科增設合作事業室置主任一人幹事若干人俾與合作事業指導委員會相輔而行以增進合作行政之效能
	勵行劃一度量衡	㈠推行鄉區度量衡將鄉區六處分為六期進行飭各行已經登記之度量衡商在區分別設立支店㈡俟各鄉區推行就緒後定期施行檢查工作㈢按照檢查結果所有不合法器除尚堪修改者飭遵各商改用外其不堪修改之舊器一律定期焚燬
	舉辦農產展覽會	由本局會同農林事務所分飭各農產指導辦事處預先分別指導各區農民揀擇種子改善栽培方法並於秋後運送優良產品與賽以資鼓勵改善
	成立農業團體	本市農業團體迄未成立擬商同指導機關使其早日成立以便設施
	舉辦鄉村傳習織布	由本局選派織布技師前往各鄉區就地招集鄉村子弟優秀者輪流傳習織布
	整頓出口貿易	擬將本市大宗進出口貿易逐月調查編製統計以考查其消長情形一面集合經營出口貿易各商家力謀整頓方法
改善勞工教育及增進勞工福利事項	訓練勞資爭議仲裁委員	本年第三期勞資爭議仲裁委員業已改選擬由本局舉辦短期講習會延聘勞資爭議關係法令舉例解說並會同地方法院設計案件實驗調解仲裁程式以資訓練
	改善人力車夫生活	除由本局計劃舉辦勞動救濟外擬領導車主及慈善人士捐款興建人力車夫宿舍指導人力車夫組織飯食合作社嚴禁車主夏季提高車租組織人力車夫儲蓄會
	推進勞工教育	擬頒行工廠興辦學校獎懲辦法勵行勞工學校職教員任用辦法開辦暑期講習會實驗勞工教育並編選適用課本以資推進
	扶植工人組織健全團體	擬會商黨政指導機關對於不健全之工會分別指示改選整理及完成其下層組織並利用其原有之經費輔導辦理工人福利事業對於未組織團體之工人則誘發其結合意識相機指導設立工會
	舉辦工人衛生運動	擬援照成案於夏末秋初發現時疫之際舉辦工人區域衛生運動㈠衛生宣傳㈡檢查住戶清潔㈢免費施行時疫預防注射㈣取締售賣不潔淨之食物
	辦理職業介紹	擬由市鄉各區開辦失業職工登記一面對於現有之薦頭行嚴行取締糾正其不合理之規約並促進其介紹業務
	籌備運輸工人事務所	參酌本市港務局運輸管理成規籌設運輸工人事務所承攬工作分配工資俟工人能自辦時即指導組織承攬合作社
	設置女工衛生指導處	擬於市立四方診所東鎮醫院滄口華新紗廠醫院先行施設女工衛生指導處關於一般衛生及孕婦產前身體檢查嬰兒保養方法均由該處妥為指導
	設立勞工諮詢處	擬於局內附設勞工諮詢處各市鄉辦事處附設分處凡勞工法令之解釋詢問事項之答復均由各該處辦理以便勞工
	取締不穩妥之儲蓄及冒險性之放款	本市各工廠工人向有邀會風氣又有代替工人辦理儲蓄者無担保存儲且任意扣取罰金擬予一律取締以維工人經濟
	編製工人生活費指數表	自本年一月起選定全市各業工人若干戶分發家庭流水帳每日派員指導或代記載於月終依據此賬編製生活費指數表於年終編製總數表以為改善待遇之參考
改善醫藥	訓練衛生人員	擬參酌地方需要擬定員額用指派或考選辦法送入中央各項衛生人員訓練班施行訓練以備將來之用
	籌建精神病舍	擬俟瘋病院遷移後以所遺舊址建築精神病舍遇有精神病患者即行收容治療以免擾亂地方秩序
	組設健康教育委員會	會同教育局商訂辦法組設之專為各中小學校學生檢查體格巡迴診治講演衛生常識及衛生圖畫宣傳各事以重保健而裨教育
	施行農村健康宣傳	由本局將農村衛生應行講求各項編成淺說施行實地演講並會商教育局對於鄉區所在之各校酌施健康教育以裨農村保健
	禁止未成年者吸食烟捲	擬會同教育公安各局規定辦法勵行禁止未成年者之吸食烟捲以重保健
	視察鄉區地方衛生狀況	派員會同鄉區辦事處人員實地視察衛生狀況隨時予以指導

份施政計劃事項表

類別	事項	說明
救濟及公共衛生事項	編擬保育兒童淺說	由本局將關於保育兒童常識詳細編擬印成小册廣爲散發宣傳以促民衆注意
	籌設戒烟醫院	將市立醫院所設之戒烟室設法擴充改爲戒烟醫院以期推廣戒烟效力
	舉行衛生運動	於本年五月十五日衛生運動會會期舉辦衛生展覽會以喚起衛生觀念
	推進市鄉醫療事業	市內之市立醫院擬增設愛克斯光線改善醫務人員待遇訓練護士并酌量補充醫療設備用具鄉區各市立醫院設備一項亦擬酌量增加此外仙家寨烏衣巷大麥島一帶鄉村地方並擬設立臨時診所以廣醫藥救濟
	進行公墓建築	收費區新公墓地點業經勘定擬有計劃即擬呈請市府撥款興建至第二免費區公墓地點亦擬另行勘定擬具工程預算進行建築
	防治市鄉區各校學生沙眼	擬令市鄉各市立醫院先行檢查一次再爲免費診治一面并編印沙眼預防淺說散發各校俾知注意
	籌設癩病院	由本局另行勘定癩病院院址擬具建築工程計劃呈請市府撥款建築以便收容而免傳染
	辦理滅蠅運動	擬參酌部頒辦法於本年春初在市鄉各區舉行滅蠅運動實行撲滅媒界病源之害物
	設立海水浴場救護處	倣照往年成案於夏季游泳者衆多之際在滙泉海水浴場設立海水浴場救護處令市立醫院選派醫員辦理
	預防傳染	春冬季之天花白喉夏季之霍亂赤痢傳染最烈本年擬編印淺說廣爲宣傳并施行預防注射以資預防
	籌辦火葬	擬倣各國辦法擬訂火葬章程凡自願火葬者或路倒及無家族可歸者皆行火葬
	舉行種痘	查照向例指定市鄉各區市立醫院爲種痘處所自本年三月起舉行
	舉行學校健康檢查	令飭市鄉區各市立醫院於本年春季着手辦理
擴充慈善公益事項	建築平民住所	擬請市府飭財政局擇定相當公地撥給平民自行建築住所或招殷實商人建築平民住所由公家規定租率租與平民居住此項住所擬一律改用草房并由工務局核定圖樣辦理以期費輕易舉
	整理平民住所及雜院	關於平民住所責成本局所派之管理員會同公安局派員切實整理關於雜院公共場所及街市之人行道則責成各區辦事處切實整理務期公共秩序及衛生清潔一掃從前雜亂污穢之習
	推廣貸款及儲蓄	責成各市區辦事處商同救濟院及農工銀行在大小港及東西鎮平民勞動最多之處添設貸款所或儲金辦事處辦理平民勞動之每月儲金
	籌設平民婦女簡易工場	由各市區聯合辦事處就平民聚集之處選擇相當地點設立簡易工廠招集平民窮苦婦女便習簡易工作以期增進其技能而維持其生計
	籌設市區息事會	由市區辦事處會同自治區公所組設息事會隨時調解一切糾紛
	組設國民訓練講堂	就平民住所各設一處由區公所派員負責按日分班輪流訓練
	組織公益會	令雜院住戶房東各推代表共同組織公益會使自行處理清潔安寧及禁絕烟賭排除私娼等事
	籌設平民公共食堂	擇定適宜地點招商建築食堂辦理下級社會最清潔而簡單之飲食其食堂至少須能容三百人
改善風俗事項	厲行取締私娼	會同公安局厲行取締私娼務期禁絕
	籌畫禁娼	一面會同教育局切實整理平民男女子補習學校以導入於求生之途徑一面詳查公娼之生活待遇實視力求改善以保持其體格之健全而爲逐漸廢娼之地步
	整理下級社會娛樂場所	由市區辦事處將下級社會娛樂場所所演之書詞戲曲詳查造册送交戲曲改良委員會逐一審核改正以維風化
	推廣組織勤儉道德會	由市區辦事處勸導普通住戶分别地段組織之
	改良婚喪習慣	婚喪舊習之風化迷信無益之消耗及不合潮流之儀式一律予以改正
	勸禁纏足	按照上年辦法將鄉區方面未經設有勸禁婦女纏足委員會者由鄉區辦事處從速督促設立并考查其辦理之成績
	指導卜星相改業	按照定章限其改業如未改業即送感化所習藝
	取締私娼烟賭	由各區辦事處分别查勘取締或送由公安局拘送法院依法懲辦
附記	(一)	二十三年份行政計劃大綱凡五項五十九條
	(二)	查本年編擬行政計劃大綱遵照　市長面諭應注重心理建設及文化建設故於此點特爲注意
	(三)	上年份行政計劃有未辦理完竣者本年仍繼續進行不再列入
	(四)	本年行政計劃着手進行後擬將進行經過情形按月列表以資考核

关于教育方面

学校教育

甲　扩充事项

一　充实学额

为提高教育效率并谋义务教育之普及起见，年来除积极添班外，尤致力于充实学额，俾以一定之经费，能收容多量之儿童。为达到此目的，教育局订有乡区小学充实学额暂行办法，规定凡达学龄之儿童，其附近学校有额能容纳学生者，必须强迫入学，违则由处科其家长一元以上十元以下之罚金。此项办法实行以来，颇有成效，现各校学生多数均能足额。兹将二十三年度第一学期补充学额情形，统计列表如下，并附充实学额暂行办法暨罚金通知书表式，以供参考。

青岛市教育局规定乡区小学充实学额暂行办法

二十一年十月二十四日呈奉市政府第八〇七〇号指令核准

第一条　为充实本市乡区小学学额，以期逐渐施行义务教育起见，特制定本办法。

第二条　本市乡区各小学应于每年秋季开学前一月，将学区内学龄儿童人数调查一次，呈报各乡区建设办事处备案。

第三条　各乡区建设办事处于每学年开学后一周内，派全体职员分赴本区各小学，将学生出缺席人数及教室容纳人数调查一次，根据调查结果统计本区各校应补充学额若干名，然后就学龄儿童中先择其年龄较大、家境较裕者，造具补充学额名册，以为劝令入学之标准。

沧口区二十三年度第一学期补充学额调查表

校名	應補充數	實到數 男	實到數 女	實到數 合計	因故准免或暫緩入學數	備考
閻家山初級小學	六三	二七	二四	五一	一二	原有學額不足
大水清溝小學	一〇三	三二	五八	九〇	一三	新校舍落成容量增大本分校共補充如上數
女姑山初級小學	六一	三七	六	四三	一八	原有學額不足
宋哥莊小學	七六	五二	七	五九	一七	仝前
仙家寨小學	一一四	四七	五三	一〇〇	一四	新校舍落成容量增大
趙哥莊小學	一四四	三八	八四	一二二	二二	新校舍落成容量增大本分校共計補充如上數
法海寺小學	一一五	五七	五五	一一二	三	仝前
丹山小學	五〇	三三	一六	四九	一	原有學額不足
共計	七二六	三二三	三〇三	六二六	一〇〇	

第四条　乡区建设办事处将补充学额名册通令本区各村长及学务委员按册逐户劝令入学，倘劝说无效，应即报告该区建设办事处，由处科其家长以一元以上、十元以下之罚金。

第五条　学龄儿童之家长接到罚金通知书后，听劝入学，由村长及学务委员报告本区建设办事处，并有校长之证明者，即撤回罚金通知书，免予处罚。

第六条　学龄儿童之家长于罚金缴纳后，听劝入学，由村长及学务委员报告本区建设办事处，并有校长之证明者，得将罚金发还之。

第七条　凡学龄儿童入学后非经初级小学毕业，不得无故退学。

第八条　本办法如有未尽事宜，得随时呈请修正之。

第九条　本办法自呈奉核准之日施行。

二　增添班次

为谋义务教育之普及，年来除积极充实各校学额外，并参酌各校实际情形，酌予添班，计三年来，本处所属各校，共添高初级三十四班。兹分年调查列表于下：

三　取缔私塾

查私塾之设立，非特设备缺乏，师资不良，抑且妨害学校教育之发展，极应取缔，以资整顿。本处辖境内，如女姑山、蓝家庄、后楼、坊子街四村，各设有私塾一所，枣园村设有私塾二所。本处据报后，当即派员前往各村调查，兹查得女姑山黄肇安、蓝家庄蓝志勋、后楼牛子杰、坊子街王纯基、枣园王卓基、王知和等，皆各自设塾授徒，生徒多者二十余人，少者亦八九人，课本全系经书，管教一仍旧习，按照教育局整理私塾及取缔简则，殊有未合，均经先后限令停闭，并劝告在塾生徒，转入学校肄业。

沧口区所属各校二十一、二、三年度添班调查表

年度	校名	增添班次 高級	增添班次 初級	添班年月	備考
二十一年度	市立滄口小學		五	二十一年八月 二十二年二月	秋季本校二班大甕頭分校一班春季本校一班西流莊分校一班
	市立四方小學	一	一	二十一年八月	
	立立黄埠小學		一	二十二年二月	史家泊分校
	市立仙家寨小學		一	二十一年八月	
	市立南渠初級小學		一	二十一年八月	灣頭分校
	市立大水清溝小學		三	二十一年八月	沙嶺莊分校成立二班李村區河西小學大山分校一班劃歸本校
	市立板橋坊初級小學		一	二十一年八月	營子分校
二十二年度	市立滄口小學		四	二十二年八月 二十三年二月	秋季西流莊分校一班春季本校二班大甕頭分校一班
	市立四方小學	一	一	二十二年八月	
	市立仙家寨小學	一		二十二年八月	
	市立西小水小學		一	二十二年八月	
	市立板橋坊初級小學		一	二十二年八月	小莊村分校
	市立女姑山初級小學		一	二十二年八月	
	市立丹山小學	一		二十二年八月	
	市立宋哥莊小學		一	二十二年八月	
二十三年度	市立滄口小學		一	二十三年九月	
	市立四方小學		二	二十三年九月	
	市立大水清溝小學	一		二十三年九月	
	市立西小水小學	一		二十三年九月	
	市立趙哥莊小學		一	二十三年九月	
	市立仙家寨小學	一		二十三年九月	
	市立南渠初級小學		一	二十三年九月	灣頭分校

青岛市教育局整理私塾及取缔简则

二十一年十一月十日呈奉市政府指令核准

第一条　本简则依据本局组织细则第四条乙项第五款之规定，特定之。

第二条　凡自行设塾授徒或未经呈准本局立案之私立学校，均以私塾论。

第三条　已成立之私塾，以勒令解散为原则。但因距离学校在三周里以外不能即时成立学校或在三周里以内而不影响学校学额者，得将其私塾改良之，其课程须依照本简则第十条规定办理。

第四条　私塾教师以年在二十岁以上、品行端正、无不良嗜好、服膺三民主义并具有下列资格之一者为合格。

1. 曾在师范科肄业二年以上之学校毕业者。

2. 曾任小学教员一年以上具有确实凭证者。

3. 曾在初中以上学校毕业者。

4. 有上项同等学力而无书面证明或于国学确有造诣，经教育局检定试验合格者。

第五条　塾师检定试验应每年举行一次，由教育局组织塾师检定委员会办理之，委员会细则及施行细则另定之（但有第四条第一项资格者得免试验）。

第六条　凡已成立之私塾，经本局视察准予改良存在者，须举行登记手续，饬令呈请备案，其登记举行日期及登记表式另定之。

第七条　私塾教师对于学生不得施行体罚。

第八条　私塾内应悬总理遗像、党国旗及有黑板、讲桌、书报等设备。

第九条　私塾应举行总理纪念周及参加国庆纪念、革命纪念等典礼。

第十条　私塾之教学科目

甲、必修科

党义、国语、常识（包括公民社会自然卫生等科）、算术（珠算及笔算）

乙、随意科

艺术、音乐、体育

第十一条　私塾采用教科书应以教育部审定之小学教科书为标准。

第十二条　教育局得随时派员赴各私塾指导其教法并考查其成绩。

第十三条　凡私塾成绩优良者，得照私立学校标准及立案手续，改为私立学校，其已呈报备案而经视察认为办理不合格者，应一律加以取缔，取缔方法分警告与停闭两种。凡有意规避或经指导之后仍不改良者，予以警告，其情节重大或警告后经过一月之久而未见改进者，勒令停闭。

第十四条　每年暑期得举行讲习会，召集全体塾师讲习党义及各科教学法。

第十五条　本简则如有未尽事宜，得随时呈请修正之。

第十六条　本简则自呈奉核准之日施行。

四　调查学龄儿童

兹为普及乡区教育及补充学额起见，每年秋季开学前一月，由处印就学龄儿童调查表，分发各校。并通令管界内各公安分驻所，派出所会同各校，就其学区内各村庄，按照颁发表格，切实调查填报，以便催令入学。兹将二十三年秋季调查结果统计，列表于下：

五　建筑校舍

查本区各小学校舍，原多借用祠堂或民房，既不能容纳多数失学儿童，复于教学不便，欲扩充班级，救济失学，首须建筑校舍。故本处自成立以来，参酌地方经济之情形与需要之缓急，积极改建添建者，计十有一处。其工程费除由公家照例补助四分之一外，余悉由地方筹募。兹将三年来新建及最近计划建筑之校舍，分述列表于下：

滄口區所屬各村學齡兒童七歲以上十五歲以下調查表 二十三年十月

村名	戶數	學齡兒童數			已就學數			未就學數			備考
		男	女	合計	男	女	合計	男	女	合計	
滄口	一九五〇	五一四	七〇八	一二二二	三七八	三三三	七一一	一三六	三七五	五一一	
大埠頭村	五三九	三〇一	二二四	五二五	二二五	六一	二八六	七六	一六三	二三九	
小埠村頭	四一八	二〇八	一八二	三九〇	一五五	六〇	二一五	五三	一二二	一七五	
西流莊	一八八	一一五	一〇〇	二一五	九〇	六	九六	二五	九四	一一九	
西大村	七三	三一	三四	六五	一三	二	一五	一八	三二	五〇	
石溝	七一	二七	四二	六九	四		四	二三	四二	六五	
文昌閣	四九	二三	二七	五〇				二三	二七	五〇	
埠子	三九七	一四四	一六六	三一〇	八三	七三	一五六	六一	九三	一五四	
板橋坊	二三一	一〇五	一四〇	二四五	五三	三〇	八三	五二	一一〇	一六二	
小莊	二五	二七	二六	五三	二〇	一二	三二	七	一四	二一	
小棗園	三三	二四	一〇	三四	八		八	一六	一〇	二六	
南嶺	一二六	八四	六七	一五一	四五	二	四七	三九	六五	一〇四	

坊子街	九二	六九	五六	一二五	三三		三三	三六	五六	九二
棗園	二三六	一二一	一五四	二七五	四五	一七	六二	七六	一三七	二一三
十梅菴	二二七	一三五	八五	二二〇	七八		七八	五七	八五	一四二
樓山後	二一三	一一七	一二五	二四二	五六	一三	六九	六一	一一二	一七三
閻家山	二四二	一二三	九四	二一七	八七	三二	一一九	三六	六二	九八
鹽灘	一五一	九二	八一	一七三	七五	一三	八八	一七	六八	八五
沙嶺莊	一八二	一二二	八九	二一一	八六	一二	九八	三六	七七	一一三
大水清溝	六五	二二一	一四七	三六八	一七七	七一	二四八	四四	七六	一二〇
孤山	七七	三七	三五	七二				三七	三五	七二
大山	四七	二五	一九	四四	一七	六	二三	八	一三	二一
小村莊	一二五六	三二六	三一六	六四二	二一三	一一〇	三二三	一一三	二〇六	三一九
東太平村	四〇三	一四一	一四五	二八六	一七	三四	五一	一二四	一一一	二三五
西太平村	四一四	一三二	一五八	二九〇	七四	五二	一二六	五八	一〇六	一六四
下四方村	三三九九	七〇三	七五〇	一四五三	五六〇	二二一	七八一	一四三	五二九	六七二
上四方村	四一八	二五三	二三〇	四八三	一七六	五五	二三一	七七	一七五	二五二
湖島村	二四九	一三〇	一四二	二七二	七七	五六	一三三	五三	八六	一三九
東黄埠	一五九	八五	九六	一八一	四三	一三	五六	四二	八三	一二五
西黄埠	一三五	七一	七二	一四三	三六	一五	五一	三五	五七	九二
史家泊子	一七七	八二	一一五	一九七	六〇	一六	七六	二二	九九	一二一
王家泊子	九八	六〇	五二	一一二	五三	一三	六六	七	三九	四六

西小水	三四三	二二三	一五〇	三七三	一八八	二四	二一二	三五	一二六	一六一
雙埠	二五五	一六八	一五八	三二六	一一八	一〇	一二八	五〇	一四八	一九八
石家宋哥莊	一四一	五六	一二四	一八〇	一六	三	一九	四〇	一二一	一六一
徐家宋哥莊	二二三	一六一	一五五	三一六	八三	一三	九六	七八	一四二	二二〇
劉家宋哥莊	二三八	一五五	一八四	三三九	一三五	二七	一六二	二〇	一五七	一七七
夏莊	四九九	二七四	一八二	四五六	一五四	一八	一七二	一二〇	一六四	二八四
女姑山	二〇四	一七七	九八	二七五	一三五	一五	一五〇	四二	八三	一二五
董家莊	一一九	五六	七八	一三四	五		五	五一	七八	一二九
儀樓	七八	四五	五〇	九五	一四		一四	三一	五〇	八一
仙家寨	三四四	二八七	一五四	四四一	[illegible]	五〇	二八四	五三	一〇四	一五七
趙哥莊	三一八	二一九	一五八	三七七	一八八	四四	二三二	三一	一一四	一四五
狗塔埠	一七〇	七六	九九	一七五	三八	三九	七七	三八	六〇	九八
源頭	二六一	二〇〇	一二〇	三二〇	一七九	二八	二一七	二一	八二	一〇三
高家台	九五	五六	四四	一〇〇	四八	一二	六〇	八	三二	四〇
彭家台	一〇二	七三	五〇	一二三	五八	二二	八〇	一五	二八	四三
馬家台	一二〇	一〇一	七二	一七三	七四	一四	八八	二七	五八	八五
安樂溝	八三	七二	六七	一三九	六〇	一二	七二	一二	五五	六七
少山前	五四	四〇	三一	七一	二九	二	三一	一一	二九	四〇
丹山	三四〇	二〇二	一三八	三四〇	一七一	一七	一八八	三一	一二一	一五二
南渠	二二六	一二八	一一七	二四五	七七	五	八二	五一	一一二	一六三

学龄儿童调查表式

路村名	號數	家長姓名	兒童性別	兒童歲數									合計	已否就學		家境狀況	備考
				七歲	八歲	九歲	十歲	十一歲	十二歲	十三歲	十四歲	十五歲		已	否		
			男														
			女														
			男														
			女														
			男														
			女														
			男														
			女														
			男														
			女														
			男														
			女														
			男														
			女														
			男														
			女														
			男														
			女														
			男														
			女														

（家境栏内可酌分上中下三等填注）

（一）建筑丹山小学校舍

查该校校舍狭隘，不便教学。于二十一年春，经村长学委人等，倡议重建。旋即购妥村南基地一段，由包工人张华显以三千五百元之标价承包，计建教室六座，办公室一座，大门一间，杂用室五间。其建筑款项，除由教育局补助六百元外，余悉由地方按亩摊筹。

（二）建筑西小水小学校舍

查该校教室分设三处，不惟管教不便，而且容积狭小，空气沉闷，极不适用。经于二十二年秋间，召集村长首事人等开会，讨论重建，佥议赞同，并成立筹委会负责进行。旋即备洋六百五十元，购妥方胡氏园地七分，作为新校基址。于十月间招标开工，十一月间落成，共建带走廊教室六座，办公室一座，杂用室五间，厕所一处，围墙一道，全部工程费四千二百元。除由教育局补助一千二百元外，余悉由地方筹募。

（三）建筑法海寺小学校舍

查该校原有校舍，位于法海寺寺门之前，而又三面傍路，一面滨河，既不敷用，且难发展，亟须另建，以图改进。特于二十二年九月间，召集学务委员韩立莪等十余人，组织建筑校舍筹备委员会，并将校址及筹款办法详为规定。旋即商由法海寺主持僧大元，将寺东田园一处拨充新校建筑基地。至十一月间，即招标动工。嗣因包商陈其森一再误工，以致迟至二十三年六月间始告落成。计建带走廊教室十座，办公室一座，大门一间，杂用室五间，厕所一处，共费洋八千一百五十元。除由教育局补助二千六百一十四元一角外，余则法海寺捐款四千元，六村地亩捐款一千元，乐捐五百三十六元。该校建筑宏敞，地势清幽，巨厦古刹，并列辉映，洵乡区不可多得之校舍。

（四）建筑赵哥庄小学校舍

查该校校舍狭隘，不敷应用，于二十二年春，即组织成立筹备委员会，负责筹建。嗣因村民不明筹款真相，负责人员又畏葸不前，以致迟滞未行。特于二十二年十一月间，复经召集村长首事等五十余人，将筹款办法，剀切解释，始豁然领会。均允从速筹办，并规定建筑购地等费共为六千五百元。除由教育局照例补助一千六百二十五元外，余则地亩捐一千二百元，特别捐一千六百元，乐捐及变卖公产二千余元。共建带走廊教室六座，礼堂一所，大门一间，杂用室十间，厕所一处。于二十三年三月，在村东购地兴工，至六月间全部工竣。

（五）建筑大水清沟小学校舍

查该校本分校各为三班，本校旧校舍，系借用民房及庙宇，透光通气，俱感不足，且又分设三处，管教极不集中，急需建筑新屋，以利教学。特于二十二年十一月间，派员前往该校，召集村长学委等，商讨建筑事宜，当即成立筹备委员会，并规定建筑费为四千元。旋即呈准市政府，拨村西四流路旁官山九公亩六十公尺作为新校舍基地。惟嗣因该村改选选长首事，以致新旧推诿，负责无人，因而建筑计划未能如期实现。及至二十三年五月间，复派教育股指导员前往召开会议，重新改选常委监委数人，责令积极进行，并当场规定筹款办法。除由教育局照例补助一千元，并经呈准财政局由新校址免费采卖乱石九百六十元外，余则按亩抽捐一千元，坐落该村附近利和、和丰、福兴、顺兴四窑厂认捐三百元，沙岭庄及大山两分校共捐助三百元，乐捐四百元。议既定，乃于五月十日，由万盛营造厂，以三千七百元之标价承包，计建带走廊六八教室六座，大门一间，其他用室四间，厕所一处，现已全部竣工。

（六）建筑沧口小学校舍

查该校旧校舍，地势低洼，房屋狭隘，极不堪用。曾经奉令建筑，惟因规模宏大，用款甚巨，迄未举行。于二十二年九月间，由本处会同该校张校长。召集本地士绅及商会委员人等，组织成立筹备委员会，积极进行。经大会议决八项捐款（营业捐、房产捐、地亩捐、汽车捐、水果捐、义务戏捐、乐捐、特别捐），筹募建筑费一万元，余则呈请教育局补助。嗣闻日人拟在盐滩沙岭庄大水清沟三村之间，建筑纱厂两处，需砂甚多，乃呈准市政府，免费在李村河下游采卖砂子十万立方公尺，充作建筑的款。于二十三年三月间，由王夔鸣以最高标价一万五千三百五十元承领。于是的款既备，当即呈准市政府，划拨福安路官地九十六公亩，作为新校建筑地，并绘具图样，召标建造。于三月三十日，由锦记营造厂，以最低标价三万二千八百四十元（变更工程加价不在内）承包。于四月二十日兴工，至十月十二日告竣。计建带走廊楼房三座，大礼堂一座，传达室二所，平房三所，浴室一所，全部围墙，男女厕所各一处，共计一百二十余间。连同变更工程加价，及装设电灯、安置自来水及添置器具等，约共需洋四万元。该校负山面海，地势高爽，建筑坚固，规模宏敞，乃本市乡区小学中最大之校舍。

（七）建筑仙家寨小学校舍

查仙家寨小学，虽于二十一年由村中自动筹款一千二百余元，建筑教室两座，杂用室二间；但因二十二年秋季，添设高级，校舍仍不敷用。故于二十三年春间，复计划在旧校舍后体育场内，添建教室二十间，将旧有教室改作职教员宿舍及其他用室。正进行中，于五月二十三日随同市长前往视察，奉面谕，该村住户众多，富甲全区，为谋将来扩充计，着即重新筹划建筑，并指筹建筑费八千元，限两月内动工。奉谕后，遂于五月三十一日，会同公安五分局杨局长，及第八自治区陈区长，前往该校召集村长学委首事等开会讨论，当场成立筹备委员会负责进行，并规定地皮作价二千元，建筑费六千元，除请求公家补助二千元及抽收亩捐七百五十元外，不敷之数，悉由该村殷实之家按等输将。该工程乃由筹委会自行购料觅工承建，故料实而工坚，并以负责有人进行顺利，动工未及两月而全部落成。计建带走廊六八教室六座，五七教室四座，大门杂用室各一间，厕所一处。

（八）建筑夏庄小学校舍

查夏庄小学校舍，虽于二十一年由村中变卖公地，自行建筑教室一座，教员室一间；但因今春招收新生甚多，既无教室如数容纳，且高级一班，仍在庙内神前上课；因之校舍不得不从速建筑，以应急需。原拟添建教室两座，图书室成绩室各一间。惟于五月二十三日随同市长前往视察，奉面谕，以该村住户众多，财力较裕，为谋将来发展计，着将正在筹划中之新校舍，重新计划，多予添建。并限期动工。奉谕后，遵即积极进行。于五月三十一日会同公安五分局杨局长，及第八自治区陈区长等，前往召集村长学委首事等开会讨论，当场推选热心学务，勇于负责人员，正式成立筹备委员会，并拟定全部建筑费为四千元，除由公家补助一千元外，余由村民按亩摊捐。现该工程已全部竣工，计共添建六九带走廊教室二座，五七教室三座，过道二间，其他用室五间，厕所一处，并辟校园一处。

（九）建筑大水清沟小学沙岭庄分校校舍

查该分校，现有学生两班而无正式教室，一系借用曹氏祠堂，一系租赁民房，破陋狭隘，不堪应用。当经村民一再商讨，佥谓不重建校舍，不足以利教育而宏造就。爰于二十三年春，组织成立筹备委员会，并经呈准市政府，免费拨给开封路三号官地七公亩十六公厘，作为新校建筑地，于十月间由包商相茂成以一千四百二十元之标价承包，至十二月工竣。计建教室二座，宿舍三间，围墙二道，厕所一处，其款除请教育局照例补助四分之一外，余由地方筹募。

（十）建筑黄埠小学校舍

查黄埠小学校舍，不敷应用，二十一年冬，即筹议改建。去岁一月间，复成立建筑校舍筹备委员会，并公决划出庙地六亩八分，卖充的款，惟因东黄埠坊公所筹备主任于吉祥、首事纪翕统等借端阻挠，以致迁延年余，迄未实现。自本年度起，该校经划为社会教育中心区小学，故校舍之兴建，益不容缓。嗣复奉令赶办。遵于九月二十一日复在处召开会议，规定将院内旧有之教室，办公室二十余间，全部拆除，重新建造带走廊六九教室四座，五七教室二座，校长室图书室各一间，围墙三道，厕所一处，并于体育场西部，辟校园一处。该工程已于十月二十一日由万盛营造厂以标价四千零四十元承包，限本年内落成，其款除由教育局补助一千一百七十元及变卖庙地九百余元外，余由四村按亩摊捐，至变卖旧料洋四百五十元，悉充设备各费。

（十一）建筑四方小学校舍

查该校虽于二十一年建筑新屋三十四间，用款五千元，但因学生激增，故该项校舍仍不敷用。经于二十二年秋间，由本处会同公安第五分局杨局长，前往该校召集村长士绅等十余人开会讨论，就原有运动场添建校舍一部，并组织添建校舍筹委会负责进行。及至二十三年六月间，奉市长谕，以旧有校址，环境杂沓，且不便扩充，令变卖觅址重建。奉谕后，当即积极进行，一面呈准市政府指拨遵化路官地一百一十四公亩，作为新校基址，一面绘具图样，招标承建。于本年十月十日由长顺营造厂以三万元之标价承包兴工。计建带走廊大楼一座，平房二所，男女厕所各一处，围墙四百四十八公尺。其建筑款项，除由委员会筹募五千元，再将旧校舍标卖可得洋一万余元外，其不敷之数，悉由教育局补助。该工程定于二十四年五月三十一日全部落成。其规模之宏敞，设计之周密，洵乡校中不可多得之校舍。

（十二）筹建宋哥庄小学校舍

查宋哥庄小学，共有学生十一班，教室多系借用祠堂，且又散在五处，管理教学，俱感不便。并自二十三年度起该校划为社会教育中心区小学，故建筑校舍，实属刻不容缓。爰于本年七月间，派教育股指导员姜可训，前往召集四村村长学委首事等，开会讨论，觅址重建。该村长等深明大义，俱认为建筑校舍，似有必要。惟云本地既无庙产可资补助，又无殷实之家，足供劝募。若全部校舍一次落成，须造屋四十余间，恐负担过巨，不易筹办，乃佥议明年春，先按每亩一元五角摊捐，暂建校舍三十间，以应急需；不敷之数，容后续建。当场成立筹委会负责进行。

（十三）筹建女姑山小学校舍

查女姑山小学，现有校舍，计分两部，一为天后宫庙堂，一系胶海关废屋。该屋于前年春，由村备价购买，将北房修缮，改作教室。南屋已倒塌不堪，故去岁有重修之议，而以种种关系，未能实现。查该地适临海滨，潮水澎湃，屋基日渐冲蚀，保护既感不易，倒塌自属堪虞。故为久远计，拟放弃重修南屋之计划，而另于天后宫庙前空地，建筑新屋，所费较前仅多三分之一。因于本年七月间，派教育股指导员姜可训，会同第八自治区区长陈锦三，及第五分驻所巡官关永昌，前往该校召集村长学委首事等，讨论重建，当首先成立筹备委员会，并议决在天后宫庙前，建筑校舍二十间，并于校前辟体育场一处。预计需洋三千元。除请求教育局补助八百元，再由天后宫拨地二亩，女姑山庙拨地四亩，卖充建筑的款外，余则按亩抽捐。现已标卖庙地，进行筹款，明春即可开工。

（十四）筹建小村庄二部制小学

查该校前为私立常本小学。嗣因经费艰窘，办理困难，于二十三年春季开学，呈准收归市办，改设二部制小学。旧有校舍，系借用赵徐黄三姓祠堂及租赁民房一部，既须出巨额租金，且于管教不便。重以居民日繁，失学儿童綦伙，为谋前途之发展计，建筑校舍，实属刻不容缓。爰于本年九月十六日，派员前往该校召集村长学委等讨论建筑，当场组织成立筹备委员会，并经呈准市政府，指拨村西官地一段，作为校址。现在该会积极进行筹款事宜，约明春即可兴工。

（十五）筹建阎家山初级小学校舍

查阎家山小学，本校三班，分设三处，亟应建筑校舍，以便教学。二十二年冬，即迭派驻处督学，前往召集村长学委等讨论筹款建筑。惟以地瘠民贫，并有一二无知愚民，专为个人私利反对变卖公产，以致未能进行。兹于本年十一月间，复派员前往召集村长学委等催询，并重新组织筹备委员会积极进行。规定本年冬季，务将变卖公产、绘具图样等事宜办理就绪，以便明春开工。

（十六）筹建板桥坊初级小学校舍

查板桥坊小学校舍，系借民房，不甚适用。二十二年十一月间，即派驻处督学会同该村区长胡子宏，前往召集学委等商讨建筑，当组织筹备委员会，并择定村西基地二亩五分（中亩）为新校址。嗣以该村地亩无多，负担过巨，迄未如期举行。至本年十二月间，复派员前往开会催建，佥议今冬积极筹备，预定明年三月开工，四月落成。

（十七）筹建枣园小学校舍

查枣园小学，本校三班，教室系借用祠堂，狭隘不适应用，亟待建筑。爰于二十三年十二月间，由教育股指导员姜可训召集枣园、南岭、坊子街、十梅庵、楼山后等五村村长首事学委人等开会商讨建筑办法，当场成立筹备委员会负责进行。至于筹款办法，亦经规定，拟建新式带走廊平房二十八间，预计连同购地及设备等费，约需洋五千五百元。除请求公家照例补助四分之一外，再由十梅庵补助三百元、楼山后补助二百元，余由枣园、南岭、坊子街三村，每亩按二元六角摊捐。现已由筹委会进行购买地址，拟于二十四年四月开工。

沧口区所属各校新建校舍一览表

年度	校名	校舍種類及間數	全部工程費	補助費	落成年月	備考
二十一年度	丹山小學	教室六座辦公室三間大門一間雜用室四間	三五〇〇,〇〇	六〇〇,〇〇		
二十一年度	黃埠小學王家泊子分校	教室二座教員室二間	一二〇〇,〇〇	三〇〇,〇〇	二十一年	
二十一年度	趙哥莊小學狗塔埠分校	教室二座教員室二間	一三〇〇,〇〇	二五〇,〇〇	二十一年	
二十一年度	仙家寨小學	教室二座教員室大門各一間	一二六〇,〇〇	無	二十一年	
二十一年度	夏莊小學	教室一座教員室一間	一二五四,〇〇	無	二十一年	並修理舊屋數間
二十一年度	四方小學	教室八座雜用室八間	四八五九,〇〇	一五〇〇,〇〇	二十一年	教室八座共計二十六間
二十一年度	女姑山初級小學	教室二座雜用室三間	四五〇,〇〇	一七五,〇〇	二十一年	該校舍係舊屋修理並非新建
二十二	西小水小學	新式帶走廊平房教室大座辦公室三間雜用室五間圍牆一道廁所一處	四二〇〇,〇〇	二二〇〇,〇〇	二十二年十一月	
二十三年度	法海寺小學	新式帶走廊平房教室十二座大門一間雜用室二間花牆一道廁所一處	八一五〇,〇〇	二六一四,一〇	二十三年七月	
二十三年度	趙哥莊小學	新式帶走廊平房教室六座禮堂一所雜用室十間廁所一處	六五〇〇,〇〇	一六二五,〇〇	二十三年六月	
二十三年度	大水清溝小學	新式帶走廊平房教室六座大門一間雜用室四間廁所一處體育場十六公畝	四〇〇〇,〇〇	一〇〇〇,〇〇	二十三年九月	
二十三年度	沧口小學	新式帶走廊樓房三所大禮堂一所傳達室二所平房三所浴室一所男女廁所各一處全部圍牆共一百二十餘公尺	三六〇〇,〇〇	一四〇〇〇元	二十三年十月	
二十三年度	仙家寨小學	新式帶走廊平房教室十座大門雜用室各一間廁所一處	八〇〇〇,〇〇	二〇〇〇,〇〇	二十三年十一月	
二十三年度	夏莊小學	新式帶走廊平房教室五座雜用室五間過道二間廁所一處圍牆一道	四〇〇〇,〇〇	一〇〇〇,〇〇	二十三年十二月	並修理舊教室四間
二十三年度	大水清溝小學沙嶺莊分校	新式教室二座教員室三間廁所一處圍牆二道	一四〇〇,〇〇	三五五,〇〇	二十三年十二月	
二十三年度	黃埠小學	新式帶走廊平房教室五座辦公室一座雜用室二間廁所一處花牆二道	四〇四八,〇〇	一〇一二,〇〇	二十三年十二月	
二十三年度	四方小學	新式帶走廊大樓一所平房二所廁所二處全部圍牆共計一百餘公尺	一三〇〇〇,〇〇		二十三年十二月全部平房廁所圍牆竣工	
合計	一七		一二〇一四一	二九二〇六		

筹建校舍一览表

校名	校舍種類及間數	工程費預算數	籌款辦法	籌備情形	預定動工年月	備考
宋哥莊小學	新式帶走廊平房教室八座辦公室一座大門一間雜用室七間廁所二處	七〇〇〇,〇〇	除請求公家補助一千八百元外餘則按畝抽捐	已成立籌委會進行購買校址	二十四年三月	
女姑山初級小學	新式平房教室四座辦公室二間大門一間雜用室五間廁所一處	三二〇〇,〇〇	除請求公家補助八百元及變賣廟地六畝外餘則按畝抽捐	已成立籌委會進行變賣廟地	二十四年四月	
閻家山初級小學	新式平房教室三座辦公室二間雜用室六間廁所一處	三〇〇〇,〇〇	除請求公家補助八百元及變賣廟地外餘則按畝抽捐	已成立籌委會進行變賣廟地	二十四年四月	
板橋坊初級小學	新式平房教室三座辦公室二間雜用室六間廁所一處	三〇〇〇,〇〇	除請求公家補助八百元及小村莊營子村分校共補助三百元外餘則按畝抽捐	已成立籌委會並經擇定地址	二十四年四月	
小村莊二部制小學	新式帶走廊平房教室八座辦公室一座雜用室十間男女廁所各一處	八〇〇〇,〇〇	除請求公家補助二千元外餘則按地畝房產抽捐	已成立籌委會並經呈准指撥校址	二十四年五月	
棗園小學	新式帶走廊平房教室五座辦公室一座雜用室二十間男女廁所各一處	五五〇〇,〇〇	除請求公家補助一千五百元外再由十梅菴補助三百元樓山後補助二百元聚園南嶺坊子街三村按每畝二元六角抽捐	已成立籌委會進行購買地址	二十四年四月	

鄉區學校建築標準略圖

比例尺 1:50

按本區最近建築之教室長度多改爲 8.5 或 9.0M.

第二關於教育事項

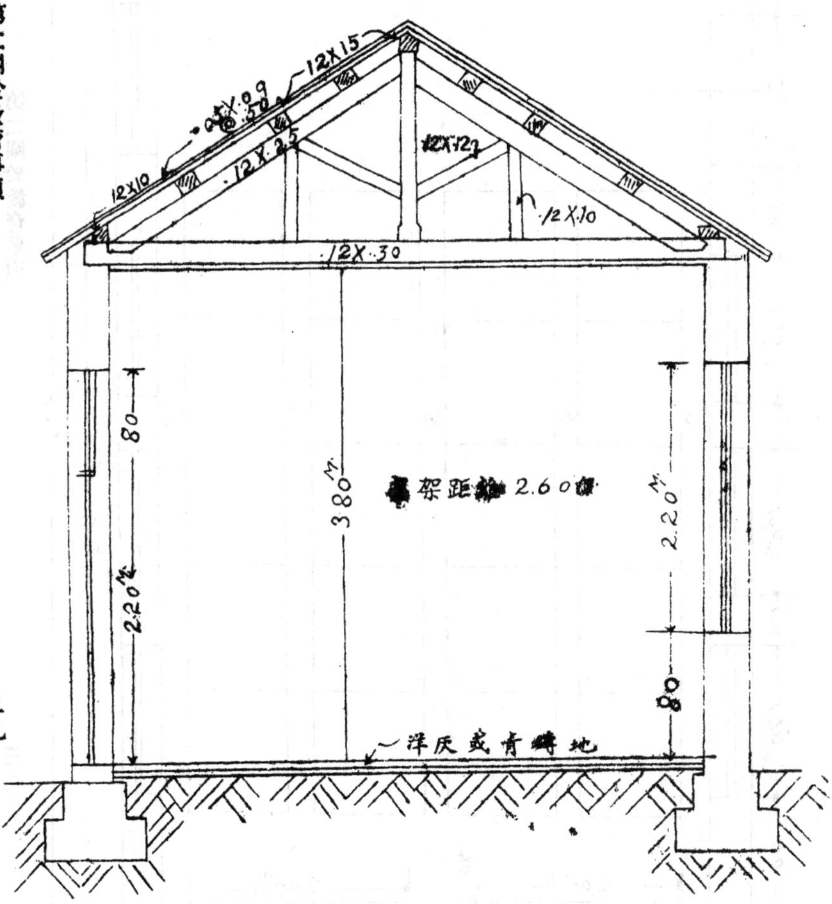

二九

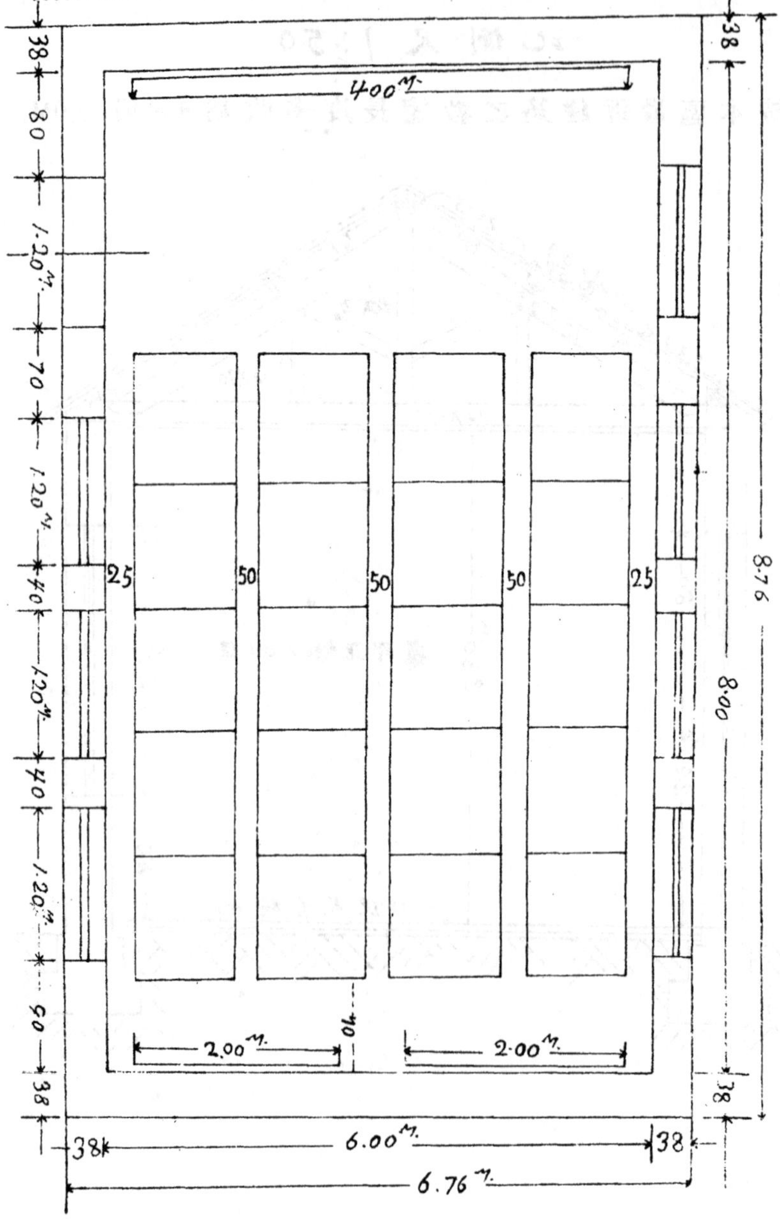

400M.
38
80
1.20M.
70
1.20M.
40
1.20M.
40
1.20M.
60
38
25
50
50
50
25
40
2.00M.
2.00M.
8.76
8.00
38
38
38
6.00M.
38
6.76M.

青岛市乡区小学校建筑校舍简则
二十二年三月十七工务教育两局呈奉市政府
第二一四四号指令备案

第一条　本市乡区小学建筑校舍悉照本简则办理。

第二条　各乡区小学校为建筑校舍进行便利起见，应组织建筑校舍委员会。

第三条　建筑校舍委员会以下列人员充任之：

一、学务委员

二、区村长及首事

三、校长

四、地方行政机关职员

五、乡望素孚及热心教育人员

第四条　建筑校舍委员会应设常务委员及监察委员各三人至五人，文书及会计主任各一人，均由委员中互选之，但文书及会计主任得由常务委员兼任。

第五条　各乡区小学建筑校舍委员会于成立前，应由各该小学校校长开列委员名单，并拟具组织简则，呈由教育局核准转呈市政府备案。

第六条　所有会内委员职员均为名誉职，概不支薪。

第七条　各校新建校舍之设计及建筑费之预算，得呈请教育局转请工务局代办，惟须将校舍计划及筹款概算呈报。其自招专家设计亦应参照本简则所附标准图样，绘具详图四份，由乡区建设办事处呈请教育局转请工务局审核后，由建设办事处发照施工。尚系增建教职员办公室及宿舍平房在三间以下者，得酌量选择乡区房屋标准图甲、乙、丙、丁四种之一，呈请教育局核准由乡区办事处发照，竣工后，转呈工务局备查。

第八条　新建教室之容量以能收容生徒四十人至五十人为限。

第九条　新建教室长宽度尺寸如附略图所示，其高度应从教室内地平量起至顶棚，不得小于三公尺，至教室门窗向内或向外开可酌量情形临时规定之。但因环境经济之特殊关系，其教室之长宽度得经呈准改用七公尺比四点五公尺。

第十条　新建校舍所用之材料为便于建筑及节省费用起见，除房架木料尺寸及房顶材料已于附略图上说明外，其墙脚可就地采用大块乱石，墙身全部用红砖或杂用土坯均可。

第十一条　各校建筑校舍除本简则已有规定外，其余悉依照青岛市暂行乡区建筑规则之规定办理。

第十二条　建筑校舍所需工程费数目及筹款方法应详细呈明，如系按亩摊派，并应先将亩数户名及其家庭经济状况造具清册，呈由教育局转呈市政府核准再行办理。

第十三条　收取捐款时，应掣给收据，此项收据为四联单式，由教育局编号送请市政府验印后，发交建筑校室委员会，应用其式样另定之。

第十四条　建筑工程费如就地筹募不足时，得由学校呈请教育局转呈市政府酌予发给补助费，但此项补助费不得超过全部建筑费四分之一。

第十五条　建筑工程除由村民自行工作或捐助材料外，其余费用在五百元以上者，应用投标方法，投标地点在乡区建设办事处，即由该处派员监视。

第十六条　开标后应由该委员会与得标商号订立合同，并将该项合同及工程说明书图样等缮具四份，送交学校一份，存案另二份，由学校呈报教育局存转。

第十七条　开工后一切监工事宜，由建筑委员会办理之，遇有工程之重大部分必须变更原计划时，应将必须变更理由及办法呈请教育局会同工务局核准。

第十八条　工程完毕后应由学校呈报教育局会同工务局派员验收。

第十九条　新建校舍验收后一个月内，应由该委员会将收支款项造具详细清册，除登报公布外，并将清册同样三份送交学校一份存案，另二份由学校呈报教育局存转，其剩余联单一并呈缴。

第二十条　得有补助费者，并应于验收后一个月内将补助费部分造具计算，连同单据送由学校呈报教育局转呈市政府核销。

鄉區小學建築校舍呈報事項表

學校名稱　　　　建築校舍委會成立日期

建築校舍委員會組織簡則

第一條　本簡則依據本市鄉區小學建築校舍簡則第五條訂定之

第二條　本會設委員若干人以左列人員充任之

一，學務委員

二，區村長及首事

三，校長

四，地方行政機關職員

五，鄉望素孚及熱心教育人員

第三條　本會設常務委員若干人辦理籌款設計招標監工及日常事務監察委員若干人監察款項收支及建築工程均由委員中互選之

第四條　本會設文書主任一人辦理文書稿件會計主任一人辦理款項收支及保管並造報預算計算等事項主任均由常務委員兼任

第五條　本會委員職員均為名譽職概不支薪但於校舍落成後得將著有勞績人員呈請教育局轉呈市政府酌予褒獎以資激勵

第六條　本會於校舍落成後一個月內將各項事務辦理清楚後即呈報結束

第七條　本會進行會務悉按照本市鄉區小學建築校舍簡則辦理

第八條　本簡則如有未盡事宜得隨時呈請修正之

第九條　本簡則自呈奉核准之日施行

全體委員名單

常務委員名單　　監察委員名單

文書主任姓名　　會計主任姓名

建築房屋間數

教室	辦公室	禮堂	宿舍	閱書室	儲藏室	雜用室	廁所	其他
間	間	間	間	間	間	間	間	

建築總費額

籌款辦法

要求公家補助數目

附呈文件

一，建築圖樣三份

一，建築說明書三份

一，估計書三份

一，捐款清冊或地畝抽款清冊二份

說明

一，組織簡則所空人數應照實填明

一，建築房屋間數其他欄內包括前欄未列舉之其他房屋及開闢運動場校園等

一，「籌款辦法」欄應將款數註明再如不需要公家補助時即可在「要求公家補助數目」欄內註「不要求補助五字」

一，附件須照數隨文呈報以憑核轉

一，凡普通勸捐款項應造捐款清冊如係按照地畝抽款應造地畝抽款清冊

一，本表每次應填兩份以憑存轉

填表日期：中華民國　　年　　月　　日

校長（簽名蓋章）

第二十一条　建筑校舍委员会于结束后应将所有一切案卷表册移交学校归档。

第二十二条　对于建筑校舍著有劳绩人员暨捐助巨资者，得由学校开具名单加以说明，呈请教育局转呈市政府酌予褒奖，以资缴劝。

第二十三条　本简则如有未尽事宜，得随时呈请修正之。

第二十四条　本简则自呈奉核准之日施行。

六　扩充体育场及学校园

（一）扩充体育场

查小学教育，首在谋儿童身体之完全发展。故于建筑设备一层，除主要校舍外，尚须有空余之场地，以为学校园及体育场。但本市乡区小学，因旧有校舍，多系借用祠堂或民房，故体育场概付缺如。不但学校体育无由提倡，即团体训话，亦无处举行，殊属不便。兹为发达学校体育起见，本处所属各校，凡新建校舍如四方、大水清沟、沧口、法海寺、夏庄、黄埠、赵哥庄、仙家寨等校，皆辟有广大之体育场，以为儿童游戏运动之所。凡场内凡儿童游戏运动所需之具，大体俱备。兹将上开各校新辟体育场之面积，调查如下。

（二）开辟学校园

学校园，在校舍中亦为重要部分之一。自广义言之，一特别教室也。盖校园之设，不但供给教材，便于实验，更使儿童观察自然物，以培植其审美观念，服习勤劳，以锻炼其劳动身手。本市乡村均以农业为主，学校既为社会之中心，教育自应适应社会之环境。故乡区小学自应开辟校园，注意农作，使儿童操作其间，以培植其生产之技能，灌输其农艺之常识。年来积极进行，并经规定凡所属各校，都须利用校内之空场及隙地，辟为校园。大至一二亩，小至廊前屋旁，均无不可。或种花植木，或区分为儿童实习园艺之作地，倡行以来，颇著成效。每届春季，由处代各校转请农林事务所，发给苗木花种，今春请领者，计共十二校，发出各种苗木三千一百六十九株，花种一百一十袋。

校名	面積	每兒平均占地面積
四方小學	七〇〇二,八〇平方公尺	一〇,〇一平方公尺
大水清溝小學	一六〇〇,〇〇	五,〇三
滄口小學	三七〇四,〇〇	三,九九
法海寺小學	一三五〇,〇〇	二,六一
夏莊小學	五三六,二五	三,二一
黃埠小學	二四三〇,〇〇	一一,四六
趙哥莊小學	二四〇二,四〇	七,九五
仙家寨小學	一五六三,〇〇	五,八一

七 添置设备

查学校各项设备，关系教育效率至巨，尤以图书仪器标本等类为最重要。本市乡区小学添购设备例由当地筹款，再呈请教育局酌予补助。惟年来农村破产，筹款匪易；兼以农民心理，以为有书可读，有桌凳可用，于愿已足。对于教学用具之重要，殊乏认识。故近年虽经力谋扩充，而各校设备仍甚简陋。兹为补救并易于筹办计，规定凡新建校舍者，统于建筑费内，预为加筹设备费约百分之五以上；如此办法，较单独筹办，实易进行。本区新建校舍之各校，如法海寺小学设备费七百余元，赵哥庄小学八百余元，仙家寨小学七百余元，大水清沟小学三百余元，沧口小学二千余元，黄埠小学六百余元，夏庄小学三百余元。至于购置物件，以校具（如教室桌凳、办公室木器、及其他橱桌等），体育军训器械（如轩轾板、单杠、双杠、溜梯、秋千、篮球架、大刀及童子军用具等），及儿童读物等为最多。

乙 改进事项

一 改进校务

（一）划一组织系统

一校之如何组织，须视其规模之大小与事务之繁简而定，如是则校务进行顺利，效率宏大。否则徒使职权分化，而一事无成。故学校组织之合理与否，有关于行政效率者至巨。所属各校，对于行政组织，往往过事铺张，不求翔实，徒顾系统排列之美观，而不顾实际之需要。教育局为整顿划一起见，曾拟定标准组织规程，颁发各校，俾便遵照，以资划一。

（二）划一表册规章

查规程表册，为增进校内行政效率之重要工具，其校务进行之顺利与否，恒以其各种规程表册之是否完善而定。乡区小学，以往所使用者，非失之繁琐，即失之简略，前者等于具文，后者不能充分利用，皆非所宜。本处有鉴于此，特令所属各校，遵照青岛市小学应用图表簿册规则编审委员会所厘定之格式种类，参酌各校实际情形，尽量采用，以资划一。

（三）举行定期会议

兹为校务公开，集思广益，及沟通教职员之意见与联络感情起见；特督促各校，举行各种定期会议。语其种类有：1. 校务会议，由校长主持，全校教职员一律参加，讨论一切学校行政上重大事宜。2. 部务会议，如教导部会议、总务部会议等，由各该部主任主持。3. 各种委员会，如经济稽核委员会议、购煤委员会议等。4. 研究会，如教学研究会（各校分别举行）、分区教育研究会（区内各校联合举行）等。各种集会均列入行政历中，并有正式纪录，以便随时考查。

（四）励行经济公开

兹为款不虚用，用必得当，以期一切用款效率之增高起见，本处特令各校遵照教育局规定办法，实行组织经济稽核委员会，及冬季购煤委员会，负责查核校款之收支。此项办法实行后，不但在积极方面，达到求节用求实效之目的；且在消极方面，减少不少纠纷。于校务之推进，良多裨益。至于校款之出纳，除按日结算，月终缮具计算书连同单据呈报教育局审核备案外，各项账簿，各项计算表册等，均须善为保存，使其完全无缺，以便本处派员视察时，随时均可调阅也。

二 改进教学

1. 注重研究工作

小学教育事业之改进，端在继续不断的研究，若侈然满足，故步自封，则难免成为落伍者。故为改进教学方法，及提高教学效率起见，特遵照教育局教学研究会简则，督促各校，努力研究工作。现在各校分别组织者，有各科教学研究会，联合组织者，有分区教育研究会。兹略述于下：

（甲）教学研究会

各级学校，均须组织，每周开会一次，全校教职员一律参加，共同筹划各学科教学方针，解决各学科之一切实际问题，如教材之选择、训练之要点、教室之管理、教法之改善、成绩之考查，以及其他关于各学科应行兴革事宜。惟以各校之规模不同，其进行之办法与组织，亦因之而异。

（乙）分区教育研究会

查各校既已组织成立教学研究会，应再行联络扩大组织，成立分区教育研究会，以收集思广益之效。本区现有市私立小学二十处，共分为三分区，每月开会一次，除讨论各科教学方法，和解决行政上各项际实问题外，凡各校自身研究之心得与结果，及关于各科新出之书报，足供参考者，均尽量介绍于大会。如此办法，除互换新识外，收益最大者，即规模较小之学校，亦可并驾齐驱，同臻佳境，不致因人才与经济之关系，而成为落伍者。

2. 培养劳动习惯

培养生活上所必需之基本技能，乃小学教育之主要目的，欲达到此目的，非培养儿童操作与劳动之习惯不可。故所属各校，除遵照部颁小学课程设劳作一科外，且须按照儿童年龄体力，分别规定劳作方案。如开辟校园、扫除街道、种植、远足等项，均须切实施行，以养成儿童劳动的身手，增进儿童生产的兴趣和技能。

3. 组织教育参观团

查教育事业，贵在观摩比较，尚囿于见闻，则难免故步自封，末由上进；如能多方考察，获益必多。特趁去岁秋假及今年麦假之暇，组织教学参观团，领导本区各校教职员，分赴市内及阴岛区各小学参观，以资借镜。

4. 举行视导讲演

本处为改进教学，及提高行政效率起见，除平素赴各校视察时，随时予以指导外；并遵照教育局之规定，于麦假期间，召集全区各校教职员，举行视导讲演。将平素到各校视察所得之优点及缺点，分别讲述，以期改进。兹录本年麦假视导讲演，应行改进事项之要点于下：

(A) 关于校务方面

(1) 行政组织系统须切合实际需要，以利工作。

(2) 初级小学（班次少之完全小学），教务训育会议勿庸分别举行，可只开校务会议。

(3) 校长须切实负视导教学之责。

(4) 改进分校：筹建校舍，充实设备。

(5) 各科会议须按期举行，并将各项会议记录详细填写，以备考查。

(6) 各种主要图表簿册必须制备，并按时详细记载并统计。

(7) 各科挂图（包括地图在内），应持置木架，安放办公室内，以便随时取用，不可久悬于教室内。

沧口区分区教育研究会概况

會别	成立年月	開會地點	會員人數	参加學校	備考
第一分區	二十二年五月	滄口小學	九三	小村莊四方閻家山大水清溝李村水源地滄口華新板橋坊棗園等九校	
第二分區	二十二年五月	宋哥莊小學	三三	南渠仙家寨白沙河水源地宋哥莊女姑山等五校	
第三分區	二十二年五月	法海寺小學	五一	丹山西小水法海寺夏莊黃埠趙哥莊等六校	

（8）每日学生出缺席统计，应于第一次下课后，即时填入纪事牌，以便考查。

（9）凡校长会议之议决案，或主要之报告事项，回校后必须向全体职教员报告，并设法实行。

（B）关于事务方面

（1）校款之收支，至少须置备现金出纳簿及分类簿两种。现金出纳簿，须逐日结算；分类簿可俟月终结算。

（2）同一教室之桌椅，高低不应一律，须按儿童之身高而异，并应随时检查修理。

（3）黑板油漆剥落者须随时修理。至宽度高低，更应注意；以便儿童板书或板演。并应置备小黑板，（复式教学尤为必要）以利教学。

（4）各教室之衣钩应设备敷用。

（5）整容镜、洗面盆必须设备，并应真实利用。

（6）儿童读物务应逐月添购，以便学生课余阅览。

（7）应设备壁报牌，及成绩揭示牌。

（C）关于训育方面

（1）训育宜定纲要与方案，以便按照实施。

（2）实施训练周应有具体事项（如勤学周举行学艺竞赛等），以收实效而免空泛。

（3）举行扩大周会，借音乐游艺，以陶冶儿童心性。

（4）学生无故缺席，宜实行家庭访问，以便与学生家庭亲切联络。

（5）上下课站队须注意整齐、肃静、敏捷。上课站队务须各班一齐，并由监护员（或值日班长）发号施令，授课教员应同时出动。

（6）注意常规之养成

a. 收发用品：如收集练习簿等，自每行最后一人传之最前一人，复自左列第一人传之右列第一人，集交教师，分发时反之。

b. 放置用品：如教室内之用具及儿童书籍等用品，放置必永保其一定之位置，不可零乱。

c. 注意礼貌：如入教室脱帽，上下课敬礼，迟到或校外遇见教师同学行礼。

（7）注重人格之感化

a. 积极方面：1. 鼓励儿童之精神，使其对于事务发生热心；2. 指导儿童，使其自动的作业；3. 使儿童离开教师，亦不做害事。

b. 消极方面：以身作则。

（8）应有培养儿童良好习惯之具体标准（宜本儿童需要调查社会中普遍最缺乏之道德行为立为具体标准）。

（9）教师之态度须力避儿童生畏惧心，而必使儿童生敬爱心。

（D）关于卫生方面

（1）注意传染病之预防。

（2）简单药品必须置备。

（3）盛水器宜用带盖之铁筒，免用水缸，并绝对禁止学生饮冷水。

（4）应施行体格检查。

（5）儿童清洁检查，宜每晨于朝会或出操时行之。

（6）每月至少应举行大扫除一次。

（7）注意教学卫生。

a. 儿童席次，除与身体高度适合外，每学期至少应左右行互换一次。

b. 注意儿童之立行走及读书写字等之正当姿势。学校宜设备标准模式，或以比赛之方法养成之。

（8）注意儿童卫生习惯之养成。

（E）关于教学方面

（1）各科教学应有预定进度纲要及教学周录，并能切实按照实施。

（2）日记、作文以及各科笔记，均须令学生备有专簿，且用毛笔誊写，并务求工整。

（3）复式学级，直接间接教学时间之支配务求适宜，并认真监视自动作业。

（4）凡问答应先发问而后指名，借使全班儿童注意。

（5）朗读时须注意其语调，应采取说话或讲演的方式，不应用读古文的腔调。

（6）应用活课本，并加授切合地方环境之乡土教材。

（7）改阅日记作文的错字应用符号标出，使学生先自行改正。

（8）作文本宜多用眉批，少用抽象之总批。

（9）作文本最迟应于作文前三日发还，以便学生阅览矫正；不可久存教师处。

(10) 国语教学应使儿童多有发表语言之机会。如做事讲述、高级部演说等，皆宜使儿童有充分练习之机会，至于讲演，宜预定方案，对于态度、语言、姿势及材料各方面尤宜有具体之训练与指导。

(11) 作文命题应合乎儿童生活体验之内容，并应有选择之余地（但最多不应过三题）。

(12) 讹字简笔字及不通之语句，应在粉板上公开揭示订正。

(13) 常识教学教材宜合于乡土生活，并利用各种挂图，注意观察实验和采集制作，以助其知识之正确、学习之兴趣。

(14) 高级自然科应实行野外教学。

(15) 注重直观教学，盖关于读法作法，以及数理的初步教授，没有直观的实物，难以引起儿童的兴趣、达教学的目的。

(16) 算术教学宜注重板演，以免儿童抄袭之弊。

三　改进训育

1. 各校订定训育纲要

训育问题，为学校中最重要最难解决之一问题，而以小学为尤甚。良以小学学生，正当童蒙时期，理智未充，是非莫辨，若徒托空言，儿童便无所依据，无所适从，难收实效。故欲达到训导之目的，则必对儿童之行为，加以积极之指导与适宜之训练。如是即应根据国家教育宗旨，再审查社会情况，并就各校之实际情形、儿童之环境，拟定条目，按照实施，爰本斯旨，本处为使各校训练系统化，具体化起见，特督促各校，根据教育部颁布全国各级学校训练目标，及教育局迭次颁布之训育应行注意事项及标准，拟定各校训育纲要，以一学期为单位，所拟各种具体训练事项，务期适合需要，切实可行。

2. 注重训教合一

查学校教育之宗旨，不仅注重教授学生知识，尤须注重培养学生品行。故为教师者，除授课以外，应兼负训导陶冶之责。惟近时各校教员，恒视教课以外事务，于本身职责无关，致训导难于收效。兹拟督促各校教员，于授课之外，一律兼负儿童训导之责。盖教师早夕与儿童接触，容易明了儿童之个性，随时训诲，事半功倍。

3. 注重家庭联络

学校教育，必须得家庭教育之辅助，其效乃宏。学校之设施，必须使学生之家庭认识明了，以期与学校打成一片。而家庭环境与学生个性，教师尤必须了解，以便因材施教。此种联络，有关于训育效率綦巨。故特令各校举行恳亲会，以及家庭访问等，借以宣达学校设施之宗旨与方法，俾家庭对学校有相当之信仰，以便从事协助，提高教育效率。

4. 规定训育方案

关于小学训育应行改进事项，教育局订有方案；至其详细条目，则由各校参照实际情形，斟酌拟定，兹列举其方案纲要于下：

（甲）训练目标

（1）善良习惯之养成：整洁，守纪律，有礼貌等。

（2）主要德性之培养：爱国思想，义勇精神，健全体魄，耐劳习惯，注重公德，勇于负责等。

（乙）训练方法

（1）人格感化。

（2）事实训导。

（3）环境适合。

（4）训练集中。

（5）家庭访问。

（6）机会利用等。

（丙）训练组织

（1）童子军

（2）童事训练

（3）班会级会

（4）自治会

（5）劳作训练

（6）其他运动组织

四　提高学绩

教育局为提高各校学生学业，曾订有详密方案，颁发各校，俾便遵照，兹录其要点如下：

1. 限制缺席　学校定有告假办法，通告学生家庭，非疾病或亲丧大故不准请假。其请假所缺之课，须于课余补习，至于无故缺课，定有严重处罚。从未缺席之学生，则由校予以奖励，以资激劝。如此使学生及家庭，均知重视学业，不致任意旷废。

2. 规定教学进度：使学生得按一定程度速率进修。

3. 实行指导自习：由教职员分配担任自习指导之工作，使学生有充分之温习及课外之进修，以期学生学有心得。

4. 实行平时考试：规定各校对于各科功课，除上课时，应随时考问外，并于一周或一个月内举行笔试，以考察学生领悟能力，了解程度，并督促其自修。

5. 计划标准测验：验定一般学生学力，以定改进目标（现在计划中）。

6. 举行分科抽考：督促师生，注意教学，并考查学生程度（现正在计划进行中）。

7. 规定成绩考查法：划一成绩计分标准，提高学生程度。

五　励行视察指导

查改进教育，首重视察指导，本处遵照教育局订定之视导纲要，按时考查各校情形，并对应行改进之事项，切实指导。兹录视导要点于下：

小学校视导要点

（一）学校行政

1. 关于三民主义教育，是否遵照中央规定切实施行。

2. 行政组织，是否适合实际需要，切实施行。

3. 校长教员，能否努力合作，其品行学识是否能得学生及学生家属之信仰。

4. 计划是否具体，能否按照次第实施。

5. 表册簿籍，是否完备，是否按时详实记载并统计。

6. 各种会议，是否按期举行，并记载议决事项，是否逐渐实施。

7. 教学科目，实际上是否遵照部颁标准。

8. 教员平时，有无任意旷课情事。

9. 学生是否足额，平时关于旷课学生，有无补救办法。

10. 学校历规定事项，平时是否按期实行。

11. 学校经济，是否公开，有无经济稽核委员会之组织，委员是否公正，稽核有无瞻徇。

12. 校舍分配、班级编制，是否合宜，布置是否整洁。

（二）训育

1. 有无训练纲要及实施方案，是否分期切实训练。

2. 有无预定培养学生善良习惯之标准。

3. 有无关于民权训练之具体组织。

4. 能否利用劳作等科，培养学生勤劳习惯，及乐于从事生产事业之兴趣。

5. 学生行动，能否有纪律之活动。

6. 有无特施分别训练之方法与记载。

7. 学生休闲生活，有无适当之指导。

8. 教室外监护，有无具体办法，是否切实施行。

9. 民族意识，有无培养之方法，能否利用纪念日之演讲，及国耻图书之设备，以灌输之。

10. 学校卫生、学生清洁以及作业卧息等，平时有无切实检查与指导。

（三）教学

1. 教学时，关于本科要旨能否切实发挥。

2. 能否活用教本，增加与地方环境切合之乡士教材。

3. 级组编制，是否以能力为标准。

4. 教员课前预备，是否充分；课后整理，是否切实。

5. 各科教学，有无联络之具体方案，并切实施行。

6. 各科教学，能否利用教具，使学生注意观察实验练习与实用。

7. 各科教学，有无预定进度纲要，能否切实施行。

8. 学生练习簿及其他课外作业，是否随时认真订正。

9. 有无教学研究会，能否按照研究事项，切实改进。

10. 对于劣等生，有无补救之办法。

11. 复式教学，直接间接教学时间之支配，是否适宜，监视指定自动作业，是否认真。

12. 国语教学，儿童有无发表语言之机会；教生字时，能否予以明晰映象，以及采用其记忆之方法；教课文时，关于内容有无方法，以鼓励其兴趣、增进其想像；朗诵时，是否注意其语调；默写时，能否订正其错误；缀字作文，是否按时练习；批改是否勤敏而正确；检查字典及课外书报、阅读日记笔记，有无适当之指导与检查。

13. 算术教学，教材与练习题是否切合实际。珠算能否注意其运算之速度与应用之方法；进度迟缓之学生，有无课外指导之时机；高级算术于课本外，有无足以训练思考之理想习题。

14. 常识教学，教材是否合于乡土生活，能否利用观察实验和采集制作，以助其知识之正确，学习之兴趣。

15. 劳作教学，能否利用生活实用，与生活环境之研究及操作，以养成其劳动身手与创造能力。

16. 美术教学，能否与劳作常识等科联络，是否充分利用实物，作为教材；或搜集美术品，以供其欣赏；有无注重图案写生，及自由发表创作力之机会。

17. 音乐教学，教材是否适合儿童之心理与能力，能否采用快乐、活泼、勇壮、庄严等民族性之歌谱，能否利用本国乐器。

18. 体育教学，儿童姿势是否注意检查，每年能否举行体格检查一次；体育教材是否合于儿童身体年龄及技术程度；游戏时，活泼与纪律是否两者并重。

丙　举办事项

一　指导青年假期乡区服务团

教育局为利用假期，使青年服务社会，以认识社会并推进新生活起见，于二十三年暑假，举办青年服务团，其组织方式，系以学校为单位。本处位于乡区，故所指导之服务团员，皆为市立李村中学学生，在本区内各村庄居住者。计共十六人，分为五队。服务时间四星期。兹将其工作范围及进行办法，略述于下：

(甲) 工作项目

Ⅰ. 参观

1. 新建校舍。

2. 新修道路、桥梁、涵洞及支水坝。

3. 农场及推广实验区，与特约农田。

4. 医院。

5. 合作社。

6. 工厂及家庭工业。

7. 苗圃。

8. 办事处及农工银行。

Ⅱ. 调查

1. 学校（注重学额，即实在出席缺席状况）。

2. 烟赌。

3. 缠足。

4. 杜松桧柏。

5. 农作物病虫害。

6. 农村应兴革事项（注重民众疾苦）。

Ⅲ. 劝导

（A）项目

1. 民众卫生。

2. 提倡增加生产（每家必须养十鸡，二猪，种果树半亩或一亩，造林，改良耕作，驱除病虫害，家庭工业）。

3. 新生活运动。

4. 劝导男女儿童入学。

（B）方法

1. 采用讲演式，并联络各小学、区公所、公安局、分驻所、派出所共同举行。

2. 由办事处及学校指导委员会指导之。

（乙）进行办法

Ⅰ. 指导办法

1. 由李村中学教职员，组织指导委员会。

2. 由办事处及学校指导委员会，共同指示工作事项及服务方法。

3. 区公所、公安分驻所、小学校长及教职员等连合指导。

4. 应用工作浅说及各种调查表格，由学校指导委员会负责编辑。

Ⅱ. 工作报告

1. 凡参观及调查者，一律用规定之表格填写报告。

2. 关于劝导者，须一面按照规定表格填写报告，一面作书面报告（即交讲演稿）。

二　举行军训会操

教育局对于军训一科，积极推进，在中学方面，已具有良好成绩；小学方面，亦同时施行。惟为普遍提倡起见，规定自本年起，凡小学学生，年在十二岁以上者，须一律受军事训练，借以养成儿童团体纪律，合作精神。并为观摩比较及增加团体上进之兴趣，复规定各小学，分区会操。举行时，并由军训委员会派员检阅，以便改进。本区内仙家寨附近各校，今秋已举行一次，参加操作之儿童，计五百余人，秩序精神，尚属良好，将来继续办理，成绩当有可观。

丁　褒奖事项

一　奖励捐资兴学

1. 褒奖仙家寨村民陈克烂陈克炼等

查捐资兴学，作育人才，为国家建树富强根本，例应褒奖，以示鼓励。此次仙家寨小学，新建校舍三十二间，全部建筑费及购买地址，合共需洋八千元，该委员陈克烂、陈克炼各捐款一千元，纪书廷捐款三百五十元，于东初、于选甫各捐洋一百五十元，陈渭之捐洋一百元，均属热心教育，业经呈请市政府，于本市接收纪念日，分别褒奖，以昭激劝。

2. 褒奖赵哥庄村民李德清

查赵哥庄小学，今春建筑校舍三十三间，费款六千五百元筹备委员李德清，首先捐助国币三百元；校舍落成后，复捐赠童子军用具、军乐队服装大刀等物品，价值三百余元，折并计算，该员先后捐洋五百元，实属尽情赞助，而且对于内部设备，仍时刻在筹划进行之中，热心毅力，殊堪嘉尚。业经呈请市政府，于本市接收纪念日，颁给匾额一方，以示优异。

二　褒奖热心学务人员

查西小水、法海寺、赵哥庄、沧口、仙家寨、沙岭庄、黄埠、夏庄等八校校舍，或系租借，或不敷应用，均经各该村村长首事学委人等，倡议建筑，先后落成。该员等筹集捐款，监督工程，均异常热心，不无辛劳足录，因于本市接收纪念日，由处呈请分别褒奖，以昭激劝。兹将各该员之善行事略，表列于下，并附青岛市捐资兴学褒奖条例补充办法。

青岛市捐资兴学褒奖条例补充办法

教育局呈经第二十次市政会议议决十八年十二月十三日

市政府指令第七八三号核准

第一条　除捐资在五百元以上者，依照国民政府捐资兴学褒奖条例办理外，凡以私有财产五百元以内捐助兴学者，概按本办法行之。

第二条　捐助动产或不动产，准折合国币计算。

第三条　捐资者无论用个人名义或用私人团体名义，一律按照其捐资多寡，依下列规定由教育局分别予以奖励，并于每年年终呈报市政府备案。

甲、捐资百元以内者表扬之（将其姓名及捐资数目登列公报）。

乙、捐资三百元以内者授与二等奖状。

丙、捐资五百元以内者授与一等奖状。

前项奖状式样另定之。

第四条　经募捐资至十倍前条所列数者，得比照该条分别给予奖励。

第五条　曾受有奖励者如续捐资，得并计先后数目给予奖励或晋授奖状。

第六条　本办法如有未尽事宜，得随时呈请修正之。

第七条　本办法自呈奉核准之日施行。

沧口乡区建设办事处请奖热心学务人员表

姓名	年齡	住址	事畧	請給奬勵	請奬年月	備考
韓立峨	五二	源頭村	現充法海寺小學學務委員創辦教育倡建校舍現查該校學生人數激增班次亦年有增加該員不無功績	傳令嘉奬	二十一年十一月	
李青雲			該員曾充公安第五分局第二分駐所主任巡官二十一年四方小學建築校舍多方勸辦不辭辛勞	褒狀	仝前	
徐裕亭	四八	四方村	現充學務委員二十一年四方小學建築校舍竭力襄助	仝前	仝前	
王錫泉	七三	仝前	仝前	仝前	仝前	
王德江	六十	王家泊子	現充學務委員二十年秋該村建築分校校舍八間地方出款一千餘元概由該員設法籌募	仝前	仝前	
周中璋	五五	滄口	現充滄口小學學務委員該校前後添建校舍經募及自捐款項不下一二千元其熱心教育洵屬難能可貴	仝前	仝前	
高精一	三八	仝前	現充滄口小學學務委員勸捐勸學頗具熱心	仝前	仝前	
董雲卿	五三	仝前	仝前	仝前	仝前	
劉景梓	四九	西小水	現充村長廿二年建築校舍地方出款三千餘元因農經濟吃緊收款困難該員終日奔走街頭對花戶婉嘉經半年之久始將款項收齊如是熱心教育殊堪嘉許	仝前	二十二年十一月	
王新三	五三	仝前	仝前	仝前	仝前	

秦作忻	四二	仝前	仝前	仝前	仝前	
秦作惠	四五	仝前	仝前	仝前	仝前	
方相球	三八	仝前	仝前	仝前	仝前	
方維森	三二	仝前	仝前	仝前	仝前	
方文瑤	四五	仝前	仝前	仝前	仝前	
王旭宸	三六	小村莊	現充板橋坊小學學務委員熱心學務	仝前	仝前	
高鴻齋	四三	板橋坊	充該村首事多年對於學務頗具熱忱倡建校舍表率羣衆其熱心毅力殊堪嘉許	褒狀	二十二年十一月	
胡子仁	三〇	仝前	仝前	仝前	仝前	
欒守琚	七十	夏莊	二十一年該村建築校舍十餘間費洋一千餘元並未請求補助完全由地方籌募該員多方勸捐任勞任怨其熱心興學實屬不可多得	仝前	仝前	
欒西園	五六	仝前	仝前	仝前	仝前	
欒玉典	五八	仝前	仝前	仝前	仝前	
欒玉芳	五五	仝前	仝前	仝前	仝前	
欒修峰	三十	仝前	仝前	仝前	仝前	
欒錫九	四五	仝前	仝前	仝前	仝前	
欒徽卿	五八	仝前	仝前	仝前	仝前	
欒明臣	五六	仝前	仝前	仝前	仝前	

沧口乡区最近三年度班次学生数增加统计表

年度	班次數	學生數 男	學生數 女	學生數 合計	備考
二十一年度	一二七	三七八一	六一三	四三九四	
二十二年度	一三七	四四三一	七二三	五一五四	
二十三年度	一四四	四六五五	一一三二	五七八七	

沧口乡区建设办事处所辖市私立小学二十三年度第一学期概况一览表

二十三年十月

級別	校別	校長姓名	校長到校年月	校長月薪	職教員數	班級數高	班級數初	班級數合計	學生數男	學生數女	學生數合計	每月經費	開辦年月	分校地址	備註
完全小	市立滄口小學	張天民	二十一年九月	五〇元	二五	三	一六	一九	七二二	二〇五	九二七	八四八元	二年七月	大小甕頭 西流莊	
	市立四方小學	劉學輝	二十一年五月	四二	二一	三	一三	一六	五二二	一七七	六九九	六九八	十九年十一月	湖島村	
	市立丹山小學	李鶴東	二十三年十月	三五	六	一	四	五	一五五	一四	一六九	二〇三	十九年三月		
	市立法海寺小學	楊友佐	二十一年九月	四〇	一五	二	一一	一三	四一九	九九	五一八	四八五	紀元前八年七月		聚仙菴 安樂溝 南園
	市立黃埠小學	王汝珊	十四年五月	四一	九	一	六	七	一八七	二五	二一二	二七五	七年八月	王史家 泊子	
	市立趙哥莊小學	趙金波	十七年七月	四〇	九	一	七	八	二二一	八一	三〇二	三〇七	紀元前一年七月	狗塔埠	

學十五處														
市立宋哥莊小學	趙伯楓	二十二年九月	四〇	一四	二	九	一一	三三九	三一	三七〇	四一九	四年五月	雙埠 劉石宋 哥莊	
市立夏莊小學	王善亭	二十一年五月	三五	六	一	四	五	一五四	一三	一六七	二〇三	七年二月		
市立棗園小學	于國棟	二十二年九月	三六	一〇	一	七	八	二五五	六	二六一	三〇六	十五年一月	十梅庵 南嶺 樓山後	
市立仙家寨小學	王俊升	仝	三六	八	二	四	六	二二一	四八	二六九	二四〇	八年八月		
市立大水清溝小學	李叔川	二十二年九月	三六	八	一	六	七	二二九	八九	三一八	二四六	二十年三月	沙嶺莊 大山村	
市立西小水小學	孟繁仁	二十一年十一月	三六	六	一	五	六	一八七	一二	一九九	二〇六	十九年三月		
私立華新小學	沈允護	十三年二月	八〇	一〇	二	四	六	一六二	七九	二四一	六三七	十三年二月		
工務局自來水廠白沙河水源地工人子弟小學	邢傳信	二十二年八月		二	一	一	二	四九	一八	六七	八〇	二十二年		校長係廠長兼
工務局自來水廠李村水源地工人子弟小學	丁維滋	仝		二	一	一	二	四〇	一二	五二	七五	仝		仝
市立閻家山小學	呂耿隣	二十三年五月	三二	五		五	五	一一三	四〇	一五三	二[illegible]	十七年十二月	鹽灘	
初														

級小學五處				共計
市立板橋坊小學	市立南渠小學	市立女姑山小學	市立小村莊二部制小學	
王樹沅	侯允芝	宋元鵬	趙培榮	
二十三年十一月	二十年四月	二十年三月	二十三年二月	
三三	三〇	三〇	三四	七〇六
五	五	四	七	一七　員
				二三
五	五	四	四	三
五	五	四	四	一四　班
一四三	一五九	一三三	二四五	四六五五　男
六三	二	一二	一〇六	一二三　女
二〇六	一六一	一四五	三五一	五七八七　人
一七〇	一六七	一三四	二三八	六〇五四·五　元
十九年五月	十七年十二月	二十年三月	二十三年二月	
埝子小莊	灣頭			

社会教育

甲 推广民众教育事项

一 增设民众学校

教育局为积极救济失学民众，使能识字读书，并授以生计、组织、自卫、各种知识起见，于本区内设民众学校四十二班，计四沧两校十四班，学生七百八十一人，办法与市区同，已于十一月一日开学。乡区本分各校，共设二十四班，学生九百六十八人。此外，市立沧口简易民众教育馆开办二班，沧口第六区党部开办两班，均已先后开学。现在本区总共有民众学校四十二班。学生一千九百二十人，职教员七十六人，每月经费四百九十四元（冬季煤炭费不计）。故在数量上言，较上期增加一倍有奇。兹将概况一览表，附列于后。

二 调查不识字民众数目

教育局对本市失学民众，业经积极设法救济，年来民众学校数量，已由数十班增至百余班。凡市乡各级学校均设有民众学校一所，俾失学民众，得以入学补习。今秋复订有普及民众教育五年计划，拟自本年度起，广设民校，期于五年内，将全市十六岁以上、四十岁以下之文盲悉数扫除。故特饬各办事处，首将区内不识字民众，详加调查，俾资考核。并为增设民众学校数量，及强迫民众入学之根据。本处奉令后，当即印就调查表数千份，分发各公安分驻所、派出所，会同各小学切实调查，业已先后完毕。本区内计共不识字民众一万八千六百六十九人。兹将调查结果分村统计于下，并附调查表式。

沧口乡区建设办事处所属民众学校概况一览表

二十三年十二月

校名	班數	校長姓名	教職員數	學生數 男	學生數 女	學生數 合計	每月經費	開學年月	上課時間	備考
市立滄口民衆學校	八	張天民	五	二〇〇	二〇〇	四〇〇	九六元	二十三年十月	晚七點至九點早六點半至八點半	
市立四方民衆學校	六	劉學輝	八	一五七	二二四	三八一	七二	仝	晚七點至九點	
市立小村莊民衆學校	二	趙培棻	五	四〇	四〇	八〇	二四	二十三年十一月	晚六點至八點	
市立大水清溝民衆學校	二	李叔川	五	七八		七八	二四	仝	仝	
市立閻家山民衆學校	二	呂耿隣	五	七八		七八	二四	仝	仝	
市立板橋坊民衆學校	二	王樹沅	三	八四		八四	二四	仝	仝	

市立棗園民衆學校	二	于國棟	五	八〇		八〇	二四	仝	仝	
市立南渠民衆學校	二	侯允芝	五	八〇		八〇	二四	仝	仝	
市立丹山民衆學校	一	李鶴東	三	四〇		四〇	一二	仝	仝	
市立西小水民衆學校	一	孟繁仁	二	仝		四〇	一二	仝	仝	
市立法海寺民衆學校	二	楊友佐	五	八〇		八〇	二四	仝	仝	
市立夏莊民衆學校	一	王善亭	三	四三		四三	一二	仝	仝	
市立黃埠民衆學校	二	王汝珊	五	八四		八四	二四	仝	仝	
市立趙哥莊民衆學校	二	趙金波	五	八二		八二	二四	仝	仝	
市立仙家寨民衆學校	一	王俊升	三	四〇		四〇	一二	仝	仝	
市立宋哥莊民衆學校	二	趙伯樞	五	八〇		八〇	二四	仝	仝	
市立滄台路民衆學校	二	李又晟	二	五一	四九	一〇〇	二四	仝	早七點至九點晚七點至九點	市立滄口簡易民衆教育館主辦
市黨部圖書館附設滄口民衆學校	二	胡正瑜	二	六一	一〇	七一	一四	二十三年十月	仝	
共計	四二班		七六員	一三九八	五二三	一九二一名	四九四元			

备注：授课期为四个月，学生、书籍，文具，皆由公家发给。

沧口乡区建设办事处所属各村不识字民众十六岁以上四十岁以下调查表

二十三年十月

村名	戶數	不識字民衆數 男	不識字民衆數 女	不識字民衆數 合計	備考
滄口	一九五〇	八三九	九六九	一八〇八	各紗廠宿舍不在內
大墅頭	五三九	一六五	一四七	三一二	
小墅頭	四一八	二八六	三二四	六一〇	
西流莊	一八八	五六	四〇	九六	
西大村	七三	三四	六八	一〇二	
石溝	七一	五三	六五	一一八	
昌文閣	四九	三六	四四	八〇	
營子	三九七	二七三	二九八	五七一	
板橋坊	二三一	一三一	二二三	三五四	

小莊	三五	一二	三四	四六
小棗園	三三	二二	二九	五一
南嶺	一二六	六八	一二二	一九〇
坊子街	九二	六七	九〇	一五七
棗園	二三六	九九	二三四	三三三
十梅菴	二二七	一二七	二一三	三四〇
樓山後	二一三	一〇七	一七三	二八〇
閻家山	二四二	八七	一八一	二六八
鹽灘	一五一	九五	一二九	二二四
沙嶺莊	一八二	一〇一	一六三	二六四

大水清溝	二六五	一五八	二六〇	四一八	
孤山村	七七	四九	五一	一〇〇	
大山村	四七	二三	三九	六二	
小村莊	一二五六	六六六	五七九	一二四五	
東太平村	四〇三	四九一	三八五	八七六	
西太平村	四一四	三四七	二六九	六一六	
下四方村	三三九九	七〇六	一〇六八	一七七四	各紗厰宿舍不在內
上四方村	四一八	一三四	一六二	二九六	
湖島村	二四九	一六三	一三三	二九六	
東黄埠	一五九	五五	一六九	二二四	

西黄埠	一三五	二八	一四〇	一六八	
史家泊子	一七七	八二	一六六	二四八	
王家泊子	九八	二九	一〇二	一三一	
西小水	三四三	一六四	二四九	四一三	
雙埠村	二五五	一九六	二〇九	四〇五	
石家宋哥莊	一四一	一二四	一五五	二七九	
徐家宋哥莊	二二三	一一五	一七六	二九一	
劉家宋哥莊	二三八	八五	一九八	二八三	
夏莊	四九九	二四二	四三六	六七八	
女姑山	二〇四	二一四	二二九	四四三	

臺家莊	一一九	一一二	一一一	二三三
後樓村	七八	九三	九五	一八八
仙家寨	三四四	一四一	二一九	三六〇
趙哥莊	三一八	一四六	三七七	五二三
狗塔埠	一七〇	五七	一六一	二一八
源頭村	二六一	六三	二二六	二八九
高家台	九五	二九	七六	一〇五
彭家台	一〇二	一七	一〇〇	一一七
馬家台	一二〇	五四	一〇五	一五九
安樂溝	八三	二四	一〇七	一三一
少山前	五四	一五	四六	六一
丹山村	三四〇	一〇二	三二三	四二五
南渠村	二二六	五七	三五	九二
灣頭村	二四九	一二六	一九二	三一八
總計	一七，〇一二戶	七，七六五男	一〇，九〇四女	一八，六六九人

不识字民众十六岁以上四十岁以下调查表式

路村名	號數	姓名	性別	年齡	籍貫	職業	家境狀況	備註

注：家境栏内可酌分上中下三等填驻。

三　强迫民众入学

查办理民众学校，最感困难者莫过于招生留生问题，而以乡区为尤甚。良以乡区农民，对于读书识字，绝少兴趣。且晚间授课，不便视察，故以往每当开学之始，学生尚能足额。中途即逐渐减少，或无故退学，或忽读忽辍；彻始彻终，努力到底者，却占少数。教育局为彻底整顿起见，现订有强迫民众入学及留生两种办法，令由各办事处于上课时间，派员到各校视察。遇有学额不足，实行即强迫入学，违则加以处罚，至入学以后，如中途旷课二日以上，或无故退学者，亦须加以处罚。实行以来，颇具成效，兹将强迫入学留及生两办法，分录于下：

青岛市强迫民众入学办法

一、各区内不识字民众数目，由各办事处会同各公安分局负责调查造具名册，呈送教育局备查。

二、民众入学年龄暂定为十六岁以上、四十岁以下，不满十六岁之儿童不得入民众学校，但四十岁以上情愿入学者听之。

三、民众学校成立后，除各校自行组织招生队外，各公安分驻所派出所应于一周内按照名册及民众距离远近、年龄大小，强迫入学。

四、距离较近、年龄较小之不识字民众，应先强迫入学；其距离较远及年龄较大之民众依次入学。

五、考查民众识字程度，以能了解民众国语课本为标准。

六、一户有二人以上不识字时，应先使其半数入学，余依次入学。

七、无职业之不识字民众，应入日间民众学校；有职业之不识字民众，应入晚间民众学校。

八、已在初级民众学校毕业之民众，应使再入高级民众学校，以求深造。

九、不识字之民众，经分驻所派出所劝告后两周内仍不入学及入学后无正当理由自动退学者，由办事处会同公安局处其本人或家长一元以上、十元以下之罚金，处罚后仍限令入学。

十、前项罚金由各派出所送由各办事处，汇呈教育局转呈市政府拨充推广民众教育之用。

十一、本办法自呈奉核准之日施行。

民众学校留生办法

一、民众来校读书本属不易，各校校长及教员教学时应注意学生兴趣，其教法并应避免注入讲解式，多用启发问答式，将教材活用起来，引证关于日常生活之事项，使学生多到黑板练习写算，增加学生兴趣。

二、每月应召集全体学生开娱乐会一次，述名人故事及笑林等，借以联络感情，增添娱乐。

三、一月不缺席之学生，由校长查明呈请教育局传令嘉奖；两星期不缺席者发给教育电影入场券一张，俟民众教育馆在该小学放映教育电影时可入场观览；全期不缺席者，奖励方法另订之。

四、各校得将全体学生分为若干组，每组中由教员选一学生为组长，其人选须品行笃实、勤苦好学，在同学中负有声望者。兹将分组方法分述于下：

1. 分组标准以八人或十人为一组，以便于照管及劝导为标准，其住址务须接近，性别与年龄亦须注意。

2. 组长之职务：

（A）维持本组之秩序。

（B）访问本组之缺席者，调查其原因并催促即日复课。

（C）自修时间辅导本组中之低能生温习旧课，或为缺席遇多者补课。

3. 考察及奖励

（A）每月终应举行考试一次，各组成绩最优者施以奖励。

（B）每月终应举行出席人数比赛一次，每组出席人数最多秩序最佳者施以奖励。

（C）为养成互助之精神，免除骄矜起见，此项奖励宜对全组施行，不可单对组长一人。

五、各民众学校校长在第一节及第二节上班中间，均应亲到各班查明到班人数，如发现缺席三日以上者，即须通知该班教员，将缺席学生填入每周考勤报告表，汇交该管公安派出所，令其回校复课。

六、各派出所接到前项报告表后，即须派警转送该缺席学生或其家长饬其即行回校，并加以警告；二日内仍不到校者，即报由办事处会同公安分局按照强迫入学办法第九条之规定处罚。

四　设立职工补习学校

查四沧一带，纱厂林立，工人麇集，此项工人多不识字，为解除其不识字之痛苦，本处迭经与各工厂接洽，设立职工补习学校。此外并于二十一年秋呈经教育局，拨款在四方、沧口两地，各设职工补习学校一所，招收各工厂工人入学。业经办理三期，毕业人数达四百余。现在该两校各设三班，内分识字班与公民班两级，修业期间均为六个月。但识字班学生毕业后，欲求深造者，可升入公民班肄业。惟是该两校因限于校址，不克尽量收容失学工人，揆诸民教之设施，不无缺憾。兹为补救及普及劳工教育起见，拟于下年度呈请扩充校址，并添设职业班，以便公民班毕业学生，再求深造，养成其专业技能。附市私立职工补习学校概况一览表于下。

五　划分社会教育中心区

教育局为彻底推行民众教育，并求工作效率增进，及易于督饬起见，经将本市市乡分为三十八个社会教育中心区。每区设中心区小学及简易民众教育馆各一所，共同负责办理该区内民众教育事宜，并与该区内其他行政机关及各级学校联络，共谋进行，以收政教合一之效。至分区标准，系采用：1. 交通便利，地点适中者；2. 户口繁多者；3. 人民职业性质相近者；4. 有一二学校规模宏大，堪作中心小学者；5. 暂定每一区之半径，为五里至七里；6. 在每办事处辖境内，参照自治区，公安区之大小划分之。根据上项标准，本区共分为五个社会教育中心区，兹将各区划分之范围列表于下，以便考核。

沧口区市私立职工补习学校概况一览表

二十三年十月

立別	校名	班數	校長	教員數	開班年月	學生人數 男	學生人數 女	學生人數 合計	常年經費	畢業人數 男	畢業人數 女	畢業人數 合計	備考
市立	四方職工補習學校	三	江心柏	二	二十一年八月	八八	四八	一三六	七三二元	二一九	一九	二三八	
市立	滄口職工補習學校	三	于升堂	二	仝	一二五	五一	一七六	八二八	一七八	六九	二四七	
私立	華新紗廠職工補習學校	八	史鏡清	十一	十八年九月	六五七	一〇	六六七	四·八〇〇	三〇〇		三〇〇	
私立	公大紗廠職工補習學校	二	長澤薫	四	十七年八月	一二〇		一二〇	二四〇	二〇〇		二〇〇	
私立	大康紗廠職工補習學校	二	荒井米一	四	二十年九月	六〇		六〇	六〇〇	二〇〇		二〇〇	
私立	銀月紗廠職工補習學校	二	服部門平	二	二十年一月	八〇		八〇	二〇〇	一二〇		一二〇	
私立	隆興紗廠職工補習學校	二	正田和義	二	二十一年六月	五七		五七	八〇〇	七〇		七〇	
私立	寶來紗廠職工補習學校	一	漢城豹一	二	二十年七月	四〇		四〇	二五〇				
私立	中國顏料廠職工補習學校	一	陳介夫	二	二十二年八月	四〇		四〇	一五〇				

青岛市沧口乡区社会教育中心区一览表

學區別	所屬村莊	所屬學校	備考
滄口小學中心區	滄口，大甕頭，小甕頭，西流莊，西大村，營子村，板橋坊，小莊村，小棗園，石溝村，文昌閣，棗園，坊子街，南嶺，十梅菴，樓山後等十六村。	大甕頭分校，小甕頭分校，西流莊分校，華新小學，棗園小學，樓山後分校，十梅菴分校，南嶺分校，板橋坊小學，營子分校，小莊分校	
四方小學中心區	上四方，下四方，小村莊，東太平村，西太平村，湖島子村，大水清溝，孤山村，大山村，沙嶺莊，鹽灘，閻家山等十二村。	湖島分校，小村莊二部制小學，大山分校，大水清溝小學，沙嶺莊分校，閻家山小學，鹽灘分校。	

仙家寨小學中心區	仙家寨，南渠村，灣頭村，徐家宋哥莊，劉家宋哥莊，石家宋哥莊，雙埠村，女姑山，藍家莊，後樓等十村。	宋哥莊小學，劉家宋哥莊分校，石家宋哥莊分校，雙埠分校，南曲小學，灣頭分校，女姑山小學。	
法海寺小學中心區	源頭村，彭家台，高家台，馬家台，安樂溝，少山前，丹山，西小水等八村	聚仙菴分校，南圈分校，安樂溝分校，丹山小學，西小水小學。	
黃埠小學中心區	東黃埠，西黃埠，王家泊子，史家泊子，夏莊、趙哥莊，狗塔埠等七村。	王家泊子分校，史家泊子分校，夏莊小學，趙哥莊小學，狗塔埠分校。	

六　设立沧口简易民众教育馆

查沧口为工人萃集之区。而此项工人，知识浅陋，风气闭塞，故民众教育之设施，诚为目前当务之急。而简易民众教育馆之设立，既应社会之需要，又复简而易举。经呈奉教育局，拨款设立，业于本年十月间，假沧口小学旧址，正式成立，内分图书、推广、游艺三部。储备各种挂图、标本、乐器、玩具、体育器械，及浅近杂志、通俗书报等，以便民众业余入馆阅览，并装有无线电收音机，放送各种节目，既可增进民众知识，并可使之趋入正当娱乐，于普及民众教育，俾益非浅。

乙　启迪民智事项

一　举办通俗讲演巡回讲演

查乡区民众，知识未开，风气闭塞，以致各种政令之施行，恒生阻碍。兹为启迪其智识，增广其见闻，除由市立沧口简易民众教育馆，按时在馆内举行通俗讲演外；并令于逢集日，或相当时机，至各重要村庄举行巡回讲演，如今秋本区挑选保卫团壮丁，即到仙家寨、四方等处，讲演受训练之利益及自卫救国等；宣传民众教育，则讲不识字之害。及至冬间，乡村开辟村路，则至法海寺一带，讲演便利交通，与农村建设之关系等，总之均适应需要，随时随事选定题目讲演。

二　整理民众阅报牌

教育局为启迪民智起见，于各级学校门首，附设民众阅报牌。兹因年久风雨剥蚀，多已损坏，特令将损坏情形，调查估计，重加修理。本区阅报牌，计共十处，现皆焕然一新。其所贴报纸，以前系由各报馆赠阅，自整理后，均改归教育局自行订购、寄贴。计有津、沪及本市各报。兹附阅报牌一览表于下：

沧口乡区民众阅报牌一览表

閱報牌號數	地址	報別	貼報者	備考
第二十三閱報牌	滄口	申報	滄口小學校	
第三十三閱報牌	棗園	青島民報	棗園小學校	
第六十三閱報牌	法海寺	膠濟日報	法海寺小學校	
第六十四閱報牌	趙哥莊	新青島報	趙哥莊小學校	
第六十五閱報牌	宋哥莊	大公報	宋哥莊小學校	
第六十六閱報牌	仙家寨	青島時報	仙家寨小學校	
第六十七閱報牌	黃埠	平民日報	黃埠小學校	
第六十八閱報牌	夏莊	工商新報	夏莊小學校	
第七十一閱報牌	四方	青島時報	四方小學校	
第　閱報牌	閻家山	仝前	閻家山小學校	

丙　兴办体育事项

一　设立四方简易民众体育场

兹为利用学校运动场，与民众业余，以锻炼体魄之机会起见；特假市立四方小学，附设简易民众体育场，设备各种运动器具，如篮球、网球、队球，以及单杠、双杠、天桥、秋千等类无不具备。每日按照规定时间开放，为民众运动之场所，兹附青岛市立简易体育场简则于下：

青岛市立简易体育场简则

二十年七月呈奉市政府指令内字五二三零号核准

第一条　市立简易体育场，利用学校运动场，于课余时间开放，与民众业余以锻炼体魄之机会为宗旨。

第二条　市立简易体育场名称上应冠以所在地之地名。

第三条　市立简易体育场设职员如下：

一、主任一人，由市教育局委任各该校校长兼任之，为名誉职。

二、指导员一人，由主任就校中体育教员聘任一人，呈报市教育局备案。

第四条　市立简易体育场运动项目以场内原有设备者为限，其他需用场地较广或场内所未设备者，概行停止。

第五条　市立简易体育场以运动范围为限，学校房屋运动员概不得迳入。

第六条　市立简易体育场开放时间规定如下：

甲、全日开放

1. 春假中　上午六时至十二时，下午二时至五时五十分。

2. 星期日　上午开场，下午停场，均依照丙项各月份规定时间：

上午停场十二时，下午开场二时

3. 其他临时纪念假期　上午开场，下午停场均系照乙项各月份规定时间：

上午停场十二时，下午开场二时

乙、半日开放

1. 暑假中　上午六时至十一时　下午停止

2. 年假中　下午二时至五时　上午停止

丙、课余开放

月份	上午开场及停场	下午开场及停场
一月	七时至八时	四时至五时
二月	七时至八时	四时至五时
三月	六时三十分至八时	四时至五时三十分
四月	六时至八时	四时至五时五十分
五月	六时至七时三十分	四时至六时二十分
六月	六时至七时三十分	四时三十分至六时三十分
七月	六时至八时	四时至六时三十分
八月	六时至八时	四时至六时二十分
九月	六时至七时三十分	四时三十分至六时
十月	六时三十分至八时	四时至五时三十分
十一月	七时至八时	四时至五时
十二月	七时至八时	四时至五时

第七条　民众入场运动皆须爱护公物，注意整洁，如有损坏须照价赔偿。

第八条　凡扰乱秩序、露身赤足及患有传染病者概不准入场。

第九条　市立简易体育场每届月终，应将运动人数编造统计表，呈报市教育局备核。

第十条　本简则如有未尽事宜，得由教育局呈请修正之。

第十一条　本简则自呈奉核准之日施行。

二　筹设沧口公共体育场

查沧口为工业区域，户口繁密，于公共体育场，未能应事实需要，设备齐全，殊为缺憾。本处以事关发展民众体格，促进团体合作起见，特于二十二年冬季，会同市区各联合办事处，举行会议，并拟定实施方案，呈经市政府核准，列入预算，并已勘得沧口小学新校舍后身东偏地段为场址，拟辟为田径赛场、球场，并设备各种运动器械，约于明春即可兴工。

青島市鄉區建設辦事處教育工作綱要表

總綱	分類事項	進行辦法綱要	備考
(一)鄉村教育調查事項	1.學校教育概況調查	1.本區內各級學校數 2.各校班次數 3.各校學生數 4.各校教職員數 5.各校校舍概況 6.各校經費概況 7.本期學齡兒童數 8.各校應補學額統計 9.以上各項調查辦理完竣彙編統計呈報教育局	關於調查及統計由局規定表式交各處製印備印
	2.社會教育概況調查	1.民衆補習學校數，教員數，學生數，經費數， 2.工人補習學校數，教員數，學生數，經費數。 3.圖書館，閱報社。 4.不識字人數。 5.以上各項調查工作完竣彙編統計呈局	
(二)學校視察指導及擴充改進事項	1.視察事項	1.按本處所轄之學校規定視察日程 2.視察要目如左： 1.校務概況：組織系統，班次編制，學生人數，教職員數，校舍設備，經費分配，學生成績。 2.教務概況：課程編制，教材選擇，教學方法，記分方法，成績測驗，課外作業等。 3.訓育概況：訓育標準：實施方法個人衛生，團體衛生，童子軍訓練，學生課外組織，集會訓練等項， 4.體育概況：體育設備，體育教材，課外運動，體格檢查，體育測驗等。 5.教職員服務概況：教職員之學力，能力，計劃，品行，思想，服務成績，尤注意校長辦事能力。 6.考察校內各種會議：如教員會議校務會議教務會議訓育會議體育會議教學研究會教育批評會等 以上各項視察詳情另有本局製定表式分發填報	本局派駐各處職員多係督學故視察學校時即執行督學任務其視察指導事項亦規定較詳
	2.指導改進教學訓育事項	1.駐處職員在視察各校時除糾正其不良事項外應對訓教各部作積極的指導 2.宜利用機會對各校教職員作教學方面整個的有系統之指示 3.遇有舉行各種會議時得出席參加共同討論，并介紹最新教育方法及重要參考書目 4.於必要時實行教學示範及作個別談話尤須隨時注意校長及教職員服務詳情 5.指導體育設備及課程并提倡體育普及 6.指導組織鄉區教學分區研究會（地點宜適中並宜設在規模完善之學校內） 7.指導各教職員作教學上進修之研究	
	3.計劃擴充學校組織及設備事項	1.計劃學校之增設分校改為獨立學校或合併 2.計劃改設中心小學等項 3.計劃增添各校必要設備 4.草擬各種提高教學效率之辦法（如糾正缺席辦法舉行月考辦法考查成績辦法等）呈送教育局核准施行	
(三)充實學額事項	充實鄉區小學名額	1.調查本區所轄各村學齡兒童人數 2.調查本區各校所缺學額 3.根據學校所缺學額採學齡兒童中年齡較長家境較裕者編入補充學額名冊 4.將名冊交學務委員及村長令按冊逐戶勸令入學 5.如勸令無效即執行充實學額第四五條之辦法 6.督促學校不使學生無故缺席 7.以上處理之事項隨時呈報教育局	
(四)職業課程事項	指導增設職業課程 改進職業教學方法 及增添職業設備	1.指導中小學增設農業課程及農場實習工作并參觀各農場 2.指導各校開闢校園種植各種農作物使兒童得實習農藝之機會 3.指導各校採取農作物製作標本以供自然課程教學之用 4.中學添設木工竹工籐工課程採用選課制就學生性情所近學習手工業之技能 5.小學注重手工科訓練手藝以培養工業基礎 6.指導中小學添置各種職業設備如工場農場及工具使實習得有結果	

关于公安方面

甲　办理公安事项

一　公安之组织及防务

本办事处管辖境界，系就公安五分局之区域为区域，纵长四十余华里，横二十余华里，西面濒海，东界李村办事处，南接市区，北与即墨县境毗连。所辖村庄，共计五十六村，一万八千四百四十四户，男女九万九千七百八十三人。其间工厂栉比，中日杂居，人烟稠密，事务庞杂，虽属乡区范围，实兼市区性质，故对公安分局之组织，实与本区防务有密切之关系。五分局下设分驻所五，派出所十，马巡二，汽车检查处一，员官长警共二百四十二名，警备车三辆，自行车四十九辆，马十六匹，警报电话十九处，巡船二艘。所有全区治安，完全由警察负责，昼夜巡逻，水陆兼顾，近三年来，地方尚称安谧。兹将官警驻在地，及其管界村庄，列表于下。

二　增添分驻所及派出所

公安五分局，原有分驻所二处，派出所四处，但因近年以来，户口增加，勤务日繁，对于警察设备，略有扩充，计自二十一年添设小村庄第三分驻所，复将大水清沟派出所改为第四分驻所。此外，隆兴路、奉化路各添派出所一处。二十二年以六分局地面广阔，治理不便，爰将仙家寨全区划归五分局管辖，是名为仙家寨第五分驻所。其旧有派出所三处，至今并未变动，至二十三年只有扶轮路角，增添派出所一处，故公安五分局管辖，计分驻所五，派出所十，员警统共二百四十二人。

官警驻在地一览表

局所	駐在地點	主管人 等級	主管人 姓名	員官長警人數 員官	員官長警人數 長警	合計	備考
公安第五分局	四方嘉禾路	分局長	楊在春	六	三一	三七	
第一分駐所	滄口大馬路	一二等巡官	王荊山 石保康	二	三九	四一	
第二分駐所	四方奉化路	三等巡官	宋國棟	一	二五	二六	
第三分駐所	小村莊	二等巡官	劉國璐	一	一五	一六	
第四分駐所	大水淸溝	三等巡官	馬方溥	一	一〇	一一	
第五分駐所	仙家寨	二等巡官	關永昌	一	一三	一四	
第一派出所	營子村	一等警長	田文正		一一	一一	
第二派出所	滄口大馬路	二等警長	關舒軒		七	七	
第三派出所	坊子街	一等警長	任彥臣		七	七	
第四派出所	滄口滄台路	一等警長	孫秉彝		八	八	
第五派出所	北山二路	三等警長	吳和亭		九	九	

第六派出所	四方奉化路	二等警長	楊鳳樓		九	九
第七派出所	扶輪路	代理警長	李福熙		五	五
第八派出所	東黃埠	三等巡官	張幼農	一	六	七
第九派出所	徐家宋哥莊	一等警長	曹方傑		七	七
第十派出所	源頭村	二等警長	王毓林		六	六
馬警	樓山後村	一等警長	關竹橋		八	八
馬警	溝塔埠	一等警長	劉振剛		八	八
汽車檢查處	溝塔埠	一等警長	陳金標		五	五
合計				一三	二二九	二四二

管辖村庄一览表

局別	所別		村莊數目	村莊名稱
公安五	第一分駐所	直轄	二	滄口　小甕頭村
		第一派出所	四	小莊　小棗園　營子　板橋坊
		第二派出所	三	大甕頭　西大村　西流莊
		第三派出所	七	棗園村　坊子街　文昌閣　石溝　南嶺　十梅菴　樓山後
		第四派出所		滄台路
	第二分駐所	直轄	一	下四方西村
		第五派出所	一	仝　上
		第六派出所	二	上四方　湖島村
		第七派出所		扶輪路

分局			
第三分駐所	直轄	五	小陽路　韓家莊　西太平村　小村莊　東太平村
第四分駐所	直轄	七	小水清溝　大水清溝　鹽灘　沙嶺莊　大山　閻家山　孤山
第五分駐所	直轄	四	仙家寨　溝塔埠　南曲　灣頭
第五分駐所	第八派出所	六	趙哥莊　東黄埠　西黄埠　夏莊　王家泊子　史家泊子
第五分駐所	第九派出所	七	徐家宋哥莊　劉家宋哥莊　石家宋哥莊　雙埠村　女姑山　後樓　西藍家莊
第五分駐所	第十派出所	八	源頭　少山前　安樂溝　高家台　彭家台　馬家台　丹山　西小水
共計		五六	

三　添设警备汽车

公安五分局原有警备汽车一辆，因地面辽阔，分局又僻处辖境南端，一旦北部发生匪警火警，皆有鞭长莫及之势。经本处会同公安五分局，召集各区村长会议，议决：增添警备汽车两辆，一部存放仙家寨，一部存沧口，使之互相联络，消息灵通，所需款项由地方筹措，并于二十三年十二月，次第购置，以备驶用。

四　设置巡船

查四方至女姑口一带，濒临大海，户口繁盛，帆船往来，络绎不绝，惟水上向无警察，设备究欠完善，经本处会同公安第五分局，请准设置巡船两艘，指定自四方至女姑一带，分段梭巡，庶水陆兼顾，治安可保。

筹设自行车巡。乡区防务，首重巡逻，而巡逻尤以自行车为迅速周密。年来关于自行车之设备，迭有增加，计五分局有自行车十二辆，一分驻所六辆，二分驻所五辆，三分驻所三辆，四分驻所三辆，五分驻所五辆。此外，一派出所二辆，二派出所三辆，三派出所三辆，八派出所二辆，九派出所二辆，十派出所三辆，共计四十九辆。

五　完成乡村警报电话

设置乡村警报电话一案，于二十一年春间即已次第办理。本办事处成立后，曾就未设或必须设置之乡村，分别增添。截至二十三年冬，全区重要村庄大部分均已装竣，共计十九处。兹将警报电话一览表，附载如下。

六　调查民间枪支

人民自置枪支，关系地方治安，极为重要。本办事处为明了全区枪支数目，及遵照公安局烙验枪支办法起见，爰于二十三年春，举行调查一次。兹将调查枪支数目，表列于下。

附各村私有枪支一览表

所别	村路名稱	槍枝名稱	數目	備考
五分局第一分駐所	隆昌路	獵槍	一	
	曉翁村	土槍	一八	
第一派出所	板橋坊	土槍	三九	
		毛瑟步槍	五	
		獵槍	二	
		單出子	一	
		波郎寧	一	
		七九步槍	一	
		自來得手槍	一	
	營子	土槍	五	
	小棗園	土槍	七	
		八音手槍	一	
	小莊	八音手槍	四	
		二六手槍	一	

第三關於公安事項

		單出子	三	
		土槍	七	
第二派出所	達翁村	土槍	五八	
		七九步槍	一	
	西流莊	波郎事	三	
		土槍	四一	
	西大村	土槍	八	
	華新紗廠	七九步槍	三三	
		自來得手槍	一一	
		八音手槍	八	
		五風手槍	三	
		二六手槍	一	
		獵槍	七	
第三派出所	石溝	土槍	十八	
	文昌閣	土槍	九	
	坊子街	土槍	七	
		毛瑟步槍	九	
	棗園西村	土槍	一四	
		毛瑟步槍	一	
		單出子	一	

一一

	南嶺	土槍	三七
		毛瑟步槍	二三
	樓山後	三八式步槍	四
		土槍	二五
		毛瑟步槍	一
		單出子	一
	棗園	土槍	一三
		波郎寧	一
	十梅菴	土槍	六二
第五派出所	下四方西村	七星手槍	四
		獵槍	一
		土槍	四
第六派出所	下四方東村	土槍	二
	上四方	土槍	一二
	湖島村	獵槍	五
		土槍	二六
第三分駐所	小村莊	土槍	五六
	韓家莊	土槍	九
第四分駐所	大水清溝	土槍	四三
	大山	土槍	一九

	小水清溝	土槍	一五	
	閻家山	土槍	二九	
	鹽灘	土槍	六	
	沙嶺莊	土槍	二六	
	孤山	土槍	一一	
第五分駐所	仙家寨	七九步槍	五	
		湖北造步槍	一	
		八音手槍	三	
		匣槍	一	
		波郎寧	三	
		曼力斜	二	
		德國馬槍	一	
		十三太保	一	
		七星手槍	一	
		單出子	三	
		團槍	一四	
		長筒土槍	一一	
		短筒土槍	四	
	塔埠村	七九步槍	三	
		七星手槍	二	

第三關於公安事項 一三

派出所	地點	槍類	數目
		圍槍	二
		長筒土搶	一一
		短筒土槍	一
		九連登手槍	一
	南渠	匣子槍	一
	南渠	八音手槍	一
	南渠	七九步槍	一
	南渠	七星手槍	一
	南渠	單出子	二
	南渠	圍槍	四
	南渠	長筒土槍	七
	南渠	短筒土槍	一〇
	灣頭	七九步槍	二
	灣頭	七星手槍	二
	灣頭	六輪手槍	一
	灣頭	長筒土槍	二一
	灣頭	短筒土槍	一四
	源頭	土槍	五四
第十派出所	少山前	土槍	一三
第十派出所	高家台	土槍	二一

		曼力斜	二
		七九步槍	一
		匣槍	一
	彭家台	七槍	一九
		單出子	二
		波郎寧	二
	馬家台	波郎寧	二
		曼力斜	一
		土槍	二八
	安樂溝	土槍	二九
	西小水	土槍	九八
	丹山	土槍	一一二
		毛瑟槍	二
		七九步槍	一
		獵槍	二
		單出子	一
第八派出所	王家泊子	曼力斜	一
		波郎寧	一
		八音手槍	三
		土槍	三五

第九派出所	史家泊子	六輪手槍	一
		土槍	三五
	夏莊	八音手槍	一
		匣子槍	一
		土槍	八四
	東黄垛	土槍	一七
	楊哥莊	匣子槍	三
		波郎寧	四
		獵槍	五
		德國造	二
		曼力斜	一
		中國造	一
		三八式步槍	二
		俄國造	一
		土槍	四七
	西黄垛	湖北造	一
		波郎寧	一
		匣子槍	一
	徐家朱哥莊	土槍	三二
		土槍	十六
	劉家朱哥莊	土槍	一五
		毛瑟槍	一
	石家朱哥莊	土槍	五
	雙垛	土槍	六
		波郎寧	一
		湖北造	二
	女姑山	土槍	二
	西董家莊	土槍	二
	後樓	土槍	一

总　计	土枪	一三七六	自来得枪	二〇	波郎宁	
	曼力斜	七	毛瑟步枪	四二	猎枪	
	单出子	一四	七九步枪	四八	八音手枪	
	二六手枪	二	五风手枪	三	三八式步枪	
	七星手枪	一〇	湖北造步枪	五	德国马枪	
	十三太保	一	俄国造	一	九连登	
	六轮手枪	二				

统计枪数一千六百二十四支。

附警报电话一览表

局所電話			警報電話		備考
局所	電號	所在地址	電號	所在地	
公安五分局	三六八三	四方嘉禾路	一〇	四方嘉禾路	
第一分駐所	二〇	滄口大馬路	分所專機	曉翁村	
仝	七〇	仝			
仝	分局專機六號	仝			
第二分駐所	三三五四	四方率化路	五分局七號	四方率化路	
第三分駐所	五二〇五	小村莊			
第四分駐所	五分局撥機八號	大水清溝	四分所撥	小水清溝	
			仝	閻家山	
			仝	東鹽灘	
第一派出所	本三號	營子		板橋坊	
第二派出所	本四號	滄口大馬路南首		遠翁村	

第三派出所	本五號	坊子街		棗園
第四派出所	本六號	滄台路		
第五派出所	五分局分機四號	北山二路		四方興隆路
第六派出所	五分局分機十號	奉化路		湖島村
			五分局十，七，兩號代	四方東村
第五分駐所	一二	仙家寨	本分所代	南曲
			仝	灣頭
滄塔埠村汽車檢查處	一二號代	滄塔埠村西		
第八派出所	仝	東黃埠	一二號代	趙哥莊
			仝	史家泊子
			仝	夏莊
第九派出所	一二號代	徐家宋哥莊	仝	雙埠
第十派出所	仝	源頭	仝	西小水

七　防除盗匪

防治盗匪，本为保卫人民之第一重要工作。公安局特于二十一年冬，订有查防乡村盗匪简则一种，分颁各乡区建设办事处及各公安分局遵办，本处奉发前项章则后，当即饬由公安股切实奉行，认真清查，故三年以来，差幸地方安静，发生盗匪案件，尚不多见，简则附后。

青岛市公安局查防乡村盗匪简则

第一条　本局为保卫乡村治安查防盗匪，依照本简则之规则办理。

第二条　因清查各乡村户口之必要区分，登记如下：

一、户籍登记

二、寄居登记

第三条　原居本村者其死亡、出生、迁移、婚姻等项仍依照户籍法登记。凡外来佣工及寄宿亲友人等，悉应登记寄居册，以备稽查。

第四条　前条之寄居人于到后三小时以内，该户主除报告村长外，应直接报告所管派出所，登记距离较远地方，得先用电话报告，其移动时，亦准此办理。

第五条　凡商店、食物店、客店、窝棚容留时，应于入店后二小时以内由店主报告所管派出所登记，其移动时，亦准此办理。

第六条　无论住户、商店、食物店、客店、窝棚，不准容留下记之人：

一、来历不明者。

二、形迹可疑者。

三、盗匪。

第七条　违背本简则第三、第四、第五、第六各条者，按情节轻重处罚之。

第八条　明知盗匪而故意窝藏或帮助者，按盗匪论罪，各村长并应负其责任。

第九条　凡原居本村而行动可疑者，除准予村民密告外，村长有报告之责。

第十条　遇有匪警，应由村长或户主及村民先发觉者，即用警报电话迅速报告就近派出所；倘因电话不通，务以敏捷方法报告，不得贻误时机。

第十一条　各所管分局凡日没后应派定班巡逻警巡视乡村，遇有形迹可疑者，得施行检查或带所拘留。

第十二条　各村义勇巡更团应由各所管派出所监督其服务。

第十三条　各所管分局应斟酌管区情形，设定危险区，对于此项危险区应于日没后加派临时巡逻警巡查。

第十四条　定班巡逻警与临时巡逻警应常与各村义勇巡更团保持连络。

第十五条　遇有匪警之必要时，得临时检查行人及临时禁止交通。

第十六条　无论区所队接到警报电话后，应即依照临时警戒线施行办法，于各要口、要道派警加以搜查，务期迅速破获。

第十七条　各所管分局除本简则规定外，得斟酌管区特别情形，详定清查办法。

第十八条　本简则自呈奉核准之日施行。

八　劝设门灯路灯

四方沧口两处，各马路已设门灯者，固居多数，未设者，亦属不少。二十二年冬防期间，为预防盗窃发生，按设门灯洵为紧要，当经派员按户调查，一面劝令商民装设；一面与电汽公司接洽，价格从廉，以利进行。至于路灯，当函商电汽公司，择要设置，以维公益。

九　催办各村巡更团

历届冬防时期公安五分局，与本办事处会同召集各村村长首事等会议，令各村组织巡更团，备具团丁花名册，签到巡环簿，日夜由公安分驻所及派出所巡逻签到，督催更夫加紧工作，以免松懈，而资保卫。

附　乡村义勇巡更团暂行办法

第一条　时当隆冬宵小易生，各村村长及民众等利害所关，自当预为完备防范，以免匪徒枪架致受重大损失。

第二条　各村村长按户口之多寡，酌派壮丁若干名，共同组织义勇巡更团。

第三条　各村村民凡年在十六岁以上、五十岁以下者，皆有充当团丁之义务，不得借故推诿。

第四条　各村村长及首事、地保等，应派一人轮流值日、值夜，负监督指导之责。

第五条　义勇巡更团应于村内适中地点设立公所，为团丁聚集之处，门首悬挂木牌，书明某某村义勇巡更团，牌长四尺、宽一尺、蓝地白字。

第六条　巡更警备时间每日自晚六时起，至翌晨五时止。

第七条　巡更团公所内应设签到簿，备巡逻警到村时签到之用。

第八条　义勇巡更团团丁在警备时间，除聚集公所警备外，并轮派几名巡行村内外及出入要口，遇有行人或三五成群，在五十步以外即喝令停止，如急驰不停或行迹可疑者，即击柝示警，共同捉获，送交该管分驻所讯办。

第九条　各村团丁有限，匪徒狠毒，遇有匪警应不分畛域，互相援救，更须奋勇堵截，不得漠视。

第十条　各村遇有匪警求助邻村时，以击柝召集之，邻村闻警，应即时出发，驰救至迟不得过三分钟，其击柝方法如下：

一、平时一击一停。

二、报警紧击。

三、邻村响应二击一停。

第十一条　各村遇有匪警，除竭力抵抗外，一面派人速赴分驻所报告，一面击柝求助邻村。

第十二条　各村如确闻邻村求援柝声，得派团丁迅赴就近分驻所代为报告，以便派队缉捕。

第十三条　各村捉获人犯时，不论是否匪犯、窃犯或形迹可疑之人，应速送该管分所讯办，各村不得私行拷打。如捉获确系匪犯或窃犯，更应竭力保存其证据。

第十四条　团丁如遇救护邻村奋勇捉匪因而受伤者，则本区管界各村共同集资抚恤，以资鼓励。

第十五条　各村团丁应受警察巡官长警指导监督之义务。

第十六条　各村村民如有素无职业、品行不端者，应由村长密报警察官署，酌量情形驱逐或令其取具三人以上之联环保。

第十七条　各村村长遇有无职业游民，未经报告因而肇事或经警察官署查知者，呈请处罚之。

第十八条　村民在警备期内不得容留闲人，如系正当亲友，必先报告分驻所备察；如未经报明，经警察查觉者，得依照户籍管理法处罚之。

第十九条　各村村民雇用长工如有异动时，应报告该管分驻所。

第二十条　此村与彼村在警备时间内，如有要事接洽，至多不得过三人，并须于距村五十步外停止进行，由一人进村说明来由，再行进村，以免误会。

第二十一条　各村警备时，所用之枪械必须呈请执照。

第二十二条　义勇巡更团公所内不准聚赌、吸烟及酗酒滋事。

第二十三条　团丁有绝对服从村长命令之义务，但村长亦不得恃势压迫。

第二十四条　各村团丁应互相和睦，不得恃众斗殴。

第二十五条　本办法如有未尽事宜，由多数村长请求召集各村长会议，随时修正，呈请备案。

十　设置消火栓

火灾一项，为害最烈。四沧一带，居民住室，率皆狭隘卑陋，原有消火栓仅沧口一处，敷设无几，万一偏远街道发生火灾，恐有鞭长莫及之虞，而四方户口日增，从未设置一处，尤属可虑。兹为保护人民生命财产起见，因拟分别举办，以策安全。经本处派员勘查，择要添设，计四方应增设消火栓六处，沧口应增设消火栓五处，以期预防周密，用备不虞。

十一　办理狂犬预防注射

公安局为举办狂犬预防注射，规定每年分春秋二季举行。本处历经会同沧口血清制造所办理饲犬注射，计自二十二年春秋两次注射四百一十八支，二十三年注射一百九十一支，总共六百零九支。

十二　取缔饲犬搜捕野犬

取缔饲犬，经公安局颁发章则后，当即遵照办理。有主之犬，并经分别领取木牌，悬挂犬项，以资标识，其无主野犬，则一律取缔，计两年来击毙者一百六十二只，被捕者二十九只。兹将取缔饲犬简则，照录如下，俾使饲犬之家，得资参阅。

青岛市乡区取缔饲犬简则

第一条　凡乡村区域内饲犬者，须遵守本简则之规定。

第二条　饲犬者应向该管分所请求登记，并请领木制犬牌一面，悬挂犬之项下，以资识别。

登记时，该管分所应代填录下列各款，饲犬者之姓名、年龄、籍贯、住址、犬之毛色、年龄。

第三条　此项犬牌每年更换一次，每年七月一日起至翌年六月末日止，暂不收费。

第四条　犬牌如有遗失、毁损之时，应即报明分所，将原号注销，另行补发，每次收补牌费五分。

第五条　所饲之犬发现病象，应即防止出外，并设法疗治。如发现狂病应即报知就近警察，协同击毙之，但距离警所较远地方或情形急迫时，得先行击毙，事后报告警所备查。

第六条　所饲之犬如有咬伤人畜时，应由被害人报知该管分所，查明办理。

第七条　所饲之犬如病毙时，即呈报该管分所注销其登记，并缴还犬牌。

第八条　不依本简则第二条之规定者，即按野犬处理。

第九条　凡狂犬、野犬均得随时捕获，送该管分局所处置。

第十条　凡违反本简则第三、第四、第五各条者，得处以一元以下之罚金。

第十一条　本简则如有未尽事宜，得随时呈请修正之。

第十二条　本简则自呈奉核准之日施行。

四沧区设置消火栓地点一览表

路名	地點	原有消火栓	添設消火栓	備考
滄口大馬路	德聚福門口	一		
仝	十字口	一		
仝	公大紗廠門前	一		
仝	富士紗廠門前	一		
仝	日本小學校前	一		
仝	鉄路警察分遣所前	一		
仝	華新公司門前		一	
滄口滄台路	門牌六號門前	一		
仝	同義堂門前	一		

仝	廣大號對過	一		
仝	寶來發電所前	一		
振華路	三合里門前		一	
永康路	北頭		一	
石門路	東頭		一	
柳林路	南頭		一	
下四方村	後街		一	
興隆路	西北角		一	
嘉禾路	鐵路工務處		一	
奉化路	公安五區二分所北		一	
武林路	日本派出所前		一	
奉化路	南首		一	
合計		一〇	一一	

十三　历年征调壮丁训练数

本市创办保卫团，征调壮丁训练，系为提倡人民自卫，兼以补助警察之不足。故自民国二十一年九月，先由总团部就保安队抽调一部，改组为保卫团，计一百六十五人，集中市内团部，分别学科术科逐日教练，名曰甲种保卫团，作为基本队；又同年十月，就各乡区遴选曾入小学及识字村民一百二十人（本区选送三十人），名乙种保卫团，亦在市内受甲种同样课程，三个月满期遣散，是为第一届征丁。

二十二年二月，各乡区征丁一千二百人（本区三百五十人），采取分区训练方式，并就第一届乙种团丁，分赴各村督饬训练，以两个月为期，农忙截止，是为第二届征丁。

同年十一月农隙时，各乡区又征壮丁五百人（本区七十人），仍入市内集中训练，以甲种丁充任班长队长，亦以三个月为训练期满，是为第三届征丁。

二十三年四月，总团部复就各乡区前去两年已受训练之乙种团丁中，选其优秀者一百二十人（本区二十人），加以六个月训练，名曰干部训练班，是为第四届征丁。

同年十一月，各乡区又征调壮丁七百六十人（本区一百三十五人），仍送入团部训练，因人数较多，编为五中队，每队十二班，共计六十班，即以干部毕业者选任分队长十五人，班长六十人。按照预定计划，训练三个月完毕，是为第五届征丁。

依照历年本乡区征丁数目，计共征调五次，人数为六百零五名，但除去干部训练班二十人不在统计外，实共征丁五百八十五名。

乙　办理户籍事项

一　调查户口地亩数

户口地亩之调查，原为施政之基础。本办事处成立以后，节经从事于此。兹将二十三年春调查结果，表举于次。

沧口区户口地亩调查表

村别	戶數	人口數 男	人口數 女	合計	地畝數 官有	地畝數 私有	備考
滄口大馬路	一〇八八	九二九四	一七四七	一一〇四一			
領事路	二四	六三	四二	一〇五			
廣德路	五	一九	八	二七			
仁和路	一八	五一	二五	七六			
石門路	三三	九八	四〇	一三八			
開明路	三六	八五	五六	一四一			
振華路	三三九	一八四四	六一五	二四五九			
隆昌路	三三	一三〇	四八	一七八			
柳林路	一五一	二九二	一八五	四七七			
永康路	七七	二三三	一〇八	三四一			
松柏路	二四一	五六七	二九四	八六一			
永安路	七	一九	七	二六			
德仁路	四八	一六九	七七	二四六			
光化路	二〇	四六	二三	六九			
保和路	八六	一九三	一二一	三一四			
新市路	一九	二六	一六	四二			

中興路	一五六	三七二	二〇五	五七八		
桑園路	三五	八二	四三	一二五		
青陽路	三九	七三	六四	一三七		
小東山溝	三	七	七	一四		
曉翁村	四一七	一一二二	八一四	一九三六		三一三，八六八畝
小莊	三三	九三	八二	一七五		
小棗園	仝	八八	六二	一五〇		
營子	三九八	一〇〇八	五二七	一五三五	六八	一八五
板橋坊	二三一	六五七	五九七	一二五四	一八〇	五四〇
達翁村	五三九	一七二三	一三〇五	三〇二八	二三〇	三八〇
西流莊	一八八	五二九	四二四	九五三		五一四
西大村	七三	一八〇	一七〇	三五〇		一八五
棗園	二三六	六八二	五八九	一二七一		六一〇
坊子街	九二	二六六	二四七	五一三		二五〇

文昌閣	四九	一三八	一一五	二五三		一三〇	
石溝	七一	一六七	一七七	三四四		一一〇	
南嶺	一二六	三七五	三四一	七一六		三五〇	
十梅菴	二二七	六六三	五六六	一二二九		三九八	
樓山後	二一二	五五九	五一六	一〇七五		五一〇	
滄台路	四四八	一〇七七	五七七	一六五四			
嘉禾路	一七八	三六〇	三八一	七四一			
機廠路	九	三八	九	四七			
奉化路	四九四	四五七	九一一	一三六八			
平安路	一	四	三	七			
北山一路	一七八	四四〇	三三三	七七三			
北山二路	八四六	一五二五	一六二三	三一四八			
興隆路	二五四	五五五	五四〇	一〇九五			
上四方	三六八	八二八	七三三	一五六一	五九	二四〇	

下四方東村	四〇三	九四一	七三七	一六七八	二〇〇		
下四方西村	一四〇三	四二二一	二八一八	七〇三九		二二〇	
湖島村	二四八	八四五	七六七	一六一二	三七	六三〇	
小村莊	九二四	二四六六	一八三五	四三〇一	六七	七八六	
韓家莊	二三	六二	五五	一一七		二〇	
東太平村	三七六	七七〇	五六九	一三三九			
西太平村	三七〇	七四六	五九九	一三四五			
小陽路	二四四	五一〇	三四〇	八五〇		九	
大水清溝	二七〇	七三六	六七五	一四一一		三九〇	
大山村	四八	一三六	一二一	二五七		八〇	
小水清溝	一四五	四〇一	三八四	七八五		四二〇	
閻家山	二四二	五七九	四八九	一〇六八		七一〇	
鹽灘	一五一	四四〇	三三二	七七二	九六	四五八	
沙嶺莊	一七六	四九〇	四三六	九二六	五〇〇	一一五	

孤山	七五	二〇二	一六一	三六三		八〇	
仙家寨	三八六	一二〇一	一〇八九	二二九〇		一五六〇	
塔埠村	一七四	七四六	六三八一	一三八四		九〇八	
灣頭	二六三	八二五	七〇九	一五三四		六七七	
南曲	二四二	七四六	六三八	一三八四		五四五	
徐家宋哥莊	二三七	七二八	六四〇	一三六八		七七八	
劉家宋哥莊	二四四	八三四	七七四	一六〇八		一〇三六	
石家宋哥莊	一四八	四六〇	四一五	八七五		五一五	
雙埠	二六六	八三二	七五九	一五九一		九三〇	
女姑山	二一六	六七一	五九八	一二六九		七八九	
西藍家莊	一二二	三九一	三一五	七〇六		三二二	
後樓	七九	二九九	二四〇	五三九		二〇五	
東黃埠	一五九	五五四	四七八	一〇三二		五四五	
西黃埠	一三五	四一二	三六八	七八〇		四六二	

	戶			人	畝	畝
趙哥莊	三一八	一一八八	一一九一	二三八七		一〇二〇
王家泊子	九八	三四九	二九四	六四三		三四三
史家泊子	一七七	六〇八	五〇三	一一一一		七五三
夏莊	四九九	一六二九	一四一四	三〇四三		一三八八
源頭	二四九	九〇三	七七八	一六八一		七五三
少山前	五八	一八〇	一六六	三四六		一五八
安樂溝	七八	二九二	二八六	五七八		三二二
彭家台	一一九	四〇一	三四〇	七四一		五四二
高家台	九七	三一五	二七六	五九一		三二〇
馬家台	一三九	四〇一	三六三	七六四		二九〇
西小水	三四九	一一四一	一〇三一	二一七二		八九八
丹山	三三五	一〇一三	九一八	一九三一		八九八
共計	一八四四四	五八八六二	四〇九二一	九九七八三	一四三七	三五五九〇，八六八

二　设置村庄名牌

本区各村村名，向皆书于墙壁之上，大小不一，且历时稍久，每经风雨剥蚀，模糊莫辨，极不雅观。本处因会同公安五分局，召集村长等会议，劝令设置铁质村名牌，大小长短规定一律，即悬挂地方，亦择于村之两端冲要处所，书名揭示，经于二十三年五月间，设置完竣。

三　添置门牌及户主牌

各村路门牌，及户主名牌，虽经公安局一再添置，但近年来建筑日多，户口繁密，所有门牌、户主牌，亟应继续增设，以便稽查。经商同公安五分局派员调查，分别规定木牌式样，饬令各村路户主自行置备，由户籍长警代为填写，以归一律，而免参差。

四　改添村名路名

公安局为统一地名起见，曾经拟订标志路名村名暂行规则，复于二十三年夏召集各乡区办事处会议，将所有路名村名，遇有失当之名称，概行提出更正。本区如小庄，改为东小庄；东南山，改为东南山村；大瓮头、小瓮头，改为达翁村、晓翁村；狗塔埠，改为塔埠村；枣行，添为枣行村；莲台，添为马家莲台村。他如路名，将塔夏路改为毕塔路，湖四湖清两路改为四清路，宋仙宋姑两路改为姑仙路，夏源罗源改为罗夏路，坊西丹台改为坊台路，小阎阎白改为小白路。总计村名添改七处，路名改正六处。

丙　办理交通事项

一　迁移公共汽车站

本区交通发达，运输方便，故管理公共汽车之方法，亦当应时事之要求，以谋改进。沧口大马路振华路口原指定为公共汽车站，现在地方冲繁，往来杂踏，自是不适于用。兹复勘定大马路电汽公司对过路西空地，比较甚为合宜，经饬由工区派夫修筑，业于二十三年年底完竣，并由公安股通知公共汽车公司，限期迁入，俾符定案以利交通。

二　规定汽车速度

汽车开驶过速，危险可虑。经公安局规定速度（至速不得过十五迈）以后，本处即召集司机公会代表到处，严加诰诫，嗣后务须遵照规定速率，不得逾越，庶几对于职责所关，必有深切之认识。

三　取缔瓦陇大车入境

本区道路日辟，车马益增，旧式瓦陇式大车，最易轧毁路面。工务公安两局迭经通饬遵照查禁在案，本处奉令后，计二十二年份查扣王丙之等四起，二十三年份查扣常省山等三起，均将瓦陇式车轮拆卸，并送公安五分局，照章处罚，以示惩警。

四　拆除乡村障碍物

乡村街道，往往堆积杂物，垒砌短墙，甚或侵占路基，阻塞孔道，似此情形，殊于交通有碍。因于二十二、二十三两年，饬由工务公安两股，实地勘查，注明户主姓名，障碍种类，认真执行拆除，计共一百三十余处，交通称便，利赖独多。

五　征调民夫修路

开辟乡区道路，例由附近村庄，按户口或地亩多寡，分段摊修，工务局订有征调民夫修路办法，足资依据。本处自成立以来，对于修补新旧各路，向由公安股指派长警，督率民夫，出工帮修，从无延误。

丁　办理卫生事项

一　添设清道夫

四方、沧口两处，居民稠密，劳工为多，每处旧有卫生夫五名，且由各纱厂出资雇用，虽为公安分局管理，饬令勤加扫除，但人数过少，实有力难兼顾之虞。经本处商同地方商务维持会，自行雇用，但此种长期担负，如名额太多，自不免中途废止，因就四方暂时添雇四名，沧口添雇八名，连前统共二十二人，业于二十一年五月一日正式实行。

二　设置公共厕所

四方、沧口两处，各有居民二千余户，对于公共厕所，向未设备，民众便溺，多于道旁露天厕所，任意为之，无法取缔。经本处呈准，在四方筹设四处，沧口筹设五处，每处由市府补助三十元，以为建筑之用。经于二十一年十二月间，先后完成，并饬清洁夫逐日为之洗涤净尽，以重卫生。

三　添设垃圾箱

四方、沧口两处，关于添设清道夫、筹设公共厕所，次第办理完成后，复计划于四方添设垃圾箱五十六处，沧口添设垃圾箱二十三处，以为倾倒秽土之用。所需款项由两处商民担任，并于二十二年五月间先后置备完竣。

四　催办杂院雇用院丁

各杂院雇用院丁，虽经公安局清洁队，办理调查登记，并颁发符号，惟因近年来，建筑发达，杂院日益增多，所有应雇院丁，均未能及时雇用，以致各杂院污秽不治，实于公共卫生有妨，自非重行调查，不足以资整理。二十三年秋经本处公安股调查沧口街市，共有杂院三十二处，除已雇有院丁者外，余即责令各业主或代理人，一律赶雇齐全，并造册呈报公安局备查，一面仍饬各业主前往清洁队登记，领发符号，以资识别，而便查考，以前所领符号，同时缴销。

五　办理乡区街巷清洁

整理乡村街巷清洁一事，前经公安局拟定章则，通饬遵办，本处奉令后，当经召集各村长首事分别劝导，责令每村住户轮流扫除，以资清洁。兹将简则照录如下：

附　青岛市办理乡区街巷清洁简则

第一条　乡区各村街巷之清洁，悉按各该村辐员人口及需要形势，按十户或二十户出夫一名，轮流扫除，并由村长首事督饬进行，仍将花名班次列表呈送该管乡区建设办事处及公安分局查考。

第二条　凡老幼孱弱及鳏寡孤独废疾者，免除其役。

第三条　各村街巷至少每日须扫除一次。

第四条　私人里院之清洁，应由各院主自行清理。所有垃圾粪便及污水等不洁之物，须各指定偏僻处所，分别倾倒，不得随地抛弃。

第五条　各村街巷不得倾倒污水、存留垃圾，粪便及牛马粪等物并不得随意便溺或散置砖石。

第六条　各村清洁由乡区建设办事处及公安分局每星期派人会同抽查，随时纠正。

第七条　村民如有违反本简则所列各条者，村长首事应予切实指导或加以警告，其不从者，得随时报由该管派出所转报该管分局，依下列各款处罚：

一、违反本简则第四条之规定者，处一元以上三元以下之罚金。

二、违反本简则第五条之规定者，处五角以上一元以下之罚金。

第八条　村长首事督饬不力者，应由办事处及公安分局按其情节，予以下列各款之处分：

一、警告。

二、申斥。

三、撤职。

第九条　本简则第七条之罚金，由本府制备五联收据，以一联存府，二联分存办事处及公安局，一联掣给被罚人，二联分呈本府及公安局备查。

前项收据各联，除本府盖用骑缝印外，概由公安分局及建设办事处会同盖印。

第十条　罚金收入由办事处及公安分局指定殷实可靠之村长或首事专款保存，以备该区清洁设备之需，不得移作他用。

第十一条　本简则如有未尽事宜，得随时呈请修正之。

第十二条　本简则自呈奉核准之日施行。

六　修理沧口马路阴沟

沧口街市各马路，两旁水沟，虽经工务局按时挖掘，但不久仍复污秽淤积，臭气逼人。本处为公共卫生起见，经召集沧口房产业主开会，劝令各修门前水沟，指导用乱石砌槽，石板作盖，计共大小阴沟二十一道，业

存根

青島市政府　　為

發給聯單事本府為稽核鄉區街巷清潔簡則第七條罰金數目起見特製五聯聯單除將各聯騎縫蓋印發交公安局轉發所屬公安分局會同鄉區建設辦事處遵照填報外特此存根備查

中華民國　年　月　日發交

字第　號　罰金　元　角

存查

茲因　村　違反辦理鄉區街巷清潔簡則第七條第　款之規定經會同判處罰金　元　角除掣給收據并分呈外特此存查

青島市公安局第　區分局局長
鄉區建設辦事處

中華民國　年　月　日

字第　號罰金　元　角

罰金收據

為發給收據事茲查有　村　因違反辦理鄉區街巷清潔簡則第七條第　款之規定經本辦事處分局會同判處罰金　元　角除將罰金專款存儲暨分呈外合給收據為證

右給被罰人　收執

青島市公安局第　區分局局長
鄉區建設辦事處主任

中華民國　年　月　日

字第　號罰金　元　角

報查

為呈報事備查事茲因　村　違反辦理鄉區街巷清潔簡則第七條第　款之規定經本分局辦事處會同判處罰金　元　角除將罰金專款存儲並掣給收據暨分呈外理合報請

鈞局鑒核備查

青島市公安局第　區分局局長
鄉區建設辦事處主任

中華民國　年　月　日

字第　號罰金　元　角

于二十三年九月报验完工。

七　办理井台木盖

各乡村水井向未设置木盖，井台基亦甚低矮。兹为免除危险，图谋卫生起见，经本处调查结果，计各村饮水井一百九十七眼，灌溉井二百六十三眼，均于二十二年份先后劝令增高台基、加添木盖，其有未能置办者，复于二十三年继续催促赶办。

八　举行清洁检查

清洁检查，历年均于春秋二季举行一次，公安局拟有检查规则，通饬遵办，本处历经派员参加，并不时施行抽查，认真取缔。兹将简则照录如下。

附公安局办理春秋二季检查清洁简则

第一条　凡属本市店铺住户，春秋二季清洁事宜均须遵守本简则之规定，受公安局之检查。

第二条　检查时间由公安局先期分别布告俾众周知。

第三条　凡家用器具、床帐以及屋内所用物品，均须搬运屋外，洞开窗门，将天棚、墙壁等尘土一律扫除。

第四条　所有搬出物品务须扫净，置于日光中曝晒，以便消毒，如房屋四周并无空地能曝晒物品时，得使用附近路旁曝晒，但使用完竣时，须扫除洁净。

第五条　仓库、栈房等处须按照前项办理。

第六条　屋外院宇须扫除洁净，勿得稍存污物。

第七条　牛马棚厩及其他豢养生畜之器具，须将墙壁地板妥为刷洗，勿得稍存污秽。

第八条　厕所并盛脏物器具及脏水沟等若有损坏及不完全之处，应速为修理，至于脏水沟泄水口尤须将停滞物完全扫除，以利宣泄，而免淤塞。

第九条　凡旅馆、浴堂、饮食物店以及其他公共场所，尤应格外扫除清洁，勿得稍存污秽。

第十条　私有空地应由该地主将草芥割净扫除，勿得堆积。

第十一条　查验时各户须有一人陪行，以便指示。

第十二条　查验后认为扫除不洁或有不完全时，得令其再行扫除。

第十三条　如有污秽不洁之处，均须用药水消毒。

第十四条　理发所、浴堂、戏园、酒楼等均须按照取缔规则认真检查。

第十五条　本简则自呈奉核准之日施行。

九　办理售卖饮食物品加盖纱罩

本区各酒楼菜馆，以及售卖饮食物店摊贩等，所有陈列各种生熟食物，大半不加纱罩，每届夏令，例由本处派员勘查，对于纱罩设置，不容缓办。现在该项商贩，大致谅解，办理并无窒碍。

十　抽查杂院清洁

本区除乡村外，四方、沧口两处，杂院甚多，其中住户栉比，关于清洁一项，殊之讲求，虽有春秋二季清洁检查之举，无如住户平日并不注意，究难彻底。本处为保持民众健康起见，督饬清道夫将各杂院内所有积存之秽土切实运除，并派员率同长警随时抽查，以谋清洁。

十一　取缔瓜果皮核抛弃道路

本区四方、沧口两处，每年夏季，沿街售卖瓜果各小贩，往往将皮核任意抛弃道路，本处不时派员加以取缔，并责令各小贩等，每人置备筐篓存贮，以免狼藉满地。

戊　取缔事项

一　查禁毒品

违禁毒品，如海洛英、高根、金丹、白丸等，均属由外输入，为害较鸦片尤剧。本区自奉令厉禁以来，迭经实施检举，惟因外人贩运、贩售及其他种种关系，颇难根本肃清。统计二十二年份，查获吸食毒品犯一百一十三起；二十三年份，查获吸食毒品犯二百一十二起，均经先后移送五分局，转送讯办。

二　查禁赌博

赌博一项，本区不时派人稽查，并利用眼线，取缔售卖赌具。统计二十二年份，查获赌案十二起；二十三年份，查获赌案二十起，皆依法送究，以为嗜赌之戒。

三　取缔暗娼

暗娼一项于地方风化有关，乡区各村尚属罕见，惟沧口沧台路查有暗娼李秀云等十二家，经饬公安股派警严厉取缔，该暗娼等因生活问题，联名呈请纳捐领照，于二十二年五月间，经公安局派员复查，发给执照，改为公娼。

四　查禁妇女缠足

缠足一事，各村均已组织劝禁妇女缠足委员会，但因成绩不多，历经社会局派员偕同本处公安股，分赴各村实施检查，认真罚办，一方再由各村委员会，设法劝导，限期解放，以收逐渐肃清之效。

五　破除迷信

查沧口明真观内，有扶乩抽签治病情事，不惟助长迷信，且危及身体健康，经派员查获，将乩盘签票等件一并没收，并告诫嗣后，不得再有此种迷信。

六　取缔违令建筑

沧口街，因有国武农场关系，向例不准建筑，有案可稽，本处对于该项建筑物，计自二十二二十三年会同工务局拆除者，共有十三处。

七　取缔无业游民

无业游民，逗留境内，最易滋事，亟应设法驱除，以防未然。计二十二年份查有姜立仁、庞丕禄、纪同春等十六名，二十三年份查有郑世增、刘占一、李其德等十三名，均经解送五分局派警押令出境。

公安

預定工作	目的	實施計劃		備考
添設四方滄口消火拴以防火災	查火災一項為害最烈滄口四方居民房屋多係草房火災防範尤為重要滄口大馬滄台振華各路僅有消火拴三四個四方尚無此設備萬一偏遠街道發生火警則有鞭長莫及之感為保護居民生命財產計亟宜及時籌設以維安全	第一期	會同工務局勘查應行設消火拴處所	
		第二期	估計經費	
		第三期	實行添設	
擴充鄉村通信	查鄉村通信欲求普遍固一時急切難辦然先就鄉村各分駐所派出所及汽車檢查處安設電話暨各村安設警報電話自未可稍緩亟應積極籌備俾鄉村通信靈敏一旦有警免誤事機	第一期	海西各島已安設保安無綫電台及大麥燕兒二島已設訊鴿分所及李村台東西滄各鄉村已安警報電話各村曉諭民衆多多利用	
		第二期	調查各小鄉村未設警報電話處所	
		第三期	估計經費實行添設	
籌添鄉村警報汽車	查鄉村道路遙遠遇有匪警或其他事變赴事頗感困難因於上年購置警備汽車三輛發交四五六分局應用惟海西及四滄李村等處道路修築加寬汽車行駛較便且地面闊大原有汽車支配不敷自應籌添以利防務	第一期	勘查路線計劃應添車數	
		第二期	籌集經費規定汽車裝製式樣	
		第三期	招標製辦	
保護沿海村莊漁民安全	查海西各島及湛山山東頭沙子口沿海各村住戶或以漁業為副業或以漁業為主業然每當漁汛皆赴海面捕魚上年四月陰島漁戶車中德即被宮家島土匪上船搶劫并擄艙工二人車中德亦身受重傷似此情形對於沿海村莊漁民亟應妥籌辦法以期安全	第一期	調查本市漁民在海面捕魚區域及夜間繫船地點	
		第二期	規定海面巡弋路線時間並添設巡船	
		第三期	籌辦小型艦艇	
嚴禁烟賭及違禁毒品	查煙賭為害最烈傷身敗俗莫此為甚歷年以來雖被檢舉者甚多終以外人販運販售來源便利未克收圓滿之效果亟宜從嚴查禁以挽頹風	第一期	擴大禁烟勸告一面厲行檢舉	
		第二期	取締販運	
		第三期	嚴定再犯懲戒辦法并實行	
[illegible]	查人[illegible]業衣食自[illegible]之一旦[illegible]所迫勢	第一期	分區調查無業人數 [illegible]市[illegible]立[illegible]其	

局擬辦鄉

取締暗娼	查暗娼存留社會關係風俗非輕本局因於上年十一月間具擬取締辦法呈准市政府由局通令查察并布告各在案惟日久玩生或亦難免自非嚴厲厲行查禁不足以資肅清而維風化	第一期	秘密調查
		第二期	查有暗娼即限以日期准其擇從良或改業公娼
		第三期	實行傳案罰辦并押送出境
取締乞丐以維公安	查乞丐習慣不良惰性生存若不嚴加取締不但有害治安而且啓獎勵之漸	第一期	本市有家屬者警告停止行乞無家屬者移送感化所
		第二期	查有無悛改之狀者押送出境
調查鄉村壯丁及槍彈	查鄉村人民年在壯丁及人民自置槍彈均應詳細調查設法使其補助警察力量之不足以收官署人民相互維持公安之效	第一期	調查統計
		第二期	編組鄉村保衛團并訓練
查察鄉村區反動份子及刊物	查反動份子每多利用農區或工區引誘煽惑吸收黨羽人民受其愚弄地方受其擾煽是偵查反動份子及查禁反動刊物應隨時注意辦理	第一期	通告各村遇有非官署人員召集四會及散放傳單應密報該管警察分局或分所并每週召集村長談話即附帶加以喚諭
		第二期	僱用鄉區密探察防
籌添沙子口由東頭及陰島巡船	查沙子口山東頭及陰島等處村莊林立居戶衆多每屆漁汛則出帆下海捕魚往往投網地點發生爭執致生鬥毆甚至割船毀網偶遇海上發生匪警則無察覺往往紬自難免不貽誤時機而應籌添巡船以資警備	第一期	將歷年所發無主及因案沒收廢船設計修改
		第二期	分撥長警成立巡船以資服務
取締李村河南河北兩街及四滄等處病犬野犬	查取締野犬原為預防咬傷人畜李村河南河北南街及四方滄口等處人煙稠密飼犬衆多雖本年秋季對於四滄兩處飼犬施行注射然無主野犬病犬尤應澈底取締以維公安	第一期	規定取締辦法及範圍呈府核示
		第二期	布告施行
		第三期	於李村四方滄口等處各成立捉捕班處理班實行辦理
禁止辮髮纏足	查男子蓄髮女子纏足不獨有礙衛生並有傷國體雖每年由本局會同社會教育兩局定期檢查罰辦然鄉民多狃於舊習頑固不改自應平時繼續厲行剪髮放足以期澈底	第一期	利用每次召集村長會議或講話機會切實曉諭
		第二期	對於因纏足受罰之戶隨時復查并諸誡
		第三期	經一再諸誡仍不剪髮放足者實行處罰
規定鄉村各村警報辦法	查鄉村地面闊大警察巡邏路線雖力求推廣尤恐有百密一疎之處亟宜就各村情形規定警報辦法以資連絡而維治安	第一期	召集村長會議凡已設更夫村莊監督改良未設更夫村莊迅速籌設并規定更夫每夜行更次數及路線并報警方法
		第二期	暫行督飭各村添設并隨時抽查
檢查飲料	保持飲料清潔以維市民健康	第一期	通告嚴禁酒類及汽水冰淇淋刨冰等類各種飲料摻雜有礙衛生之物料
		第二期	擇取各種飲料樣品施行化驗分別限令改良或停止營業
		第三期	實行復查

區建設事項表

清潔街道河渠	俾街道河渠臻於清潔	第一期	規定清潔辦法由各村出夫輪流担任清潔整理事項通告遵照	
		第二期	派員巡視各鄉村督催施行	
		第三期	規定獎懲辦法以使考成而資策進	
取締售賣生熟食物商販	保持市民衛生	第一期	規定取締辦法通告遵照	
		第二期	派員巡視實行取締	
		第三期	施行罰辦	
整理鄉村一般清潔	俾鄉村清潔以壯觀瞻	第一期	規定所有通過村中之馬路附近不准堆積糞土污水並同時籌劃蓄積糞土之所	
		第二期	改移廁所草堆及飼養雞猪圈檻於住房背後或側面	
		第三期	規定屋內外清潔辦法	
添設公廁	利便市民注重公共衛生	第一期	勘查宜於添設公廁地點	
		第二期	估價招標	
		第三期	施行建築	
取締暴露棺木	免礙衛生以壯視瞻	第一期	通告各村民凡在寺廟閒院久停之靈柩限期掩埋	
		第二期	派員巡視督催掩埋	
		第三期	飭令掩埋	
取締私宰牲畜	免私宰病畜妨害衛生及漏稅	第一期	通告各村禁止私宰	
		第二期	派員調查	
		第三期	規定處罰私宰辦法	
檢查牛乳	取締有礙衛生之攙料	第一期	通告村民牛乳內不得攙用有害衛生之物料	
		第二期	抽查化驗	
		第三期	規定化驗後取締辦法	
取締無照行醫	以免濫醫殺人	第一期	通告村民凡針灸推拿及中西各項醫士不得無照行醫	
		第二期	派員實行調查	
		第三期	實行取締	
預防傳染病	保護市民健康	第一期	施行宣傳工作印刷宣傳品散放村民灌輸其衛生知識喚起預防時疫之注意	
		第二期	實行檢查住戶清潔衛生以資預防	
		第三期	如有時疫發生即施行醫療處置工作	
擴展鄉區公共汽車路線	普通公共汽車路便利市鄉交通	第一期	調查已完成之道路	
		第二期	規定通車路線	
		第三期	按照規定路線實行通車	
[illegible]設市鄉幹路	[illegible]交通	第一期	調查市鄉幹路	
		第二期	會同工務局勘查設燈工程	
		第三期	核定經費實行設燈	
保護已完成之鄉區道路橋梁	減輕道路消費便利交通		查禁車輛逾量裝載並禁止構造不良（如輪幅凸凹不平或車體過大）之車輛入境	
調查籌備地方自治各種事項	為劃分自治區域之參考	第一期	調查山川形勢	
		第二期	調查各村莊戶口數目	
		第三期	調查固有自治事項	
調查鄉村人口及交通狀況	詳明鄉村交通狀況及各村人口比較以為施政之標準	第一期	調查道路及郵電狀況	
		第二期	調查各村人口狀況	
		第三期	分別千人以上及千人以下之村莊編製詳表	
調查海面孤立小島有無居戶可能情形	徹查孤島情形倘有居戶可能即隨時注意為相當之設施	第一期	調查膠州灣內各島	
		第二期	調查外港以外各島	
		第三期	編製詳表備查	

关于工务方面

甲　新旧道路

一　开辟道路

本处自成立以来，对于修筑道路，皆系依照工务局筑路办法，调用民夫从事工作。其各路之宽长尺度与工程之大小缓急，概由工区预为规划，临时派监工往来指导，策励进行。盖道路之良窳，与农村消长、经济盛衰、生活荣枯、文化进退均有重大之关系，不容不积极兴造，以谋建设之成功。兹将自二十二年至二十三年十二月所有本区新辟支干各路，略述如后。

（1）板赵路　由板桥坊村北起，至赵村止，为城阳与本市交通之捷径。因胶济路在板桥坊北所建涵洞，高仅一公尺八十五公分，大车汽车不能通过，必须转道流亭，不便滋甚，因辟此路以便行旅，计长四千八百公尺，面积二万四千平方公尺，改线一段，计占用民地二亩三分一厘五，付价六百九十四元五角，并为请准退免粮租，以恤民困。

（2）河清路　西段，起台柳路之河西村，迄大水清沟止，接连湖清路以通湖岛（东段归李村区辟修），西段长二千一百三十公尺，面积一万零六百五十平方公尺，中经山路，突出岩石，经轰炸平整，车辆畅行无阻。

（3）板坊路　贯通四流阎白二路，与坊台路衔接，通果木出产区，长二千五百二十公尺，面积一万二千六百平方公尺。

（4）毕塔路　西段，连络四流、李塔、仙赵、夏源等路以通乌衣巷区，长七千八百零五公尺，夏庄以西宽五公尺，以东因系山路宽四公尺，面积三万九千零二十五平方公尺，月子口山路险峻之处，加以开凿，平坦无碍。

（5）仙赵路　起仙家寨，讫赵哥庄，沟通四流、毕塔，连接宋仙、宋姑各路，长三千一百二十公尺，面积一万五千六百平方公尺。

（6）宋仙路　西起徐家宋哥庄，东讫仙家寨，横贯板赵、四流二路，以通仙赵、仙源二路，长二千九百公尺，面积一万四千五百平方公尺。

（7）宋姑路　此为宋仙路向西延长至海滨之线，与后姑、赵姑等路相连络，长三千二百八十公尺，面积一万六千四百平方公尺。

（8）宋曲路　由刘家宋哥庄起，至南区村止，贯四流、阎白二路，以通南湾、坊西等路，长一千一百七十五公尺，面积五千八百七十五平方公尺。

（9）王家泊路　此为王家泊通毕塔路之线，长六百三十公尺，面积三千一百五十平方公尺。

（10）夏源路　自毕塔路至夏庄起，至源头止，接连少源、罗源、仙源等路，以通果产繁富之区，长三千四百二十公尺，面积一万三千六百八十平方公尺。

（11）罗源路　南起李塔路之罗圈涧，北至源头，沿路果产极盛，附近丹山、石门诸山，风景幽佳。自丹少二山建亭后，此路遂为来往游览要道，长三千零十四公尺，面积一万二千零五十六平方公尺，嗣因划分区界，将罗圈涧、黑涧、崔家沟、云头崮、南屋石、猪头石六村划归李村区管辖，故自安乐沟以南之路线，一并划归李村区管理。

（12）仙源路　西起四流路之仙家寨，贯李塔路以达源头。接连少源、罗源、夏源等路，为果产输出要道，长四千二百三十二公尺，面积一万九千零七十二平方公尺。

（13）坊台路　西起阎白路之坊子街，以通沧口，东贯李塔路，以达彭家台，长六千零三十二公尺，面积三万零一百六十平方公尺。

（14）楼坊路　西起楼山后村北之四流路，东至坊子街，长一千三百九十公尺，面积五千五百六十平方公尺。

（15）南湾路　起南曲，贯阎白路以至湾头，衔接坊台路，长一千五百一十八公尺，面积六千零七十二平方公尺。

（16）丹山亭路　此路由丹山村东至山下一段，长四百公尺，宽四公尺，上山盘路，长三百公尺，宽二公尺，面积二千二百平方公尺。

（17）少源一路、少源二路　少源一路起源头至少山亭长六百三十七公尺，宽二公尺五公寸，面积一千五百九十二平方公尺五平方公寸；少源二路起少山前绕回夏源路，长四百七十公尺，宽二公尺五公寸，面积一千一百七十五平方公尺，两路均行于花果林中，专为游人流览风景而设。

（18）湖四路　北起湖岛，南讫四方，与湖清路衔接，以通河清路，为台柳、四流二路之连络线。查湖岛村地势，如居盆底，村南大坡陡急，不能通车，经计划改线一段，占用民地一亩九分八厘七六八，给价七百七十九元一角五分；迁坟二口，给价三十元，并请准退免粮租，路长一千七百公尺，面积八千五百平方公尺。再经过内外棉纱厂宿舍前一段，地势洼下，又系石层，用土修筑难期坚固，呈准招标修筑沙石路面，计长四百二十公尺，铺石子宽四公尺，由永泰成承办，用款六百元。

（19）湖清路　自湖岛起，至大水清沟止，南接湖四路，西通海滨，预备将来开辟风船码头之通路，东贯四流路接连河清路以通合柳路，长二千九百公尺，面积一万四千五百平方公尺，中间开山辟路，筑土填沟，工程极大，使用民工亦极多，附近增设纱厂数处，该路益形重要。

（20）兴隆路颜料厂支路　查中国颜料厂为本市工厂之一，出品甚佳，销路畅旺。其原有小路系由回教墓地，北行转东，迂曲而长，经派员勘测，改由回教墓地向南，以通兴隆路，缩短路线。改线占用民地计二亩九分九厘九，价洋一千五百七十九元零六分，迁坟十七口，用费七百七十元，全路计长一千〇三十公尺，面积四千六百三十五平方公尺。

二　开辟村路

所谓村道者，即村与村间往来必由之道路，此等道路，在乡间甚为需要，不但推销农产，便利运输，且可为干路之联络线，形成为交通网。故欲谋发展乡区，必先开辟村道。计自二十二二十三两年内，对于乡村街道，大加扩充，即村与村之道，亦多有所修筑。兹将近年修筑情形，分述于后。

（1）少圈村路　此为由少山亭通石门山之路，至南圈止，沿路景物幽邃，设石桌石座于南圈树下，以便游人憩息，路长一千六百三十六公尺，面积四千九百〇八平方公尺。

（2）后姑村路　此为后楼至女姑山之路，与宋姑仙赵等路相交接，长一千四百二十公尺，面积四千二百六十平方公尺。

（3）蓝家村路　蓝家村庄起，接赵姑路，长一千二百二十公尺，面积四千八百八十平方公尺。

附新辟道路表

路名	起止	長度（公尺）	面積（平方公尺）	備考
板趙路	板橋坊至趙村	四八〇〇.〇〇	二四〇〇〇.〇〇	
河清路西段	小水清溝至大水清溝	二一三〇.〇〇	一〇六五〇.〇〇	
板坊路	板橋坊至坊子街	二五二〇.〇〇	一二六〇〇.〇〇	
畢塔路西段	遂台至溝塔埠	七八〇五.〇〇	三九〇二五.〇〇	
仙趙路	仙家寨至趙哥莊	三一二〇.〇〇	一五六〇〇.〇〇	
宋仙路	宋哥莊至仙家寨	二九〇〇.〇〇	一四五〇〇.〇〇	
宋姑路	宋哥莊至女姑山	三二八〇.〇〇	一六四〇〇.〇〇	
宋曲路	宋哥莊至南曲	一一七五.〇〇	五八七五.〇〇	
王家泊路	王家泊至畢塔路	六三〇〇.〇〇	三一五〇〇.〇〇	
夏源路	夏莊至源頭	三四二〇.〇〇	一三六八〇.〇〇	
羅源路	羅圈澗至源頭	三〇一四.〇〇	一二〇五六.〇〇	
仙源路	仙家寨至源頭	四二三二.〇〇	一九〇七二.〇〇	
坊台路	坊子街至彭家台	六〇三二.〇〇	三〇一六〇.〇〇	
樓坊路	樓山後至坊子街	一三九〇.〇〇	五五六〇.〇〇	
南灣路	南曲至灣頭	一五一八.〇〇	六〇七二.〇〇	
丹山亭路	丹山村至丹山亭	七〇〇.〇〇	二二〇〇.〇〇	
少灝一路	少山前至灝頭	六三七.〇〇	一五九二.五〇	
少源二路	少山前至夏源路	四七〇.〇〇	一一七五.〇〇	
湖四路	湖島至四方	一七〇〇.〇〇	八五〇〇.〇〇	
湖清路	湖島至大水清溝	二九〇〇.〇〇	一四五〇〇.〇〇	
興隆路顏料廠支路	興隆路至顏料廠	一〇三〇.〇〇	四六三五.〇〇	
總計	二一	五四四〇三.〇〇	二六一〇〇三二.五〇	

（4）赵姑路　女姑山起，向东至赵村河南岸板赵路止，长三千〇六十五公尺，面积一万二千二百六十平方公尺。

（5）十梅庵村路　起十梅庵，至坊台路，长八百六十公尺，面积三千四百四十平方公尺。

（6）台黄村路　起马家台，至东西黄埠村，为毕塔、仙源二路联络线，长二千八百八十三公尺，面积一万一千五百三十二平方公尺。

（7）石家村路　由石家宋哥庄至板赵路，长三百五十公尺，面积一千七百五十平方公尺。

（8）大山村路　起大山村以通小阎路，长五百二十公尺，面积二千六百平方公尺。

（9）板桥村路　板桥坊至营子村，长四百二十公尺，面积一千二百六十平方公尺。

（10）西小水村路　起西小水村之李塔路，西南至坊台路止，长七百九十四公尺，面积三千九百七十平方公尺。

（11）台流路　由源仙路之马家台起，西北行经赵哥庄以达流亭，长四千〇一十七公尺，面积一万六千〇六十八平方公尺。

（12）西夏村路　由仙源路西小水村东起，至夏村庄南之罗夏路止，长二千七百公尺，面积一万零八百平方公尺。

（13）少山前村路　起少山前西北行与罗夏路交接，长六百七十三公尺，面积二千六百九十二平方公尺。

（14）彭家台村路　起彭家台西北行至罗夏路止，为坊台仙源等路连络线，长一千二百六十二公尺，面积五千零四十八平方公尺。

（15）史王村路　长六百六十七公尺，面积二千六百六十八平方公尺。

（16）王家泊村路　起王家泊东南行至罗夏路止，长一千一百八十五公尺，面积四千七百四十平方公尺。

（17）梅岭村路　起十梅庵，至小白路，长二千二百十五公尺，面积八千八百六十平方公尺。以上台流路，西夏村路、少山前村路、彭家台村路、史王村路、王家泊村路、梅岭村路等七路，路基虽已筑成，正待普遍碾压，至拟定路名，业经提出工务局第二十三次建设会议，决议交付审查后，再定名称。

新筑村道表

路名	起止	長度（公尺）	面積（平方公尺）	備考
少圈村路	少山前至南圈	一六三六.〇〇	四九〇八.〇〇	
後姑村路	後樓至女姑山	一四二〇.〇〇	四二六〇.〇〇	
藍家村路	藍家莊至趙姑路	一二二〇.〇〇	四八八〇.〇〇	
趙姑路	女姑山至趙村	三〇六五.〇〇	一二二六〇.〇〇	
台黄村路	馬家台至黄埠	二八八三.〇〇	一一五三二.〇〇	
十梅菴村路	十梅菴至坊西路	八六〇.〇〇	三四四〇.〇〇	
石家村路	石家宋哥莊至板趙路	三五〇.〇〇	一七五〇.〇〇	
大山村路	大山村至小閻路	五二〇.〇〇	二六〇〇.〇〇	
板橋村路	板橋坊至營子	四二〇.〇〇	一二六〇.〇〇	
西小水村道	西小水至坊台路	七九四.〇〇	三九七〇.〇〇	
台流路	馬家台至流亭	四〇一七.〇〇	一六〇六八.〇〇	
西夏村路	西小水至夏莊	二七〇〇.〇〇	一〇八〇〇.〇〇	
少山前村路	少山前至羅夏路	六七三.〇〇	二六九二.〇〇	
彭家台村路	彭家台至羅夏路	一二六二.〇〇	五〇四八.〇〇	
史王村路	史家泊至王家泊	六六七.〇〇	二六六八.〇〇	
王家泊村路	王家泊至羅夏路	一一八五.〇〇	四七四〇.〇〇	
梅嶺村路	十梅菴至小白路	二二一五.〇〇	八八六〇.〇〇	
總計	一七	二五八八七.〇〇	一〇一七三六.〇〇	

三　开辟学校路

沧口区所属各校，其校舍有择地新建者，有仍旧址而从事增修者，但附近道路，多不讲求，不合工务局规定度数。本处年来已将学校附近道路，逐渐开辟，现分已办及待办者计有昇平等五路，共长一千四百二十四公尺，面积六千三百九十平方公尺。此外有四方小学，赵哥庄小学各建平桥一座。

附新辟学校道路一览表

路名	長度（公尺）	寬度（公尺）	面積（平方公尺）	竣工月日	備考
昇平路	八四四〇〇	五〇〇	四二二〇〇〇	二十三年十一月	
福安路	一三〇〇〇	五〇〇	六五〇〇〇	仝	
大水清溝學校路	二〇〇〇〇	三〇〇	六〇〇〇〇	仝	
夏莊學校路	一七〇〇〇	四〇〇	六八〇〇〇		正辦
王家泊學校路	八〇〇〇	三〇〇	二四〇〇〇		仝
總計	一四二四〇〇		六三九〇〇〇		

附记

四方小学新修遵化路三孔平桥一座，宽十六公尺，用款九百八十七元一角。

赵哥庄小学新修石桥一座，长三公尺，宽五公尺，用款一百八十九元。

四 整理旧路

沧口区原有旧路，共有十一条，年久时多损坏，就中以四流路，为本市与胶东各县往还要道，运输车辆，轮毂相接，汽车往来，陆续不断，故整理该路，实为当务之急。本处于二十二、二十三两年，除将大水清沟至沧口一段翻修柏油路、流亭河铺设车轨石之外，凡四流路北端及其他各路，历年皆由附近负责村庄于春秋二季供给黄砂三次或系两次，由工区拨派工人铺平修治，并雇有长短工，终年维持，以免多所毁坏。兹将关于四流路特殊工作，分述于后。

（1）翻修四流路中段（由大水清沟至沧口）为柏油路

查四流路由四方至沧口一段，原系沙石路面，自民国十四年翻修后，迄今将及十载，虽经努力维持，终属成绩有限，益以交通繁重，百倍从前，以致天旱即尘土飞扬，阴雨则泥泞载道。爰由工务局计划，翻修为柏油路面，除由市区监修一部分不计外，其由本区自行翻修者，自大水清沟起，至沧口止，计长六千一百二十一公尺，面积三万零六百零五平方公尺，共计用款三万五千一百四十二元，工程完竣。将来仍拟接修至流亭河，俾竟全功，而便行旅。

（2）铺设流亭河车轨石

查流亭河在于四流路北端，为本市与胶东各县交通之咽喉，河面宽四百二十公尺，沙层深至十一公尺，自德日管理时代，均未计划建筑桥梁，行旅颇以为苦，迨我国接收以后，虽屡经计划，以工费巨大，筹款维艰，因循未果。民国十四年，汽车商请准在该处建筑木桥二座，专为行驶汽车之用，其后亦日就窳败，乃收归官有。二十一年市长视察到此，见车行之艰难，即命修理木桥，以通汽车，又于河底铺设车轨石五道，以为各种车辆通行之用，五道共长六百十七公尺八公寸，连同修理木桥，费款二千〇六十一元七角一分。二十二年饬再加铺车轨石三道，共长六百公尺，费款九百九十元，前后共计费款三千〇五十一元七角一分，虽不比于正式桥梁，然而商旅往来，颇称便利。

（3）铺修四流路坡道车轨石中间乱石

查四流路由大水清沟至四方一段，坡路有一千七百公尺，山势陡急，车行维艰，故道路之损坏亦甚速。尤其是车轨石中间马趟子，过去系用砂石修治，但旋铺旋毁，不能持久，比经本处决定改铺乱石，较之坚固耐用，因请准招商承做，限日完成，计每公尺单价五角，共价八百五十元。

附旧有道路表

路名	起止	長度（公尺）	面積（平方公尺）	備考
四流路	四方至流亭	二一二八二 七八	三一八七九六 〇九	
小閻路	小村莊至閻家山	六八八三 〇〇	二六八四三 七〇	
閻白路	閻家山至白沙河	一〇三〇七 〇〇	四〇一九七 三〇	
李大路	李村分界至大麰頭	二一三七 〇〇	一〇六八五 〇〇	
李滄路	由李村分界至滄口	一八七七 〇〇	九三八五 〇〇	
李坊路	由李村分界至坊子街	三八四八 〇〇	一九二二五 〇〇	
李塔路	由李村分界至狗塔埠	四八四九 〇〇	二四二四五 〇〇	
滄台路	李滄路口至滄口北首	九一一 〇〇	四五五五 〇〇	
興隆路	四方至隆興紗廠	八三〇 〇〇	四一五〇 〇〇	
小陽路	威海路至小村莊	一〇九〇 〇〇	一〇三五五 〇〇	
平安路	小村莊至四流路	一〇九〇 〇〇	七〇八五 〇〇	
總計	一一	五五一〇四 七八	三七五五二二 〇九	

五 维持道路

查修筑道路，固属紧要，而维持道路，要亦不可视为缓图。本处所辖新旧各路，计共四十九条，总长十三万三千三百九十四公尺，总面积七十三万八千一百七十平方公尺，均应随时修补，以维路政而利交通。兹经工务局拟定调用民夫修路办法，及各村应摊维路段落，树立界石，俾资遵守，用将各路维修之村庄数量，分述于下。

（A）新辟道路分段维持数

（1）板赵路　板桥坊八四〇公尺，楼山后九二八公尺，刘家宋哥庄九七三公尺，徐家宋哥庄一二一〇公尺，石家宋哥庄八四九公尺。

（2）河清路西段　小水清沟一一六三公尺，大水清沟九六七公尺。

（3）板坊路　板桥坊一二九九公尺，小庄二一七公尺，小枣园村二〇八公尺，坊子街七九六公尺。

（4）毕塔路西段　沟塔埠八四五公尺，赵哥庄三九五公尺，西黄埠六七五公尺，东黄埠七九五公尺，史家泊村八八五公尺，夏庄四三八九公尺。

（5）仙赵路　仙家寨一六三八公尺，赵哥庄一四二二公尺。

（6）宋仙路　徐家宋哥庄三〇四公尺，刘家宋哥庄九三二公尺，南曲五三四公尺，仙家寨一一三〇公尺。

（7）宋姑路　徐家宋哥庄二七〇公尺，双埠村一四六〇公尺，女姑山一六三〇公尺。

（8）宋曲路　长一一八〇公尺，南曲村担任维持。

（9）王家泊路　王家泊村担任维持。

（10）夏源路　史家泊村六二一公尺，王家泊村三四四公尺，东黄埠村五九八公尺，西黄埠村四七四公尺，马家台一五〇公尺，高家台一五五公尺，彭家台一九〇公尺，少山前村三一八公尺，源头五七〇公尺。

（11）罗源路　罗圈涧三〇五公尺，崔家沟二〇三公尺，黑涧三三三公尺，云头崮七一〇公尺，南峨石四七五公尺，猪头石二五一公尺，安乐沟四八六公尺，源头二五一公尺。安乐沟以南划归李村区管辖。

（12）仙源路　仙家寨一四二二公尺，西小水村七四四公尺，马家台村五五六公尺，高家台村四〇〇公尺，彭家台村四〇一公尺，源头七〇〇公尺。

（13）坊台路　大枣园村九三六公尺，南岭四九三公尺，十梅庵村八九〇公尺，湾头三七五公尺，丹山村一三三九公尺，西小水村六七一公尺。

（14）楼坊路　楼山后八〇〇公尺，坊子街九三六公尺。

（15）南湾路　南曲村八七四公尺，湾头六五六公尺。

（16）丹山亭路　长七〇〇公尺，丹山村担任维持。

（17）少源一路　长六三七公尺，少山前村担任维持。

（18）少源二路　长四七〇公尺，源头村担任维持。

（19）湖四路　湖岛村一二〇〇公尺，官修五〇〇公尺。

（20）湖清路　湖岛村一一二四公尺，孤山村三九〇公尺，大水清沟村一三八六公尺。

（21）兴隆路颜料厂支路　长一〇三〇公尺。

（B）新筑村道分段维持数

（1）少圈村路　源头少山前安乐沟三村担任维持。

（2）后姑村路　后楼村三二四公尺，蓝家庄五六六公尺，女姑山村五一〇公尺。

（3）蓝家村路　蓝家庄四〇二公尺，后楼村二七二公尺，双埠村五七三公尺。

（4）赵姑路　刘家宋哥庄八一四公尺，徐家宋哥庄七五一公尺，石家宋哥庄七五一公尺，双埠村三一〇公尺。

（5）台黄村路　马家台四〇〇公尺，高家台三一八公尺，彭家台三四三公尺，东黄埠五二四公尺，西黄埠四四八公尺，王家泊三二七公尺，史家泊五二三公尺。

（6）十梅庵村路　由十梅庵村负责维持。

（7）石家村路　石家宋哥庄担任维持。

（8）大山村路　长五二〇公尺，大山村担任维持。

（9）板桥村路　营子村担任维持。

（10）西小水村路西小水村五三〇公尺，丹山村二六四公尺。

（11）台流支路　安乐沟四八三公尺，马家台六九八公尺，赵哥庄一八四八公尺，沟塔埠九八八公尺。安乐沟沟塔埠二村系帮工完成后，另由马家台赵哥庄担任维持。

（12）西夏村路　西小水一一〇〇公尺，夏庄一六〇〇公尺。

（13）少山前村路　少山前二三七公尺，源头四三六公尺。源头系帮工完成后由少山前担任维持。

(14) 彭家台村路　高家台三五九公尺，彭家台三八五公尺，源头五一八公尺。源头系帮工完成后由高彭二台担任维持。

(15) 史王村路　史家泊子六六七公尺。

(16) 王家泊村路　王家泊子一一八五公尺。

(17) 梅岭村路　十梅庵四六二点五公尺，大枣园六三五公尺，南岭七二〇公尺。

(C) 旧有各路分段维持数

(1) 四流路　上下四方一四〇〇公尺，大水清沟二一八八公尺，盐滩沙岭庄二二〇三公尺，达翁村一一七八公尺，营子板桥坊一九一六公尺，楼山后二〇一八公尺，南曲八一五公尺，刘家宋哥庄七三五公尺，仙家寨二二四〇公尺，沟塔埠二二八九点七八公尺，官修四三〇〇公尺。

(2) 李沧路　西大村二五二公尺，西流庄一〇六四点三公尺，晓翁村五六九点九公尺，官修六七八点四一公尺。

(3) 李达路　阎家山七二五点五公尺，达翁村一四〇三点六七公尺。

(4) 李塔路　丹山一六五九公尺，西小水一七一二公尺，赵哥庄六三〇公尺，沟塔埠九七〇点二五公尺。

(5) 李坊路　西大村一一七五点五公尺，文昌阁六二三点四公尺，石沟一一一〇公尺，南岭八六一点六公尺，大枣园一一八点五三公尺。

(6) 小阎路　小村庄二〇四四公尺，唐家口三三七公尺，河西二一〇公尺，大山七四三公尺，小水清沟一七〇九公尺，阎家山三八二八点九六公尺，盐滩六三公尺。

(7) 阎白路　曲哥庄六六一点六七公尺，达翁村九八八公尺，西流庄一五五〇公尺，文昌阁石沟村一二二五公尺，小庄南曲村二〇〇公尺，南岭村枣园村八三八公尺，坊子街一〇六四公尺，十梅庵村八六四公尺，湾头村五七五公尺，南曲村九九〇公尺，官修一六六八公尺。

青岛市乡区调用民夫修筑道路办法

第一条　凡本市各乡区调用民夫修筑道路，适用本办法之规定。

第二条　乡区民夫由乡区建设办事处督率各村村长调用之。

第三条　调用民夫之名数，视工事之大小缓急，由乡区建设办事处每户一名或若干亩地一名，临时酌定之，但鳏寡孤独无力服务者，得免予调用。

第四条 乡区民夫修筑道路事项如下：

一、新辟道路之土工及洒水滚压。

二、旧有道路随时修补及洒水滚压。

三、新旧各路分季运砂铺砂洒水滚压。

四、帮修桥梁涵洞堤岸水坝及公用水井水池，并运搬材料。

五、疏浚路旁河道。

第五条 新辟道路之修筑事项，得按照各村户口或地亩之多寡，分段担任。

第六条 旧有道路之修筑事项，仍照原例分段担任。

第七条 本办法第四条各款所列事项，如在某村所辖之段而为某村所不能独立担任者，均由乡区建设办事处召集附近各村村长调用民夫协助办理。

第八条 村长村民对于修筑道路事项异常出力者，由乡区建设办事处按照青岛市褒奖善行规则之规定，胪列事实，具呈工务局转请市政府给予褒奖。

第九条 乡区民夫应遵照乡区建设办事处之监督指挥从事工作，如有延误情事，得由办事处交公安分局按照其延误工作之损失，处以相当罚金，另行雇工代办，年终由办事处将罚办事件汇呈工务局，转呈市政府备案。

第十条 调用民夫修筑道路若有借端生事故意阻挠者，由办事处会同公安分局严行拘办。

第十一条 本办法自呈奉市政府核准之日施行。

乙 设置桥梁涵洞

查建筑桥梁涵洞，宣泄水流，实为保护道路重要工事。本处自成立以来，共建筑桥梁涵洞有一百零九处，计涵洞五十八座，石桥二十一座，河底桥十九座，平桥五座，滚水桥五座，旋桥一座。兹将各路所建桥梁分别列表于后，以资参考。

附征调民夫四联单

青島市　鄉區徵調民夫修路通知單存根第　號
爲通知事查　路段因　急待　應由　村派
工辦理茲訂於　月　日起由該村調派壯丁　名於每日午前　時
前往工作至　月　爲止不得延誤至干究辦特此通知
右通知　村　村長
鄉區建設辦事處主任
中華民國　年　月　日

青島市　鄉區徵調民夫修路通知單第　號
爲通知事查　路段因　急待　應由　村派
工辦理茲訂於　月　日起由該村調派壯丁　名於每日午前　時
前往工作至　月　爲止不得延誤至干究辦特此通知
右通知　村　村長
鄉區建設辦事處主任
中華民國　年　月　日

青島市　鄉區徵調民夫修路飭警監調通知單第　號
查　路段因　急待　應由　村派工辦理茲訂於　月
日起由該村調派壯丁　名於每日午前　時前往工作至　爲止除
通知該村村長遵照公安第　分局第　派出所飭警士前往認真監調爲要此致
公安第　分局第　派出所
鄉區建設辦事處主任
中華民國　年　月　日

遵令徵調民夫修路呈報單
案奉
鈞處徵調民夫通知單第　號內開爲通知事查　路段因　急待
應由　村派工辦理茲訂於　月　日由該村調派壯丁　名於
每日午　時前往工作至　月　爲止不得延誤致干究辦特此通知等因奉此
遵即撥調本村各戶壯丁　名於　月　日前往工作決不延誤謹呈
鄉區建設辦事處主任
鄉區　村村長　謹呈
中華民國　年　月　日

新辟各路建筑桥梁涵洞一览表

新闢各路建築橋梁涵洞一覽表

路名	地點	橋別	長度	寬度	高度	孔數	橋梁體積	建築方法	工數	造價	備考
板趙路	板橋坊北	涵洞	二、六〇公尺	六，九〇公尺	七〇公尺	一	六，〇〇立方公尺	條石亂石洋灰		一三九，八〇元	
	仝	仝	二，〇〇	四，六〇	七〇	一	四，〇〇	仝		仝	
河清路	小水清溝	仝				一		二百公厘洋灰管			舊料不計價
	仝	仝				一		仝			仝
	仝	平橋	三，〇〇	五，〇〇	一，二〇	二	一〇，〇〇	條石亂石洋灰	三〇	一一五，三八	
	仝	涵洞				一		四百公厘洋灰管			舊料不計價
	仝	仝				一		仝		七八，〇五	
	仝	仝				一		六百公厘洋灰管	二〇	八九，六〇	
	仝	仝				一		仝	三三	九一，〇四	
	仝	仝				一		仝	三三	九一，〇六	
板坊路	板橋坊	河底橋	五，四〇	七，〇〇				亂石洋灰	三五	五二，五〇	
	仝	仝	六，〇〇	六，〇〇				仝	四〇	五七，〇〇	
	仝	仝	七，〇〇	五，〇〇				仝	四〇	五九，〇〇	
	仝	涵洞	二，〇〇	五，〇〇		一		亂石條石洋灰	一六	一七二，四〇	
	仝	仝				一		二百公厘土管	四	四，八〇	土管係舊料不計價
	坊子街	仝				一		六百公厘洋灰管	九	五一，〇〇	
華塔路	棗行	涵洞	一，五〇	四，〇〇		一		條石亂石洋灰			
	夏莊	河底橋	三〇，〇〇	三，六〇				亂石洋灰		一五，六〇	二十二年
	仝	石橋	三，〇〇	五，〇〇	一，〇〇	二		條石亂石洋灰			仝
	東黃埠	涵洞	一，四〇	五，〇〇		一		仝	四六	八九，一〇	仝
	西黃埠村西	仝	一，四〇	五，〇〇		一		仝	四八	九〇，〇〇	仝
	仝	仝	一，四〇	五，〇〇		一		仝	四七	八九，四〇	仝
	趙哥莊	河底橋	六二，〇〇	二，五〇				車軌石亂石洋灰		四五八，七〇	二十三年
	趙哥莊西	仝	六二，〇〇	二，五〇				車軌石亂石			仝
仙趙路	仙家寨	涵洞				一		混凝土管道	一	一五，六〇	二十二年
	仝	仝				一		仝	一	一五，六〇	仝
	趙哥莊西	石橋	三，〇〇	五，〇〇	一，〇〇	二	六〇〇	亂石條石洋灰	九一	一八九，〇〇	仝

	仝	仝	二,〇〇	五,〇〇		一		仝	二一	七二,六〇	仝
	趙哥莊西	河底橋	七二,〇〇	三,〇〇				條石洋灰	九四四	三一九四六〇	仝
	趙哥莊東	仝	一〇,〇〇	五,〇〇				仝			二十三年
宋仙路	劉家宋哥莊	石橋	二,〇〇	四,八〇		一		條石洋灰	三五	九五,四五	二十二年
	仝	涵洞	一,四〇	五,〇〇		一		仝	三七	二一〇,三〇	仝
	仝	仝	一,四〇	五,〇〇		一		仝	三七	三一〇,三〇	仝
	仝	仝	一,五〇	五,〇〇		一		仝	一四	五二,八八	二十三年
	仙家寨	河底橋	二〇,〇〇	四,〇〇		一		車軌石亂石洋灰	四七	三九二,四〇	二十二年
宋姑路	徐家宋哥莊	涵洞	一,四〇	五,〇〇		一		條石洋灰	一八	一三六,八〇	二十二年
	雙埠	滾水橋	三,〇〇	五,〇〇				亂石洋灰	六	一〇,五〇	仝
	仝	石橋	五,〇〇	五,〇〇	一,二〇	三	一〇,五六	條石亂石洋灰	一三	三八九,七〇	仝
	仝	涵洞				一		四百公厘混凝土管造		一七,五〇	仝
	仝	石橋	一〇,六〇	五,六〇	一,二〇	七	二一,一二	條石亂石洋灰	三五九	七八一,七〇	仝
	仝	涵洞				一		混凝土管造		一七,五〇	仝
	仝	仝				一		仝	二八	四八,六〇	仝
	女姑山下	石橋	七,五〇	五,〇〇	一,〇〇	五	一二,〇〇	亂石條石洋灰	一六	四六九,二八	仝
	仝	仝	二,〇〇	五,〇〇		一		仝			仝
宋曲路	南曲村西	河底橋	一二,〇〇	五,〇〇				亂石洋灰	二二	一五四,八〇	仝
	仝	涵洞						六百公厘混凝土管	三	四六,八〇	仝
	仝	仝						仝	三	三五,八〇	仝
夏源路	少山前	石橋	二,八〇	四,〇〇	一,〇〇	二	一〇,〇〇	亂石條石洋灰	七四	一三五,二〇	仝
	彭家台	涵洞	二,〇〇	四,〇〇		一		仝	五一	六四,八〇	仝
	西黃埠	石橋	四,二〇	四,〇〇	一,二〇	三	八,六四	仝	一三	一九四,八〇	仝
	高家台	滾水橋	三,五〇	四,〇〇				亂石洋灰	一六	二〇,〇〇	仝
	馬家台	河底橋	一八,〇〇					亂石車軌石洋灰	二五	一六一,五〇	二十三年
	史家泊	仝	八,〇〇					仝	一〇	六九,〇五	仝
	仝	仝	八,〇〇					仝	一〇	六九,〇五	仝
羅源路	羅圈澗	滾水橋	四,〇〇	五,〇〇				亂石洋灰	六	一四,八〇	二十二年

	崔家溝	仝	五,〇〇	五,〇〇				仝	八	一八,八〇	仝
	黑澗	仝	五,〇〇	四,〇〇				仝	六	三,四八	仝
	峯頭崮	石橋	三,〇〇	五,〇〇	一,四〇	一	一〇,八〇	條石洋灰	四七	二四六,二五	仝
	猪頭石	仝	三,〇〇	五,〇〇	一,四〇	二	一〇,八〇	仝	四六	二四六,二五	仝
	仝	仝	三,〇〇	五,〇〇	一,四〇	二	一〇,八〇	仝	四七	二四六,二五	仝
	仝	仝	三,〇〇	五,〇〇	一,四〇	二	一〇,八〇	仝	四八	二四六,二五	仝
	安樂溝	涵洞	一,四〇	五,〇〇				仝		三五,八九	二十三年
	仝	河底橋	三〇,〇〇	四,〇〇				條石亂石洋灰車軌石	一[illegible]	四九一,四〇	二十二年
	源頭	仝	三〇,〇〇					仝	一[illegible]	四九一,七〇	仝
仙源路	仙家寨東	涵洞				一		混凝土管	一〇	五五,六〇	仝
	仙家寨東	石橋	三,〇〇	四,〇〇	一,六〇	二		條石亂石洋灰	七四	二四八,六〇	仝
	西小水村東	河底橋	九四,〇〇	二,五〇				車軌石		六六三,四一	二十三年
坊台路	大棗園	涵洞				一		二百公厘混凝土管	二	三五,二〇	二十二年
	十梅菴	涵洞	一,四〇	五,〇〇	,七〇	一		條石洋灰	一八	一二六,六〇	仝

	仝	仝	一,四〇	五,〇〇	一,〇〇	一		仝	二二	六七,九〇	仝
	仝	石橋	三,〇〇	五,〇〇	一,〇〇	二		仝	四九	二八二,一五	仝
	灣頭	涵洞				一		六百公厘混凝土管	六	四八,五〇	仝
	仝	仝				一		四百公厘混凝土管	六	四八,五〇	仝
	仝	仝				一		仝	六	四八,五〇	仝
	仝	仝				一		六百公厘混凝土管			二十三年
	丹山	石橋	三,〇〇	五,〇〇	一,〇〇	二		條石洋灰	五三	三〇八,五〇	二十二年
	仝	涵洞						六百公厘混凝土管	六	六一,六〇	仝
	灣頭	仝	一,四〇	五,〇〇	一,〇〇	一		條石洋灰	二二	一四八,二〇	仝
	丹山	石橋	四,五〇	五,〇〇	一,〇〇	三	一二,〇〇	條石洋灰	五〇	二一八,〇〇	仝
	仝	涵洞						六百公厘混凝	六	六一,六〇	仝
	仝	河底橋	一〇,〇〇	五,〇〇							二十三年
	仝	河底橋	10六,四0							七六四,二二	二十二年
棲坊路	棲坊路	河底橋	五,〇〇	四,〇〇				車軌石洋灰石亂		四〇,〇〇	二十三年

南灣路	南曲	涵洞				一		混凝土管	五	三七，〇〇	二十二年
	仝	石橋	二，〇〇	四，〇〇	八〇	一		亂石條石洋灰	三〇	一七八，〇〇	仝
	仝	仝	二，〇〇	四，〇〇	一，〇〇	一		仝	三〇	一七七，〇〇	仝
	仝	涵洞				一		混凝土管	五	三七，〇〇	仝
	灣頭村西	石橋	二，〇〇	四，〇〇	一，二〇	一		亂石條石洋灰	三〇	一七八，〇〇	
	仝	涵洞				一		混凝土管	五	四二，〇〇	
少源路	馬家台	涵洞	一，五〇	五，五〇	八〇	一		亂石條石洋灰	九	四〇，七四	二十三年
湖四路	湖島村東	旋橋	六，〇〇	五，〇〇	四，〇〇	一	六〇，〇〇	個石亂石洋灰	三七	四五七，四一	二十三年
	湖島村南	涵洞				一		混凝土管			舊料不計價
	內外棉紗廠宿舍後	仝				一		仝			
	內外棉紗廠宿舍前	仝				一		仝			
	仝	仝				一		亂石條石洋灰	一五	二六，二〇	
湖清路	湖島村	石橋	三，六〇	四，〇〇	一，〇〇	三	一〇，〇〇	仝	七〇		二十三年
	湖島村東	涵洞				一		混凝土管	三五		仝

总计	平桥	五	石桥	二一	河底桥
	旋桥	一	涵洞	五十八	滚水桥

丙　开凿水井

本处开凿水井，原为改良饮料。灌溉田园，用以示提倡乡区凿井之意。市政府并拟有一种补助办法，颁行遵办，现计二十二年四月间，本区凿有公井一十四眼，费款一千六百一十九元。兹将所凿各井，列表于后。

附青岛市补助乡区开井简则

第一条　本办法以提倡乡区凿井改良饮料为宗旨。

第二条　凡饮水缺乏之村庄均得呈报各该管乡区建设办事处，添凿水井。

第三条　各村凿水井均须用石砖砌垒井筒修筑，乱石或洋灰井台一概仿照乡区办事处所凿井之样式，其水深以一公尺半至二公尺为准。

第四条　凡遵照本办法添凿水井者，得请求工务局给以四分之一补助金。

第五条　凡各村添凿水井开工前，须到各该管乡区建设办事处请求派员勘估，竣工后须呈报各该管乡区建设办事处派员验收后，方可转请发给补助费。

第六条　前项发给补助水井以位于马路两旁及供公众饮用者为限。

第七条　本办法如有未尽事宜，得呈请修正之。

第八条　本办法自呈准公布之日实行。

各路开凿水井表

路名	附近村名	井深	水深	用款	備考
四流路	樓山後村南	五，五七公尺	二，九〇公尺	一〇一，三五元	口徑八寸井身用青磚甃砌亂石作井台洋灰嵌縫以下同
同	南曲村西	五，七〇	三，四〇	一〇三，三五	
同	仙家寨村南	六，〇〇	二，二〇	一〇八，〇〇	
同	仙家寨村北	八，八〇	四，三〇	一五四，〇三	土層深五，一五公尺石質三，七公尺
板趙路	板橋坊村北	五，七五	三，〇〇	一〇五，一三	土層三，七公尺石質二，〇公尺
同	宋哥莊村南	二，九〇	一，四〇	五九，五〇	
仙趙路	仙家寨村東	七，〇〇	二，四〇	一二四，八五	土層四，三公尺石質二，七公尺
畢塔路西段	趙哥莊東	七，四〇	二，〇〇	一二九，七〇	
同	西黃埠村西	六，八〇	二，〇〇	一二二，一七	
同	史家泊村西	八，八〇	二，三〇	一五一，四〇	
宋仙路	劉家宋哥莊村東	六，〇〇	二，八〇	一〇八，〇〇	
同	仙家寨村西	六，〇〇	二，八〇	一〇八，〇〇	
坊西路	灣頭村西	九，五〇	三，七〇	一六二，二五	
同	西小水村西	四，二五	二，〇〇	八一，三七	土層三，二五公尺石質一，〇公尺
共計	一四井			一六一九，五五	

丁 查勘建筑

查乡区房屋，向系自由建造，公家从未加以管理，凌乱芜杂，极不一致，将来于开辟道路、公众卫生均有莫大妨碍。自建设办事处成立后，稍稍注意及此，旋由工务局制定青岛市暂行乡区建筑简则，颁行遵办。计自民国二十二、二十三两年以内，人民请求建筑，经勘查核准者，共有一百六十件，建筑瓦房三百一十间，草房五百五十一间，共计八百六十一间，兹将核准各件，列表于后。

民国二十二年核准乡村建筑统计表

類別＼月份		一	二	三	四	五	六	七	八	九	一〇	一一	一二	總計
草房	件數			五	四	九	一二	四	六	九	五	[illegible]	二	五六
	間數			三〇	一五	六二	八七	一二	二四	五六	三八		一八	三四二
瓦房	件數			三	八	七	四	二	三	二	一			三〇
	間數			一四	三二	四八	二八	一八	二四	一八	九			一八一
備考														

民国二十三年核准乡村建筑统计表

類別＼月份		一	二	三	四	五	六	七	八	九	一〇	一一	一二	總計
草房	件數	一		四	七	八	三	四	六	五	四	三		四五
	間數	三		二六	三二	四六	二四	一五	一八	一三	一四	八		二〇九
瓦房	件數		二	一	五	六	四	四	三	二	二			二九
	間數		六	四	二六	二三	一五	二〇	一八	一〇	八			一二九
備考														

附动工请求单及动工许可证

動工請求單存根　第　　號

據業主　　報告擬在　　區　　村門牌　　號翻修新造臨街　　等情前來除掣
給動工請求單飭即填寫送由本所轉送
鄉區建設辦事處核辦外合行存查
（警察分駐所或派出所蓋戳）
中華民國　　年　　月　　日
（注意）翻修或新造臨街房屋牆垣于展寬公路及公共交通
關係切要凡未領許可証擅自動工者應即派警制止

此聯存　　警察分駐所或派出所

第　　號

動工請求單　第　　號

呈為呈請事茲擬在　　區　　村門牌　　號翻修新造臨街　　請派員
勘明路界並發給動工許可證以憑動工謹呈
鄉區建設辦事處
業主姓名
中華民國　　年　　月　　日

此聯由警察分駐所或派出所轉送　　鄉區建設辦事處

動工許可證存根　第　　號

茲據業主　　填單報稱擬在　　區　　村門牌　　號翻修新造臨街　　請求勘明路界
並發給動工許可證前來業經派員勘明應自原有預定臨街牆基外線起退讓　　公尺　　公寸
公分以便留有寬　　公尺之街道除發給動工許可証外合行存查
主任
查勘員署名
（附註）凡逾已定路寬之處所有公尺公寸公分上之空白處均填　　字以示勿庸退讓
中華民國　　年　　月　　日

動工許可證　第　　號

青島市　　鄉區建設辦事處　　發
發給動工許可證事據業主　　填單報稱擬在　　區　　村門牌　　號翻修新造臨街
請求勘明路界並發給動工許可證前來經本處派員勘明應自原有預定臨街牆基外線起退讓
公尺　　公寸　　公分（公尺又名米達每一公尺合中國營造尺三尺
一寸二分五）以便留有寬　　公尺之街道合行發給動工許可証務須遵照施工毋
得違背須至許可証者
右給業主　　張掛工作場所
主任
中華民國　　年　　月　　日

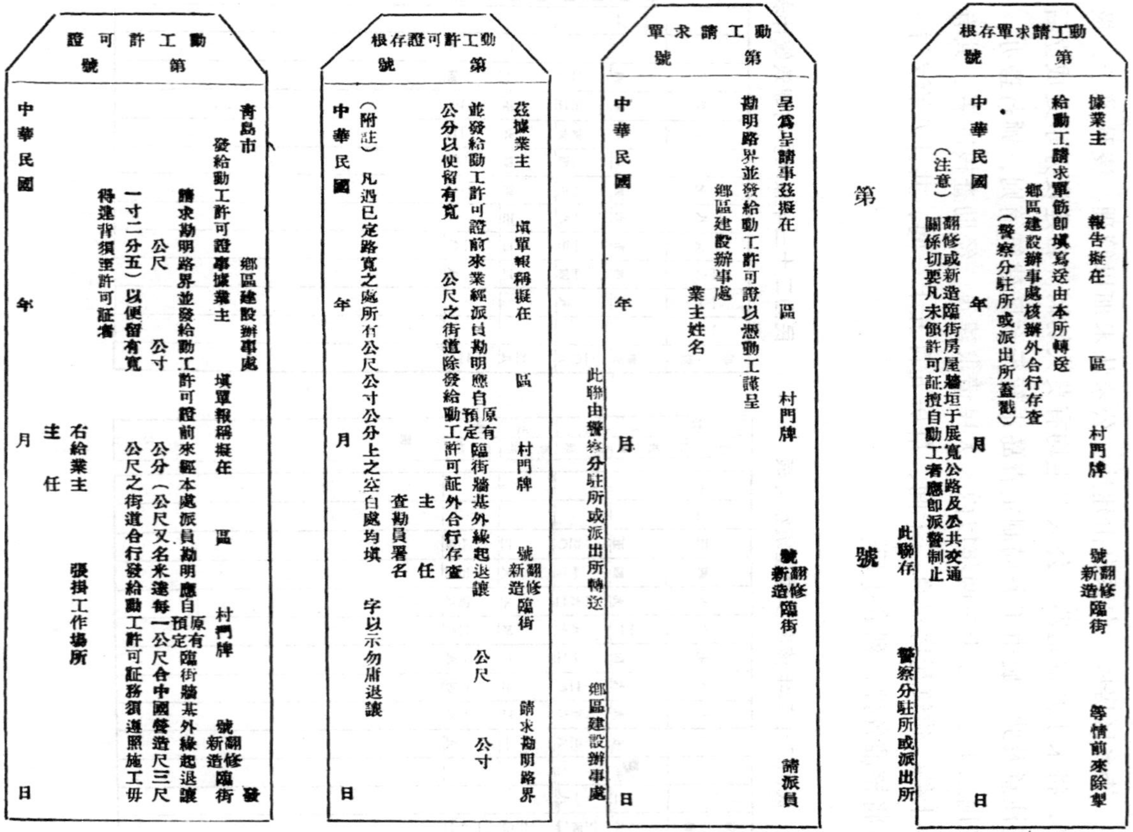

附青岛市暂行乡区建筑简则

第一条　凡青岛市各乡区内起造、翻造修理房屋墙壁及其他一切之建筑工程，除有特别规定者外，须依照本简则办理。

第二条　凡在乡区建筑楼房及较大之工程，须遵照青岛市暂行建筑规则第八条之规定，绘具详图，呈由该管乡区建设办事处转呈工务局审核。

第三条　一切新建建筑物须以光线充足、空气流通并不碍交通及观瞻为原则。

第四条　凡拟兴工建筑者，须由该管分驻所或派出所呈领动工请求单，经呈由建设办事处勘验后，发给许可证方准动工。前项许可证须悬挂建筑场中，以便查验。

第五条　凡动工许可证遇有遗失，须呈请补发。

第六条　建筑人领到动工许可证如欲变更计划，须呈经核准后方得变更。

第七条　凡未经呈准私自建筑或私自变更计划及不遵照许可证建筑者，得勒令停止工作或拆除。

第八条　建筑人于竣工之后，须将动工许可证呈缴主管分驻所或派出所，以便存查。

第九条　违反本简则之规定或以甲案之许可证冒为乙案，以图蒙混者，得依照第七条办理。

第十条　凡在大路两侧之村庄自大路中心起三公尺以内不得修盖门墙、房屋等一切建筑物，并不得将阶石突出路线以外。

第十一条　凡在大路两侧临街之门墙，均须取成直线或有规则之曲线，已有之建筑物俟翻造时，亦须依照办理。

第十二条　建筑房屋高度大小及门窗位置、尺寸，须遵照所定标准式样办理，建筑人得就其当地习惯及其经济情形，在所定甲、乙、丙、丁四种式样中任择一种，呈请乡区建设办事处核准之（附标准尺寸图）。

第十三条　房屋之前后窗遇有特别情形无法设置者，得临时审定之。

乡区建筑房屋平面图正面图及侧面图

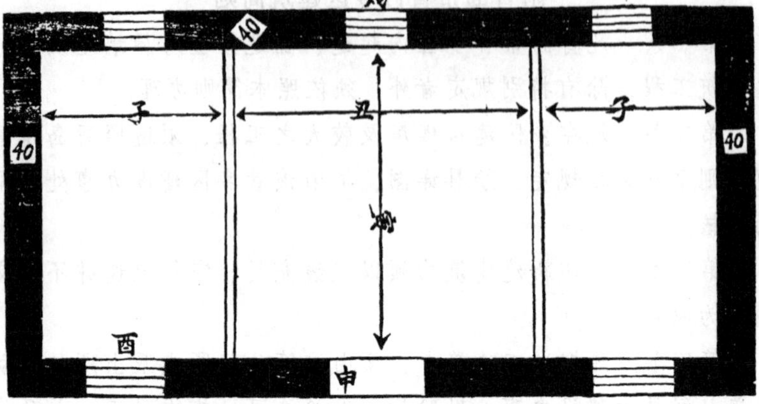

鄉區建築房屋正面圖

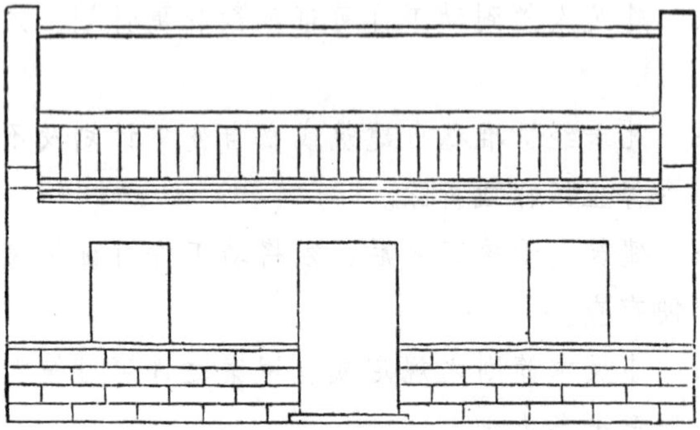

鄉區建築房屋側面圖

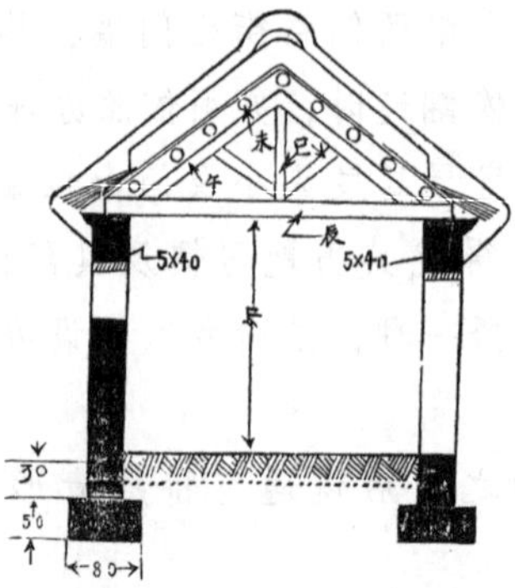

第十四条　凡与邻房接脊，须取得邻房户主之承诺，其房后屋檐与邻房接连者须留半公尺之距离，以便雨水之滴流。

第十五条　凡在街隅建筑房屋墙壁，其房基线须呈请派员勘查，临时审定之。

第十六条　凡与大路相接之街道旧有厕所或倒塌房屋及一切有碍观瞻及交通等类之建筑物，经乡区建设办事处认为必要时，得限期令房主拆毁或修改之。

第十七条　临路两侧不得建筑粪坑及厕所，院内厕所之坑须用砖石垒砌高出地面十公分，坑口宽度不得过二十五公分，长不得过六十公分，上以盖盖之。

第十八条　所有建筑材料除特别规定者外，得就当地情形酌量采用之，但不得有碍坚固。

第十九条　房屋门窗一切尺寸之计算，均以公尺为准。

第二十条　以上各条规定各乡区建设办事处如有特别情形，得酌量变通办理。

第廿一条　本简则如有未尽事宜，得随时呈请市政府修正之。

第廿二条　本简则自呈奉核准之日施行。

己　设置里程石分界石方向石

查道路之旁，设置里程石之标示，方向石之指导，原所以取便于途人本处道路日辟，交通日繁，如不揭示标志，不足以资辨认。经二十二、二十三两年，设置里程石一一七块，方向石四十二块，并各村庄分段维持道路，同时设置分界石一三一块，以清界限，而免推诿，所有各路设置数目，表举于后。

附各路设置里程石分界石方向石一览表

路名	分界石	里程石	方向石	備考
板坊路	五個	四個	個	
坊西路	七	六	一	
羅源路	九	四		
仙源路	七	六	三	
夏源路	一〇	五		
丹源路	七			
墨塔路堵夏段	七	九	一	
黄泊支路	一			

板趙路	六	六	
宋姑路	三	五	一
宋曲路	二		
宋仙路	四	四	三
南灣路	三		
樓坊路	三		
四流路	一三	二三	一四
李塔路	五	七	六
仙趙路	三	四	二
李滄路	三	三	
小閻路	七	一〇	三
閻白路	一五	一二	八
李大路	三	二	
李坊路	六	五	
河清路	三	三	
共計	一三	一一七	四二

庚　取缔事项

一　取缔事项

查工务一事，本应努力建设，积极提倡，不应采消极手段，以事取缔，无如人民知识浅陋，公德缺乏，只顾私益，罔知大体，既与政府法令抵触，又与他人利益有妨。兹为谋一般福利起见，特采消极的取缔，兹将取缔事项，分条胪列于后。

（一）取缔国武农场地建筑，查国武农场地，为中日山东悬案细目之一，关系甚巨，在该案未解决以前，不准人民在该地内建筑，其有擅自建筑者，即勒令拆除，计二十二、二十三两年强制拆除，人民私建房屋十三间，并由本处指派公安工务两股人员严密察查，随时禁阻，以免无知愚民蒙受损失。

（二）取缔各村临街盖屋，或不待勘验，擅自动工者，一律令其退让，或补具手续，计共二十三起。

（三）取缔违规车辆，计六十三件。

（四）取缔车辆轧毁路面，责令赔偿，计十七件。

（五）派人在流亭河、仙家寨两处，查禁瓦陇式、轮铁车辆入境。

附青岛市货车管理规则

第一条　凡在本市购置货车自用车或营业者，均须遵守本规则之规定。

第二条　本规则所称货车之种类如下：

一、载货汽车。

二、载货单轮人力车。

三、载货二轮人力车。

四、载货二轮兽力车。

五、载货四轮兽力车。

第三条　货车均须领得车辆载重牌及执照后，方准行驶运货。汽车仍须遵照青岛市汽车管理规则请领车辆牌照。

第四条　请领货车载重牌及执照须先领填声请书，连同车轮送经公安局检验合格后，缴纳牌照费，给予牌照，持赴财政局领取捐牌。

第五条　货车执照有效期间为一年，期满须填声请书，连同原车送请公安局复验，换给新照。

第六条　市区外货车驶入市区内者，须向公安局领取临时执照，有效期间为三天，其照费载货车一元，双轮人力车及双轮四轮兽力车三角，一轮车一角，不另征捐费。

第七条　货车装载绝对不能分离之物件致令过重时，须用车轮宽大车辆或用两辆以上车辆负载之。如对于上项办法事实确准照办者，须声请公安局会同工务局分别审核办理。如对于所经道路不至有压损情事时，即由公安局发给过重许可证，此证有效期限为二天。载货汽车收证费一元，载货人力车及载货兽力车收证费四角。

第八条　货车请领载重牌及执照时，须遵照本规则附表一列规定缴纳牌照费。

第九条　货车领得牌照后如遇变更声请书内任何一项者，须填具声请书，附同旧照请求公安局换给新照。其自用车过户者（将原车连同号牌一并让与他人者为过户），须由新用车主签名盖章换给执照，其换车者（仍用原号牌换用他车者曰换车）须将所换车辆送请检验。

第十条　货车停止使用时，须将应纳捐款缴足，并填具声请书连同载重牌及执照，呈缴公安局注销，由公安局通知财政局停止征捐。

第十一条　自用货车不得营业。

第十二条　运输公司之运货车辆以营业论。

第十三条　执照载重牌如有遗失，须先登报声明作废，然后依照下列手续声请公安局补发：

一、遗失执照者须填具声请缴验号牌，并附所登报纸，声请公安局补发。

二、遗失载重牌者须填具声请书、缴呈执照并附所登报纸声请公安局补给，公安局于发给牌照时，通知财政局换给同号捐牌。

第十四条　载货汽车体载共重不得过四千四百公斤，兽力车不得过四千二百公斤，人力车不得过二千一百公斤。

第十五条　货车载重须依照本规则附表二之规则。

第十六条　载重牌须依照本规则附表一之规定钉挂之。

第十七条　执照须随车携带，以备查验。

第十八条　载重牌及执照不得借用于他人，并不得转用于他车。

第十九条　货车须遵照下列之限制：

一、除汽车外，其车轮边宽与两轮中距均须遵本市制定运货车辆车轮构造图样，向本市登记合格之制造货车商号购置。

二、车身须坚固完整。

三、车辋除汽车外须用平滑之铁材。

四、不得使用有响声之一轮车。

第二十条　货车载货离地高不得过三公尺（约九英尺九英寸），宽不得过车身外三十公分（约一英尺），但装载绝对不能分离之物件不在此限。

第二十一条　货车装载货物离地高至三公尺（约九英尺九英寸）时，捆须捆缚牢固，并须于车前后日间各悬一英尺见方之红旗，夜间另挂红灯。

第二十二条　货车载重如沿途警察或工务局员工认为过载时，得令驶至公安局车辆载重检验处受验。

第二十三条　牵挽货车须遵守下列之规定：

一、未满十六岁之幼童不得挽驶车辆。

二、有狂性或行将分娩之牲畜不得挽车。

三、一车不得用二匹以上之牲畜挽拉，并不准两辆以上之车辆连串行驶。

四、驶车者离开车辆时，须将挽车牲畜拴系妥当。

第二十四条　凡货车除汽车外，在有车轨石之道路行驶时，须循车轨石行驶。

第二十五条　凡货车在同方向行驶时，须按序前进，后车不得超越前车。

第二十六条　凡货车除装卸货物外，不得沿途停放，并不得停放人行道上。

第二十七条　货车违犯本规则之规定时，依照下列各项办法处罚之，载货汽车得加倍处罚：

一、违反第三、五、六、七、九、十、十三、二十一各条规定之一者，除勒令办理应办手续外，并处以五角以上、十元以下之罚金。

附表一

車別	載重牌費	執照費	載重牌裝定處	備考
載貨汽車	八角	二角	車前頭左側	補領換領收費數目與新領同
載貨單輪人力車	一角	一角	車前頭	
載貨二輪人力車	三角	二角	車前頭左側	
載貨二輪獸力車	三角	二角	車前頭左側	
載貨四輪獸力車	四角	二角	車前頭	

附表二

一、人力兽力货车轮边阔度及应载体载共重公斤数目表

輪邊寬度	一輪准載重量	二輪准載重量	四輪准載重量
八公分	五六〇公斤	一一二〇公斤	二二四〇公斤
九公分	六三〇	一二六〇	二五二〇
一〇公分	七〇〇	一四〇〇	二八〇〇
一一公分	七七〇	一五四〇	三〇八〇
一二公分	八四〇	一六八〇	三三六〇
一三公分	九一〇	一八二〇	三六四〇
一四公分	九八〇	一九六〇	三九二〇
一五公分	一〇五〇	二一〇〇	四二〇〇

附注：

（1）轮边宽度最窄不得少于八公分。

（2）轮中距应为一、二〇公尺。

二、机力货车轮边宽度及应载体载共重公斤数目表

輪邊寬度	每輪准載重量	二輪准載重量	四輪准載重量
六公分	五二五公斤	一〇五〇公斤	二一〇〇公斤
七公分	六一〇	一二二〇	二四四〇
八公分	七〇〇	一四〇〇	二八〇〇
九公分	七八三	一五七〇	三一四〇
一〇公分	八七五	一七五〇	三五〇〇
一一公分	九六〇	一九二〇	三八四〇
一二公分	一一〇〇	二二〇〇	四四〇〇

二、违反第十一、十八各条规定之一者，处一元以上、十元以下之罚金。

三、违反第十六、十七、二十、二十三各条规定之一者，处五角以上、十元以下之罚金。

四、违反第二十、二十五、二十六各条规定之一者，处一元以上、十元以下之罚金。

五、违反第十九条第一项之规定者，除将车辆没收外，并处一元至二十元之罚金。

六、违反第十九条之二、三、四项规定之一者，处一元以上、十元以下之罚金。

七、违反第十四、十五各条规定之一者，除勒令减轻载重至不过重外，并处一元以上、十元以下之罚金，如压损公物者仍须照价赔偿。

八、同时违反本规则二条以上者，得并科处罚之。

九、伪造或使用伪造牌照者，除载货汽车依照汽车规则处罚外，其余货车酌量情形，分别处以五元以上、二十元以下之罚金，并送法院依法究办。

十、违反本规则屡罚不悛或查有其他舞弊情事者，公安局得追销其照或勒令停止营业。

第二十八条　货车除遵守本规则外，并须遵守青岛市陆上交通管理规则。

第二十九条　载货汽车除遵守本规则外，凡汽车规则与本规则不抵触者均须遵守之。

第三十条　本规则如有未尽事宜，得提市政会议修正之。

第三十一条　本规则自公布之日施行。

二　建筑风景亭

查丹山源头一带，本为果木出产区，花木清芬，山石奇秀，每当三四月间，千红万紫，尽态极妍，斯时游人挈眷携榼，寻胜探幽，车马络绎，踵趾相接，但惜无长亭茶肆，野店酒帘，相与偃息其间，以事点缀，爰于二十一年秋。

市长命就丹山少山之间，择其花木最深处，各建风景亭一座，专为游人憩息之所，兹亭已成立二年，朱栏碧槛，藤床竹几，位置井然，亭外又杂植草花松柏，蒙茸掩映，幅巾杖履，逍遥其间，其乐殆未可一二数也。

三　重修法海寺工程

法海寺创于北魏，千有余年，古碣颓垣，荒废已久，适市长沈公，道经兹寺，志在存古，因属会同地方士绅，与主持大元，醵资重建，公私协力，遐迩向风，一时集款五千余元，庀工施材，不逾年而告竣，兹者佛宇重光，宗风不坠，附录捐启，以志颠末，捐启全文列后：

重修法海寺募捐启

东海之滨，崂山之麓，有法海寺，魏代之古刹也，建自千年以前，旧号十方之院，房开青豆，尝招鹿苑缁流，社结紫芝，合演鱼山梵呗，近接蓬岛方壶之胜，宫阙相望，远征宋元明清以来，香火不绝，历史既极久远，法轮常显光明。

无如沧海易迁，桑田屡变，历尽洪杨之劫，鲁殿虽存，常闻白马之嘶，琳宫半圮，鸟巢佛髻，剩舍利以尘封，云卧禅房，坐蒲团而草没，选佛者莫睹华严之富贵，吊古者不胜荆棘之凄凉，盖其颓废也久矣。

天门沈公成章，再世宰官，万家生佛，既致力于新猷之建设，复注意于古迹之保存，棨戟遥临，得仙人之旧馆，梁木其坏，慨胜地之不常，爰饬考工，相度矩矱，修葺全寺一次，需费银币五千，思举手以复旧观，永留遗迹。俾回头而登彼岸，共济慈航，岂惟名胜增辉，应识人天欢喜。

惟是高呼众应，响在万山，图始观成，力须群策，用效行脚之乞，爰登檀越之门，所愿非奢，先绕花而作礼，众擎易举，试插草以随缘，无论竹头木屑之微，俱称功德，且待沙聚塔成之日，共睹庄严。

伏愿好善闻人，乐施长者，率诸眷属，大发菩提，或舍金以布园，或结线以绕宅，会八功之水，充满宝池，合千树之花，簇成莲座，司命当为君乞福，世尊亦如是我闻，弹指化城，功不让万间广厦，铸金作字，谨以书千佛名经。

青島市鄉區建設

總綱	工程分類	進行標準	備考
(一)交通	1.道路	1.由各村至市鎮之幹路 2.由各村至工廠之要道 3.由市鎮至名勝勝境之要道 4.村與村間連絡之要道 5.村與學校間往來之要道 6.舊有道路之修理（加寬翻修改善路基等）	
	2.橋梁涵洞	1.兩段道路低窪相接之處必修涵洞以導引高旁之水入於低旁使之順流而下道路經過溝渠之處亦須酌修橋梁或涵洞以便宣洩積水 2.道路經過平廣之沙河應修河底橋以資行車河底橋下宜酌修涵洞一處或數處使小水由涵洞經過大水則漫橋面過	
	3.堤防	1.河水衝流外衝之處應酌修支水壩數道俾水勢旋走中溜以免冲毀畝廬舍之基 2.河岸陡立懸岸欲墜之處應修岸牆以保障田廬及行人之安全 3.河岸凹下之處應行培高以防河流改道	
	4.樁橛牌號	1.濱臨深溝之路均須栽豎石樁塗以白灰使來往車輛無論晝夜均易於防避 2.河底橋上流之一旁須設立誌水樁一行至大水時行人易於查知水之深淺並路綫之所在 3.路端或路口均須設立指路石牌書所去之方向暨所去之地名 4.鄉村分段修養之路須樹立界石指明擔修該段之村名 5.每隔一公里之距離須栽石橛上鎸路端之莊村至此若干里 6.凡橋梁涵洞必須按照該路起迄次序編列號數樹之石樁標誌	
(二)水源	1.開井	1.路之附近無河流或水塘之處每隔一公里之距離須掘一井 2.村內每百戶須有井一口 3.凡村內私有之舊井應整理完善以清潔合用為度	
	2.築壩	1.山內掘井困難之處須於溝壑上流酌修蓄水壩以截留雨水不但可以用作飲料即山中鳥獸亦可戀水停留以平添山林之生趣並可噴路澆樹灌溉田園尤其餘事也	

辦事處工務綱要表

(三)農村改良		
1. 整理街道	1. 街道兩旁應修砌水溝以疏洩雨水	
	2. 街道兩旁不准拴繫牲畜	會同公安局辦理
	3. 街道不准堆集糞土砂石柴草等	會同公安局辦理
	4. 各家門前之台階不准伸出街道	
	5. 街道逐漸改鋪條石路及石砌水溝	
	6. 街道兩旁栽植行道樹	會同農林事務所辦理
	7. 凡馬路經過村內之處在五公尺寬度以內其妨礙交通之樹木牆垣溝渠及其他物件等須拆除修正之	
2. 改善建築	1. 鄉村房屋之建設應注意光綫空氣充足及整齊美觀	
	2. 大路經過街道之處應有五公尺之寬度各家臨街房基綫應在一直綫上或在一有規則之曲綫上	
	3. 凡風景區內之廟宇應修葺整潔以資點綴而利遊人棲息	
3. 注重衛生	1. 街道不准傾倒髒水灰土等項	會同公安局辦理
	2. 於村外距住戶較遠之處設堆糞場	
	3. 各家臨街之處由房基至街心之段應由各該家負責清掃潔淨	
	4. 各住戶院內廁所須改用磚石砌上覆以條石留長方形口以木蓋蓋之以免臭氣外溢及蚊蠅聚散	
	5. 建築公共浴室分男女廁所	會同社會局辦理
	6. 凡村內低窪之處須填築坦平或開闢雨水出路不使積存污水	
4. 舉辦公益	1. 街道兩頭及中間應設路燈	會同公安局辦理
	2. 村內適中之地設通俗圖書館如村內有學校即附設於學校內	會同教育局辦理
	3. 擇村內外空曠之地設運動場一處	會同教育局辦理
	4. 於村之中心設消費合作社一處	會同社會局辦理
	5. 設聚會堂爲村民議事及娛樂之場	會同社會局辦理
	6. 於村外附近設公園及村有林	會同農林事務所辦理
	7. 設備公益	會同社會局辦理
5. 建設新村	1. 擇原有交通便利出產豐富人口繁多之村莊改良建築增闢街市各學校民衆教育館圖書館公會堂公園體育場遊藝場等均須設備	會同各局所辦理
	2. 選定新地址創立模範村設備與上項同	

民國二十三年三月工務局改訂

关于农林方面

甲　关于农业推广事项

一　办理农业推广实验区

农业推广实验区之设置，系将试验已著成效之农业技术宣示农民，借以引起农民改良农产之兴趣。所需种子苗木肥料等均由农林事务所免费供给，并派员按时指导种植及管理方法。本处奉到农业推广实验区管理简则之后，即行召集各村村长开会，按照简则逐条说明，使各村长明了此举之用意，并按各村需要情形分别设置，俾附近农民得以互相仿效，以作推广之先导。兹将实验区管理简则，及二年来办理情形、经营概况，分列于下。

附农林事务所农业推广实验区管理简则

第一条　本所为推广优良种苗，指导经营技术起见，特于各乡区斟酌地方需要，租用民地，设置农业推广实验区，以供附近农民之观摩及学习。

第二条　各实验区一切经营事宜，除由本所派指导员依据呈准计划负责办理外，所有看守及普通管理事项由各该区地主担任之，称为管理农户，对于实验区之工作，须完全服从指导员之监督及指导。

第三条　实验区管理农户须经区村长之保证，填具志愿书，呈由本所换给执照，以资凭证。

第四条　各实验区所用地亩，由本所约定年限，每年分期酌给租金，以利推行。

本区设置农业推广实验区经营概况表

設置年度	地點	管理農戶姓名	面積	推廣目的	經營情形	備註
二十一年	板橋坊	胡維憲	一，〇〇畝	栽培珍異蔬菜	係取集約的營利栽培法	
	同	高鳳臣	一，四〇	栽培玉露水蜜桃	以合理方法造成新果園	
	同	胡啓孝	，五〇	栽培洋櫻桃	同	
	丹山	陳象亭	六〇	已成杏園之整理管理	注意剪定施肥防除病蟲	
		陳義三	一，二〇	已成蘋果桃園之整理管理	同	
		王克密	七〇	栽培水蜜桃櫻桃蘋菓	以合理方法分別造成新果園	
		陳耀庭	六〇	已成葡萄園之整理管理	剪定施肥防除病蟲	
	仙家寨	牛俊玉	一，一〇	該區原定爲果樹推廣區爲應農民要求暫改農作區	爲栽培馬鈴薯之模範	該區於二十三年改爲葡萄園
二十二年	西流莊	褚元明 褚俊德	二，〇〇	栽培玫瑰香葡萄	以合理方法造成新果園	
	趙哥莊	劉盛梅	一，〇〇	同	同	
	東黃埠	韓學安	一，〇〇	栽培玉露水蜜桃	同	
	滞塔埠	王敦玫	一，〇〇	栽培玫瑰香葡萄	同	
合計			一二，一〇			

第五条　各实验区经营上，所需苗木、种子、药品、材料，及高价之农具肥料等，完全由本所供给开支。惟如人粪、廐肥、堆肥等粗肥，及犂耙锄镢简单农具，概由管理农户置备，需用劳力，亦归该农户负担。

第六条　各实验区所在地之区长村长，有协助指导员管理实验区之责任。

第七条　各实验区之生产品，完全为管理农户所有，但本所得令保留少量，以备学术上之研究，又特种优良种子，本所得以同量交换法换作推广之用。

第八条　管理农户如有不能履行第二条第五条之规定时，本所当以予书面警告，警告至三次以上，而无效时，得撤换之。在经营果园之实验区，所有本所发栽果苗，届时并当掘取收回。

第九条　本简则如有未尽事宜，得随时呈请修正之。

第十条　本简则自呈奉核准之日施行。

附管理农户志愿书推广实验区管理执照格式各一纸

青島市農林事務所

推廣實驗區管理執照存根

茲據　村農戶　現願將坐落　私有園/農地　畝　分租作本所
第　實驗區用地遵照農業推廣實驗區管理簡則規定辦法充任管理農戶除發
給管理執照並開附應行遵守條件以資執證外特此存根備查
計　開
一、租用地積計　畝　分自本年　月　日起以　年為期在租用期內不得
請求收回
二、租期滿後經兩方同意得酌量展長年限
三、每年每畝訂明租價　元共合洋　元　角　分於每年　月　日分
期付給不得預支
四、一切經營管理均須遵照推廣實驗區管理簡則規定辦法辦理不得違背
五、未滿期限因特種原因未能工作時得呈准本所將全部權利義務轉讓他戶
六、遇有突發災害須即報告本所
中華民國　年　月　日　存根

廣字第　號

立志願書　村農戶　茲願遵照本市農業推廣實驗區管理簡則規定辦法充任
鈞所　第　實驗區管理農戶理合填具志願書送請鑒核謹呈
青島市農林事務所　志願人姓名　押
年齡　家屬
詳細住址
現願租作實驗區用地地址及畝數
保證人　區長　押
村長　押
中華民國　年　月　日

青島市農林事務所推廣實驗區管理執照

青島市農林事務所爲

發給執照事玆據　　村農戶　　現願將坐落　　私有園農地　　畝　　分

租作本所　第　　實驗區用地遵照農業推廣實驗區管理簡則規定辦法充任管理農戶

合行發給執照並開附應行遵守條件以資執證須至執照者

計開

一、租用地積計　　畝　　分自本年　　月　　日起以　　年爲期在租用

期內不得請求收回，

二、租期滿後經兩方同意得酌量展長年限

三、每年每畝訂明租價　　元共合洋　　元　　角　　分於每年　　月

日分期付給不得預支

四、一切經營管理均須遵照推廣實驗區管理簡則規定辦法辦理不得違背

五、未滿期限因特種原理未能工作時得呈准本所將全部權利義務轉讓他戶

六、遇有突發災害須即報告本所。

右給　　收執

中華民國　　年　　月　　日　　發給

二　设置特约农田

特约农田之法便于农民至巨，一般农民之经营农业大都泥于旧法，即偶有欲按新法试种者又恐易致失败，畏缩不敢轻试，所以农业不易改进，原因或在于此。特约农田办法正所以补救此弊，且可促进农民咸趋于合理化的农业经营，平时官方派员指导农民未必信从，有此特约之后，农民仅遵指导员之指导，即可保证其一定之收益，故各项技术农民易于进行，法至善也。兹将特约农田简则及本区进行概况，分列于后。

附本区办理特约农田经营概况表

區號	地點	特約農戶姓名	面積	推廣目的	實驗方法	經營概況
第一號	逄翁村	薛心齋	五畝	栽培藥用作物	示範薄荷除蟲菊栽培方法	春播薄荷種子十餘畦移植除蟲菊苗一萬株
第三十七號	趙哥莊	方修恪	二畝	栽培玫瑰香葡萄	以合理方法造成新果園	栽植玫瑰香葡萄一百株龍眼葡萄八株

农林事务所特约农田简则

第一条　本所为应事实之需要，及农民之请求，得依照本规则，于各乡区设置特约农田，以补农事试验场，及推广实验区之不足。

第二条　特约农田，由本所专派农业推广指导员监督指导之。

第三条　特约农田之经营人，称为特约农户。

第四条　特约农田，分下列二种：

甲种、采种田，在本所指导及监督下，栽培特种作物。由本所保证其最低收获量，并收买其生产品，以供推广之用。

乙种、试验田，由本所指导施行各项技术上之改进，其最低收获量，由本所保证之。

第五条 特约农户，由农业推广指导员，于本市各乡村选择之，须合于下列之各项：

一、勤慎忠实，能得农民信用者。

二、有进取精神，能恪遵指导，并广为宣传者。

三、对于特约农田，有充分资力合理经营者。

四、特约农田交通上之位置，便于管理者。

第六条 本所为应采种上之必需，得于市区外设置甲种特约农田。

第七条 特约农户，除由本所选定外，农民得自动请求，经本所核准后充任之。

第八条 特约农户，经本所核定后，应填具志愿书，再由本所发给执照。

第九条 特约期间，因特约事件之性质，由本所随时规定之。

第十条 特约农田所需之一切土地、资本及劳力，不分甲乙两种，完全由特约农户自给，但其未备之种苗材料及用具得由本所酌量发给或借给之。

第十一条 特约农田之收获量，如不及保证数额时，由本所补偿，比较不足之同等产品或现金，但其收获减少之原因，在天灾或外力损害者，本所不负保证责任。

第十二条 特约农户，不遵本所之指导监督者，得随时取销其特约权利。

第十三条 本简则如有未尽事宜，得随时呈请修正之。

第十四条 本简则自呈奉核准之日施行。

三 推广金子美棉

本区有工商学会植棉场，为提倡种植美棉起见，曾于二十三年春订购金子棉种一百担，无价分发各村农民种植，并派员指导栽培及管理方法。

本区纱厂林立，需棉日广，对于种棉一项，自应积极推行，以供需要。当即派员赴乡，劝导农民领种，在间苗中耕收花各期，均由该场派员赴乡实地指导，颇著成效，收获后由华新纱厂出资收买，价格较诸土棉约增四分之一，故领种各户莫不色喜。兹将领种情形，列表于后。

各村领种美棉亩数表

村別	戶數	播種面積	備註
西大村	一	二畝	每畝發給棉種十五斤
大甕頭	一	五分	
褚家西流莊	一三	八畝八分	
樓山後	一八	四畝六分五釐	
南曲	二〇	五畝	
仙家寨	一一	六畝一分	
滹塔埠	六	五畝	
雙埠	一一	三畝八分	
徐家宋哥莊	一九	二畝一分	
石家宋哥莊	一三	九分	
劉家宋哥莊	一	二畝	
總計	一一四戶	四十畝零八分五釐	

四 改良麦种

本区小麦，往往生长不良，兼有黑穗赤涩等病发生，如不设法防除，农民受其损失实非浅鲜，兹为改换麦种，防除病害起见，去今两年，曾由农林事务所领来优良麦种四千余斤，分发各村播种，以资改良。兹将两年来领种农村及所领数量，列表于下。

二十二年份分发麦种一览表

村别	戶數	實發種量	播種面積	備考
南曲	五	二〇二，〇〇斤	一六，九〇畝	
劉家宋哥莊	五	二〇二，〇〇	一六，九〇	
源頭	六	一七二，〇〇	一四，三〇	
灣頭	五	二三二，〇〇	一九，三四	
仙家寨	六	一九二，〇〇	一六，〇八	
韃埠	五	二一二，〇〇	一七，九六	
徐家宋哥莊	五	二〇二，〇〇	一六，九〇	
大甕頭	六	一六四，〇〇	一四，七七	
趙哥莊	六	二四二，〇〇	二〇，四七	
板橋坊	四	二〇〇，〇〇	一六，八六	
共計	五三戶	二〇二〇，〇〇	一七〇，四八	

二十三年份分发麦种一览表

村别	戶數	實發種量	播種面積	備考
板橋坊	五四	八〇六，〇〇斤	六四，一〇畝	
營子村	二	八〇，〇〇	六，三五	
小莊	三	一二四，〇〇	九，九五	
褚家西流莊	二七	四二〇，〇〇	三八，八〇	
姜家西流莊	四七	五七〇，〇〇	四九，八五	
共計	一三三戶	二〇〇〇，〇〇斤	一六九，〇五畝	

五　分发蔬菜种苗

本市乡区，对于蔬菜园艺，极不发达，故市区所需蔬菜，大抵皆由他处运来销售，价格既昂，且不新鲜，故提倡园圃农业，实为本市切要之图。本处前奉农林事务所令饬领取蔬菜种苗，分发农家，劝导种植，当经办理在案。兹将所领菜苗种类，及分发情形，列表如下。

附本区分发菜苗一览表

村名	領苗姓名＼株數＼種類	花菜	辣椒	甘藍	茄子	芹菜	備考
趙哥莊	孫丕分	一〇〇株	四〇〇株	一〇〇株	二〇〇株	株	
	孫丕昌		六〇〇	一〇〇	六〇〇		
	藍志炳	一〇〇	四〇〇	二〇〇	四〇〇	三〇〇	
	李志達		四〇〇		四〇〇		
	孫丕玉	一〇〇	六〇〇		六〇〇		
	李德高	一〇〇	四〇〇		四〇〇		
	方啓樹	一〇〇	四〇〇		四〇〇		
合計		五〇〇	三二〇〇	四〇〇	三〇〇〇	三〇〇	

六　分发桃树苗秧

本市果树园艺，向极发达，如梨树、樱桃、苹果、葡萄等类，在农村中几乎在在皆有，惟桃树一项，种植甚少，且非优良品种。本处为改良桃种，以应市场需要起见，曾经呈请农林事务所，就适合本区土壤之优良桃苗，尽量发给农家种植，俾使果树园艺，更臻完美。兹将分发情形，表举如下。

本区分发桃苗一览表

村別	姓名	實發株數	備考
趙哥莊	藍志炳	五〇株	
	方明訓	四〇	
	方啓瑞	四〇	
	李德清	一三〇	
聚園	王鐸基	三〇	
大麥窰頭	吳香坡	一〇	
西小水	趙丕封	三〇	
	李樹松	二〇	
總計		三五〇	

七　分发种畜

农家畜产以猪为大宗，其次为驴骡牛马，然究不及养猪者之多且盛也。本区农家种地瓜者居多（即蕃薯），瓜蔓、瓜根皆可为猪类之优良饲料。且近来猪肉价格逐步增涨，畜养得法，获利亦厚，故农民皆喜饲养。惟农家所饲之猪多系当地黑猪，体躯小而量轻，生长又甚迟缓，饲养此猪颇不经济。兹为推广优良品种起见，呈请农林事务所，将繁殖之优良猪种免费发给农民，此种暂行办法规定后，农民闻风来处请领者，即有三十余户，但农林事务所繁殖之种猪，一时不敷分配，只好以后陆续发给。兹将免费分发种畜办法，及已领种猪农户，分列于下。

附本区发种畜一览表

村別	領飼種畜之姓名	發給種畜 種類	發給種畜 頭數	備註
西黄埠	欒聖化	巴克夏猪	二	
小甎窑頭	崔兆業	廣東花猪	二	
	閻立秋	仝	二	
	崔含成	仝	二	
合計			八	

农林事务所免费分发种畜暂行办法

第一条　本办法以在本市辖境内推广优良畜种，并谋本地畜种之改进为目的。

第二条　本所分发畜种，暂以乳用牛，乳用山羊，毛用绵羊及猪为限，并依照下列二种方法分发之：

第一种　发给牡畜一头，牛羊猪适用之。

第二种　发给牡畜牝畜各一头，暂以猪为限。

第三条　凡本市市民或机关团体，有欲领饲前项种畜者，须先填具领饲种畜声请书，直接或经由各乡区建设办事处呈请本所核办。

第四条　前项请求人，经本所审查合格而得许可者，须填具领饲种畜愿书，然后由本所发给领饲种畜许可证，于本所指定之地点及时日具领之。

第五条　依据本办法领饲之种畜，及其所生幼畜之领取退还，缴纳及饲养管理时所需费用，概由领饲人负担之。

第六条　凡种畜在领饲期间中，所生之收益概归领饲人所得，惟依第二条第二种方法，领饲种猪者须于领饲期间缴回本所幼猪一对。

第七条　凡依第二条第二种方法，分发种畜所产之幼畜，非经本所许可，领饲人不得擅行去势。

第八条　须领饲人将下列各项确实记录，按季直接报告本所，或送由各乡区建设办事处转报：

一、种牡畜之配种事项。

二、种牝之受配及生产事项。

三、由第二条第二种方法，分发种畜所产幼畜之生死发育，及处分事项。

第九条　关于所发种畜及其幼畜之饲养管理及配种，本所有所指示时，领饲人不得故意违抗，否则本所得随时责令缴还，而请领人不得请求赔偿因此所受之损失。

第十条　领饲人故意或由其重大过失，而使种畜发生损害时，本所得酌量情形，令其赔偿损失。

第十一条　畜种遇有遗失死毙或重大疾患时，领饲人须即时报告本所或所辖乡区建设办事处，不得延误，乡区建设办事处接得上项报告后，须以便捷方法转报本所。

第十二条　领饲人如无力或不愿继续饲养所领种畜时，可于请得本所许可后退还本所，或将领饲权转给他人继续。

第十三条　领饲种牛以五年为期，种猪及种羊以三年为期，如于期中领饲人确能遵守本所之规定及指示，而成绩良好者，本所得酌量情形，即将所领种畜，完全免价让与该领饲人，以示奖励。

第十四条　本办法如有未尽事宜，得随时呈请修正之。

第十五条　本办法自呈奉核准之日施行。

附领饲种畜声请书领饲种畜愿书格式各一种

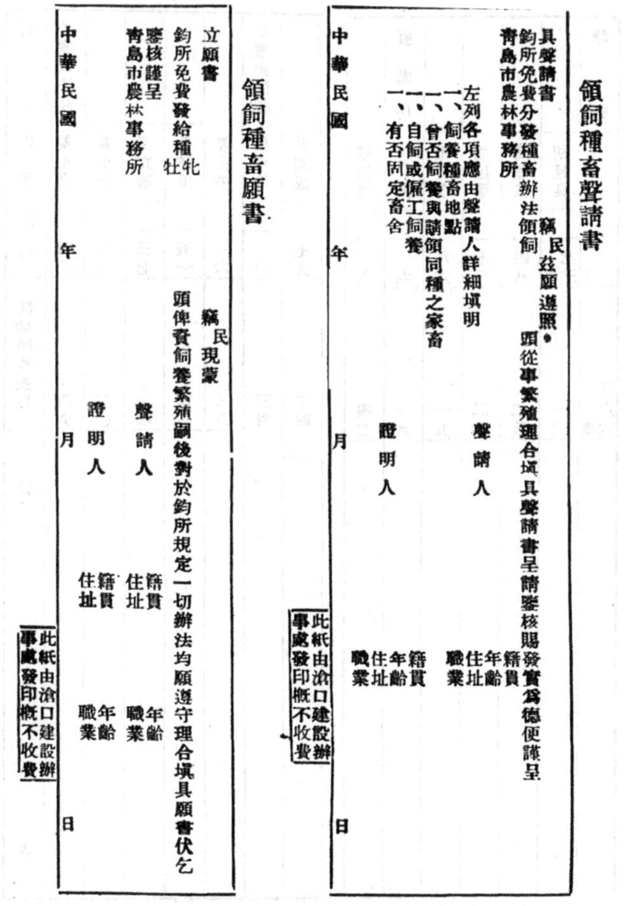

領飼種畜聲請書

具聲請書　竊民　茲願遵照

鈞所免費分發種畜辦法領飼　頭從事繁殖理合塡具聲請書呈請鑒核賜發實爲德便謹呈

青島市農林事務所

左列各項應由聲請人詳細塡明

一、飼養種畜地點

一、曾否飼養與請領同種之家畜

一、自飼或僱工飼養

一、有否固定畜舍

聲請人　籍貫　年齡　住址　職業

證明人　籍貫　年齡　住址　職業

中華民國　年　月　日

此紙由滄口建設辦事處發印概不收費

領飼種畜願書

立願書　竊民　現蒙

鈞所免費發給種牝/牡　頭俾資飼養繁殖嗣後對於鈞所規定一切辦法均願遵守理合塡具願書伏乞

鑒核謹呈

青島市農林事務所

聲請人　籍貫　年齡　住址　職業

證明人　籍貫　年齡　住址　職業

中華民國　年　月　日

此紙由滄口建設辦事處發印概不收費

八　推广养鸡中心区

本区农家所养之鸡，多系原有种类，卵小而产卵之量亦少，故获利较差。兹为改良鸡种增加农家利益起见，已选定本区西流庄板桥坊两村为养鸡中心区，呈请农林事务所发给优良种鸡，该两村对于优良种鸡，颇甚欢迎，递单请领者已有二百余户，请领数量达一千余只之谱，一时种鸡不敷分配，拟嗣后陆续分发，以满足农民之需要。兹将已领种鸡各户，列表如下。

分发种鸡表

村别	姓名	門牌	發給種雞數目	備考
姜家西流莊	姜正卓	四〇	四六	
	姜正安	三一	二〇	
	褚立善	一三七	一四	
	姜倫田	一五一	四六	
	姜正平	一六	三〇	
褚家西流莊	褚福善	一〇〇	三四	
	曲鴛成	七九	三四	
	褚元述	一二五	四二	
板橋坊	王學良	六	一六	
	王啓章	八六	一九	
	胡延學	一七三	二七	
	高璽波	一四八	二五	
	胡延良	一七三甲	一三	
總計			三六六隻	

九　提倡种植薄荷

薄荷一项，在近代工业医药上，用途甚广，自应提倡种植，以供需要。经选定达翁村村民薛心斋之自有地五亩，作为特约农田，并由农林事务所发给优良薄荷幼苗，以资提倡，俟试验成绩优良时，再为推广。

乙　防除病虫害事项

一　防除梨树赤星病（俗名羊毛疔）

青岛梨树赤星病，连年发生，不惟产量大减，即梨树亦因此大见衰弱，甚或枯死。农民所受损失实非浅鲜，如不积极设法挽救，则青岛九万余株之梨树将有灭绝之势。本处有见于此，遂将梨树被害情形及梨树对于农村经济之关系，呈报市政府及农林事务所，请求设法防除，以维农家之生产。旋由农林事务所召集各乡区建设办事处主任，及公安分局长自治区区长等，组织梨赤星病防除委员会，并组织梨赤星病防除队，由公家置备药品，用喷雾器等，分别派员督率民工，实施喷射播尔特液药剂，以资彻底防除。兹将防除赤星病暂行简则，及实施办法与实施工作表，分述如下。

附劝告乡民防除梨赤星病书

本市乡区向来是出梨的地方，从前出口的数量很多，民国十年的时候，到过一千一百七十万斤，我们平均拿四块钱一担算，也要值到四十六万八千块钱。但是这几年来，各乡区的梨园是一年比一年的衰落，产量是非常的减少，到了去年，差不多就没有什么可以出口了，在本市一部分小小的农业区域里面，每年要少收四五十万块钱，农村经济所受影响的重大就可想而知了。讲起梨园为什么衰落，产梨为什么减呢，这个原因是很多的。第一是因为梨树太老了，果树结果的年数，本是跟着种类各各不同，梨树的结果年限和他的寿命，虽然比桃、葡萄、苹果这类长些，可时他结果最旺的时代，也不过十五六到三十来岁这几年里面，但是看看本市的梨树，多半是在三十年以上的了，虽然还莫有详细考查统计，大概在五十年以上的都不在少数，老了自然就没有力气，结果就少，或者不结了。第二就是肥料上得太少或者上得不对，不能够充分培养梨树的元气。第三是剪枝剪得不对，不能使梨树的发育上正轨。关于这两条，虽然本所在中山公园和李村农场都有经营着的果园供大家学样，但是乡民们总不大理会，因此宣传的效力不显，所以今年特为在各乡区办实验区，在各乡村办特约农田，到各处实地去做给大家看、大家学。第四是病虫害，据我们所已经知道的，在梨树身上，病虫和虫害的种类很多，虽然被害的轻重是不同，但是这都可以减少梨树的结果力，就是结了果，也许还会掉下来。梨园的衰落、梨产的减少既然有上面所说这许多原因，所以经营梨园，要想使梨树能够充分发挥他的结果力，得到最高的生产量，就非得把这些不好的原因统统避去才行，如栽培新苗、补充老株、合理施肥、适当剪枝、周密防除各种病虫害，都应该顾到的。但是目前最显明、最切要的先要来防除赤星病，俗名就叫羊毛疔，因为这种病害已经闹得很厉害，大家普遍的受着他的影响了，所以一面希望大家注意全般的培养管理，一面本所今年先大规模的替你们防除他，现在就将本所怎样的实施，同你们应该怎样的帮助和注意，给大家说明在下面。

防除这种病害要用许多的器具和药品，本所已经花了许多的钱给你们预备下了，所以你们是完全没有费用可以享受着这种利益，这不是很合适的么？但是本所对于各处梨树，都要喷射三四遍药水，所以虽是预备着许多职员和工人，到各乡去这样办，不过临时又要制药、又要喷射，一处受了耽误，就要影响到大家，所以一定要大家给我们许多便利和帮助，才能工作进行顺利呢。

赤星病的病菌，冬期是寄生在杜松和桧柏上面的，到了晚春初夏的时候，才随着风力染到梨树上去，这是本所在冬期讲演会里已经详细的给大家解释过了，所以要想把这种病完全防除，当然要把全市的杜松桧柏一起砍伐烧掉才对。不过这些树都在庙上和坟上，一定要叫他统统砍伐，在习惯上未免有些不大合适，惟有先教大家明白这个道理，自动的去做，在春天下雨以后，要是见着杜松桧柏上有红褐色冻粉那样东西，这就是要染到梨树上的赤星病的根原，至少要把这犯病的枝条赶快剪去来烧掉，太利害的时候，那只把全株都砍下来烧或者就在这杜松桧柏上，也把药水去喷射。你们要知道，一株杜松桧柏上面这样的东西，会飞散到几千百株的梨树上去，所以掉一株有病的杜松桧柏，就和在千百株的梨树上去喷射药水一样有效，这是必需要大家严密注意，合力去做，才能够使我们今年的防除工作显出最大的效验来。

附青岛市防除梨赤星病暂行简则

第一条　为防除本市梨赤星病之发生及传布，农林事务所得依照本简则办理之。

第二条　梨赤星病之防除，农林事务所得召集关系机关组织委员会，督促梨主，共同施行。

第三条　防除梨赤星病，所需用具及药品，由所制备之，但必要时，得向梨主征收药品费。

第四条　实施工作时，按各村梨树多寡，征用民夫。

前项民夫，由各村长就梨主征选壮丁，不得以老弱充数。

第五条　各地实施防除日期，由所随时公告之。

第六条　为谋工作之便利，所需杂具，得向所在村酌量征用。

第七条　梨主于应征工作，喷射药剂，不得延怠或拒绝。

第八条　违犯前条之规定者，得送公安局处以一日以上、十日以下之拘留，或一元以上、十元以下之罚金。

第九条　为杜绝赤星病之根源，梨区附近不得栽植桧柏及杜松，其原有者并应伐除，违犯前项规定者，强制执行之，并得酌量情形，予以处罚。

第十条　梨树发生赤星病时，梨主应立即报告所隶区公所，建设办事处，或农林事务所处理之。

第十一条　本简则如有未尽事宜，得随时呈准修正之。

第十二条　本简则自呈奉核准之日施行。

附青岛市梨赤星病防除委员会组织细则

第一条　本委员会依照青岛市防除梨赤星病暂行简则第二条组织之。

第二条　本委员会由下列人员任之：

农林事务所所长及各科长。

关系乡区建设办事处主任。

关系公安局局长。

关系自治区区长。

第三条　本会由农林事务所所长举行。

第四条　防除工作之实施，另组防除队办理，其组织另定之。

第五条　下列各事须由本会讨论决定之：

一、实施办法。

二、防除队工作员警之调拨。

三、征用民夫之数额及办法。

四、实施之次数及起迄日期。

五、施工日程。

六、临时发生事项。

第六条　本细则如有未尽事宜，得随时提出修正之。

第七条　本细则俟通过后，呈请市政府备案。

附防除梨赤星病实施办法

一、防除工作之实施，组织防除队办理之，以本所农务科科长为队长，担任全队工作之指挥监督。

二、防除队下分十四组，每组设指导员一人，率领工警民夫，直接指导防除工作之实施。

三、所有指导员，由农林事务所指派八人，李村、九水、沧口三乡区建设办事处各派二人充任之。

四、征用民夫杂具之手续，由所在地自治区公所会同公安局分驻所办理之。

五、每次实施前，除公告施工日程外，并由防除队将逐日施工地点及征用民夫杂具数目，先期通知关系公安局，转饬各村办理。

六、工作用具及药品，由各村按照日程规定，于先一日下午五时前，向指定地点接运，至该村工作完毕时，转送指定地点。

七、防除队以农林事务所李村农场为驻在地，及每日出发点。

八、实施时，仍照上年办法，由第六公安分局警备车担任输送。

本区防除梨赤星病实施工作表一

民国二十二年

村別	原報株數	實有株數	噴藥株數	上年病害	附註
彭家台	三三〇	三三〇	一八〇	輕	該村大都已改洋梨洋梨不易發生赤星病
源頭	一八〇	二三二	二三二	仝	
安樂溝	二四〇	七〇〇	四九七	仝	
丹山	三〇	三三	三三	仝	
少山前	一〇〇	一一九	一一九	仝	
灣頭	一三〇	六三四	六三四	仝	
十梅菴	一五〇〇	四〇〇〇	二二二八	仝	
南嶺	八〇	三〇〇	一八〇	仝	
坊子街	二〇〇	四〇〇	三〇七	仝	
棗園	三〇〇	三〇〇〇	六四六	重	
合計	三〇九〇	九七四八	五〇五六		

本区防除梨赤星病实施工作表二

民国二十三年

施工日期	施工地點	預定噴樹數	實施噴樹數	撥用民夫人數	支配指導員人數	附註
五月二日	南嶺	三〇〇	二六〇	九	一	
	坊子街	四〇〇	三九七	一二	一	
五月三日	十梅菴	四〇〇〇	二九〇〇	六〇	一五	
五月四日	棗園	三〇〇〇	一三六〇	三〇	一二	
合計		七七〇〇	四九一七	一一一	二九	

二　防除葡萄露菌病

查丹山、源头、夏庄、西小水等村为产葡萄最盛之区，但近两年病害殊多，而以露菌病为害最烈。此病先寄生于叶，叶罹病之时，沿叶脉生黄色斑点，叶之底面，渐生白色斑点，其后斑点变为黑褐色，再经十余日，叶即干燥脱落，葡萄罹此病后，果实亦渐发生白色斑点，其后斑点变为黑褐色，果实遂皱缩脱落，不能成熟。本处因此病蔓延甚速，特派员赴西小水等村召集农民讲演防除方法：（一）劝农民于葡萄谢花后，速喷射石灰播尔特液；（二）劝其早行挂袋。经此次劝导之后，农民之照法防除者，亦甚见效。

三　除治桃之金龟子

赵哥庄村民蓝志炳来处报称：该村桃树之叶，多被虫害。经本处派员前往调查，始悉为害者系属金龟子。此虫翅鞘甚硬，蓝黑色，能食叶成网状，不仅为害于桃，即葡萄李栗柿等亦多被害。秋季产卵于野草之根际，后变为幼虫，在地中越冬，其幼虫即所谓蛴螬者是也，其为害之烈尽人皆知。兹将指导驱除方法列下：

（一）利用金龟子之慕光性，晚间平铺白布于树下，燃火诱引，俟虫飞集时，撼摇树干，使虫坠落布上而捕杀之。

（二）秋季掘烧杂草之根，可以预防幼虫之发生。

四　防除萝卜黑盖虫

南曲、枣园、坊子街一带菜园发生黑盖虫甚伙，此虫蓝黑色，后脚稍粗。经本处派员调查，见菜叶被害之部分，尽成小孔状，幼虫灰色，其为害不减于成虫。兹述其驱防方法如下：

（一）喷射二十五倍之除虫菊，加用石油乳剂。

（二）朝露未干时，撒布草木灰。

（三）用捕虫网接于叶之下面，振动叶茎，使虫落网中，集而杀之。

（四）少数发生时，用小木板涂以粘状物，接于茎叶而粘取之。

五 指导冬季预防害虫法

冬天害虫，其成虫幼虫以及蛹与卵子，每至冬季，则蛰伏于枯叶杂草中，或潜伏于土中以越冬，农民宜利用农隙，施行各种防除法，迭经指导之防除方法如下：

（一）初冬灌水地中，俟气候一冷，虫毙较易。

（二）初冬将地耕起，使地内害虫曝露地面，不仅供益鸟类啄食，且易冻毙。

（三）路傍畦畔之杂草，皆为害虫之潜伏所，宜刈除烧叶，或用以制造堆厩。

丙 关于指导事项

一 指导葡萄园改善管理方法

丹山、源头、夏庄、安乐沟、西小水等村种植葡萄最多。惟农民对于管理方法多半墨守旧习，不知改良，故每届葡萄将行成熟之际，其因病虫害而致减少收量者所在多有。本处有见及此，屡经派员协同李村农场推广人员，前往指导改善管理方法，并代为喷射药剂，驱除病虫诸害，凡经指导之葡萄园，类皆结实累累，顿成丰收之像。

二 指导小麦选种

农民种植小麦，类皆疏于选种，小麦之黑穗病遂由是发生，其影响于生产量者实非浅鲜。兹为指导防除黑穗病起见，每于小麦播种之期，即召集各村村长，示以盐水选种，及冷水浸种方法，并令各该村长转劝农户，切实施行，以减病害而增收益。

三 指导甘薯选种

甘薯之黑腐病连年发生，其影响于产量者至重且巨。迭经派员指导其慎重选种，以图补救，结果成绩良好，且颇得农民之信仰。兹将指导方法，略述于下：

1. 选择无病甘薯，为温床繁殖。

2. 蔓生有黑点者，则弃之。

3. 不种于前作甘薯有病之地。

四　指导甘薯贮藏方

甘薯之价值，至春季则渐次增长，故应善为贮藏，以供需要。每届甘薯收获时间，则由处派员指导其贮藏时应注意之事项如下：

1. 选择健全无病甘薯而贮藏之。

2. 贮藏之窖，必须敷以藁杆等类。

五　指导果产包装运输法

本区果产为收入大宗，每当果熟采收之后，多半运销上海、天津、海州等处。惟运输时，对于包装多不注意，往往到达目的地时，则霉烂不堪供食。本处有见于斯，经派员赴乡指导其包装运输方法如下：

1. 选无病及无伤痕之果实运出。

2. 垫细软杂草于包装器内，可免果实损伤。

六　指导蔬菜贮藏法

蔬菜生产各有其时，不时蔬菜获利较厚。然欲得不时之供给，自必讲求贮藏之法。兹将指导其贮藏方法，述之于下：

1. 临时贮藏法：选择干燥之地，掘深三四尺之穴，下面及两侧，均置谷糠谷草等，将蔬菜堆积其中，上面盖以谷草，再覆土尺许，中央插入竹管以换气，庶可不坏。

2. 永久贮藏法：亦选定干燥之地，掘穴五六尺之深，周围以板作栅，防止湿气，上面堆土尺许，一方设出入口，以便启用。再蔬菜贮藏时，应放置二三日，以蒸发其表面之水分，而免腐烂。

七　指导改善家畜管理方法

农民饲育家畜，对于管理多不注意，故常发生诸种畜疫，考其原因，多由于畜舍不洁，空气窒塞，以及潮湿过度，或日光不足所致。兹为预防畜病起见，迭经派员指导其管理方法如下：

1. 畜舍设备，务须温度适宜。

2. 畜舍位置，以干燥稍高为宜。

3. 饲槽宜清洁，不可存留残余饲料。

4. 畜体宜常梳刷，始能充分发育。

5. 畜蹄宜常为整理与清洁，以防各种蹄病。

丁　关于森林事项

一　提倡林业

森林之效用，间接可以调和气候，补救旱涝，直接则供给人类生活上必要之种种木材，其有关国计民生，尽人而知之矣。我国人口众多，需材日伙，而有赖于舶来品者为数至巨，若不积极提倡，则此巨大漏卮，几时始能杜绝？本处有见于斯，迭经召集各村村长详为讲演森林利益，并令转劝农民，凡有荒山空地，以及沟头沙滩，均须造林；即原有林地，立木过疏之处，亦须补植。至所需苗木若干，由处汇报农林事务所，免费发给，以资提倡。

二　督促民有荒山造林

查丹山、源头、女姑山、后楼以及枣园、湖岛子等处民山最多，虽迭经劝令造林，以维生计，惟农民对于林业不加重视，故附近各山尚多濯濯，即偶有成林面积，亦多立木过疏，有待于补植者尚多。兹为督促造林，以增地利起见，辄于农隙时期，召集村民切实劝导种植，并限期促成。兹将二年以来，农民所领苗木，及发给各学校种苗，分别列表于后。

二十二年分发农民苗木统计表

村別 \ 株數 \ 樹種	白楊	側柏	青桐	黑松	刺槐	中國槐	掃帚柏	備註
滄口	九五株	五七四株	四四株	五二〇株	一五〇株	一〇株	一〇株	
趙哥莊	二〇〇	五八〇	一四〇			四〇		
雙埠	三〇〇	三〇〇				五〇		
東黃埠	四〇	二〇	三〇					
小甕頭	二〇	二〇〇		一〇〇	一〇〇			
沙嶺莊		五〇		五〇				
小水清溝		一〇〇						
南嶺		二〇〇						
西大村	四〇	一五〇			一八〇			
劉家宋哥莊		一二〇	一二〇					
丹山				二〇〇〇				
源頭	一五〇		一五〇	二〇〇				
四方	二〇	二〇	二〇	二〇				
大甕頭		二三〇		五三	一四〇			
西流莊	九〇	二五〇				七〇		
女姑山		二九〇	一二〇	一八〇			一〇	
小河西						二〇		該村屬李村區管轄
總計	九五五	三〇八四	六二四	三一一三	五七〇	一九〇	二〇	

二十三年分发农民苗木统计表

村别 \ 株数 \ 树种	黑松	侧柏	青桐	白杨	刺槐	梓	中国槐	[illegible]	备注
下四方西村	七九〇〇株	二六七〇株	三〇〇株	三〇〇株	四二〇〇株				
板桥坊	三〇〇	一〇〇		五〇〇		一〇〇	一〇〇		
小村庄	二〇	四〇	一〇		二〇〇		四五		
小[illegible]	一九二〇	一九〇		二〇					
上四方		六〇〇	四〇〇	三〇〇					
湖岛村	三100	四〇〇〇							
丹山	一五000	五〇			五〇				
夏庄		一〇〇					二〇		
西流庄		五七〇		三七〇		二一〇	二四〇	一六〇	
西[illegible]家	五〇	五〇	五〇				一〇		
[illegible]楼				五〇			五〇		
女姑山		五〇				一〇〇	二〇〇		
徐家宋哥庄			五〇	一〇〇		一〇〇			
刘家宋哥庄	一〇〇			一〇〇		一〇〇			
石家宋哥庄				八〇		七〇			
东黄埠	六〇	一五〇		五〇〇			一〇〇		
南曲		二三〇	一七〇	一〇			八〇		
赵哥庄		四〇〇	一〇〇	一〇〇			一〇〇		
[illegible]家台		一〇〇	一〇	六〇			二〇		
枣园		三〇〇							
沧口		一五〇〇		一〇〇	一八〇〇				
仙家寨		二〇〇	二〇〇						
[illegible]	二〇	五〇	一〇〇	四〇		一〇〇			
总计	三七七〇	二三四〇	一三九〇	二六三〇	二五〇	七八〇	九六五	一六〇	

分发各学校及机关苗木一览表（一）

學校或機關 株數 樹種	側柏	黑松	青桐	白楊	刺槐	榔榆	播蒂柏	木槿	楊檉	楝子	破榴
仙家寨小學	二0株	二五	二0	三0	100	五0	10	10			10
閻家山小學	六0	六0	二0	二0	四0		10				10
四方小學	二0	二0	二0	二0	四00	二0	10	10	10	10	10
西小水小學	10	10	二0	10			10	八	二	三	四
板橋坊小學	10	10					10			10	10
夏莊小學	三0	六0	二0	五0	100	三0	10	10	10	10	10
棗園小學		10	二0		六0	10	10	10	10	10	10
法海寺小學	100		二0				10	10	10	10	10
丹山小學	二0	三0				五			10		10
黃埠小學	二0	四0	二0	二0		10		10	10	10	10
趙哥莊小學			10			10		10	10	10	10
滄口電話局	四0	10					10		10		10
板橋坊坊公所											
華新小學			三0		100						
公安五分局第三分駐所	1000										
第五區公所	六00										
合計	一九三0	二七五	二00	一五0	八00	一四五	九0	七八	八二	七三	一一四

分发各学校及机关苗木一览表（二）

學校或機關 / 株類 / 樹種	仙家寨小學	閻家山小學	四方小學	西小水小學	板橋坊小學	夏莊小學	棗園小學	法海寺小學	丹山小學	黃埠小學	趙哥莊小學	滄口電話局	板橋坊坊公所	華新小學	公安五分局第三分駐所	第五區公所	合計
紅瑞木	10	10	10	六	10	10	10	10	10	10	10	10					一一六
紫薇		10	10	四	10	10	10	10	10	10	10						九四
郁李	10		10	四	10	10	10	10	10	10	10	10					一〇四
雪柳	10		10	四	10	10	10	10	10	10	10	10					一〇四
連翹	10		10			10	10	10		10	10						七〇
紫荊	10	10	10	四		10	10	10	10	10	10	10					一〇四
薔薇	10	10	10	五	10	10	10	10	10	10	10						一〇五
紫藤	10	10		五		10	10	10		10	10	10					八五
棣棠	10	10	10		10	10	10	10	10	10	10	10					一一〇
溲疏			10		10	10	10	10		10	10	10					八五
花種	10袋	10	10	10	10	10	10	10	10	10	10	10	10				一三〇

三　指导民林剪枝

林木渐长，槎芽错出，如不加以修剪，势必不能成材，然修剪过度，亦有碍于树身发育；乃本市民林，往往人们贪图目前微利，修剪过酷，殊非所宜。兹为维护林业起见，迭经派员指导剪枝要点与方法，并详说剪枝之目的，与过度修剪之弊害，俾各林主切实明了，共图挽救。兹将指导方法，略述于下：

一、切口，须靠近树干，削剪平滑。

二、每株须保留原有树枝五层或六层。

三、须注意全林林相，务求整齐。

四、家具须要锐利，俾免披裂树干。

四　指导民林疏伐

林木因生长竞争之关系，有强弱不同、生长各异之别。同年树木；高矮不等，此自然之势也，若不将矮小之弱木，酌量伐除，则其他林木亦必无生长良好之希望。迭经派员赴乡指导其疏伐要点与方法，以杜滥事砍伐之弊。

五　督促民林捕杀松毛虫

本区民林连年发生毛虫，为害极烈，每次发生，树叶多被食尽。兹为驱除害虫，维护林业起见，每遇害虫发生时，则由处派员督催林主雇工捕杀，以防蔓延。

六　督饬民林搜剪毛虫茧

查松毛虫一项，向为本市森林之主要害敌，虽经迭次捕杀，终未除灭净尽，每值该项害虫化蛹作茧之时，经处派员督饬各该林主严密搜剪，以免成蛾产卵，蔓延遗害。

七　指导松树采种

农民对于采取松种，多不注意保护林木，致树木皮伤枝断，树干倾斜者比比皆是，不惟与林相有碍，且妨树木发育，故每届采种时期，即由处派员赴有林各村，实地指导采种方法，俾免伤害树枝，凡林木稍稀之处，须保留种子使其自落，以备来春生长，补其空隙。

八　督同各村防范林火

每届冬期，天气干燥，草木黄枯，林地着火，至为容易，倘一不慎，即易引起森林火灾，况无知之徒，时有放火烧山情事，经处派员督同有林各村村长地保等，加意防范，以免意外。

戊　办理行道树事项

一　栽植行道树之统计

本区道路逐渐增辟，对于行道树之栽植，自应积极办理，以资点缀而维路面。兹将二年来栽植各路行道树统计，暨各项办法，分别于后。

二　为栽植行道树召集会议

查乡区行道树之栽植，向由沿路各村负责办理，工作既已粗率，又不勤加灌溉，故成活殊难。兹于二十三年春经农林事务所召集会议重订办法，所有掘穴工作，仍由各村农民担任，至其栽植灌溉，均由公家雇工办理，所需苗木仍以刺槐为主。兹将议决办法，分述于后：

（一）本年乡村行道树之经营，以完成上年栽植各路为原则，应栽各路，就各乡区调查表，按需要情形分别增删。

（二）本年植树实施办法，照原订办法办理。

（三）保护办法由农林事务所函公安工务教育三局，转饬乡区服务员工长警，一体协助。另由乡区建设办事处督饬所在地公安工务教育各机关人员及警工等切实注意，并于各路设立标牌，唤起民众共同注意。

附栽植乡区行道树实施办法

一、本年乡村行道树之栽植，按栽植总数划分八区，各派职员一人长工两人，负该区域内施工全责，至树株确实成活为止。

二、各乡区栽植行道树，各道路应于三月三十日前，完成掘穴工作，不得延误。

三、各穴距离为十公尺，两侧位置应互相交叉。

四、掘穴应作正方形，深为五十公分，宽为六十公分。

五、穴之底部如系石质或硬层，应深三十公分，填充细土，至第四条规定深度为止。

六、在土质不良之处，应即换土，换土深度同第五条。

七、掘穴工作，由各区负责人员，督饬所在村村民行之。

民國二十二年

路別	樹種	實栽株數	備註
烏塔路	刺槐	一五四二	
宋曲路	仝	二六四	
仙趙路	仝	五八〇	
板坊路	仝	四七三	
板趙路	仝	八四〇	
宋紡路	仝	六〇一	
宋仙路	仝	五二〇	
羅源路	無刺槐	五六〇	
仙源路	刺槐	五四一	
河清路	仝	三四〇	
夏源路	仝	三八〇	
黄泊支路	仝	一四〇	
坊西路	仝	八八一	
樓坊路	仝	三二〇	
丹源路	仝	五二	
大山支路	仝	一〇八	
板石支路	仝	七〇	
四流路	仝	三一一九	
小閻路	仝	一五六三	
閻白路	仝	三五六	
李滄路	仝	二二九	
李塔路	仝	三〇〇	
李坊路	仝	一五六	
四小路	仝	四三	
滄口街內	無刺槐	三四八	
營子街內	仝	一二〇	
總計		一四，四四六	

民國二十三年

路別	樹種	實栽株數	備註
四流路	刺槐	二八三〇	
閻白路	仝	一九五四	
小閻路	仝	一二〇八	
李坊路	仝	六四七	
李滄路	仝	二一四	
李大路	仝	八七	
李塔路	仝	六九三	
烏塔路	仝	一二八〇	
仙趙路	仝	四一五	
宋仙路	仝	四〇四	
宋曲路	仝	二七二	
板坊路	仝	四三五	
仙源路	仝	五九八	
坊西路	仝	七二四	
羅源路	無刺槐	一三二	
丹台路	刺槐	一二六	
滄口街內	無刺槐	二五八	
營子街內	仝	九〇	
總計		一二，三六七	

八、各区负责人员应将各路掘穴确数及检视情形，陆续报告到所。

九、栽植工作应于四月十五日以前完成之，由所另施订工日程，依照施行。

附栽植乡区行道树分区一览表

區別	植樹區域	監督人員	駐在地	備考
第一區	台柳路，（河西至毛公地，）李大路，李滄路，李坊路，李塔路，）李村至崔家溝，）羅源路（羅圈澗至猪頭石，）閻白路（閻家山至坊子街。）李村街內	姚彥卿	李村	
第二區	四流路（四方石橋至流亭，）閻白路（坊子街至白沙河，）宋曲路，宋仙路，板坊路，滄口街，營子街。	張和卿	滄口	
第三區	台柳路（海泊河至河西，）小閻路（小村莊至閻家山，）四流路（五號砲台至四方石橋，）漢沙路（漢山至燕兒島。）	戴志方	東吳家村	
第四區	五大路（五里港至大嶗，）大莊路（大嶗至石劈口，）畢塔路（畢家村至夏莊。）	王徽柔	畢家村	
第五區	李塔路（崔家溝至溝塔埠，）羅源路（安樂溝至源頭，）坊西路，仙源路，仙趙路，畢塔路（夏莊至溝塔埠。）	劉化菴	丹山	
第六區	台柳路（于家下河至柳樹台，）漢宅路，宅登路，登流路，李沙路（彭家莊至沙子口，）漢沙路（石灘至沙子口。）	劉國澄	南宅科	
第七區	蕭東路，小流路，邵莊路，寧莊路，韓莊路，蕭家支路，海岸一路，海岸二路，蕭家第二支路，宣灘支路。	樊文卿		
第八區	安濠路，薛營路，鹿營路，營北路，薛北路，北後路，薛煙路，丁濠路。	趙常光		

十、各区应需苗木，除阴岛薛家岛先期陆续运送假植备用外，余均由所按照施工日程应需数量，逐日送达栽植地点，务于当日栽植完毕。

十一、栽植后，应即适量灌水，嗣后并按天时情形，随时检视，妥慎办理。

十二、栽植及灌溉工作，均雇工办理之。

十三、各项工作进行期间，各乡区建设办事处应切实协助，以利实施。

十四、本办法实施前，应由各办事处召集村长，连同更换行道树计划，分别说明。

附栽植乡区行道树各监督人员应注意事项

一、检视树穴位置及穴深宽，务与实施办法规定各项相符合，又树穴外侧，须紧靠路边，以免多占路面。

二、穴底应有一〇公分厚之湿润细土，其埋土深度，以约地面五公分为准，又填入土壤，勿杂石块及黄砂。

三、注意树株行列，务使整齐。

四、栽植后第一次灌溉，每树应灌水一桶，务于当日完竣，翌晨施行覆土。

五、第二次以后之灌溉期及灌溉量，斟酌需要情形办理之。

六、如遇强风烈日，逐日运到苗木，应将树株根部浸入泥浆。

七、著手工作，应先调查水源远近，并应注意水质，支配工人如感不敷，得就地酌添，但须事先报核。

八、工作进行，务依施工日程规定办理，不得延误。

九、逐日服务工人，应填入考勤单内，其支配及施工情形，并应填表报所。

十、栽植期间，应同时注意保护，至栽植完毕后，应督同工人周密巡视，以杜损害。

十一、为施工及保护之必要，得随时商请建设办事处协助办理。

三　散发栽植乡区行道树告农民书

奉农林事务所颁发栽植乡区行道树告农民书二百张，经处派员带往各村散发，并详为解释，俾乡民切实明了行道树之利益，以图共同保护，其书附载于后。

行道树就是栽着在道路两旁的树木。本市在三十年前就开始做这项工作，继续不断的直到现在，已经得到了相当的成功。但是为什么要种行道树呢？种了行道树，于大家有些什么好处呢？恐怕有很多的人不能明白。因为这样，所以就很漠视，不去努力的爱护它。本所现在决定要把全市乡区各道路原有树株缺少的，或是还没有种着的，一起在这两年里头栽植完了。这一定要大家合力去做，尤其要大家明白它的好处，才能得到圆满的结果。所以先把行道树的利益，简单的给大家说明在下面：

骄阳炙肤的夏天，人们行走在道路上汗流浃背，感受着很大的痛苦。有了行道树，可以荫蔽日光，使人们得到凉快。就是在种庄稼到疲乏的时候，也可以在这下面歇息歇息。所以行道树在夏天于人们有很大的好处，这是大家很容易明白的一件事。树木是风景上主要的点缀，整整齐齐的行道树栽着在道路的两旁，自然的显出一种美丽的景色。要是没有，就会觉着枯寂，这也是大家很容易比较出来的。于大家更有密切关系的，就是现在大家费许多力气，筑成了很多的道路，这些道路，不过是土路基罢了，要是大雨不断的冲刷着一定很容易损坏，不是大家又要再白费很多的力气么？可是两旁栽着树木，因为树根能够使土粒紧紧的结合，道路自然坚固，不怕雨水的冲刷了，不是在无形中给大家省下了很多的力气么？此外，树木的好处，能够调和气候，使空气和润。温度高低的变迁，也比较缓和些。又因它在空气里面，生活上的需要和我们人类不同。有了树木，可以不断的使大家得到新鲜的就是适合养生的空气。明白了上面的几点，不是就可以知道行道树的价值和需要了吗？

今年本所决定栽植行道树的办法仍是照着往年习惯，由各村农民来担任这项工作。可是到了秋季，本所就要检查成绩。活得多的，每株发给一毛钱的奖金；活得太少，就要处罚。详细的规定已经印了布告，发到各村去张贴，你们当然是看见过了。建设办事处也给你们详细的解释过了，你们必需要格外的注意着去做。成绩好了，不但是大家可以享着行道树的种种好处，还可以有奖金拿到，不是很合算的一件事吗？

本所为着乡村行道树永久的维护起见，又订了一种经营保护办法，一起的布告过了。这办法里面规定着，在行道树两侧的地主，就负着这保护行道树的责任。有了损坏，就要酌量情形，处罚两侧的地主。以后每年修枝，归两侧地主与本所派了工人指导着去做，修下的树枝也就归两侧的地主拿去用。这种责任，既然有了这样明白的规定，大家必须努力着去做，并且树木一年一年的长大起来，修下的树枝也是一年一年的增加，于地主也是很有利益的。

再有这行道树的好处，虽是大家都明白了，恐怕那不顾公德、随意去损害它的仍旧免不了会有。本所对于这种人，一定要严厉处罚。遇到有损害行道树的事情发现，无论哪一个，能够出来指证，本所就把罚金的一半分给他做奖金。这也规定在经营保护办法里面，希望大家帮着本所取缔这些不良分子，这才大家可以永久享着行道树的利益呢。

四　设置保护行道树标椿

农林事务所为唤起民众注意保护行道树起见，特制保护行道树标椿二百余根，本区应设立者七十六根，经处派员督率林警工人等沿路分段设置。兹将设置地点，列表于后。

五　调查本区现有行道状况

兹为明了本区现有行道树状况起见，由处制表派员详细调查如下。

六　监视修剪乡区行道树

查乡区行道树之修剪，例归各村地保，惟地保往往贪图多产枝量，致树冠修剪过甚，或幼树尽行砍伐，不惟有碍观瞻，且于春季补植时多需苗木。兹为挽救是弊起见，经由本处农林股职员督率林警，沿路监视，并指示修剪办法，须按相当距离，保留幼树，冀可减少损害。

附乡区新植行道树整理办法

一、全部成活者，干部之芽，完全除去，仅留其发生于分枝上者。

二、全部成活而枝条残缺者，应酌留其最上部之三芽至五芽，其下部之芽完全除去之。

留芽须使匀配于树干之四周，其位置不适当者除去之。

附设置行道树标椿一览表

路別	根數	設置地點	備考
四流路	一八	五號砲台，四方汽車站，四方北首，四方迤北嶺頂，大水清溝，沙嶺莊路口，水游地道口，滄口南首，公大門前，滄口汽車站，營子街內及街北首，板橋路口，樓山後村南，勞工休息亭，仙家寨南首，溝塔埠，流亭橋南首	
李滄路	三	閻白路口，曉翁村東及村西	自滄口至西大村
李大路	二	閻白路口，達翁村南首。	自達翁村至曲哥莊
四小路	二	靠四流路邊，該路中間	
小閣路	六	小村莊西首，小村莊迤東，英國墓地，大山支路口，小水清溝村南路口，閻家山。	
閻白路	八	李村水源地前，東南山，西流莊村南，文昌閣，李坊路口，坊子街村北，南曲，坊子街南首。	
板坊路	三	板橋坊東首，小莊東首，小棗園西首。	
坊西路	四	坊子街東首，大棗園北首，灣頭村南首，丹山路口，	
丹台路	二	丹山村西首，彭家台。	
李塔路	六	丹山南嶺，丹山學校西，西小水，西小水村北，仙趙路口，溝塔埠。	自達翁村至曲哥莊
仙趙路	三	仙家寨，趙哥莊，該路中間。	
仙源路	四	仙家寨，西小水村西，馬家台村西，源頭村西。	
李坊路	二	石溝村，文昌閣。	自坊子街至文昌閣東
羅源路	二	安樂溝村南，源頭村內。	自源頭至安樂溝南
烏塔路	六	溝塔埠，趙哥莊，西黃埠，台黃路口，夏莊，史家泊子。	自溝塔埠至遙台
宋仙路	三	該路西首，東首，閻白路口。	
宋曲路	二	該路西首，東首。	
總計	七六		

附本区现有行道树道路表

路别	長度	舊有或新植	備考
四流路	二一二八二，七八公尺	舊有	
閻白路	一〇五二三，六七	仝	
小閻路	八九三四，九六	仝	
李坊路北段	三八五四，五〇	仝	坊子街至文昌閣東
李滄路西段	二五二六，三〇	仝	滄口至西大村
李大路西段	二一三五，〇〇	仝	達翁村至曲哥莊
李塔路北段	六四三四，〇〇	仝	湍塔埠至愛兒澗北
四小路	二七八六，五四	仝	
鳥塔路	七九八四，〇〇	新植	湍塔埠至蓮台
仙趙路	三〇六〇，〇〇	仝	
宋仙路	二九〇〇，〇〇	仝	
宋曲路	一一八〇，〇〇	仝	
板坊路	二五二〇，〇〇	仝	
仙源路	四二二三，〇〇	仝	
坊西路	四七〇四，〇〇	仝	
羅源路	八一四，〇〇	仝	源頭至安樂溝南
丹台路	二一四〇，〇〇	仝	該路已有行道樹之部份自丹山西首起至坊西路止約一千公尺

说明：

（1）道路之仅有一部分行道树而未完全者，已将起讫地点注明备考栏内。

（2）道路之分属两乡区者，各就其管辖部分填列表内，其分界地点，则于备考栏内说明之。

三、枝梢枯死，于主干上发芽，而发芽处之高度，在一点五公尺以上者，应将其上端枯死部分剪去，按第二条办法留芽。

四、枝梢枯死，于主干上发芽而发芽处之高度在一点五公尺以下者，应将枯死部分，酌留二十公分（以备将来扶持目的芽之用，俟目的芽正直后，仍当剪除），剪去其上部，又保留最先端之两芽至三芽（冬期再行修剪保留强壮之一枝代替主干），其以下之芽悉行除去。

五、切口应在保留最先端芽之反对方向斜面，略作四十五度务求平滑。

六、剪切务须慎密，勿使伤及保留之目的芽。

七　禁止乡民沿路采取槐花

各路旧有行道树以刺槐居多，每至开花时期，村中妇孺则争往采取，以充食料，轻则皮伤枝断，重则树冠全毁，不惟有碍观瞻，且妨树身发育。兹为切实保护起见，不时派员严查，并通知公安各派出所长警协同取缔，以减损害。

八　劝令乡民保护行道树

乡区行道树，虽经历年栽植，惟因地面太广，保护难周，每至冬季摧残尤甚。本处为劝导乡民共同保护起见，迭经召集村民解说行道树之利益，并将乡村行道树经营保护办法，及栽植乡村行道树奖惩办法，逐一解释，俾其切实明了，以期达到共同保护之目的。兹将行道树经营保护奖惩办法，及行道树保护规则，分别录后。

附青岛市乡村行道树经营保护办法

第一条　凡在本市区域内，乡村各道路行道树之经营及保护，依照本办法办理之。

第二条　乡村行道树之栽植及灌溉，由各乡区建设办事处督饬各该道路所在村村民行之。

第三条　各路树种之选择、栽植之距离及时期由农林事务所核定之。

第四条　前项行道树，其所在地两侧地主应负保护之责，如有损坏，除确能指证损害人者，按第七条办理外，应责令补植，并得酌量情形予以惩处。但两侧地主之住居过远者，呈经各该乡区建设办事处之核准，得饬由村长责令所在地附近居民，同负前项责任。

第五条　乡村行道树，每年由农林事务所派熟练工人，指导两侧地主修整一次，其树枝即归各该两侧地主所有。

但有前条第二项之情形者，应由同负保护责任者共同修整，其树枝亦为共有。

第六条　于乡村行道树有损害行为者，由各该乡区建设办事处，报由农林事务所，依照本市行道树保护规则惩处之。

第七条　凡乡村行道树之损害，有能确实指证其加害人者，得奖予罚金之半数。

第八条　乡村行道树之栽植，依其成绩之优劣得分别奖惩，其办法另定之。

第九条　本办法如有未尽事宜，得随时呈请市政府核准修正之。

第十条　本办法自呈奉核准之日施行。

附青岛市栽植乡村行道树奖惩办法

第一条　乡村行道树之栽植成绩，分下列各等级：

一、成活率在百分之八十以上者，为甲等。

二、成活率在百分之六十五以上、不及百分之八十者，为乙等。

三、成活率在百分之五十以上、不及百分之六十五者，为丙等。

四、成活率不及百分之五十者，为丁等。

第二条　栽植乡村行道树之奖惩，依下列各款行之：

一、成绩列入甲等者，按其成活数每株给予奖金银一角。

二、成绩列入乙等者，按其成活数每株给予奖金银五分。

三、成绩列入丙等者，不予奖惩。

四、成绩列入丁等者，酌量情形，处以五元以上、五十元以下之罚金。

前项罚金，如第二年之补植成绩列入乙等者，得发还之，列入甲等者，除发罚金外，仍准给予乙等奖金。

第三条　前项成绩每年自九月一日起，至九月三十日止，由农林事务所督同各该乡区建设办事处检查之。

第四条　在检查成绩以前，如有损害未经指证加害人报告有案者，该项损害树株仍在栽植总数内计算成绩。

第五条　在检查成绩以后之损害，依照乡村行道树经营保护办法第四条办理，该项树株之补植，不予给奖。

第六条　前列奖惩事项，由农林事务所，将检查成绩呈报市政府核准后分别施行。

第七条　本办法如有未尽事宜，得随时呈请市政府核准修正之。

第八条　本办法自呈奉核准之日施行。

附青岛市行道树保护规则

第一条　凡本市区域内行道树，依照本规则保护之。

第二条　市民对于行道树，须一体爱护，并不得有下列情事：

一、在行道树及其支柱上系留牲畜，或悬系物件。

二、猎取行道树上之鸟类。

三、在行道树下燃火，或抛掷引火物。

四、攀折砍伐，或加其他损害于行道树。

五、拔取行道树之支柱。

六、擅自迁移行道树。

第三条　市民对于行道树，有前条一、二、三款行为之一而不听禁阻者，处以一元以上、五元以下之罚金，有四、五、六款行为之一者，处以五元以上、二十元以下之罚金。

第四条　行人车马，因错误损及行道树或支柱者，须按其损坏程度估价赔偿。

第五条　市民或机关，因建筑或交通等关系有须迁移行道树时，应先报经农林事务所核准，由所派工迁移。

第六条　本规则如有未尽事宜，得提出市政会议修正之。

第七条　本规则自公布之日施行。

巳　关于调查事项

一　调查农业经营概况

欲谋农业之改进，当先调查农业之经营概况及管理方法，情形明了之后，乃知何者宜改良，何者宜仍旧，以为后期工作之根据。本处有见于此，爰特制定农业经营调查表一种，由农林股职员切实调查，业已完竣。兹将调查所得，列表如下。

附农业经营调查表

作物類別		甘藷	花生
種子預措		選種貯藏地窖內	選種
播種	方法	用沙埋甘藷於土坑上坑下生火時用水灑之促成育苗	點播每穴三四粒
	時期	清明前後三五日	小滿
	距離		約三公寸
移植	時期	小滿前後	
	距離	約五公寸	
基肥	種類	堆肥	土糞
	用量	3000 斤	3000 斤
管理方法	中耕次數	三次或四次	三次
	除草次數	三次	仝
	追肥	豆餅	
	其他	翻蔓	
收護	方法	先割去蔓再刨甘藷	刨出摘果
	時期	霜降	霜降
	分量	1500—2000斤	約1000斤
前作及後作		前作大豆花生後作高根穀子	仝前
備註		基肥用量及收護量均以中畝計算	

粟	高糧	豆子
穗選或種選	選穗	仝前
仝	條播	條播或點播
仝	谷雨	夏至
仝	行距三公寸	
仝	堆肥	
仝	3000－5000斤	
三次	三次	二次
三次	三次	二次
豆餅	人糞尿	
去苗	去苗	
仝	拔	割
仝	處暑前後	寒露
350斤	400斤	350斤
仝	前作地瓜花生後作大小麥	前作大小麥後作高粱穀子

黍	麥 小	麥 大
穗選或種選	仝	種 選
仝	仝	播點或播條
夏 立	露 寒	降 霜
寸 公 三	仝	寸公三距行播條 寸公三距株播點
肥 堆	餅豆糞土	肥廐糞人
4000斤左右	100—5000 斤	5000 斤
次 二	仝	次 三
次 二	仝	次 三
	仝	尿 糞 人
仝	仝	穗取再起拔
後前秋立	至 夏	前 至 夏
350 斤	400 斤	400 斤
	仝	或 作 高 前 蔓 大 粮 作 瓜 豆 後 粟

麥　蕎	豆　豌	黍　蜀　玉
種　選	種　選	仝
播條或播點	仝	播　點
伏　中	糯秋蟄種季秋分播 降種前驚春雨春種	雨　谷
寸公三	寸 公 三	寸 公 四
肥　堆	仝	仝
4000 斤	5000 斤	4000 斤
次　二	次　一	次　二
	次　一	次　三
		尿 糞 人
		苗　去
拔	子豆打干晒起拔	稭割後穗取先
露　寒	種　芒	秋　立
250 斤	250 斤	350 斤
糧 後 子 前 粟 作 　 作 　 高 　 麥	卄 作 糧 前 藷 大 粟 作 　 豆 後 高	小 豆 前 麥 後 作 　 作 大

蘿蔔	白菜	馬鈴薯
仝	選種裝入吊袋貯藏	選種堆地内
仝	仝	點播
(春)(秋) 驚蟄立秋	立秋	(春)(秋) 驚蟄中伏
行距四公寸 株距二公寸	行距六公寸 株距四公寸	行距三公寸株距三公寸
土糞豆餅	堆肥豆餅	仝
100 斤3000斤	1000斤—5000斤	4000 斤
二次	二次	二次
二次	三次	二次
人糞尿	豆餅500斤	
去苗灌溉	灌溉	
刨起去葉	拔	刨
夏至霜降	小雪	夏至寒露
6000 斤	15000 斤	2000 斤
前作麥子 後作高粮粟	前作麥子 後作甘藷高粮	前作菀豆 後作麥子

綠豆	穇子	芝蔴	芋
選種貯藏	選種	選種裝入吊袋內貯藏	選種
點播	仝	條播	點播
夏至後	仝	谷雨	立夏
	仝	行間三公寸	行距五公寸 株距四公寸
堆肥	堆肥	堆肥	堆肥
4000斤	4000斤	4000斤	3000斤
三次	二次	二次	
三次	三次	三次	二次
			人糞尿
			培土
	刨	割	刨
寒露	仝	處暑	霜降
250斤	400斤	150斤	3000斤
前作小麥 後作甘藷	前作甘藷花生 後作小麥	前作大豆粟 後作小麥	前作甘· 後作高粮粟

二　调查农业生产概况

兹为明了本区农业生产概况起见，经制农业生产调查表一种，由农林股职员带往各村切实调查，现已竣事，其生产概况略如下表。

附农业生产调查表

作物類別	栽培面積	每畝生產量 最高	每畝生產量 最低	每畝生產量 平均	生產總額	備考
甘藷	一二四三〇畝	三二〇〇斤	一〇〇〇	二一〇〇	二六一〇三〇〇〇	
豆子	一六七〇	四九〇	二五〇	三五〇	五八四五〇〇	
麥子	五九二九	四五〇	三〇〇	三七五	二二二三三七五	
花生	三〇四八	一三〇〇	六〇〇	九〇〇	二七四三二〇〇	
穀	一〇一〇	四〇〇	二一〇	三一〇	三一三一〇〇	
高粱	八五五	四〇〇	二一〇	三一〇	二六五〇五〇	
黍子	一五•五	五〇〇	二四〇	三七〇	五七三五	
玉米	三八•五	四〇〇	二〇〇	三〇〇	一一五五〇	
蕎麥	六三•六	三八〇	二〇〇	二九〇	一八四四四	
豌豆	一六•〇	二四〇	二〇〇	二二〇	三五二〇	
馬鈴薯	四六•〇	二四〇〇	一六〇〇	二〇〇〇	九二〇〇〇	
白菜	四八•五	二六〇〇〇	一八〇〇〇	二二〇〇〇	一〇六七〇〇〇	
蘿蔔	七四•五	八〇〇〇	四〇〇〇	六〇〇〇	四四七〇〇〇	
菠菜	三三•四	一六〇〇〇	一〇〇〇〇	一三〇〇〇	四三四二〇〇	
芫荽	一六•七	一六〇〇〇	一〇〇〇〇	一三〇〇〇	二一七一〇〇	
茄子	八•五	六〇〇〇	二〇〇〇	四〇〇〇	三四〇〇〇	
番瓜	八•二	一五〇〇〇	一〇〇〇〇	一二五〇〇	一〇二五〇〇	
芋頭	二一•七	四〇〇〇	二八〇〇	三四〇〇	七三七八〇	

葱	一一·二	二〇〇〇〇	一四〇〇〇	一七〇〇〇	一八八七〇〇	
韮菜	一一·九	三〇〇〇〇	一六〇〇〇	二三〇〇〇	二七三七〇〇	
芸豆	九·〇	四〇〇〇	二六〇〇	三三〇〇	二九七〇〇	
綠豆	二·四	四〇〇	二〇〇	三〇〇	三四二〇	
葫蘿蔔	七·〇	七〇〇〇	四〇〇〇	五五〇〇	三八五〇〇	
芹菜	八·二	一〇〇〇〇	八〇〇〇	九〇〇〇	七三九〇〇	
蒜	九·六	一三〇〇〇	一〇〇〇〇	一一〇〇〇	一〇五六〇〇	
豆角	六·二	四〇〇〇	三〇〇〇	三五〇〇	二一三五〇	
芝蔴	六·〇	三〇〇	一八〇	二四〇	一四四〇	
稷子	二·五	三六〇	二〇〇	二八〇	七〇〇	
扁豆	一·八	四〇〇〇	二六〇〇	三三〇〇	五九四〇	
黄瓜	八·〇	二〇〇〇〇	一四〇〇〇	一七〇〇〇	一三六〇〇〇	
茼蒿	二·五	七二〇〇	五〇〇〇	六一〇〇	一五二五〇	
棉花	一七·〇	二〇〇	八〇	一四〇	二三八〇	脫利司美棉
總計	二五四四五·一	二四九二八〇	一四一六九〇	一八一〇八五	三五六三四六三四斤	

三 调查渔业

查本区临海各村，大抵皆以捕鱼为业，如板桥坊、湖岛子、女姑山、宋哥庄以及营子、后楼、双埠西蓝家庄等处，渔户甚多，故调查渔业，以期逐渐改良，亦为本处重要工作之一。兹将调查所得，表举如下。

附渔业调查统计表

村名	渔獲物數量	平均每斤價值	捕魚區域	漁船種類	漁船數量	漁具種類	漁具數量	備考
板橋坊	四0000斤	0.07	膠澳竹岔島	小船	三隻	大拉網	三	
營子	二六000	0.05	滄口	仝	三	插拉網	二	
湖島子	100000	0.08	前海	舢板	七0	線網	二0	
西藍家莊	九0000	0.08	石島沙子口	仝	六0	鈎釣	九0000	
後樓	三0000	0.08	仝	仝	三0	仝	四五000	
女姑山	一五000	0.08	仝	仝	二0	仝	四0000	
石家宋哥莊	二三000	0.08	毛島 青島	仝	三	插網 鈎釣	一 四0000	
雙埠	五0000	0.08	仝	仝	三	拉網	三	
總計	三七四000			小船 舢板	一五 一八六			

四 调查荒地

兹为开垦荒地，增加农民收益起见，经制定荒地调查表一种，由处派员分向各村切实调查，以期设法改善，俾不毛之地得有收成。兹将调查情况列表如下。

附荒地调查表

地點	約計面積	地勢	現況	屬主	備考
趙哥莊沙河	五〇·〇〇	平坦沙地	野草繁茂	全村公有	
徐家宋哥莊	六五·〇〇	平坦	仝	仝	
女姑山	三四·〇〇	仝	仝	仝	
西藍家莊	五·五〇	仝	仝	仝	海灘
雙埠	三四〇·〇〇	仝	仝	仝	
石家宋哥莊	二〇〇·〇〇	仝	仝	仝	海灘
劉家宋哥莊	一五·〇〇	仝	仝	仝	仝
總計	七〇九·五〇				

五　调查果产

查本区果产为农村中收入最大之副业，果产收入丰裕，农村经济即可随之而宽厚，果产收入歉薄，农村经济亦必因之而拮据，可见果产之收入，与本区农村经济关系非常密切。本区有鉴于此，爰特拟定果产调查表一种，由农林股切实调查，以备参考。兹将调查所得，列表如下。

附果树调查表

村别＼株数＼种类	秋白梨	洋梨	蘋菓	葡萄	山楂	花紅	柿子	桃	李	杏	洋蘋菓	栗	備考
源頭	一〇〇	四〇〇	一五〇〇	三〇〇	五〇	三五〇	三〇	四〇〇〇	四〇五	二三〇	二〇〇		
安樂溝	二〇	一五〇	五〇	三〇〇	四〇	一五〇	一	二〇〇	五	三〇〇	五〇		
少山前	六〇	四〇	一五〇	四〇		一二〇	三	五〇	二〇〇	七〇	二〇		
高家台	一八〇	一五〇	二〇〇	二〇	三	二〇〇	二	一〇〇〇	一〇	一〇〇	二〇		
彭家台	三〇	三〇〇	二五〇	五〇	二〇	二〇〇	二	一五〇〇	五	五〇	一五		
馬家台	三〇	四五〇	三〇〇	三〇	五	一二〇	一	一二〇〇	五	一六〇	三〇		
西小水	二〇	七〇	一〇〇	一〇〇〇	五	五〇〇	三	五〇〇	五〇	三〇〇	五〇		
丹山	四〇〇	三〇〇	一〇〇	二〇〇〇	五〇〇	四〇〇	一〇	一〇〇〇	五〇〇	六〇〇	五〇		
夏莊	二〇〇		五〇〇〇	一〇〇〇〇		三〇〇		一〇〇	五〇	五〇			
王家泊子			二〇〇	一二〇		八〇	二	二一〇	五〇		五〇		
史家泊子	五〇	一五	一五〇	一六〇〇		一六〇				二〇〇			
東黄埠	二〇		一九四	一五八		二八	五	二〇		八六	四〇		
西黄埠			二〇〇	一五		五〇		二五〇		三〇			
趙哥莊			二〇〇	七〇			三〇			四〇			
仙家寨								五		二〇		六	
灣頭	一〇〇	三〇	二〇〇	五〇	一〇	二〇〇	一五	二〇〇	三〇	一〇〇	二〇〇		
南曲			五六							四〇			
棗園	三〇〇〇		一五〇	四〇	五〇	二〇〇	三〇	二〇〇〇	一〇〇	一〇〇			
大水清溝	二〇〇												
十梅菴	二五〇〇	五〇	三〇〇	一五〇	一〇〇	一五〇		六五〇		二〇〇			
南嶺	二六〇		一〇〇					四〇〇		六〇			
坊子街	四〇〇		五〇					三〇〇					
狗塔埠				五六〇				一〇〇					
總計	七五九〇	一九五五	九四四四	一六五〇三	七八三	三五六〇	一三四	一三六八五	一四一〇	二七一六	七二五	六	

六　调查家畜

本处因欲明了本区农家饲育家畜情形及生产状况起见，经制定家畜调查表一种，由处派员分向各村实地调查，现已完竣。兹将调查统计，列表于后。

附家畜调查表

家畜種類	品種	頭數	飼育情形	生產概況	備考
猪	本地種 雜種	一〇八〇 一六四八	飼以豆餅酒糟地瓜葉	重者一百七十餘斤	
馬	本地種	四六	谷草麩皮		
牛	仝	五〇六	谷草豆餅地瓜蔓		
騾	仝	六九四	谷草麩皮		
驢	仝	一三九六	仝		
羊	仝	五七	青草地瓜蔓豆餅		
雞	仝	九八一六	雜粮	平均每雞年產卵一百廿枚	
鴨	仝	四〇五	仝		
總計		一五六四七			

七　调查民林

本处为明了本区民有森林状况起见，曾由处派员作民有森林之调查，业已调查完竣。兹将调查所得，统计如下。

附民林调查表

村別	林地面積	主要樹種	約計株數	最近五年間 剪枝次數	最近五年間 產枝量	備考
灣頭	一四，〇〇	松樹	八四〇〇	二	三八〇〇斤	
小村莊	六三，七〇	仝	三六一九〇	二	一一二〇〇	
小棗園	六三，一〇	仝	三〇九五〇	二	一七五〇〇	
湖島子	五二，一三	仝	二四〇五〇	二	一〇〇〇〇	
下四方	四，四	仝	一七六〇	二	五五〇	
十梅庵	三一，〇	仝	一五五〇〇	二	七二〇〇	
大棗園	三〇〇，〇	仝	一五〇〇〇〇	二	七六〇〇〇	
西黄埠	二〇〇，〇	仝	八〇〇〇〇	二	二五〇〇〇	
彭家台	二〇，一	仝	四二〇〇	二	五〇六〇	
源頭	二三，三	仝	五九〇〇	二	五六八五	
女姑山	三〇，〇	仝	七〇〇〇	二	五〇〇〇	
[illegible]水	七〇一，四〇	仝	一四〇〇〇〇	二	四七〇〇〇	
[illegible]山	三七，八	仝	七五八〇	二	九七四五	
安樂溝	八，五	仝	三六〇〇	二	四八〇〇	
少山前	五，九	仝	四八〇〇	二	五九〇〇	
馬家台	二，八	仝	一二〇〇	二	六〇〇	
高家台	三，四	仝	一二〇〇	二	八五〇	
坊子街	九，〇〇	仝	二七〇〇	二	八八〇〇	
小埠頭	二五，〇	松樹 柞芽	二〇〇	二	二〇〇	
樓山後	三，五	松	七五〇	二	八八〇	
大水清溝	五，〇	仝	一〇〇〇	二	六四〇	
小水清溝	六，五	仝	一七〇〇	二	七〇〇	
總計	一六一〇，五三		五二八六八〇		二四七一一〇	

八 调查农林病虫害

农林事业之能否收益，全以病虫害之有无为断，栽培技术无论若何精巧，一遇病虫害，则收益必然绝望，兹为欲明了本区病虫害状况起见，屡经派员赴各村调查，得此材料之后，再研究防除方法，调查结果，列表于下。

附农林病害调查表（一）

被害之林木或農作物	病害名稱	病害土名	病徵	發病時期	被害情形	被害程度	防除法	備註
梨樹	赤星病	羊毛疔	金黃色斑點生在果皮及葉面上初生時甚小漸次擴大	立夏後	受病後斑點漸次擴大纖則葉莖果柄枯乾	被害之部分約佔百分之七十		
甘藷	黑腐病	枯爛	大小不等之黑斑點生於皮面漸次蔓延肉質亦變黑色	八九月間	受病後皮肉均發黑色略示收縮	約佔十分之一		
大小麥	黑穗病	烏麥	麥穗畧示黑色破碎之則見黑粉甚多	立夏后	受病後則莖葉變色甚或枯死	仝		
	赤澀病	黃丹	初生時紅黃色斑點纖則呈黃黑色	三四月間	受病後莖葉呈黃黑色而枯死	仝		
高粱	黑穗病	烏穗子	（病分二種）一種如棒狀全體皆黑一種如穗狀粒內皆含黑粉	大暑後	穗部或粒子皆變成黑粉	爲害尚輕		

附农林虫害调查表（二）

被害之林木或農作物	虫害名稱	虫害土名	形態	被害時期	被害情形	被害程度	防除法	備考
松樹	松蛅蟖	松毛蟲	大者體長約二寸餘密生灰白色毛其形似蠶	六七月間	樹葉嫩芽被食枯黃纖而枯死	被害部分約佔百分之三十	人工捕殺	
梨樹	象鼻虫	梨狗子	全體藍紫色鼻最長翅部略呈方形	仝	吸食菓汁產卵菓中產卵後即咬斷菓柄	約佔百分之二十以上	仝	
大小麥	[redacted]	土狗子	全體土黃色六足有翅	九十月間	食害麥根	爲害尚輕	小米雜以白砒撒田中殺死	
豆子	[redacted]蠖	[redacted]尺	身細長大者二寸餘遍體灰黃色	八九月間	豆葉被食如網狀	仝	人工捕殺	
蘿蔔	蚜虫	蜜虫子	體黑色形似烟種	七八九月間	菜葉及稚苗被食害後則呈枯稿狀	被害部分佔百分之二十五		

農林事

事項	細目	籌辦綱要	會同辦理機關	備考
關於農藝事項	分發優良籽種	將本所農場育成優良籽種分發農民種植俾裕生產		
	指示種子預措	就各項作物播種時期巡迴指示選種浸種及其他預措方法		
	指導防除病蟲害	各項農作物病蟲害分別指導防除方法並編發淺說遇必要時強迫施行共同防除		
	調查農業經營	調查農業經營狀況藉資依據指示合理的方法		
	改善施肥	本市農家施肥向係偏用窒素質肥料當指示改善俾增肥効		
	提倡製造骨粉	本市屠獸極多獸骨之供給至豐而粗骨粉之製造原屬簡易當編發淺說力謀提倡以裕燐肥之給源		
	改良農具	本市農家習用農具耗力鉅而効能弱當飭工改製交由各村輪流試用俾知改良		
	指導耕地整理及土質改良	耕地之區劃形狀以及農道畦畔之配置等對於地積經濟至有關係又本市土質大都瘠薄輕鬆應多施堆肥綠肥等以資改良當分別指導以厚地力		
	保護有益動物	宣傳青蛙及各項益蟲對於農業上之功効並指示農家俾知識別共加保護		
關	提倡蔬菜栽培	本市蔬菜昂貴經營極爲有利當將本所優良種子或幼苗分發農民並指示經營方法以資提倡		
	指導促成栽培	宣傳促成栽培之利益並指示經營方法		